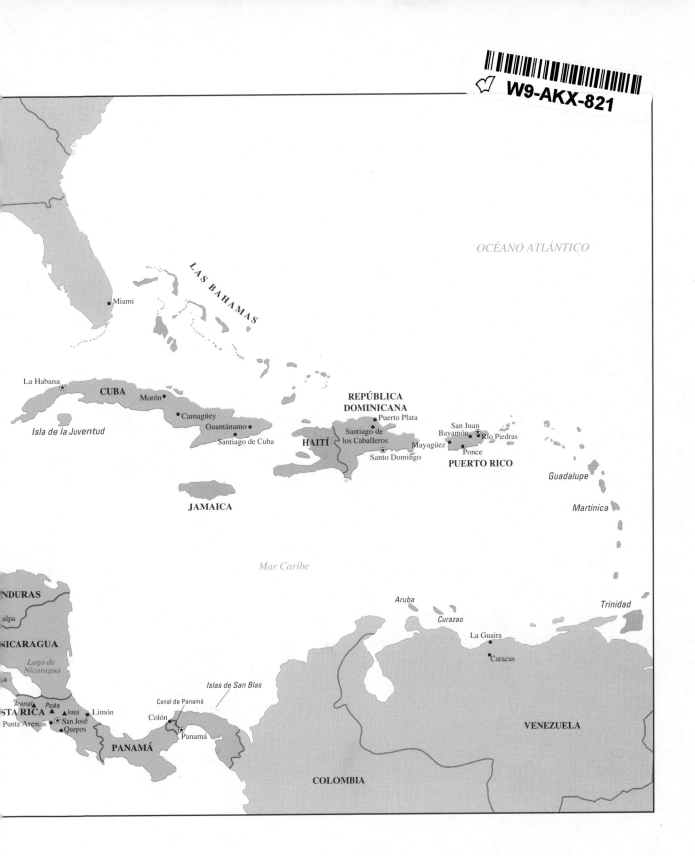

OCÉANO ATLÁNTICO

LAS BAHAMAS

Miami

La Habana
CUBA
Morón
Camagüey
Guantánamo
Isla de la Juventud
Santiago de Cuba

REPÚBLICA
DOMINICANA
Puerto Plata
San Juan
Bayamón
Río Piedras
HAITÍ
Santiago de
los Caballeros
Mayagüez
Ponce
Santo Domingo
PUERTO RICO

JAMAICA

Guadalupe

Martinica

Mar Caribe

NDURAS
alpa
Aruba
Curazao
Trinidad

NICARAGUA
Lago de
Nicaragua
a
La Guaira
Caracas

Islas de San Blas

Arenal Poás
STA RICA Irazú Limón
Punta Arenas San José
Quepos

Canal de Panamá
Colón

PANAMÁ
Panamá

VENEZUELA

COLOMBIA

¡CLARO QUE SÍ!

An Integrated Skills Approach

THIRD EDITION

Lucía Caycedo Garner
University of Wisconsin–Madison

Debbie Rusch
Boston College

Marcela Domínguez
University of California, Los Angeles

Houghton Mifflin Company   Boston   Toronto
Geneva, Illinois   Palo Alto   Princeton, New Jersey

Sponsoring Editor: Kristina E. Baer
Senior Development Editor: Sandra Guadano
Associate Project Editor: Magdalena Hernández
Production/Design Coordinator: Jennifer Waddell
Senior Manufacturing Coordinator: Priscilla Bailey

Cover image by Kevin R. Morris / Tony Stone Images
Cover design by Linda Manly Wade, Wade Design

Text Permissions

The authors and editors thank the following persons and publishers for permission to use copyrighted material.

Chapter 2: page 47, "Los libros mas leídos," *Visión*, 1 al 15 de agosto, 1994, p. 9. Used by permission. **Chapter 3:** pages 71–72, "¿Qué quieres en tu futuro?" *Muy Bien México*, Año Número 5 010994, pp. 24–25. Used by permission. **Chapter 6:** pages 149–150, "Lugares de interés turístico." Reprinted from Secretaría de Turismo, Mar del Plata, Argentina.

Credits for remaining texts and for photos, illustrations, realia, and simulated realia are found following the index at the back of the book.

Printed in the U.S.A.

Student Text ISBN: 0-395-74552-7

Instructor's Annotated Edition ISBN: 0-395-74554-3

Library of Congress Catalog Card Number: 92-76933

23456789-DW-00 99 98 97 96

¡CLARO QUE SÍ!

SCOPE AND SEQUENCE

Conversación	Lo esencial	Hacia la comunicación

CAPÍTULO PRELIMINAR   1

| | Saludos y despedidas
Países y sus capitales
Expresiones para la clase
El alfabeto | Accent and syllabication rules 9 |

CAPÍTULO 1   14

| En el colegio mayor
hispanoamericano 15 | Los números del uno al cien:
Using numbers 17 | Introductions: Subject pronouns and
llamarse 19
Giving one's origin: Ser + de 20
Indicating one's age: Tener 20 |
| En la cafetería del
colegio mayor 27 | Las ocupaciones: Dis-
cussing occupations 25 | Talking about yourself and others 28
Asking and giving information:
Question formation 29
Negating 30 |

TravelTur ¿Yo director? / San Antonio, Texas 34

CAPÍTULO 2   36

| ¡Me gusta mucho! 37 | La habitación de Vicente:
Identifying household objects 38 | Using correct gender and number 40
Likes and dislikes: Gustar 42
Expressing possession 43 |
| Planes para una fiesta de
bienvenida 52 | Acciones: Using verbs to describe
actions 50
Los días de la semana: Creating a
weekly schedule 51 | Expressing likes and dislikes: Gustar 54
Expressing obligation: Tener que 54
Making plans: Ir a 55 |

Nuevos horizontes	Cultura	Recycled material
	Tú vs. **usted** Use of **adiós** The **abrazo** The letters **ch, ll, rr,** and **ñ**	
Reading strategy: Identifying cognates 23 **Anuncios** 24	Student housing Use of two last names Customs related to asking about age Different faces of Hispanics Importance of international companies to the US	Introductions Forms of address Country names
Reading strategy: Scanning 47 **"Los libros más leídos"** 47	Borrowed words Popular books and authors, CDs and musicians, films, plays Unlucky day **(martes 13)** Famous opera singers	**Tener** **Ser** Question formation

Conversación	Lo esencial	Hacia la comunicación
CAPÍTULO 3 59		
Una llamada de larga distancia 60	**Las nacionalidades:** Identifying nationalities; stating national origins 62 **Lugares:** Indicating location 64	Expressing destination: **Ir + a +** *place* 65 Indicating location: **Estar + en +** *place* 65 Talking about the present: The present indicative of regular verbs and verbs with irregular **yo** forms 66
Hay familias . . . y . . . FAMILIAS 75	**Las descripciones: Ser +** *adjective*: Describing people and things 73 **Las descripciones: Estar +** *adjective*: Describing states of being; expressing feelings 74	Describing yourself and others: Descriptive adjectives 77 Expressing possession: Possessive adjectives 79 Position of adjectives 79

TravelTur   **España de mis sueños / Madrid, España 83**

CAPÍTULO 4 85		
Noticias de una amiga 86	**Las partes del cuerpo:** Identifying parts of the body 88 **Acciones reflexivas:** Discussing daily routines 89	The personal **a** 90 Describing daily routines: Reflexive verbs 90 Discussing actions in progress: **Estar + -ando/-iendo** 91
El memo 101	**Los meses, las estaciones y el tiempo:** Talking about the weather 98 **Las fechas:** Discussing dates 99	**Saber** and **conocer** 102 Pointing out: Demonstrative adjectives and pronouns 103

CAPÍTULO 5 108		
Esta noche no estudiamos 109	**La hora, los minutos y los segundos:** Telling time 111 **Las sensaciones:** Expressing feelings 113	Expressing habitual and future actions in progress: Stem-changing verbs 114 The passive **se** 116
De compras en San Juan 128	**Los colores:** Using colors to describe 123 **La ropa y los materiales:** Shopping for clothes 124	Indicating purpose, reason, destination, and duration: **Para** and **por** 129 Telling what something is made of and indicating location: **Ser de, ser en,** and **estar en** 130

TravelTur   **Por fin, ¡me voy a Sevilla! / Madrid, España 134**

Nuevos horizontes	Cultura	Recycled material
Reading strategy: Dealing with unfamiliar words 70 **"¿Qué quieres en tu futuro?"** 71	Information on Ecuador How to refer to people from the US Connotations of the word **familia**	Origin Nations Class subjects Common nouns **Gustar** **Tener que**
Reading strategy: Predicting 95 **Las Tumbas Reales de Sipán** 96 Writing strategy: Brainstorming and outlining 97	Proverbs (**dichos**) Information on the excavation of a pre-Columbian tomb Seasons in the southern hemisphere	Present indicative **Estar** Expressions of time Cardinal numbers **Ser** and **estar** with adjectives
Reading strategy: Activating background knowledge 120 **"¿Democracia o dictadura?"** 121 Writing strategy: Writing a synopsis 123	Use of **buenas tardes/buenas noches** Hispanic film directors Miguel Littín How colors represent ideas **La guayabera** Fashion designers	**Tener** Descriptive adjectives **Ser/estar** Days of the week **Gustar** Cardinal numbers

Conversación	Lo esencial	Hacia la comunicación

CAPÍTULO 6   137

Una carta de Argentina 138

Los números del cien al millón: Asking and giving prices 141
Preposiciones de lugar: Discussing location 142

Talking about the past: The preterit 143
Indicating relationships: Prepositions and prepositional pronouns 145

El hotel secreto 154

Medios de transporte: Discussing transportation 151
La familia de Marisel: Family relationships 152

Using indirect-object pronouns 156
Using affirmative and negative words 157

CAPÍTULO 7   161

¿En un "banco" de Segovia? 162

El teléfono: Placing phone calls 165
En el hotel: Making hotel reservations 167

Talking about the past: Irregular verbs and stem-changing verbs in the preterit 168
Changes of meaning in the preterit 169
Expressing the time of past actions: **Hace** + *time expression* + **que** + *verb in the preterit* 170
Using more affirmative and negative words 170

Un día normal en el aeropuerto 179

En el aeropuerto: Carrying out travel arrangements 176
El pasaje 177

Avoiding redundancies: Direct-object pronouns 180
Expressing the duration of an action: **Hace** + *time expression* + **que** + *verb in the present* 181

TravelTur   ¡Vale! / Sevilla, España 186

CAPÍTULO 8   188

Buscando apartamento 189

Los números ordinales: Sequencing events 191
Las habitaciones de la casa: Describing the layout of a house; renting an apartment 193

Talking about the unknown: The present subjunctive 194

Todos son expertos 206

Los muebles: The home environment; furniture 204
Los electrodomésticos y otras cosas necesarias: Appliances 205

Using **ya** and **todavía** 208
Influencing: Other uses of the subjunctive 208

Nuevos horizontes	Cultura	Recycled material
Reading strategy: Skimming 148 **Lugares de interés turístico** 149 Writing strategy: Writing a biography 151	Customs surrounding **el mate** Mar del Plata as a tourist destination Hispanic national airlines Customs related to weddings Last names used after marriage	Clothing Cardinal numbers Days of the week and other time divisions Present indicative **Ir a** + *infinitive*
Reading strategy: Identifying main ideas 174 **Alojamiento** 175 Writing strategy: Titles and subcategories 176	Historical monuments in Spain Information needed to make a phone call Using a public phone in Spain Telephone numbers Lodging in Spain	Large numbers Time expressions Question words Preterit
Reading strategy: Using the dictionary (when reading) 199 **"No quiero" por Ángela Figuera** 200 Writing strategy: Using the dictionary (when writing) 202	**El portero** Popularity of cycling What to do with second-hand belongings The Spanish Civil War The Galápagos Islands	Present indicative Indirect-object pronouns Preterit Geography Nationalities Negative words

Conversación	Lo esencial	Hacia la comunicación

CAPÍTULO 9   214

Un fin de semana activo 215	**Los pasatiempos:** Leisure-time activities 218 **Cosas de la cocina:** Describing kitchen utensils 219	Expressing doubt and certainty: Contrasting the subjunctive and indicative 220 Saying how an action is done: Adverbs ending in **-mente** 221 Indicating time and age in the past: **Ser** and **tener** 222
Después de un día de trabajo, una cena ligera 230	**La comida:** Identifying food items; shopping for food 228 **Preparando la comida:** Preparing a meal; sharing a recipe 229	Other uses of **para** and **por** 232 Expressing emotions: More uses of the subjunctive 232

TravelTur   **Visiones de palmas / San Juan, Puerto Rico 237**

CAPÍTULO 10   239

¡Feliz día! 240	**El correo:** Making use of postal services 242	Expressing likes, dislikes, complaints, and opinions: Using verbs like **gustar** 244 Avoiding redundancies: Combining direct-object and indirect-object pronouns 244
Teresa, campeona de tenis 253	**Los artículos de deporte:** Talking about sports 251	Describing in the past: The imperfect 255

CAPÍTULO 11   260

De vacaciones y enfermo 261	**La salud:** Explaining medical problems; consulting a doctor 263 **Las medicinas** 265	Describing past actions in progress: The imperfect 267 Narrating and describing: Contrasting the preterit and the imperfect 268
Si manejas, te juegas la vida 278	**El carro:** Describing problems with a car; renting a car 276	Expressing past intentions and responsibilities: **Iba a** + *infinitive* and **tenía/tuve que** + *infinitive* 280 **Saber** and **conocer** in the imperfect and preterit 281 Describing: Past participle as an adjective 281

TravelTur   **Recuerdos / El Yunque, Puerto Rico 285**

Nuevos horizontes	Cultura	Recycled material
Reading strategy: Finding topic sentences and supporting evidence 225 **"Y tú... ¿De qué la juegas?"** 226 Writing strategy: Describing and giving your opinion 228	José Martí Children's games The midday meal Courses of a meal (**platos**) Disappearance of **taíno** indians from Puerto Rico	**Gustar** Passive and impersonal **se** Preterit Telling time
Reading strategy: Finding references 248 **"El fútbol y yo"** 249 Writing strategy: Avoiding redundancies 250	Expressions with **"Dios"** Soccer and other popular sports Christmas customs	Parts of the body Indirect- and direct-object pronouns **Gustar** Preterit Colors Present progressive
Reading strategy: Separating reality from fantasy 274 **"Tragedia" por Vicente Huidobro** 275 Writing strategy: Narrating in the past 274	La Catedral de Sal, Colombia **Farmacia de turno** Cars and gas stations **"Cuadrados y ángulos" por Alfonsina Storni** El Yunque, Puerto Rico	Subjunctive used to express influence Question words Preterit Adjective agreement

Conversación	Lo esencial	Hacia la comunicación
CAPÍTULO 12 287		
¡Qué música! 288	**Los instrumentos musicales:** Stating musical preferences and talents 290 **La comida:** Planning a meal; ordering food at a restaurant 292	Narrating and describing: Preterit and imperfect 294 Describing: Irregular past participles 295 Negating: **Ni... ni...** 296
El Dorado 304	**La geografía:** Describing geographical features 302	Describing: Comparisons of inequality 306 Describing: The superlative 307
CAPÍTULO 13 311		
La oferta de trabajo 312	**El viaje:** Discussing travel plans 314	Speaking about past experiences: The present perfect 316 Expressing feelings about the past: **Haya** + *past participle* 316 Talking about unintentional occurrences: **Se me olvidó** and similar constructions 317
Impresiones de Miami 327	**Las joyas:** Expressing jewelry preferences 324 **Cómo llegar a un lugar:** Giving directions 326	Describing: Comparisons of equality 329 Making requests and giving commands: Commands with **usted** and **ustedes** 329
TravelTur **Flor de mis cariños / Bogotá, Colombia** 334		
CAPÍTULO 14 336		
De paseo por la ciudad de México 337	**El consultorio del dentista:** Going to the dentist 339 **En la casa de cambio:** Making transactions 340	Making requests and giving commands: Commands with **tú** 342 Giving implied commands: **Decir** + *subjunctive* 343
En Yucatán 351	**El desayuno:** Discussing breakfast 349	Avoiding repetition: Nominalization 353 Expressing possession: Long forms of possessive adjectives and pronouns 353

Nuevos horizontes	Cultura	Recycled material
Reading strategy: Reading an interview article 299 **"La ley"** 300 **Writing strategy:** Writing an interview article 302	**Tunas** Famous Spanish musicians Regional foods Latin American geography El Dorado Ponce de León Proverbs	Preterit/Imperfect Adjectives and past participles as adjectives Question words
Reading strategy: Linking words 320 **Retratos y relatos** 321 **Writing strategy:** Comparing and contrasting 323	The Canary Islands Cuban immigration to the US Precious stones Gestures Simón Bolívar José de San Martín Tourist spots in Bogotá	Past participles Impersonal **se** Object and reflexive pronouns Subjunctive Comparisons of inequality Preterit
Reading strategy: Defining style and audience 346 **"Beatriz (Una palabra enorme)" por Mario Benedetti** 347 **Writing strategy:** Journal writing 348	French rule in Mexico Changing money Plight of political prisoners Typical breakfast Proverbs Yucatán, México	Food and related vocabulary Possessive adjectives Demonstrative and descriptive adjectives

Conversación	Lo esencial	Hacia la comunicación
CAPÍTULO 15 **357**		
Pasándolo muy bien en Guatemala 358	**Los animales:** Discussing animals 360 **El medio ambiente:** Talking about the environment and ecology 363	Expressing pending actions: The subjunctive in adverbial clauses 365 Making suggestions: Let's... 366 Requesting information: **¿Qué?, ¿cuál?,** and **¿cuáles?** 366
Sí, mi capitán 372	**La personalidad:** Describing personality traits 371	Talking about the past: The past perfect 374 Other uses of **por** 374 Relating ideas: The relative pronouns **que, lo que,** and **quien** 375
📺 *TravelTur* **Milagros / Sopó, Colombia 378**		
CAPÍTULO 16 **379**		
Ya nos vamos... 380	**En la óptica:** Photography and camera equipment; consulting the eye doctor 382	Expressing the future: The future tense 384 Expressing hypothetical actions and reporting: The conditional 385 Describing: **Lo** + *masculine singular adjective* 386
¿A trabajar en la Patagonia? 394	**Buscando trabajo:** Looking for and getting a job 392	Expressing probability: The future and the conditional 396 The subjunctive in adverbial clauses 397
CAPÍTULO 17 **401**		
El arte escondido 402	**El arte:** Discussing art 404	Asking and requesting: **Preguntar** versus **pedir** 407 Speaking about the past: The imperfect subjunctive 407
La pregunta inesperada 416	**La expresión del amor:** Expressing ideas on love and romance 413	Expressing reciprocal actions 418 Expressing hypothetical situations: The imperfect subjunctive and the conditional 419
📺 *TravelTur* **¿Solos por fin? / Bogotá, Colombia 423**		
CAPÍTULO 18 **425**		
La despedida 426		
📺 *TravelTur* **Al fin y al cabo / San Antonio, Texas 438**		

Nuevos horizontes	Cultura	Recycled material

Reading strategy: Mind mapping (when reading) 369
"¡Pobre tierra!" 370
Writing strategy: Mind mapping (when writing) 371

Maintenance of indigenous cultures
Animals of the Andes
Ecological problems
La Guaira, Venezuela
Origin of countries' names

Indirect-object pronouns
Ser + *adjective*
Superlatives
Question formation
Preterit
Ir + **a** + *infinitive*

Reading strategy: Understanding the writer's purpose 389
"¡Magnífico Tikal!"; "Familia Calabay Sicay" 389
Writing strategy: Writing a summary 391

More proverbs
Set expressions
Tikal, ancient Mayan city
Salaries
La palanca

Descriptive adjectives
Ir + **a** + *infinitive*
Indirect-object pronouns
Present indicative

Reading strategy: Timed reading 411
Fernando Botero: Pinturas, dibujos, esculturas 411
Writing strategy: Describing a scene 412

The Prado, Madrid
Painting as a social commentary
Francisco de Goya and other Hispanic artists
Fotonovelas
Alcalá de Henares
Don Quijote

Uses of the subjunctive
Imperfect/Preterit
Lo + *adjective*
Medical vocabulary
Reflexive verbs
Object pronouns
Conditional

Reading strategy: Reading a play 428
Estudio en blanco y negro **por Virgilio Piñera** 430

Machismo and feminism

Imperfect/Preterit
Future indicative
Present and past subjunctive
If clauses

TO THE STUDENT

Learning a foreign language means learning skills, not just facts and information. *¡Claro que sí!* is based on the principle that **we learn by doing,** and therefore offers many varied activities designed to develop your skills in listening, speaking, reading, and writing in Spanish. The knowledge of other cultures is also an integral part of learning languages. *¡Claro que sí!* provides an overview of the Spanish-speaking world—its people, places, and customs—so that you can better understand other peoples and their ways of doing things, which may be similar to or different from your own.

In order to make the most of *¡Claro que sí!*, read the following description of the chapter parts, as well as the study tips provided here and at the end of the preliminary chapter.

Chapter Opener

Each chapter opens with a photograph, which helps set the scene for the chapter, and a list of objectives. The objectives describe functions (what you can do with the language, such as greet someone or state your name) that will be the linguistic and communicative focus for the chapter. It is important that you keep these functions in mind when studying, since they indicate the purpose of the material presented in each chapter.

Story Line

In *¡Claro que sí!* you will get to know a series of characters and follow them through typical events in their lives, usually by listening to a conversation. The conversations serve as a base for learning Spanish and for learning about the Spanish-speaking world. They each consist of approximately 80% material that you have already studied and 20% new material, and are accompanied by listening comprehension and speaking activities. In order to develop good listening skills, follow these tips:

- Do not read the conversation before listening to it.
- Visualize the setting of the conversation (a café, a theater, a hotel, etc.) and think of things that may be said in that setting.
- Keep in mind who is speaking and what you know about each of the speakers.
- You will usually hear the conversation twice. The first time you will be asked to listen for global understanding, and the second time for more specific information. Try to focus on the task at hand.
- It is not important to understand every word in the conversation.
- You may listen to the conversation again in the language lab. All conversations from the textbook are recorded at the end of the corresponding chapter tape.

Lo esencial

Developing vocabulary is essential to learning a language. In *¡Claro que sí!* vocabulary is presented in thematic groups to aid you in the learning process. Vocabulary presentations are followed by activities that give you practice using the new words in a meaningful context.

Hacia la comunicación

Grammar explanations in *¡Claro que sí!* are clear and concise. They are written in English so that you can study them at home. Questions at the beginning or end of many grammar explanations will help you analyze the information you are studying. The explanations are followed by activities, most of which ask you to interact with classmates using what you have just learned. Remember that knowledge of grammar is the key to communication. Knowing grammar rules is not an end but rather a means to be able to express yourself in another language.

Nuevos horizontes

This section has three goals: to teach you how to read and write effectively in Spanish, and to expand your knowledge of the Hispanic world. Specific techniques are discussed and practiced to develop your reading and writing skills in Spanish. Here are some tips to help you become a more proficient reader and writer in Spanish:

- Focus on the technique being taught.
- Use techniques taught in early chapters while reading selections from later chapters.
- Apply the techniques when you read and write in English.
- Write frequently in Spanish (for example, notes to yourself about what you have to do, or a journal with a few short entries each week).
- When reading, look up only those words that are essential to understanding. List these words on a separate sheet of paper for reference. Do not write translations in the text above the Spanish word.

After the *Nuevos horizontes* section, the sections from the first part of the chapter repeat, but in the following order: *Lo esencial*, story line (usually a conversation), and *Hacia la comunicación*. For easy reference, each chapter ends with a summary of the presented vocabulary that you are expected to know.

Each odd-numbered chapter and Chapter 18 ends with a section based on a video entitled *TravelTur*. The purpose of the video is to enhance your listening comprehension skills and to improve your knowledge of Hispanic culture. While viewing the video, keep the following points in mind:

- Focus on getting the information asked of you in each activity.
- Do not be concerned with comprehending every word or phrase; focus on the general message. Use visual cues to help you comprehend.
- Pay attention to how people interact with one another to gain a greater understanding of everyday Hispanic culture.

Ancillary Components

ACTIVITIES MANUAL: WORKBOOK/LAB MANUAL

The Workbook provides a variety of practice to help you develop your reading and writing skills. Each chapter in the Workbook is divided as follows:

- Mechanical Practice *(Práctica mecánica)*, Parts I and II.
  Parts I and II are to be done upon completion of the first and second grammar explanation sections, respectively. These exercises give you practice manipulating the grammar topics in isolation.

- Communicative Practice *(Práctica comunicativa)*, Parts I and II.
  This section allows you to express yourself in a less controlled way and to practice the functions of the chapter. In order to do this section, you need to use the main grammar points and vocabulary presented in the chapter. *Práctica comunicativa I* should be done after finishing *Hacia la comunicación I; Práctica comunicativa II* should be done after studying *Hacia la comunicación II* and before any chapter quizzes or exams.

The lab program develops two very important skills: pronunciation and listening. Each chapter in the Lab Manual contains the following material:

- Pronunciation *(Mejorando tu pronunciación)*. An explanation of the sound or sounds to be focused on is followed by practice exercises.

- Listening comprehension *(Mejorando tu comprensión)*. Each chapter contains eight to ten activities based on conversations in different settings, and on varied types of ads, announcements, and messages.

- The chapter conversations. Each chapter tape ends with the corresponding conversations from the text.

The recorded activities should be done after studying the second grammar presentation in the text, and before any quizzes or exams.

COMPUTER STUDY MODULES

The computer software program that accompanies *¡Claro que sí!* helps you practice each chapter's vocabulary and grammar, and also contains reading comprehension activities that help you become more proficient. The program gives immediate feedback so that you can check your progress in Spanish. You can use the program for extra practice as you study a chapter and for review before quizzes and exams. The Computer Study Modules are available for IBM or IBM-compatible and Macintosh computers.

ACKNOWLEDGMENTS

The authors and publisher thank the following people for their recommendations regarding changes in the third edition of *¡Claro que sí!* Their comments and suggestions were invaluable during the development of this revised edition.

Kathy P. Barton, Indiana University of Pennsylvania

Leela Bingham, Miramar College

Christina Buckley, Tulane University

Robert L. Davis, University of Oregon

John W. Lenington, Arkansas State University

James Mandrell, Brandeis University

Keith Mason, Rutgers State University

Linda Semones, Montana State University, Bozeman

Janice Wright, College of Charleston

We dedicate this book to George and André Garner, Andy Miller, Rufina Rubio-Madison, and Norma and Pete Selly, who gave us inspiration and food for thought.

We are especially grateful to the following people and organizations for their valuable assistance during the development of this project: Susan Mraz for her constant encouragement and support; Sandy Guadano, our development editor, for her astute observations and sound suggestions on all aspects of the program, including the text and all ancillaries; Magda Hernández, our project editor, for competently juggling all aspects of production; Grisel Lozano for updating the Spanish-English vocabulary, creating the English-Spanish vocabulary, and preparing the Scope and Sequence for this third edition; Victoria Junco de Meyer and Olga Tedias Montero for helping assure the linguistic accuracy of the book; the graduate students and teaching assistants at the University of Wisconsin–Madison and Boston College; the participants of the Spanish for Spanish Teachers course at the University of Wisconsin–Milwaukee, especially Kathy Solórzano and Jane Spector, and the Center for Latin America at the University of Wisconsin–Milwaukee.

¡CLARO QUE SÍ!

CAPÍTULO

PRELIMINAR

Costa Ricans chatting between classes. ▶

CHAPTER OBJECTIVES

- Telling your name and where you are from

- Asking others their name and where they are from

- Greeting someone and saying good-by

- Telling the names of many countries and their capitals

- Recognizing a number of classroom expressions and commands

Las presentaciones

Note: The word written in parentheses is the abbreviation of the word **usted**.

A: ¿Cómo te llamas?
B: Me llamo Marisa. ¿Y tú?
A: Marta.

A: ¿Cómo se llama usted (Ud.)?
B: Me llamo Tomás Gómez. ¿Y Ud.?
A: Silvio Rivera.

¿LO SABÍAN?

Spanish has two forms of address to reflect different levels of formality. **Usted (Ud.)** is generally used when talking to people whom you would address by their last name (Mrs. Smith, Mr. Jones) or with the words "sir" and "madam." (What would you like, sir?) **Tú** is used when speaking to a young person and to people whom you would call by their first name.

ACTIVIDAD 1: ¿Cómo te llamas? Take three minutes to meet as many people in your class as you can by asking their names. Follow the model.

> A: ¿Cómo te llamas?
> B: Me llamo . . .

Spanish requires that punctuation marks be used at the beginning and end of questions and exclamations.

ACTIVIDAD 2: ¿Cómo se llama Ud.? Choose the name of a president, actor, or famous athlete. Introduce yourself to three other famous personalities in your class. Follow the model.

> A: ¿Cómo se llama Ud.?
> B: Me llamo . . .

El origen

A: ¿De dónde eres?	A: ¿De dónde es Ud.?
B: Soy de Laredo, Texas.	B: Soy de Los Ángeles.
A: Yo soy de Madrid.	A: Yo soy de Puerto Rico.

ACTIVIDAD 3: ¿De dónde eres? Ask four or five classmates where they are from. Follow the model.

Informal = **¿De dónde eres?**

> A: ¿De dónde eres?
> B: Soy de [Cincinnati, Ohio]. ¿Y tú?

ACTIVIDAD 4: ¿De dónde es Ud.? You are a businessman/businesswoman at a cocktail party and you are talking to two other guests. Find out their names and where they are from. Follow the model.

Formal = **¿De dónde es (usted)?**

> A: ¿Cómo se llama Ud.?
> B: . . . ¿Y Ud.?
> A: . . . ¿De dónde es?
> B: . . .

Los saludos y las despedidas

◄ (Left: Antigua, Guatemala) Men often shake hands or sometimes give each other an **abrazo** (hug). In business situations, a handshake is commonly used to greet someone, regardless of sex. (Below: Mexico City) When two women (or a man and a woman) who are friends meet, they often kiss each other on the cheek.

Informal = **¿Cómo estás (tú)?**
Formal = **¿Cómo está (Ud.)?**

A: ¡Hola, Pedro! ¿Cómo estás?
B: Bien, gracias. ¿Y tú?
A: Bien.

A: Hasta luego, Sra. Ramírez.
    ¡Buen viaje!
B: Adiós, señorita. Muchas gracias.

Los saludos (Greetings)

Hola. Hi.
Buenos días. Good morning.
Buenas tardes. Good afternoon.
Buenas noches. Good evening.

¿Cómo estás?
¿Cómo está (Ud.)? } How are you?
¿Qué tal? *(informal)*

¡Muy bien! Very well!
Bien. O.K.
Más o menos. So, so.
Regular. Not so good.
Mal. Lousy. / Awful.

Las despedidas (Saying Good-by)

Hasta luego. See you later.
Hasta mañana. See you tomorrow.
Buenas noches. Good night. / Good evening.

Adiós. Good-by.
Chau. / Chao. By. / So long.

¿LO SABÍAN?

Adiós is also used as a greeting when two people pass each other on the street and just want to say "Hi," but have no intention of stopping to chat.

ACTIVIDAD 5: ¡Hola! ¿Cómo estás?   In pairs, take one of the roles in each of the situations in the drawing (roles A, B, C, and D, or roles E, F, G, and H). Greet each other, ask how you are, and then say good-by.

Is the greeting in the activity title formal or informal?

ACTIVIDAD 6: En una fiesta You are at a get-together at your dorm, and you know only some of the guests. Walk around and greet the people you know; introduce yourself to those you don't know. Ask their names and where they are from, and then take leave. Say that you will see them later.

Países y sus capitales

SALIDAS — DEPARTURES		
Iberia 508	MADRID	8:35 a.m.
VIASA 359	CARACAS	8:55 a.m.
AA 622	SAN JUAN	9:25 a.m.

LLEGADAS — ARRIVALS		
Lan Chile 203	SANTIAGO	9:00 a.m.
Aeroperú 270	LIMA	9:50 a.m.
Avianca 875	BOGOTÁ	10:20 a.m.

Países hispanos y sus capitales

Use the maps on the inside covers of your text to learn the names of Hispanic countries and their capitals. Follow the directions of your instructor.

Otros países y sus capitales

U.S.A. = EE.UU.

Alemania	Berlín
Brasil	Brasilia
Canadá	Ottawa
(los) Estados Unidos	Washington
Francia	París
Inglaterra	Londres
Italia	Roma
Portugal	Lisboa

ACTIVIDAD 7: Capitales hispanas In pairs, take three minutes to memorize the capitals of the countries on either the front or back inside cover of your textbook. Your partner will memorize those on the opposite cover. Then turn to the cover that your partner has studied and take turns asking the capitals of all the countries. Follow the model.

➤ A: *(Looking at the back inside cover)* ¿Cuál es la capital de Chile?
   B: Santiago.

   B: *(Looking at the front inside cover)* ¿Cuál es la capital de Costa Rica?
   A: . . .

Expresiones para la clase

Learn the following commands (**mandatos**) so that you can react to them when they are used by your instructor.

Mandatos

When two words are given, (**e.g. Abre/Abran**) the first is an informal, singular command given to an individual and the second is a command given to a group of people.

Abre/Abran el libro en la página . . . Open your book(s) to page . . .

Cierra/Cierren el libro. Close your book(s).

Mira/Miren el ejercicio/la actividad . . . Look at the exercise/the activity . . .

Escucha./Escuchen. Listen.

Escribe./Escriban. Write.

Lee/Lean las instrucciones. Read the instructions.

Saca/Saquen papel/bolígrafo/lápiz. Take out paper/a pen/a pencil.

Repite./Repitan. Repeat.

Siéntate./Siéntense. Sit down.

Levántate./Levántense. Stand up.

[Vicente], pregúntale a [Ana] . . . [Vicente], ask [Ana] . . .

[Ana], contéstale a [Vicente] . . . [Ana], answer [Vicente] . . .

[María], repite la respuesta, por favor. [María], repeat the answer, please.

[María], dile a [Jorge] . . . [María], tell [Jorge] . . .

The following expressions will be useful in the classroom:

¿Cómo se dice . . . en español? How do you say . . . in Spanish?

¿Cómo se escribe . . . ? How do you spell . . . ?

¿Qué quiere decir . . . ? What does . . . mean?

¿En qué página, por favor? What page, please?

No entiendo./No comprendo. I don't understand.

No sé [la respuesta]. I don't know [the answer].

Más despacio, por favor. More slowly, please.

(Muchas) gracias. Thank you (very much).

De nada. You're welcome.

ACTIVIDAD 8: Los mandatos Listen to the commands your instructor gives you and act accordingly.

ACTIVIDAD 9: ¿Qué dirías tú? What would you say in the following situations?

1. The instructor is speaking very fast.
2. The instructor asks you a question but you don't know the answer.
3. You do not understand what the word **azafata** means.
4. You do not understand what the instructor is telling you.
5. You did not hear the page number.
6. You want to know how to say *table* in Spanish.

ca, co, cu: c is pronounced like c in *cat*

ce, ci: c is pronounced like c in *center*

ga, go, gu: g is pronounced like g in *go* or softer, as in *egg*

ge, gi: g is pronounced like h in *hot*

h is always silent

Listen to the tape for each chapter to practice pronunciation.

Pronunciar y deletrear palabras: El alfabeto

A	a	Argentina
B	be, be larga, be grande, be de burro	Barcelona
C	ce	Canadá, Centroamérica
(CH)*	che, ce hache	Chile
D	de	Santo Domingo
E	e	Ecuador
F	efe	La Florida
G	ge	Guatemala, Cartagena
H	hache	Honduras
I	i	Las Islas Canarias
J	jota	San José
K	ca	Kansas
L	ele	Lima
(LL)*	elle, doble ele	Medellín
M	eme	Montevideo
N	ene	Nicaragua
Ñ	eñe	España
O	o	Oviedo
P	pe	Panamá
Q	cu	Quito
R	ere	Perú
RR	erre, doble ere	Sierra Nevada
S	ese	Santiago
T	te	Toledo
U	u	Uruguay
V	uve, ve corta, ve chica, ve de vaca	Venezuela
W	doble uve, doble ve, doble u	Washington
X	equis	Extremadura
Y	i griega, ye	Yucatán
Z	zeta	Zaragoza

*NOTE:

1. The Spanish alphabet has more letters than the English alphabet. In 1994, the Royal Academy of the Spanish Language eliminated two letters from the alphabet: the **ch** and the **ll.** This was done to approximate more closely Spanish alphabetical order to those used in other languages. The change was made to better adapt to the international marketplace in this day and age of computers. Prior to 1994, each letter (except for the **rr,** which never occurs at the beginning of a word) had its own separate entry in dictionaries. Therefore, dictionaries written after 1994 may not include the **ch** and **ll** as separate entries found after all **c** and **l** entries respectively.

2. Because the change made by the Royal Academy of the Spanish Language is quite recent, you may use or hear **che** or **ce hache** and **elle** or **doble ele.** All are used and understood by native speakers.

3. The **k** and **w** are usually used with words of foreign origin.

4. All letters are feminine, for example: **las letras son la** *a,* **la** *b,* **la** *c,* etc.

ACTIVIDAD 10: ¿Cómo se escribe . . . ?   Find out the name of two classmates and ask them to spell their last names. Follow the model.

> ➤ A: ¿Cómo te llamas?
>   B: Teresa Domínguez Schroeder.
>   A: ¿Cómo se escribe "Schroeder"?
>   B: Ese-che-ere-o-e-de-e-ere.

For more information on syllabication and accentuation, see Appendix C.

Cómo acentuar palabras *(Stressing Words)*

In order to pronounce words correctly, you will need to know the stress patterns of Spanish.

1. If a word ends in *n, s,* or a vowel **(vocal)**, stress falls on the next-to-last syllable **(penúltima sílaba).**

repitan   llamas   hola

2. If a word ends in any consonant **(consonante)** other than *n* or *s*, stress falls on the last syllable **(última sílaba).**

español   usted   regular

3. Any exception to rules 1 and 2 has a written accent mark **(acento ortográfico)** on the stressed vowel.

televisión   teléfono   lápiz

NOTE: There are two other sets of words that require accents:

1. Question words such as **cómo, de dónde,** and **cuál** always have accents.

2. Certain words change meaning when written with an accent, although pronunciation remains the same: **tú** *(you),* **tu** *(your);* **él** *(he),* **el** *(the).*

ACTIVIDAD 11: Acentos   Indicate the syllable where the stress falls in each word of the following sentences. Listen while your instructor pronounces each sentence.

1. ¿Có-mo es-tá, Se-ñor Pé-rez?
2. La ca-pi-tal de Pe-rú es Li-ma.
3. ¿Có-mo se es-cri-be "Ne-bras-ka"?
4. Re-pi-tan la fra-se.
5. No com-pren-do.
6. Más des-pa-cio, por fa-vor.

ACTIVIDAD 12: Más acentos   Read the following words, stressing the syllables in bold type. Place a written accent mark over the appropriate vowel when necessary.

1. **ra**pido	6. tele**gra**ma	11. **pa**gina
2. Sala**man**ca	7. ca**fe**	12. universi**dad**
3. **la**piz	8. na**cio**nes	13. pi**za**rra
4. profe**sion**	9. **Me**xico	14. **can**cer
5. profe**sor**	10. doc**to**ra	15. Bo**go**ta

VOCABULARIO FUNCIONAL

Las presentaciones *(Introductions)*

¿Cómo te llamas?	*What's your name? (informal)*
¿Cómo se llama (usted)?	*What's your name? (formal)*
Me llamo . . .	*My name is . . .*
¿Y tú/usted?	*And you?*

El origen

¿De dónde eres?	*Where are you from? (informal)*
¿De dónde es usted?	*Where are you from? (formal)*
Soy de . . .	*I am from . . .*

Los saludos y las despedidas

See pages 4–5.

Expresiones para la clase

See page 7.

Países hispanos y sus capitales

¿Cuál es la capital de . . . ?	*What is the capital of . . . ?*	
Estados Unidos	Washington	América del Norte / Norteamérica
México	México D.F. (Distrito Federal)	
Costa Rica	San José	América Central / Centroamérica
El Salvador	San Salvador	
Guatemala	Guatemala	
Honduras	Tegucigalpa	
Nicaragua	Managua	
Panamá	Panamá	
Argentina	Buenos Aires	América del Sur / Suramérica
Bolivia	La Paz; Sucre	
Colombia	Bogotá	
Chile	Santiago	
Ecuador	Quito	
Paraguay	Asunción	
Perú	Lima	
Uruguay	Montevideo	
Venezuela	Caracas	
Cuba	La Habana	El Caribe
Puerto Rico	San Juan	
República Dominicana	Santo Domingo	
España	Madrid	Europa

Los protagonistas

These are the main characters you will be reading about throughout *¡Claro que sí!*

1. Teresa Domínguez Schroeder, 22, Puerto Rico
2. Vicente Mendoza Durán, 26, Costa Rica
3. Claudia Dávila Arenas, 21, Colombia
4. Juan Carlos Moreno Arias, 24, Perú
5. Marisel Álvarez Vegas, 19, Venezuela
6. Álvaro Gómez Ortega, 23, España
7. Diana Miller, 25, los Estados Unidos
8. Isabel Ochoa Hermann, 24, Chile
9. Don Alejandro Domínguez Estrada, 55, Puerto Rico

STUDY TIPS

When studying a language, always remember that the goal of language study is communication. Learning a language does not mean memorizing vocabulary lists and studying grammar points. While grammar is the key to communication, knowing grammar rules is not an end, but rather a means that enables you to express yourself in another language. In order to study effectively, always keep in mind the message that you want to convey.

Try to make your studying relevant to you as an individual. Each day ask yourself one question: What concepts can I express today in Spanish that I couldn't yesterday? For example, after studying the Preliminary Chapter you might say, "Now I can greet someone and find out where he/she is from."

¡Claro que sí! is based on the premise that **we learn by doing.** Trying to think in the language, without relying on translation, is the most effective way to learn. Try some of the following techniques to make the most of your study time.

1. **Have a positive attitude.**

2. **Study frequently.** It is better to study for a short while every day than to "cram" for an exam. If you learn something quickly, you tend to forget it quickly. If you learn something over time, your retention will improve.

3. **Focus on what function is being emphasized.** The word *function* refers to what you can do with the language. For example, *saying what you did yesterday* is a function, and in order to perform this function, you need to know how to form the *preterit tense* of verbs. Knowing the function makes it easier to see the purpose for studying a point of grammar.

   - Focus on the title of each grammar explanation to understand the function being presented.
   - Read examples carefully, keeping in mind the function.
   - Create sentences of your own, using the grammar point presented to carry out the function emphasized.

4. **Idle time = Study time.** Try to spend otherwise nonproductive time studying Spanish. That will mean less "formal" studying and more time for other things. These spontaneous study sessions are a good way to learn quickly and painlessly while retaining a great deal.

   - When learning numbers, say your friends' phone numbers in Spanish before dialing them, read license plates off cars, read numbers on houses, say room numbers before entering the rooms, etc.
   - When learning descriptive adjectives (i.e., *tall*, *short*, *pretty*, etc.), describe people as you walk to class; when watching TV, make up a sentence to describe someone in a commercial; etc.

5. **Make personal flash cards that contain no translation.** Carry the flash cards with you and go through them as you ride the bus, use an elevator, watch commercials, etc. Once you learn a word, put that card on top of your dresser. At the end of each week, look through the pile of cards and take out any word you may have forgotten and put it in your active file. The growing pile of cards on your dresser will be a visual reminder of how many words, phrases, and verb conjugations you have learned.

   - Draw a picture on one side of the card and write the Spanish equivalent on the other.
   - Use brand names that mean something to you: If you use Suave shampoo, write Suave on one side of the card and **champú** on the other.
   - Write names of people who remind you of certain words: If you think that Carl Lewis is a fast runner, write Carl Lewis on one side and **rápido** on the other.

6. **Study out loud.** Verbalizing will help you retain more information, as will applying what you are studying to your own life.

   - When you wake up in the morning, talk to yourself (in Spanish, of course): "I have to study calculus and I have to go to the bank. I'm going to write a letter today. I like to swim, but I'm going to go to the library."

7. **Write yourself notes in Spanish.** You can write shopping lists in Spanish, messages to your roommate, a "things-to-do list," etc.

8. Speak to anyone who speaks Spanish.

9. Prepare for class each day. This will cut down on your overall study time. It will also improve your class participation and make class more enjoyable for you.

10. Participate actively in class.

Tips for Using the Workbook

1. Do homework when it is assigned; don't wait until the night before it is due.

2. Study before trying to do the activities.

3. Check your answers with care. Pay attention to punctuation and accents. Write the corrections above your errors in a different color ink.

4. Learn from your mistakes. Write personal notes in the margins to explain or clarify the reason for a correction.

5. Ask your instructor questions to clarify any errors you don't understand.

6. When reviewing for exams, pay specific attention to the notes you made in the margins.

Tips for Using the Tape Program

1. Listen to and do the pronunciation section when you begin to study each chapter.

2. Do the rest of the lab activities after studying the second grammar explanation in each chapter.

3. Read the directions and the items in each activity in your Lab Manual before listening to the tape.

4. You are not expected to understand every word you hear on the tapes. All you need to be able to do is to comprehend enough information to complete the activities in the Lab Manual.

5. Listen to the tapes as many times as may be needed. Pause and rewind frequently.

6. After correcting your answers in the Lab Manual, listen to the tape again. Having the answers will help you hear what you may have missed the first time.

Tips for Using the Computer Study Modules

1. Do the Flash exercises while studying each chapter. This can be done every day. These exercises offer mechanical practice and give you immediate feedback.

2. Do the Foundation exercises as you finish each chapter. These exercises will make you use your knowledge of Spanish and will help to improve your reading skills.

3. Before final exams, you may want to redo all the Flash and Foundation exercises for the corresponding chapters, or only specific portions.

CAPÍTULO 1

▲ Students of the Complutense University in Madrid catching a bus to campus.

CHAPTER OBJECTIVES

- Introducing yourself
- Giving your age
- Telling where you are from
- Telling what you do
- Identifying others and telling their age, origin, and occupation

En el Colegio Mayor Hispanoamericano

▲ *Students registering for classes in Peru.*

¿Cómo?	What? / What did you say?
No hay de qué.	Don't mention it. / You're welcome.

Teresa has just arrived in Madrid. She has come to Spain to study tourism and to help her uncle at his travel agency. In the following conversation, Teresa is registering at the dorm **(colegio mayor)** where she will be living.

ACTIVIDAD 1: ¿Qué escuchas?   While listening to the conversation between Teresa and the receptionist, Andrés Pérez, check only the phrases that you hear.

Read the phrases before listening so you know what to listen for.

____ Buenos días.   ____ Buenas tardes.

____ ¿Cómo te llamas?   ____ ¿Cómo se llama Ud.?

____ Sí, soy de Puerto Rico.   ____ Sí, es de Puerto Rico.

____ ¿Cuál es su dirección?   ____ ¿Cuál es su número de pasaporte?

Is this a formal or informal conversation?

Asking for a repetition

RECEPCIONISTA	Un momento . . . ¿Sí? Buenos días.
TERESA	Buenos días.
RECEPCIONISTA	¿Cómo se llama Ud.?
TERESA	Soy Teresa Domínguez Schroeder.
RECEPCIONISTA	Domínguez . . . Domínguez . . . ¿Cómo? ¿Cómo es el segundo apellido?
TERESA	Schroeder.
RECEPCIONISTA	¿Cómo se escribe?
TERESA	Ese-che-ere-o-e-de-e-ere.

Discussing origin

RECEPCIONISTA	Emmm . . . Domínguez Sánchez, Domínguez Salinas, ¡ah, Domínguez Schroeder! Usted es de Puerto Rico, ¿no?
TERESA	Sí, soy de Puerto Rico.
RECEPCIONISTA	¿Cuál es su número de pasaporte?
TERESA	Cero-dos-tres-uno-cinco-tres-seis-cuatro-cuatro (023153644).
RECEPCIONISTA	Bien, su habitación es la ocho (8), señorita.
TERESA	¿Cómo?
RECEPCIONISTA	La ocho.
TERESA	¡Ah! Muchas gracias, señor. Hasta luego.
RECEPCIONISTA	Adiós. No hay de qué.

ACTIVIDAD 2: ¿Cierto o falso?   After listening to the conversation, write **C (cierto)** if the statement is true or **F (falso)** if the statement is false.

1. _F_ Teresa es de Costa Rica.
2. _F_ Ella se llama Teresa Schroeder Domínguez.
3. _I_ El número de su habitación es ocho.
4. _F_ Teresa está en la cafetería de un colegio mayor.

¿ L O   S A B Í A N ?

In Hispanic countries, it is typical for students to attend a university or college in their hometown and live with their parents. When they attend a school outside their hometown, it is customary for them to stay with relatives who live in that city. When this is not possible, they may live in a dorm **(colegio mayor, residencia)** that is usually independent from the university. Since in some countries dorms are almost nonexistent, it is possible to rent a room in a **pensión,** which is similar to a boarding house. A small number of students rent apartments. What do students in the United States do?

ACTIVIDAD 3: Teresa Domínguez Schroeder   Many Spanish-speaking people use two last names, particularly for legal purposes. The first is the father's and the second is the mother's maiden name. Answer the following questions based on Teresa's family.

1. ¿El padre de Teresa es el Sr. Domínguez o el Sr. Schroeder? ¿Y cuál es el apellido de su madre?
2. ¿Teresa es la Srta. Domínguez o la Srta. Schroeder?

ACTIVIDAD 4: ¿Cómo te llamas?   Meet three classmates. Introduce yourself and ask them where they are from. Follow the model.

➤ A: ¿Cómo te llamas?
  B: . . . ¿Y tú?
  A: . . .
  B: Mucho gusto.   *nice to meet you*
  A: Igualmente.   *h same here*
  B: ¿De dónde eres?
  A: Soy de . . . ¿Y tú?
  B: Yo también soy de . . . / Soy de . . .

ACTIVIDAD 5: ¿Cómo se llama Ud.?   You are Hispanic business people visiting
the United States. In pairs, introduce yourselves and ask each other where you are
from, following the model. This is a formal conversation.

> ➤   A: ¿Cómo se llama Ud.?
> B: Me llamo . . . ¿Y Ud.?
> A: . . .
> B: Encantado/a.   *Please to meet you*
> A: Igualmente.
> B: ¿De dónde es Ud.?
> A: De . . . ¿Y Ud.?
> B: Soy de . . .

ACTIVIDAD 6: ¿Cómo se llama?   In pairs, ask each other questions to see how
many of the other students' names you can remember. Also, tell where they are
from. Follow the model.

> If you don't know, say, **No sé.**

> ➤   A: ¿Cómo se llama?
> B: ¿Quién, él?   *who is he*

> A: Sí, él.   A: No, ella.
> B: Él se llama . . .   B: ¡Ah! Ella se llama . . .

>   A: ¿De dónde es . . . ?
>   B: Es de . . .

ACTIVIDAD 7: Conversación   Combine what you have learned so far and greet a
classmate that you have not yet met. Find out his/her name and where he/she is
from.

ACTIVIDAD 8: Tú y él/ella   Write a few sentences introducing yourself and introducing a classmate. State your names and where each of you is from.

LO ESENCIAL I   *age # ph. #*

Los números del uno al cien

To help you remember: All
numbers from 16 to 29 that
end in **-s** have a written
accent.

 (0   cero)

1	uno	11	once	21	veintiuno
2	dos	12	doce	22	veintidós . . .
3	tres	13	trece	30	treinta, treinta y uno . . .
4	cuatro	14	catorce	40	cuarenta, cuarenta y uno . . .
5	cinco	15	quince	50	cincuenta, cincuenta y uno . . .
6	seis	16	dieciséis	60	sesenta, sesenta y uno. . .
7	siete	17	diecisiete	70	setenta, setenta y uno . . .
8	ocho	18	dieciocho	80	ochenta, ochenta y uno . . .
9	nueve	19	diecinueve	90	noventa, noventa y uno . . .
10	diez	20	veinte	100	cien

ACTIVIDAD 9: Numerológica   Use logic to find the next number in the series.

1. tres, seis, nueve, . . .
2. seis, doce, dieciocho, . . .
3. dos, cuatro, ocho, dieciséis, . . .
4. setenta, sesenta y tres, cincuenta y seis, cuarenta y nueve, . . .
5. cien, noventa, ochenta y uno, setenta y tres, . . .

ACTIVIDAD 10: Las matemáticas   **Parte A:** Answer the following math problems according to the model.

y = +
menos = −
por = ×
dividido por = ÷

➤   ¿Cuánto es catorce menos cuatro?
     Es diez.

1. ¿Cuánto es cincuenta y nueve y veinte?
2. ¿Cuánto es setenta y dos dividido por nueve?
3. ¿Cuánto es diez por tres dividido por cinco?
4. ¿Cuánto es noventa y tres menos catorce?

Parte B: Now write three math problems to quiz a partner.

ACTIVIDAD 11: ¿Cuál es tu número de teléfono?   Mingle with your classmates. Ask and answer the following question.

Phone numbers may be from 4 to 7 digits in Hispanic countries, depending on the size of the city or town.

➤   A: ¿Cuál es tu número de teléfono?
     B: Mi número de teléfono es 2-33-65-04 (dos, treinta y tres, sesenta y cinco, cero, cuatro).
     A: Dos, tres, tres, siete, cinco . . .
     B: No. Sesenta y cinco. Seis, cinco.
     A: Ahhh. Dos, tres, tres, seis, cinco, cero, cuatro.
     B: Correcto.

ACTIVIDAD 12: ¡Bingo!   Complete the bingo card using randomly selected numbers in the following manner: Column B (between 1 and 19), Column I (between 20 and 39), Column N (between 40 and 59), Column G (between 60 and 79), and Column O (between 80 and 99). Cross out the numbers as you hear them.

B	I	N	G	O

HACIA LA COMUNICACIÓN I

I. Introductions: Subject Pronouns and *Llamarse*

After having used Spanish to communicate with your classmates, answer the following questions to see what you have learned.

Answers to questions are in Appendix B.

- What is the difference between **él se llama** and **ella se llama**?
- How would you tell someone your name?
- What are two ways to ask someone his/her name?
- How would you ask the Dean of Students of your institution his/her name?

To summarize what you have learned, the singular subject pronouns are the following:

Singular Subject Pronouns	
yo	I
tú	you (familiar, singular)
usted (Ud.)	you (formal, singular)
él	he
ella	she

The singular forms of the verb **llamarse** *(to call oneself)* are the following:

llamarse	
yo	**Me llamo** Miguel.
tú	¿Cómo **te llamas**?
Ud.	¿Cómo **se llama** Ud.?
él	¿Cómo **se llama** él?
ella	Ella **se llama** Carmen.

NOTE: Subject pronouns in Spanish are optional and are generally used only for clarification, emphasis, and contrast. In most cases the conjugated verb forms indicate who the subject is. **Usted,** unlike other subject pronouns, is frequently used for politeness.

II. Giving One's Origin: *Ser + de*

Answer the following questions based on what you have practiced.

- How would you ask your new roommate where he/she is from?
- How would you ask a professor where he/she is from?
- How would you say where your mother is from? **Mi madre . . .**
- How would you say where your boyfriend/girlfriend is from? **Mi novio/novia . . .**

The singular forms of the verb **ser + de** *(to be from)* are the following:

ser de	
yo	**Soy de** Ecuador.
tú	¿**Eres de** Nicaragua?
Ud.	¿**De dónde es** Ud.?
él	Él **es de** San Francisco.
ella	Ella **es de** Colorado.

III. Indicating One's Age: *Tener*

One of the uses of the verb **tener** is to indicate one's age. The following are the singular forms of the verb **tener** in the present indicative:

tener	
yo	**Tengo** treinta años.
tú	¿Cuántos años **tienes**?
Ud.	¿Cuántos años **tiene** Ud.?
él	Él **tiene** diecinueve años.
ella	Ella **tiene** veintiún años.*

Do mechanical drills, Workbook, Part 1.

*NOTE: The number **veintiuno** loses its final **-o** when followed by a masculine noun. When the **-o** is dropped, an accent is placed over the **-u.**

◀ *Students enjoying a break between classes in Santiago, Chile.*

ACTIVIDAD 13: ¿Cómo se llama y de dónde es?   In pairs, take turns naming as many of your classmates and their hometowns as you can remember. Follow the model and point at each person you name.

➤   A: Ella se llama María y es de Milwaukee.
     B: Él se llama Víctor. No sé de dónde es.

ACTIVIDAD 14: ¿Cuántos años tienes?   **Parte A:** Ask several of your classmates their age.

➤   A: ¿Cuántos años tienes?
     B: Tengo . . . años.

Parte B: In pairs, ask each other questions to find out the ages of the people in the class whom you didn't get a chance to ask in Part A of this activity.

➤   A: ¿Cuántos años tiene él?

B: Tiene . . . años.   B: No sé cuántos años tiene.

¿LO SABÍAN?

In Hispanic countries it is not proper to ask someone, especially a middle-aged or older woman, his/her age. Moreover, age is not commonly given in Hispanic newspaper articles when describing brides and grooms, political candidates, or criminals; neither does it appear in obituaries. Do any of these "rules" apply in the United States?

UNION DE CASTRO CASTAÑEDA Y RODRIGUEZ RODRIGUEZ

Helena De Castro Castañeda y Francisco Rodríguez Rodríguez, se casaron por la religión católica, en la Capilla de Nuestra Señora del Carmen, en Campo Alegre. La encantadora novia fue conducida al altar por su padre, luciendo un bellísimo vestido confeccionado en santug de seda. Cursaron las invitaciones para la boda los padres de ambos contrayentes.

La novia es hija de Eduardo de Castro Benedetti y de Finita Castañeda de Castro, y el novio de Francisco Rodríguez Sobral y de Berta Rodríguez de Rodríguez.

La recepción fue celebrada en la Quinta Campo Claro.

ACTIVIDAD 15: ¿Qué recuerdas? In pairs, take turns saying as much as you can about several members of the class. Follow the model.

➤ Ella se llama Elvira, es de Chicago y tiene veintidós años.

ACTIVIDAD 16: Dos conversaciones In pairs, construct two logical conversations using the sentences that follow. Note: Each conversation contains two extra lines that do not belong and should not be included.

Conversación 1

___6___ ¿Es de Caracas?

___2___ Me llamo Roberto, ¿y tú?

___4___ No, soy de Venezuela.

___9___ Sí, es de la capital.

___5___ ¡Mi amigo es de Venezuela también!

_____ Se llama Marta.

___3___ Felipe. ¿Eres de Colombia?

_____ No, es de Cancún.

___7___ Se llama Pepe.

___6___ ¿Ah sí? ¿Cómo se llama él?

___1___ ¿Cómo te llamas?

Conversación 2

___7___ No, es de Bogotá.

___6___ Se llama Ana.

___2___ Soy la Srta. Mejía, ¿y Ud.?

___2___ ¿Ah sí? ¿Cómo se llama?

___4___ ¡Ah! Mi amiga es de Colombia también.

___8___ No, es de Medellín.

___1___ ¿Cómo se llama Ud.?

___5___ ¿Ah sí? ¿Cómo se llama él?

_____ ¿Es de la capital ella?

___3___ Soy el Sr. Mendoza de Colombia.

ACTIVIDAD 17: En el colegio mayor In pairs, select role **(papel)** A or B and follow the instructions for that role. Do not look at the information given for the role your partner plays. When you finish, role play the second situation.

Situación 1: Papel A

You are Juan Carlos Moreno Arias and you are registering at a dorm. Give the necessary information to the receptionist when he/she asks you. This is the information you will need:

Juan Carlos Moreno Arias   Perú   24 años
Número de pasaporte: 5-66-45-89

Situación 1: Papel B

You are the receptionist and you have to ask a new student questions to fill out the registration card below. Remember to address the new student using the **usted** form.

Colegio Mayor Hispanoamericano

Nombre

Apellidos

Edad   País de origen

Número de pasaporte

Situación 2: Papel A

You are the receptionist and you have to ask a new student questions to fill out the registration card on page 22. Remember to address the new student using the **usted** form.

Situación 2: Papel B

You are Isabel Ochoa Hermann and you are registering at a dorm. Give the necessary information to the receptionist when he/she asks you. This is the information you will need:

Isabel Ochoa Hermann   Chile   24 años
Número de pasaporte: 8749652-40

Nuevos Horizontes

Estrategia de lectura: *Identifying Cognates*

You may already know more Spanish than you think. Many Spanish words, although pronounced differently, are similar in spelling and meaning to English words, for example: **capital** *(capital)*, **instrucciones** *(instructions)*. These words are called cognates **(cognados).** Your ability to recognize them will help you understand Spanish.

Some tips that may help you recognize cognates are:

English	Spanish Equivalent	Example
ph	f	**f**otogra**f**ía
s + consonant	es + consonant	**es**pecial
-ade	-ada	limon**ada**
-ant	-ante	inst**ante**
-cy	-cia	infan**cia**
-tion	-ción	informa**ción**
-ty	-ad	universid**ad**
-ic	-ica/-ico	mú**sica**, públ**ico**
-ion	-ión	relig**ión**
-ist	-ista	art**ista**

Other cognates include many words written with one consonant in Spanish that in English have two. Can you identify these words in English: **imposible, oficina, música clásica**?

You will get to apply your new knowledge of cognates in the next few activities.

ACTIVIDAD 18: Anuncios Look at the following newspaper clippings and tell what each is about or what it advertises. Look for cognates to help you.

ACTIVIDAD 19: ¿Qué entiendes? The following ad was taken from the yellow pages in San Gabriel, California. Read it quickly, then try to answer the questions.

1. What is this ad advertising?
2. Why is there a picture of a family?
3. Who is Gregory Robins?
4. How many telephone numbers can you call?
5. How many offices are there? Where are they located?
6. Name two services offered.

Other false cognates: **fútbol** *(soccer)*, **lectura** *(reading)*, **actual** *(current; present)*.

¡OJO! *(Watch out!)* There are some words that have similar forms in Spanish and English but have very different meanings. Context will usually help you determine whether the word is a cognate or a false cognate **(cognado falso)**. Look at the following examples.

María está muy contenta porque el médico dice que está **embarazada**.

*María is very happy because the doctor says she is **pregnant**.*

Necesito ir a la **librería** para comprar los libros del semestre.

*I need to go to the **bookstore** to buy books for the semester.*

LO ESENCIAL II

Las ocupaciones

1. actor/actriz
2. atleta
3. dentista
4. estudiante
5. médico, doctor/doctora

6. economista
7. ingeniero/ingeniera
8. director/directora
9. recepcionista

Otras ocupaciones

abogado/abogada   lawyer
agente de viajes   travel agent
ama de casa   housewife
camarero/camarera   waiter/waitress
dueño/dueña de un negocio   owner of a business
hombre/mujer de negocios   businessman/businesswoman
programador/programadora de computadoras   computer programmer
secretario/secretaria   secretary
vendedor/vendedora   store clerk

ACTIVIDAD 20: ¿Qué hacen tus padres? In pairs, role play the parts of Claudia and Vicente. "A" covers Column B and "B" covers Column A. You are meeting each other for the first time. Introduce yourselves and ask questions about each other's parents, asking their names, where they are from, what they do, etc. Ask questions such as shown in the model.

➤ A: ¿Qué hace tu padre?
B: Mi padre es economista.

A

Los Dávila de Colombia

Claudia—21 años
estudiante

madre—46 años · · · · · · · · · · · · padre—48 años
ama de casa · · · · · · · · · · · · · · médico

B

Los Mendoza de Costa Rica

Vicente—26 años
estudiante

madre—49 años · · · · · · · · · · · · padre—57 años
abogada · · · · · · · · · · · · · · · · economista

ACTIVIDAD 21: ¿Qué hace tu padre? ¿Y tu madre? Interview several classmates and ask them what their parents do.

En la cafetería del colegio mayor

¿Qué hay?	What's up?
¡Oye!	Hey!
entonces	then

After settling in at the dorm, Teresa goes to the snack bar; there she joins her new friend, Marisel Álvarez Vegas, who is from Venezuela. Marisel has lived at the dorm for a while and is telling Teresa who everyone is.

ACTIVIDAD 22: ¿Quién con quién?   Look at the scene in the snack bar. While listening to the conversation, find out who is talking with whom. Label the drawing. The names of the people are Juan Carlos, Diana, Marisel, Teresa, Álvaro, and Vicente.

TERESA	Hola, Marisel.
MARISEL	¿Qué hay?
TERESA	Oye, ¿quién es ella?
MARISEL	¿La chica? Es Diana.
TERESA	¿Es de España?
MARISEL	No, es de los Estados Unidos.
CAMARERO	¿Qué toman Uds.?
TERESA	Yo, una Coca-Cola.

Negating

MARISEL Yo también.
TERESA ¿Y ellos? ¿Quiénes son?

Giving information

MARISEL Se llaman Juan Carlos y Vicente. Juan Carlos es de Perú y Vicente es de Costa Rica.

Expressing amazement

TERESA ¡Huy! ¡Entonces todos somos de América!
MARISEL No, no. El chico que está con Diana es de España, de Córdoba.
TERESA ¿Cómo se llama?
MARISEL Álvaro Gómez.

Asking for a confirmation

TERESA Todos son estudiantes, ¿no?
MARISEL Pues, sí y no; son estudiantes, pero Diana también es profesora de inglés.
CAMARERO Las dos Coca-Colas, 420 pesetas,[1] por favor.
MARISEL Gracias.
CAMARERO No hay de qué.

[1] Spanish monetary unit

ACTIVIDAD 23: Completa la información As you listen to the conversation again, complete the following chart.

Nombre	**País**
Diana	________
________	Perú
Álvaro	________
________	Costa Rica

ACTIVIDAD 24: Presentaciones From the people you have met in your class, choose two from the same city or state. Introduce them to your classmates and say where they are from.

HACIA LA COMUNICACIÓN II

I. Talking About Yourself and Others

A. Subject Pronouns in the Singular and Plural

Vosotros/as is used only in Spain.

Subject Pronouns			
yo	I	**nosotros** / **nosotras**	we
tú	you (informal)	**vosotros** / **vosotras**	you (plural informal)
Ud. (usted)	you (formal)	**Uds. (ustedes)**	you (plural formal/informal)
él / **ella**	he / she	**ellos** / **ellas**	they

B. *Singular and Plural Forms of the Verbs* **Llamarse, Ser,** *and* **Tener**

llamarse			
yo	**Me llamo** Ana.	nosotros⎫ nosotras⎭	**Nos llamamos** los Celtics.
tú	¿Cómo **te llamas**?	vosotros⎫ vosotras⎭	¿Cómo **os llamáis**?
Ud.	¿Cómo **se llama** Ud.?	Uds.	¿Cómo **se llaman** Uds.?
él⎫ ella⎭	**Se llama** Vicente. **Se llama** Diana.	ellos⎫ ellas⎭	**Se llaman** Vicente y Diana. **Se llaman** Teresa y Marisel.

ser			
yo	**Soy** dentista.	nosotros⎫ nosotras⎭	**Somos** de Chile.
tú	¿De dónde **eres**?	vosotros⎫ vosotras⎭	¿De dónde **sois**?
Ud.	¿Quién **es** Ud.?	Uds.	¿Quiénes **son** Uds.?
él⎫ ella⎭	Él **es** Vicente. Ella **es** Diana.	ellos⎫ ellas⎭	**Son** de Perú.

NOTE: In this chapter you have seen three uses of the verb **ser:**

1. **Ser + de** + *city/country*   to indicate origin
2. **Ser** + *name*   to identify a person (= **llamarse**)
3. **Ser** + *occupation*   to identify what someone does for a living

tener			
yo	**Tengo** 20 años.	nosotros⎫ nosotras⎭	**Tenemos** 20 años.
tú	¿Cuántos años **tienes**?	vosotros⎫ vosotras⎭	¿Cuántos años **tenéis**?
Ud.	Ud. **tiene** 25 años, ¿no?	Uds.	Uds. **tienen** 25 años, ¿no?
él⎫ ella⎭	¿**Tiene** 19 años?	ellos⎫ ellas⎭	¿**Tienen** 19 años?

II. Asking and Giving Information: Question Formation

1. Information questions begin with question words such as **cómo, cuál, cuántos, de dónde, qué,** and **quién/es.** Note the word order in the question and in the response.

¿Question word + verb + (subject)? ⟶ (Subject) + verb.

¿De dónde es Álvaro?   (Él) es de España.
¿Cómo se llama (ella)?   (Ella) se llama Teresa.

2. Questions that elicit a yes/no response are formed as follows:

¿Es Isabel?	Sí, es Isabel.
¿Es Isabel de Chile? ⎫ ¿Es de Chile Isabel? ⎭	Sí, Isabel es de Chile.

Another possibility is to add the tag **¿no?** or **¿verdad?** at the end of a statement.

Isabel es de Chile, **¿no?**   Sí, Isabel es de Chile.

III. Negating

1. Simple negation.

Ellos **no** son de México.
No se llama Marisel.

2. Answering a question with negation.

¿Son ellas de Perú?   ⎰ **No,** ellas **no** son de Perú.
⎱ **No,** ellas son de Panamá.

After reading the grammar explanations, answer these questions:

*   How many questions can you formulate that would elicit the following responses? (1) **Soy de Quito.** (2) **No, soy de Quito.** (3) **No, no soy de Quito.** There are several possibilities for each.
*   How many different responses can you think of for the following question: **¿Son de Guatemala ellos?**

Do mechanical drills, Workbook, Part II.

▲ *Gabriela Sabatini, Argentine.*

▲ *Conchita Martínez, Spaniard.*

ACTIVIDAD 25: ¿De dónde son?   In pairs, alternate asking and answering questions about where the following people are from. Follow the model.

➤   A: ¿De dónde es Antonio Banderas?

   B: Es de España.   B: No sé.

1. Julio Iglesias y Conchita Martínez
2. Sting
3. Steffi Graf y Boris Becker
4. Fernando Valenzuela
5. Sofía Loren y Luciano Pavarotti
6. Gabriela Sabatini y Guillermo Vilas
7. Gabriel García Márquez y Juan Valdés

ACTIVIDAD 26: ¿Toledo o Toledo?   Vicente and Juan Carlos are talking about their friends. Choose the correct responses and practice the conversation with a partner.

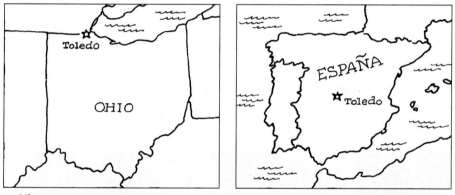

Vicente   **Juan Carlos**

¿Quiénes son ellas?	a. Son Diana y Álvaro.
	b. Son Diana y Teresa.
	c. Es Diana.
Teresa es de Suramérica, ¿no?	a. No, no es de Puerto Rico.
	b. No, es de Puerto Rico.
	c. No. Él es de Puerto Rico.
Y Diana, ¿también es de Puerto Rico?	a. No, es de Toledo.
	b. No, no es de España
	c. No es de Puerto Rico.
¡Ah! Es de España.	a. No, no es de los Estados Unidos.
	b. No es de Ohio.
	c. No, es de Toledo, Ohio.

ACTIVIDAD 27: ¿Y tus padres?   In pairs, interview your partner to find out his/her parents' names, where they are from and how old they are.

➤   A: ¿Cómo se llaman tus padres?
      B: Mis padres se llaman . . .

ACTIVIDAD 28: Vecinos en la residencia estudiantil Assume a Hispanic name. In pairs, talk with other pairs and pretend you are with your roommate, meeting your new neighbors at the dorm. Get to know them by asking questions to elicit the following information: **nombre, origen, edad.**

> A: ¡Hola! Somos sus vecinos. Yo me llamo . . .
> B: Y yo me llamo . . . Y Uds., ¿cómo se llaman?
> C: . . .

ACTIVIDAD 29: Preguntas y respuestas In three minutes, use the question words you have learned **(cómo, cuál, cuántos, de dónde, qué, quién/es)** to write as many questions as you can about the characters you have met in this chapter (Teresa, Claudia, Juan Carlos, Vicente, Diana, Isabel, Álvaro, and Marisel). Then, in groups of four, quiz each other using the questions you have written.

Remember: ¿ . . . ? and accents on question words.

ACTIVIDAD 30: ¡Hola! Soy un estudiante nuevo In pairs, one of you is a new student who has just transferred into the class. Ask your partner questions to learn about other students. Use questions such as **¿Cómo se llaman ellos? ¿De dónde es él? ¿Quiénes son ellas?**

ACTIVIDAD 31: ¡Qué grupo! Take five minutes to write a brief paragraph identifying a group of people in your class.

Try to combine 2 or 3 ideas in 1 sentence.

ACTIVIDAD 32: ¿De dónde son estas personas? Look at the following pictures and try to guess where the people are from.

VOCABULARIO FUNCIONAL

El origen

¿De dónde es él/ella?	*Where is he/she from?*
ser + de	*to be from*

Las personas *(People)*

el/la chico/a	*boy/girl*
la madre; la mamá	*mother; mom*
el/la novio/a	*boyfriend/girlfriend*
el padre; el papá	*father; dad*
el señor	*the man*
señor/Sr.	*Mr.*
la señora	*the woman*
señora/Sra.	*Mrs./Ms.*
la señorita	*the young woman*
señorita/Srta.	*Miss/Ms.*

Pronombres personales *(Subject Pronouns)*

See page 28.

La posesión

mi	*my*
tu	*your (informal)*
su	*his/her/your (formal)*

Las presentaciones

¿Cómo se llama él/ella?	*What's his/her name?*
Encantado/a. / Mucho gusto.	*Nice to meet you.*
Igualmente.	*Nice to meet you, too. / Same here.*
el nombre (de pila)	*first name*
el primer apellido	*first last name (father's name)*
el segundo apellido	*second last name (mother's maiden name)*
¿Quién es él/ella?	*Who's he/she?*

Agradecimientos *(Thanking)*

No hay de qué.	*Don't mention it. / You're welcome.*

Los números del uno al cien

See page 17.

Expresiones relacionadas con los números

el año	*year*
¿Cuál es tu/su número de . . . ?	*What is your . . . number?*
¿Cuántos años tiene él/ella?	*How old is he/she?*
el pasaporte	*passport*
el teléfono	*telephone*
tener . . . años	*to be . . . years old*

Las ocupaciones

See page 25.

Palabras y expresiones útiles

la cafetería	*cafeteria/bar/short-order restaurant*
el colegio mayor; la residencia	*dormitory*
¿Cómo?	*What? / What did you say?*
la dirección	*address*
entonces	*then*
no; ¿no?	*no; right? / isn't it?*
No sé.	*I don't know.*
¡Oye!	*Hey!*
por favor	*please*
—¿Qué hace él/ella?	*What does he/she do?*
—Es . . .	*He/She is a . . .*
¿Qué hay?	*What's up?*
sí	*yes*
también	*too, also*
todos	*all*
¿verdad?	*right?*
y	*and*

TravelTur

¿Yo director? / San Antonio, Texas

Antes de ver

ACTIVIDAD 1: El mundo es un pañuelo   You are going to watch a short video about a young man who works for a travel agency. Before you watch the video, work in pairs and try to decide if the following companies are based in the United States or if they are based in other nations. Follow the example:

➤   Ford es una compañía de los Estados Unidos.
BMW no es una compañía de los Estados Unidos.
No sé si Sanyo es una compañía de los Estados Unidos o no.

1. Braun
2. Phillips
3. Shell
4. Johnson & Johnson
5. Benetton

6. Knorr
7. Nestlé
8. Panasonic
9. Nike

¿LO SABÍAN?

As you can see, international companies are very important in our daily lives. According to Protase "Woody" Woodford in a keynote address to the Massachusetts Association of Foreign Language Teachers, "In the 1960s the dollar value of exports and imports combined was less than 10% of the U.S. Gross National Product. By the late 1980s, international trade accounted for almost 30% of GNP. Today, more than one-fifth of U.S. industrial output is exported. One of six workers in manufacturing produces goods for export. Two out of every five acres of U.S. farmland produce food for export."

For the protagonist of the video, who works in a travel agency, the preceding information is quite important. Typical clients include many business people traveling to other countries. Other clients include students who know that knowledge of another language and its culture is a great asset when entering a highly competitive job market.

Mientras ves

ACTIVIDAD 2: Algunos detalles   Look at the photo and read the following questions. Then, while you watch the video, jot down an answer to each question.

VER TODO EL PROGRAMA

1. ¿Cómo se llama la agencia de viajes?
2. ¿Cómo se llama él y qué hace?
3. ¿Cómo se llama ella y qué hace?

4. ¿Cuál es el número de teléfono de la agencia de viajes en Madrid?

código internacional ＿＿＿ ＿＿＿ ＿＿＿ España ＿＿＿ ＿＿＿

prefijo de Madrid ＿＿＿ agencia de viajes ＿＿＿ ＿＿＿ ＿＿＿ ＿＿＿ ＿＿＿ ＿＿＿ ＿＿＿

ACTIVIDAD 3: Dictado   At one point in the video, Andrés tries his hand at "acting." The following is a partial script of what he said. Listen to this portion of the video again and try to complete the paragraph. Then, compare your answers with those of a partner.

DESDE 2:39
HASTA 3:27

Buenos ＿＿＿＿＿＿＿＿＿＿. Con ＿＿＿＿＿＿＿＿＿＿, Andrés

＿＿＿＿＿＿＿＿＿＿, y voy a ＿＿＿＿＿＿＿＿＿＿

director ＿＿＿＿＿＿＿＿＿ anuncios comerciales para ＿＿＿＿＿＿＿＿＿.

¡Sí, ＿＿＿＿＿＿＿＿＿!

Después de ver

ACTIVIDAD 4: ¿Adónde?   **Parte A:** In order to film ads geared towards college students and Hispanics in the U.S., Andrés received three tickets to three different cities. Since the tickets were issued in the United States an accent is missing on one of the names. Place the accent over the appropriate letter.

Parte B: Check the places that Andrés is going to visit based on the tickets he received.

＿＿＿ Venezuela   ＿＿＿ Puerto Rico
＿＿＿ Colombia   ＿＿＿ España
＿＿＿ Costa Rica   ＿＿＿ Chile

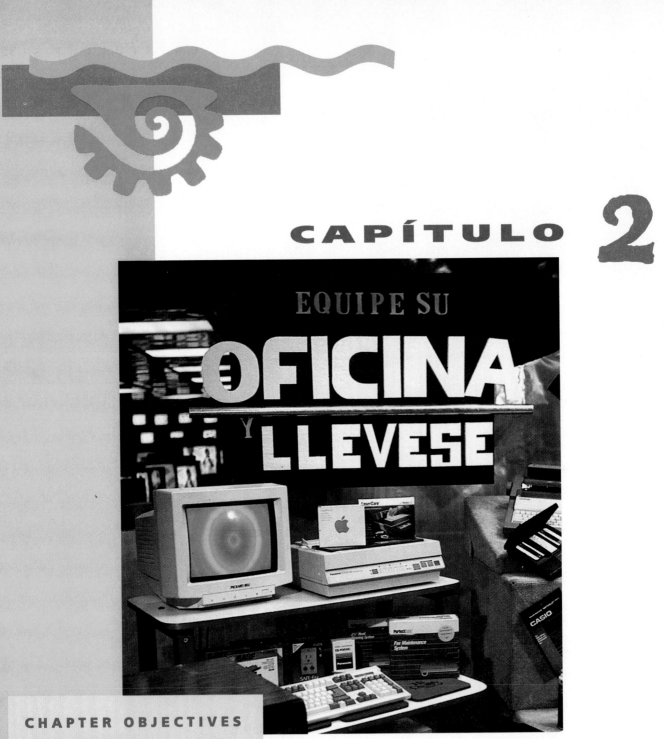

CAPÍTULO 2

EQUIPE SU OFICINA Y LLEVESE

▲ *Computer store in Venezuela.*

CHAPTER OBJECTIVES

- Identifying some household objects and their owners
- Discussing your classes
- Talking about likes and dislikes
- Discussing future plans
- Expressing obligation

¡Me gusta mucho!

Claro. **¡Claro que sí!** **Por supuesto.** **¿De veras?**	Of course. Really?

Marisel is studying in her room. Teresa is taking a study break and comes to Marisel's room looking for something to drink and some conversation.

ACTIVIDAD 1: ¿Qué escuchas?   While listening to the conversation, place a check mark next to the topics that you hear mentioned.

_____ computadoras   _____ calculadoras

_____ música salsa   _____ música rock

_____ té   _____ café

	MARISEL	Sí, pasa. *come in*
	TERESA	Hola. ¿Cómo estás?
	MARISEL	Bien. ¿Y tú?
Getting someone's attention	TERESA	Más o menos, tengo que estudiar mucho. ¡Oye! ¿Tienes café? *I have to study*
	MARISEL	¡Claro que sí!
	TERESA	¡Ah! Tienes computadora.
	MARISEL	Sí, es una Macintosh.
Expressing preferences	TERESA	A mí me gusta más la IBM porque es más rápida.
	MARISEL	¿De veras?
	TERESA	Sí, mi papá tiene una IBM.
	MARISEL	Pues a mí me gusta más la Macintosh porque es más fácil. ¡Oye! ¿Te gusta el café solo o con leche?
	TERESA	Solo . . . Mmm. Me gusta mucho. ¡Ah! ¡Qué música tan buena tienes!
Asking preferences	MARISEL	Tengo muchos discos de salsa. ¿Te gusta la salsa?
	TERESA	Por supuesto. ¿Tienes discos de Rubén Blades?
	MARISEL	Claro, y de Juan Luis Guerra, Óscar de León, Wilfrido Vargas . . .

ACTIVIDAD 2: Preguntas   Listen to the conversation again, then answer the questions.

1. ¿Qué computadora le gusta a Teresa? ¿Y a Marisel?
2. ¿Tiene computadora Teresa? ¿Y Marisel?
3. ¿Cómo le gusta el café a Teresa, solo o con leche?
4. ¿Quién tiene discos de salsa, Teresa o Marisel?

ACTIVIDAD 3: ¿Y tú?   In pairs, ask your partner the following questions.

1. ¿Qué computadora te gusta?
2. ¿Tienes computadora? ¿Qué computadora tienes?
3. ¿Tienes discos de salsa?
4. ¿Qué tipos de discos tienes? ¿Rock? ¿Jazz? ¿Música clásica? ¿Música country? ¿Música rap?

ACTIVIDAD 4: ¡Claro!   In pairs, find out whether your partner has the following things. Follow the model.

> A: ¿Tienes televisor?
> B: ¡Claro! / ¡Por supuesto! / ¡Claro que sí! / No, no tengo.

1. calculadora   3. video   5. guitarra
2. estéreo   4. radio   6. teléfono

LO ESENCIAL I

La habitación de Vicente

To learn vocabulary, think of the word **champú** when you are washing your hair, **jabón** when you wash your hands, etc. Say the words aloud. Remember: idle time = study time.

1. cama
2. guitarra
3. plantas
4. cámara
5. cepillo de pelo
6. reloj
7. estéreo
8. periódico
9. máquina de escribir
10. lámpara
11. silla
12. toalla
13. escritorio

La cinta/el cassette/el casete, la computadora/el computador/el ordenador, and el vídeo/video are all accepted in Spanish.

La radio = radio broadcast, radio station. In some countries, el radio is used. El/La radio = radio (apparatus).

Otras cosas

el agua de colonia   cologne
la calculadora   calculator
el cepillo de dientes   toothbrush
la cinta/el cassette   tape / cassette
la computadora   computer
la crema de afeitar   shaving cream
el champú   shampoo
el diccionario   dictionary
el disco; el disco compacto   record; compact disc
la grabadora   tape recorder
el jabón   soap

el kleenex   Kleenex, tissue
la máquina de afeitar   electric razor
la mesa   table
la novela   novel
la pasta de dientes   toothpaste
el peine   comb
el perfume   perfume
el/la radio   radio
la revista   magazine
el sofá   sofa, couch
el teléfono   telephone
el televisor   television set
el video   VCR; videocassette

ACTIVIDAD 5: Asociaciones   Associate the following names with objects.

➤   Prell   Prell = champú

What are some Hispanic products sold in the U.S.?

1. Panasonic
2. Colgate
3. Nikon
4. Memorex
5. *Time, Newsweek*

6. Gillette
7. Dial
8. Chanel Número 5
9. Gabriel García Márquez
10. Timex

ACTIVIDAD 6: Categorías   List as many items as you can that fit these categories: **cosas para leer, cosas electrónicas, cosas en un baño.**

ACTIVIDAD 7: La habitación de Vicente   In pairs, quiz each other by looking at the drawing of Vicente's room on page 38. Follow the model.

➤   A: ¿Tiene video?
      B: Sí, tiene. / No, no tiene.

ACTIVIDAD 8: ¿Qué tienes en tu habitación?   **Parte A:** Make a list of items that you have in your room.

Parte B: In pairs, ask your partner what he/she has in his/her room. Be prepared to report back to the class. Follow the model.

➤   A: ¿Tienes estéreo?
      B: Sí, tengo estéreo. / No, no tengo estéreo.

ACTIVIDAD 9: Las habitaciones de los estudiantes In pairs, "A" covers the drawing of Vicente and Juan Carlos's room, and "B" covers the drawing of Marisel and Diana's room. Then, find out what each pair of roommates has in the room by asking your partner questions. Follow the model.

➤ A: ¿Tienen computadora Vicente y Juan Carlos?
   B: No, no tienen computadora.

Marisel y Diana   *Vicente y Juan Carlos*

HACIA LA COMUNICACIÓN I

I. Using Correct Gender and Number

All nouns in Spanish are either masculine or feminine (gender) and singular or plural (number). For example: **libro** is masculine, singular and **novelas** is feminine, plural. Generally, when nouns refer to males, they are masculine **(señor)** and when they refer to females, they are feminine **(señora).** The definite and indefinite articles agree in gender and number with the noun they modify.

Definite article = the

Definite Article		
	Singular	**Plural**
Masculine	el	los
Feminine	la	las

Indefinite article = a/an, some

Indefinite Article		
	Singular	**Plural**
Masculine	un	unos
Feminine	una	unas

Nouns have gender in many languages. Even in English we refer to a friend's new car, saying, "She runs really well."

A. Gender

1. Nouns ending in the letters **-l, -o, -n,** or **-r** are usually masculine.

el pape**l**   el jabó**n**
el cepill**o**   el televiso**r**

Common exceptions include **la mano** (*hand*), **la foto (fotografía),** and **la moto (motocicleta).**

2. Nouns that end in **-e** may be masculine **(el cine, el baile, el pie),** but there are many high-frequency words that are feminine: **la tarde, la noche, la clase, la gente, la parte.**

3. Nouns ending in **-a, -ad, -ción,** and **-sión** are usually feminine.

la novel**a**   la composi**ción**
la universid**ad**   la televi**sión**

Common exceptions include **el día** and nouns of Greek origin ending in **-ma** and **-ta,** such as **el problema, el programa,** and **el planeta.**

4. Most nouns ending in **-e** or **-ista** that refer to people can be masculine or feminine in gender. Context or modifiers such as articles generally help you determine whether the word refers to a male or female.

El pia**nista** es John. / La pianista es Mary.

el estudiant**e**   la estudiant**e**
el pia**nista**   la pia**nista**
el art**ista**   la art**ista**

NOTE: The definite article is used with titles, such as **Sr., Sra., Srta., Dr., profesora,** etc., except when speaking directly to the person:
  La Sra. Ramírez es de Santo Domingo.
  BUT: **¿De dónde es Ud., Sr. Leyva?**

B. Number: Plural Formation

1. Nouns ending in a vowel generally add **-s.**

el disco   **los** disco**s**
el presidente   **los** presidente**s**
la revista   **las** revista**s**

To review accent rules, see Appendix C.

2. Nouns ending in a consonant add **-es.**

el profesor	**los** profesor**es**	el examen	**los** exámen**es**
la mujer	**las** mujer**es**	la nación	**las** nacion**es**
la ciudad	**las** ciudad**es**		

3. Nouns ending in **-z** change **z** to **c** and add **-es.**

el lápi**z**   **los** lápi**ces**

II. Likes and Dislikes: *Gustar*

1. In order to express your likes and dislikes you use the construction **me gusta/n** + *article* + *noun*. The noun that follows the verb **gustar** determines whether the form of the verb is singular or plural.

me gusta/n + *article* + *noun*	
Me gusta el libro.	The book is pleasing to me. (I like the book.)
Me gustan los libros.	The books are pleasing to me. (I like the books.)

After having studied the preceding explanation, answer the following question:

- How would you say that you like the following things: **la revista; los periódicos de Nueva York; un video; el estéreo de Carmen?**

2. To talk about the likes and dislikes of others, you need to change only the beginning of the sentence.

(A mí)	me		
(A ti)	te		
(A Ud.)			
(A él)	le		
(A ella)		+	**gusta** + *singular noun*
(A nosotros)	nos		**gustan** + *plural noun*
(A vosotros)	os		
(A Uds.)			
(A ellos)	les		
(A ellas)			

3. The words in parentheses in the preceding chart are optional; they are used for emphasis or clarification. When using **le gusta** or **les gusta,** clarification is especially important because **le** or **les** can refer to several people.

(A él) le gustan los discos de Ana.
(A ellos) les gustan los discos de Ana.
¿**(A ella) le** gusta el café?

NOTE: **A** Miguel **le** gusta el vino.
A la Sra. Ferrer **le** gusta el vino.
BUT: **Al** Sr. Ferrer **le** gusta el vino. (**a** + **el** = **al**)

After studying the grammar explanation, answer these questions:

- How would you say that Raúl doesn't like the novel? What would you have to change to say that he doesn't like the novels?
- What are all possible translations for **Le gusta el té**?
- How would you clarify that Tomás, not Elena, likes music?
- How would you say that Mr. Porta likes Coca-Cola and that Mrs. Bert does not?

III. Expressing Possession

Before studying the grammar explanation, answer the following questions:

- How would you say that you have a radio?
- How would you say that you and your roommate have a television set? *tenemos*
- How would you ask your instructor whether he/she has a stereo? *tiene*
- How would you say that your friends don't have a VCR?

Note the absence of an article.

1. Tener is not only used to indicate age, but also to show possession, as in **Tengo televisor.** or **¿Tienes discos?**

NOTE: In general, the use of **tener** is similar to English: **Tengo inglés y cálculo. Ella tiene discos compactos. ¿Tienes problemas?**

tener *(to have)*
Tengo radio.
¿Tienes discos de jazz?
Juan Carlos **tiene** dos guitarras.
Nosotros **tenemos** televisor y video.
Vosotros **tenéis** estéreo, ¿no?
Tienen calculadora.

2. The preposition **de** also indicates possession in Spanish:

El estéreo **de** Alfredo

Alfredo's stereo

¿**De** quién es el estéreo?
Las cintas **de** la chica son de Japón.
¿**De** quiénes son las revistas?
Es el televisor **de** la señora Viñals.
BUT: Es el televisor **del** señor Viñals. (**de** + **el** = **del**)

Look at the examples to help you answer. See answers in Appendix B.

After studying the grammar explanation, answer the following questions:

- What is the Spanish equivalent of the English *'s*?
- How would you say that the record belongs to Carlos? To Mr. González? To Miss López? To the students?
- How would you ask someone whose towel it is?
- How would you ask someone whose plants they are?

Do mechanical drills, Workbook, Part 1.

ACTIVIDAD 10: Los gustos　**Parte A:** After studying the verb **gustar,** complete each of the following phrases with an appropriate word.

A mí _gustar_   ___ ellos _les_

A _ti_ te   A _mí_ me

A Juan _la_ ___   A ___ _Uds._ ___ les

A la Srta. Gómez _la_ ___   _Al_ Sr. García le

___ Marta _la_ ___   A Uds. _les_

A _ella_ ___ le   A Marcos y ___ Ana ___

A nosotros _nos_   A Marcos y a mí _nos_

Parte B: Now complete each of these phrases with the words **gusta** or **gustan.**

gusta la universidad   _gustan_ las plantas

gustan los perfumes de Francia   _gusta_ la pasta de dientes Crest

gusta la clase de español   _gusta_ mi profesor de historia

gusta el jazz

gustan los discos compactos   _gustan_ los videos de Eddie Murphy

gustan las novelas de Octavio Paz

Parte C: Now, form sentences by combining a phrase from the first group with one from the second group.

ACTIVIDAD 11: Tus gustos　In pairs, find out your partner's preferences and jot down his/her answers. Follow the model.

➤ A: ¿Te gusta más Gabriela Sabatini or Steffi Graf?
B: Me gusta más . . .

1. Rubén Blades o Julio Iglesias
2. Nueva York o Los Ángeles
3. Andy García o Jimmy Smits
4. Tony Peña o José Canseco
5. el béisbol o el basquetbol
6. Oprah Winfrey o Geraldo Rivera
7. MTV o CNN
8. la televisión o la radio
9. el jazz o el rock

Basquetbol/baloncesto/ basket(bol) are all used.

ACTIVIDAD 12: Más gustos　Continue to find out more about your partner's preferences. Follow the model.

➤ A: ¿Te gustan más los Yanquis o los Dodgers?
B: . . .

1. las revistas o los libros
2. las computadoras o las máquinas de escribir
3. las cintas o los discos compactos
4. las novelas de Stephen King o las novelas de Agatha Christie

5. los videos de horror o los videos de romance
6. los periódicos o las revistas
7. los conciertos de rock o los conciertos de música clásica
8. las fotografías o los videos

ACTIVIDAD 13: ¿Cuál te gusta más?   In pairs, find out your partner's preferences. Follow the model.

> ➤ computadora   IBM/Mac
> A: ¿Te gustan más las computadoras IBM o Mac?
> B: Me gustan más las computadoras Mac.

1. pasta de dientes   Crest/Colgate
2. cámaras   Nikon/Polaroid
3. jabón   Zest/Ivory
4. relojes   Seiko/Rolex
5. teléfonos   Panasonic/ATT
6. champú   Suave/Nexus

ACTIVIDAD 14: Compatibles   Keeping in mind the responses given by your partner in Activities 11–13, interview a third person to see whether he/she is compatible with your partner. Be prepared to report back findings to the class. Remember to use definite articles with common nouns. Use sentences such as the following:

> ➤ Ellos son compatibles porque les gusta la televisión.
> Ellos no son compatibles porque a él le gustan las novelas y a ella le
> gustan las revistas.

ACTIVIDAD 15: Las preferencias   Juan Carlos and Vicente are roommates. Read about their preferences and decide what items belong to whom.

A Juan Carlos le gusta mucho la música y a Vicente le gustan los libros. Entonces, ¿de quién son estas cosas?

> ➤ libro de Hemingway
> El libro de Hemingway es de Vicente porque a él le gustan los libros.

1. guitarra
2. diccionario
3. revistas
4. grabadora
5. novelas de James Michener
6. discos compactos y cintas
7. estéreo
8. periódicos

Have you read any books by Hemingway or Michener about Hispanic countries?

ACTIVIDAD 16: Las asignaturas   Mingle with your classmates and find out what classes they have this semester. Some possible subjects are **arte, biología, economía, historia, inglés, literatura, matemáticas,** and **sociología.** Follow the model.

> ➤ A: ¿Tienes historia?
> B: Sí, tengo historia. / No, no tengo historia. / No, pero tengo arte.

ACTIVIDAD 17: Los artículos del baño Some of the women at the dorm have left things lying about in the bathroom. In pairs, "A" covers the information in Column B and "B" covers the information in Column A. Ask your partner questions to find out who owns some of the items in the bathroom. Follow the model.

➤ A: ¿De quién es la pasta de dientes?
B: Es de . . .

B: ¿De quiénes son los jabones?
A: Son de . . .

A

You know who owns the following:
jabones – Claudia y Teresa   peines – Teresa y Diana
champú – Marisel   cepillos de dientes – Diana, Marisel,
   Teresa y Claudia

Find out who owns:
los kleenex, la pasta de dientes, las toallas, el perfume

B

You know who owns the following:
kleenex – Claudia   toallas – Diana y Teresa
pasta de dientes – Marisel   perfume – Marisel

Find out who owns:
los jabones, el champú, los peines, los cepillos de dientes

ACTIVIDAD 18: Descripción Complete the following paragraph, describing yourself.

Me llamo _____ y soy de _____ . Tengo _____ años y me

gusta _____ ; por eso tengo _____ en mi habitación. También me

gustan _____ , pero no tengo _____ .

Redo the preceding paragraph, describing another person in your class. Make all the necessary changes.

NUEVOS HORIZONTES

Estrategia de lectura: *Scanning*

Scanning is a technique that is frequently used when reading. For instance, you scan the yellow pages of a phone book to find restaurants that serve pizza, then to find those that deliver and, finally, to find those that are near where you live. When scanning, you look for specific bits of information as if you were on a search-and-find mission. Your eyes function like radar, ignoring superfluous information and zeroing in on the specific details that you set out to find.

ACTIVIDAD 19: Busca información   Look at the list entitled **"Los libros más leídos"** from the magazine *Visión* and scan the contents to find the answers to the following questions.

1. ¿Cuál es el orden de la lista?
   a. título, editorial, autor/a
   b. título, autor/a, editorial
   c. autor/a, editorial, título
2. ¿Qué libro es popular en casi todos los países?
3. ¿Cuál es la editorial del libro *Del amor y otros demonios* en Perú? ¿Y en Venezuela? ¿Y en Chile?

> Remember: You are not expected to understand every word of the readings; just try to get the information asked in the questions.
>
> **la editorial** = publisher

LOS LIBROS MÁS LEÍDOS

Esta reseña consigna los libros de autores latinoamericanos más leídos en algunos países de la región. Se consigna el título del libro, su autor, y el nombre de la editorial. La información fue extraída de diarios locales, agencias internacionales e informes de corresponsales.

PERÚ
Del amor y otros demonios, Gabriel García Márquez, Norma
Como agua para chocolate, Laura Esquivel, Grijalbo
Malos modales, Fernando Ampuero, Campodónico

VENEZUELA
Lituma en los Andes, Mario Vargas Llosa, Planeta
Del amor y otros demonios, Gabriel García Márquez, Norma

COLOMBIA
Del amor y otros demonios, Gabriel García Márquez, Norma
Cuentos completos, Juan Carlos Onetti, Santillana
La virgen de los sicarios, Fernando Vallejo

CHILE
Del amor y otros demonios, Gabriel García Márquez, Sudamericana
Un viejo que leía novelas de amor, Luis Sepúlveda, Tusquets
Neruda en el país de las maravillas, Enrique Lafourcade, Norma

MÉXICO
El naranjo, Carlos Fuentes, Alfaguara
Del amor y otros demonios, Gabriel García Márquez, Diana
La casa de los espíritus, Isabel Allende, Diana

ECUADOR
Como pez en el agua, Mario Vargas Llosa, Seix Barral
Como agua para chocolate, Laura Esquivel, Planeta
Plan infinito, Isabel Allende, Norma

▲ Isabel Allende, Chilean author.

▲ Mario Vargas Llosa, Peruvian author and ex-presidential candidate, seen here campaigning.

ACTIVIDAD 20: Los argentinos y su tiempo libre   Scan the list on page 49 of the most popular CDs, books, theatrical productions, and movies in Argentina to find the answers to these questions.

1. Discos compactos
   a. ¿Cómo se llama el disco compacto de Aerosmith?   *#3 Get a grip.*
   b. ¿Cuántos discos compactos son de música rock?   *2*
   c. ¿Qué tipo de música tiene el disco compacto de Alejandro Lerner?   *Pop*
   d. ¿Qué disco compacto tiene el título en portugués?   *title:*
   e. ¿Cuál te gusta más, la música pop o rock?   *1, 3, 5*
2. Libros
   a. En la lista, hay cuatro autores y una autora, ¿quién es la autora?
   b. ¿Cuáles son novelas y cuáles son ensayos?
   c. Dos libros tienen protagonistas que son mujeres, ¿cuáles son?
   d. Un libro es de aventura y tiene violencia, ¿cuál es?
3. Teatro
   a. ¿Cuál tiene música?
   b. ¿Cuál tiene o cuáles tienen humor?
   c. ¿Cuál es para niños?
   d. ¿Quién es el director de *Brujas*?
   e. ¿Cuáles te gustan más, las comedias o los dramas?
4. Cine
   a. ¿De qué país son todas las películas?
   b. ¿Cuál es una película buena para niños?
   c. ¿Qué actor te gusta más: Keanu Reeves, Michael Keaton, John Goodman o Mel Gibson? ¿Qué actriz te gusta más: Jodie Foster, Elizabeth Taylor o Nicole Kidman?

RANKING

Discos

1 ALEJANDRO LERNER
CD: *Permiso de volar.* (BMG).   Pop
La nueva propuesta del intérprete, compositor y arreglador porteño cuenta con once temas, grabados en Los Angeles y con la participación de los integrantes del dúo Air Supply, *You'll Never Know.* También se destacan *Testigos del sol, Por ti* y la nueva versión de su hit *Por un minuto de amor.*

2 LEON GIECO
CD: *Desenchufado* (EMI)
El primer álbum netamente acústico del músico santafesino reúne, en versiones renovadas, sus exitosos temas *El fantasma de Canterville, La navidad de Luis* y *Sólo le pido a Dios,* junto a *Semillas del corazón* y otros de reciente producción.

3 AEROSMITH
CD: *Get a Grip* (BMG).   Rock
Amazing, Living on the Edge y *Crying* —cuyo video clip se difunde actualmente por la MTV— forman parte de una placa de impecable calidad sonora, que ya superó las 90 mil copias vendidas en la Argentina.

4 LUIS MIGUEL
CD: *Aries* (Warner).   Melódico
Posterior a *Romance,* su primera recopilación de boleros, *Aries* mantiene la vigencia de su habitual repertorio. Se destacan *Suave, Me niego a estar solo* y *Hasta que me olvides.*

5 OS PARALAMAS DO SUCESSO
CD: *Dos Margaritas* (EMI).   Rock
La banda brasileña vuelve al ruedo, esta vez en compañía de Fito Páez, Egberto Gismonti y Brian May como invitados, con una propuesta que incluye, entre otros, *Coche viejo, El vampiro bajo el sol, El amor duerme, Será diferente* y *Dos margaritas,* el corte más difundido.

Fuentes: Musimundo y Capif.

Libros

1 LA LARGA AGONIA DE LA ARGENTINA PERONISTA Ensayo
De Tulio Halperín Donghi.
Ariel.
Precio: 12 pesos.
Una mirada reflexiva sobre el desmembramiento que operó la sociedad argentina bajo la tutela del peronismo.

2 A LAS 6 DE LA TARDE   Ensayo
De Pepe Eliaschev.
Sudamericana.
Precio: 15 pesos.
Una selección de los más destacados editoriales difundidos por el periodista desde su emisión radial *Esto que pasa.*

3 EL PUÑO DE DIOS   Novela
De Frederick Forsyth
Plaza & Janés.
Precio: 24 pesos.
Un agente asume una misión suicida durante la Guerra del Golfo. Su principal objetivo es desbaratar los planes del ejército iraquí, poseedor de una potente arma que amenaza el futuro de los aliados.

4 DEL AMOR Y OTROS DEMONIOS   Novela
De Gabriel García Márquez.
Sudamericana.
Precio: 15 pesos.
El Nobel se aboca a develar el misterioso destino de Sierva María, una joven que fue encerrada en un convento por estar poseída por el demonio.

5 EL TIGRE DORMIDO   Novela
De Rosamunde Pilcher.
Emecé.
Precio: 12 pesos.
Tras los pasos de su padre, a quien nunca conoció, una mujer llega a una isla. Allí recluida accede a una serie de importantes revelaciones sobre su verdadera identidad.

Fuentes: Fausto y Clásica y Moderna.

Teatro

1 BRUJAS   Comedia
Dirección general: Luis Agustoni.
Con: Graciela Dufau, Moria Casán, Nora Cárpena, Susana Campos y Thelma Biral.
Ateneo.
Reunidas tras una larga separación, un grupo de amigas revive viejas diferencias. Cuarta temporada en cartelera.

2 SALSA CRIOLLA   Integral
Protagonizado y dirigido por Enrique Pinti.
Con: Mario Suárez, Sergio Lupardo y elenco.
Liceo.
Una cabalgata que recorre la historia argentina a través del humor, que este año cumple una década de éxito ininterrumpido.

3 CALIGULA   Drama
Dirección general: Rubén Szuchmacher.
Con: Imanol Arias, Manuel Calau y elenco.
Paseo La Plaza, Sala Pablo Neruda.
La obra de Albert Camus, en una puesta polémica y fiel a la crudeza textual del autor de *La Peste.*

4 ESCENAS DE LA VIDA CONYUGAL   Drama
Protagonizado y dirigido por: Norma Aleandro y Alfredo Alcón.
Blanca Podestá.
Una adaptación de la obra de Ingmar Bergman que reúne, por segundo año consecutivo, a dos grandes figuras de la escena nacional.

5 LA FLACA ESCOPETA   Infantil
Dirección general: Hugo Midón.
Con: Linda Peretz y mágica compañía.
Lorange.
Una maga de otro planeta llega a la tierra dispuesta a resolver todos los problemas que aquejan a este loco mundo. Música, malabarismos y sorpresas para la gente menuda.

Fuente: Soc. Arg. de Empresarios Teatrales.

Cine

1 MAXIMA VELOCIDAD   (EE.UU, 1994)
Protagonistas: Keanu Reeves y Dennis Hopper.
Dirección: Jan De Bont.
El duelo entre un psicópata, que colocó una bomba en un micro, y el osado policía que intentará desactivarla a cualquier precio.

2 EL REY LEON   (EE.UU, 1994)
Producción de dibujos animados.
Dirección Rob Minkoff y Roger Allers.
El leoncito Simba, legítimo heredero del trono de su padre, el rey Mufasa, enfrenta a su traidor tío Skar, que desea extender su poder a toda la selva.

3 MI VIDA   (EE.UU, 1991)
Protagonistas: Michael Keaton y Nicole Kidman.
Dirección: Bruce Joel Rubin.
El drama de Bob, un hombre que a punto de ser padre recibe la noticia de que padece una enfermedad terminal. Desde entonces, comienza a grabar un video que repasa su vida, como legado a su futuro hijo.

4 LOS PICAPIEDRAS   (EE.UU., 1994)
Protagonistas: John Goodman, Rick Moranis y Elizabeth Taylor.
Dirección: Brian Levant.
Pedro Picapiedra, ahora ascendido a ejecutivo de una empresa, huye de las trampas que le tienden sus corruptos colegas. Acción en una Rocadura de dimensión real, junto a los populares personajes creados por Hanna-Barbera.

5 MAVERICK   (EE.UU, 1994)
Protagonistas: Mel Gibson, Jodie Foster y James Garner.
Un empedernido jugador de póquer y su compañera de aventuras están empeñados en conseguir el dinero necesario para participar en una fuerte partida. A ellos se unirá un tercero, estrechamente vinculado con la ley.

LO ESENCIAL II

I. Acciones

1. comer
2. salir
3. beber
4. bailar
5. cantar
6. escuchar música
7. hablar

Otras acciones

caminar	to walk	**leer**	to read
comprar	to buy	**llevar**	to carry, take along; to wear
correr	to run	**mirar**	to look (at)
escribir	to write	**nadar**	to swim
esquiar	to ski	**trabajar**	to work
estudiar	to study	**visitar**	to visit

ACTIVIDAD 21: Asociaciones   Associate the actions in the preceding lists with words that you know. For example: **leer—libro; nadar—Hawai; estudiar— estudiante.**

ACTIVIDAD 22: ¿Te gusta bailar?   In pairs, use the actions in the preceding lists to find out what activities your partner likes to do. Follow the model.

➤   A: ¿Te gusta bailar?
     B: Sí, me gusta bailar. / No, no me gusta bailar.

Days of the week are not capitalized in Spanish.

II. Los días de la semana *(The Days of the Week)*

lunes   jueves   sábado
martes   viernes   domingo
miércoles

Expresiones de tiempo *(Time Expressions)*
esta mañana/tarde/noche   this morning/afternoon/evening
el fin de semana   weekend
hoy   today
el lunes   Monday; on Monday
los lunes   on Mondays
mañana   tomorrow
la mañana   morning
la semana que viene   next week

ACTIVIDAD 23: Tu agenda   In pairs, alternate asking and answering the following questions.

1. ¿Tienes clase esta tarde? ¿Esta noche? ¿Mañana?
2. ¿Tienes clases los sábados?
3. ¿Cuándo es la prueba *(quiz)* del capítulo dos?
4. ¿Cuándo es el próximo partido de fútbol/basquetbol de la universidad?
5. ¿Cuándo es tu programa favorito de televisión y cómo se llama?
6. ¿Te gusta estudiar por la mañana, por la tarde o por la noche?
7. ¿Cuándo tienen fiestas Uds.? ¿Tienes fiesta este sábado?

¿LO SABÍAN?

In the United States, Friday the 13th evokes feelings of anxiety in some people. In Hispanic countries, bad luck is associated with Tuesday the 13th. That is why the movie *Friday the 13th* was translated into Spanish as *Martes 13.*

There is a saying in Spanish that refers to Tuesday as being the day of bad luck: **"Martes, ni te cases, ni te embarques, ni de tu casa te apartes".** *(On Tuesdays, don't get married, don't take a trip, and don't leave your home.)*

Planes para una fiesta de bienvenida

Vale is only used in Spain.

Vale. / O.K.	O.K.
No importa.	It doesn't matter.

Marisel has decided to have a welcoming party for her new friend Teresa. She and Álvaro are now discussing some of the arrangements for a party at the dorm.

ACTIVIDAD 24: Cosas para la fiesta   While listening to the conversation, match the following items with the people who are going to take them to the party. Some people are taking more than one item. When you are finished, report to the class using the pattern, **Álvaro va a llevar . . .**

Álvaro _____ _____
Marisel _____
Juan Carlos _____
Claudia _____ _____
Vicente _____

a. la tortilla de patatas
b. los ingredientes para la sangría
c. la guitarra
d. la grabadora
e. la Coca-Cola
f. las papas fritas
g. las cintas

Stating an obligation

MARISEL   Bueno, Álvaro, la fiesta es mañana.
ÁLVARO   ¿Qué? ¿Mañana es sábado?
MARISEL   Sí, claro. Tenemos que preparar todo.
ÁLVARO   Bueno, entonces yo voy a llevar la música.
MARISEL   ¿Tienes estéreo o grabadora?

	ÁLVARO	Tengo grabadora y muchas cintas de rock y salsa.
Expressing agreement	MARISEL	¡O.K., fantástico! Yo tengo guitarra. ¿Y de beber?
	ÁLVARO	¿Qué te gusta más, la cerveza o el vino?
Offering an option	MARISEL	¿Qué tal una sangría?
	ÁLVARO	Sí, sí . . . sangría. ¿Quién va a comprar los ingredientes para mañana?
	MARISEL	Juan Carlos, quizás.
	ÁLVARO	¿Moreno?
	MARISEL	Sí, Juan Carlos Moreno.
Expressing agreement	ÁLVARO	Vale. Y también tenemos que comprar Coca-Cola.
	MARISEL	Ah sí, por supuesto. Claudia va a llevar la Coca-Cola y las papas fritas.
Expressing future actions	ÁLVARO	Vale. Y Vicente va a llevar la tortilla de patatas, ¿no?
	MARISEL	¡Es tortilla de PAPAS!
	ÁLVARO	¡Bueno! Papas o patatas, no importa, hombre.

ACTIVIDAD 25: Preguntas   Listen to the conversation again. Then, in groups of four, answer the following questions based on the conversation and common knowledge.

1. ¿Cómo se dice *potato* en España? ¿Y en Hispanoamérica?
2. ¿Tiene alcohol la sangría?
3. ¿Cuál es el ingrediente principal de la sangría?
4. ¿Cuándo es la fiesta de Marisel y Álvaro? En general, ¿qué día de la semana son las fiestas de Uds.?

ACTIVIDAD 26: La ópera   What follows is a conversation between Teresa and Vicente about opera. Arrange the lines in logical order, from 1 to 13. The first two have already been done for you. When you finish, read the conversation with a partner.

_____ Me gustan los dos, pero tengo tres cintas de Domingo.

_____ Voy a comprar un disco compacto de ópera.

__1__ ¿Qué hay?

_____ El sábado.

_____ De Plácido Domingo. ¿Te gusta?

_____ Sí, pero a mí me gusta más José Carreras. ¿Y a ti?

__2__ ¡Ah! Vicente. ¿Qué vas a hacer hoy?

_____ Oye, ¿vas a mirar el recital de Monserrat Caballé en la televisión?

_____ No importa, pues yo sí.

_____ ¿De quién?

_____ ¿Cuándo es?

_____ Yo también tengo citas de Domingo.

_____ No tengo televisor.

Plácido Domingo, Montserrat Caballé, and José Carreras are three world-renowned Spanish opera stars. Plácido Domingo, a tenor, also sings popular music. He has been living in Mexico since 1950. Montserrat Caballé is well known for the purity of her soprano voice. She became popular in the United States after singing in Carnegie Hall in 1965. José Carreras was a rising opera star when he was struck with leukemia. Luckily his illness is in remission after treatment in the United States, and he is appearing once again in theaters throughout the world.

▶ *The three tenors: Plácido Domingo, José Carreras, and Luciano Pavarotti.*

HACIA LA COMUNICACIÓN II

I. Expressing Likes and Dislikes: *Gustar*

The verb **gustar** may be followed by nouns with articles or by infinitives.

¿Qué te gust**a hacer?**	*What do you like to do?*
A Juan le gust**a esquiar.**	*Juan likes to ski.*
A Jesús y a Ramón no les gusta **bailar.**	*Jesús and Ramón don't like to dance.*
Al Sr. Moreno le gust**an las cintas** de jazz.	*Mr. Moreno likes jazz tapes.*

II. Expressing Obligation: *Tener que*

To express obligation, use a form of the verb **tener** + **que** + *infinitive*.

Tengo que estudi**ar** mañana.	*I have to study tomorrow.*
Tenemos que compr**ar** vino.	*We have to buy wine.*
¿Qué **tienes que** hacer?	*What do you have to do?*
¿Cuándo **tiene que** traba**jar** él?	*When does he have to work?*

You can also use **tener que** to give an excuse.

III. Making Plans: *Ir a*

Before studying the grammar explanations, answer the following question based on the conversation on pages 52 and 53.

- When Álvaro says, "**¿Quién va a comprar los ingredientes para mañana?**", is he referring to a past, present, or future action?

To express future plans, use a form of the verb **ir** + **a** + *infinitive*.

ir *(to go)*				
voy	vamos			
vas	vais	**+** a **+**	*infinitive*	
va	van			

Do mechanical drills, Workbook, Part II.

Voy a esqui**ar** mañana.   *I'm going to ski tomorrow.*
Juan **va a** estudi**ar** hoy.   *Juan is going to study today.*
Ellos **van a** nad**ar** el sábado.   *They're going to swim on Saturday.*
¿Qué **van a** hac**er** Uds.?   *What are you going to do?*

ACTIVIDAD 27: Las preferencias   In groups of four, find out which of the following things the members of your group prefer. Have one person take notes (place the initials of those who say "yes" next to each item in the list) and report the results back to the class. Use the following model.

➤   A: ¿Te gusta escuchar salsa?
     B: Sí/No . . .

(To report results) A ellos les gusta escuchar salsa y a nosotros nos gusta escuchar música folklórica.

1. bailar
2. beber Coca-Cola
3. beber Pepsi
4. las computadoras
5. cantar
6. correr
7. escuchar música clásica
8. la música rock
9. esquiar
10. estudiar
11. los videos de películas violentas
12. leer novelas
13. nadar
14. trabajar

ACTIVIDAD 28: ¿Qué tienes que hacer hoy y mañana?   Tell what you and others *have to* do today and what you and others are *going to* do tomorrow, using one cue from each of the columns that follow.

➤   Hoy tengo que trabajar, pero mañana voy a esquiar.

	Hoy	**Mañana**
yo	estudiar	cantar
nosotros	trabajar	bailar
Carlos y Vicente	leer el libro de economía	comer en un restaurante
tú	hacer la tarea	escuchar música
ella y yo	hablar con el profesor	nadar
Uds.	salir con Marisel	correr
Teresa		mirar un video
		esquiar

ACTIVIDAD 29: El fin de semana   This is a list of Álvaro's activities for this week-end. Say what activities he *has* to do and what activities he is *going* to do.

➤   Álvaro tiene que / va a . . .

escuchar música	estudiar para un examen
escribir una composición	trabajar
esquiar el sábado	ir a una fiesta
leer una novela para la clase de literatura	comer con Vicente

ACTIVIDAD 30: La agenda de Claudia   Look at Claudia's calendar for the week and form as many kinds of questions as you can about her activities. Then ask your classmates questions from your list.

➤   ¿Cuándo van a . . . Claudia y Juan Carlos?
Va a . . . el lunes, ¿no?
¿Tiene que . . . el viernes o el sábado?
¿Qué tiene que hacer el . . . ?

octubre	actividades
lunes **5**	nadar, escribir una composición, comer con Álvaro
martes **6**	comprar discos, leer la lección 4 para historia
miércoles **7**	visitar el Museo de Arte Contemporáneo
jueves **8**	escribir una carta, estudiar para el examen de literatura
viernes **9**	correr, comprar papas fritas y Coca-Cola, salir con Juan Carlos
sábado **10**	ir a la fiesta, llevar las papas fritas y la Coca-Cola
domingo **11**	ir a Toledo con Diana, visitar la catedral

ACTIVIDAD 31: Tu futuro   Make a list of five things that you *have to* do next week and five things that you are *going to* do with your friends for fun. Then, in pairs, compare your lists to see whether you are going to do similar things.

ACTIVIDAD 32: ¡Hola! Soy Álvaro   Read this paragraph and be prepared to answer questions.

Hola. Soy Álvaro Gómez, de Córdoba, una ciudad del sur de España que tiene muchos turistas. Me gusta mucho Córdoba, pero ahora tengo que estudiar en Madrid. Voy a ser abogado.

◀ *In Cordoba, Spain, there are constant visual reminders of the city's rich historical past. In the foreground is a Roman bridge and in the background is the **Mezquita,** a Moorish mosque.*

◀ *View of **La Sagrada Familia,** Barcelona, Spain. This masterpiece was designed by Antonio Gaudí (1852–1926), an innovative Spanish architect. Although not yet completed, the church is a major tourist attraction.*

ACTIVIDAD 33: ¿Qué hay? Me llamo Diana   Read this paragraph. Then your instructor will read it to you with some changes. Be ready to correct him/her when the information is not accurate.

¿Qué hay? Me llamo Diana Miller. Mi padre es de los Estados Unidos, pero mi madre es de Barcelona, España. Voy a estudiar para el master de literatura en España. En los Estados Unidos soy profesora de español, pero en España tengo que enseñar inglés porque no tengo mucho dinero.

VOCABULARIO FUNCIONAL

La posesión

¿De quién/es?	*Whose?*
tener	*to have*

Las asignaturas *(Subjects)*

el arte	*art*
la biología	*biology*
la economía	*economics*
la historia	*history*
el inglés	*English*
la literatura	*literature*
las matemáticas	*mathematics*
la sociología	*sociology*

Los gustos *(Likes)*

gustar	*to like, be pleasing*
más	*more*

Las obligaciones *(Obligations)*

tener que + *infinitive*	*to have* + infinitive *(to eat, to drink . . .)*

Los planes *(Plans)*

¿Cuándo?	*When?*
ir a + *infinitive*	*to be going* + infinitive *(to swim, to walk . . .)*

Los días de la semana *(The Days of the Week)*

See page 51.

Expresiones de tiempo *(Time Expressions)*

See page 51.

Los artículos de la habitación y del baño

See pages 38–39.

Comidas y bebidas *(Food and Drink)*

el café	*coffee*
la cerveza	*beer*
las papas/patatas fritas	*potato chips*
la sangría	*sangria (a wine punch)*
el té	*tea*
la tortilla	*omelette (in Spain)*
el vino	*wine*

Las acciones

See page 50.

Palabras y expresiones útiles

Claro. / ¡Claro que sí!	*Of course.*
¿De veras?	*Really?*
el dinero	*money*
el, la, los, las	*the*
la habitación	*bedroom*
hacer	*to do*
mucho	*a lot*
No importa.	*It doesn't matter.*
o	*or*
por eso	*therefore*
Por supuesto.	*Of course.*
¿Qué?	*What?*
la tarea	*homework*
un, una; unos, unas	*a/an; some*
Vale. / O.K.	*O.K.*

CAPÍTULO 3

▲ Both colonial and modern architecture can be found in Quito, Ecuador, a city at an altitude of 10,000 feet above sea level.

CHAPTER OBJECTIVES

- Describing people and things
- Identifying a person's nationality
- Talking about activities that you do every day
- Stating location and where you are going
- Expressing possession

Una llamada de larga distancia

demasiado	too much
No tengo idea.	I don't have any idea.
Me gustaría + *infinitive*	I would like to . . .

Claudia is talking long distance to her parents who have gone from Bogotá to Quito for a convention. They are talking about Claudia's classes and her new roommate, Teresa.

ACTIVIDAD 1: La familia de Teresa   While listening to the conversation, complete the following chart about Teresa's family.

¿De dónde son?	**¿Qué hacen?**
Teresa _____	_____
Padre _____	_____
Madre _____	_____

CLAUDIA	Y la convención, ¿qué tal?
PADRE	¡Fantástica! Una doctora mexicana va a hablar de medicina nuclear esta tarde.
CLAUDIA	¡Qué interesante!
PADRE	Sí, muy interesante, pero ahora tengo que ir a una conferencia. Adiós, hija. Aquí está tu mamá.
CLAUDIA	Adiós, papi . . . ¿Mami?
MADRE	Sí, mi hijita. ¿Cómo estás?
CLAUDIA	Muy bien, ¿y tú?
MADRE	Muy bien aquí en Quito. Y tus clases, ¿qué tal?
CLAUDIA	Muy bien. Tengo una clase de economía fabulosa y otra de historia con un profesor excelente.
MADRE	¿Y las otras clases?
CLAUDIA	Pues . . . regulares.
MADRE	¿Y quién es tu compañera en la residencia?
CLAUDIA	Se llama Teresa Domínguez.
MADRE	Domínguez ¿qué?

Describing

Stating profession and origin	CLAUDIA	Domínguez Schroeder; su papá es un actor famoso de Puerto Rico y su mamá es de los Estados Unidos.
	MADRE	¿Y qué hace su mamá?
	CLAUDIA	Es abogada.
	MADRE	Si su padre es de Puerto Rico y su madre es de los Estados Unidos, ¿de dónde es Teresa?
	CLAUDIA	De Puerto Rico . . . es de Ponce.
	MADRE	¿Y qué estudia en España?
	CLAUDIA	Estudia turismo y trabaja en una agencia de viajes. Pero, y Uds., ¿qué van a hacer en Quito?
Discussing the future	MADRE	Bueno . . . vamos a visitar la parte colonial esta noche y el sábado vamos al pueblo de Santo Domingo de los Colorados.
	CLAUDIA	Uds. viajan y yo estudio . . . Bueno mami, tengo que ir a la biblioteca.
	MADRE	Claudia . . . ¡Tú estudias demasiado!
Asking about plans	CLAUDIA	Es que tengo examen de economía mañana. ¿Cuándo regresan Uds. a Bogotá?
	MADRE	No tengo idea, pero me gustaría regresar la semana próxima.
	CLAUDIA	Bueno mami, entonces hablamos la semana próxima.
	MADRE	Bueno, hija, un beso. Adiós.
	CLAUDIA	Adiós.

ACTIVIDAD 2: La familia de Claudia   After listening to the conversation again, answer these questions.

1. ¿Qué piensas tú que hace el padre de Claudia?
2. ¿Qué estudia Claudia?
3. ¿Qué van a visitar los padres de Claudia?
4. ¿Adónde tiene que ir hoy Claudia?
5. ¿Qué tiene Claudia mañana?

ACTIVIDAD 3: Los papeles   In pairs, role play a conversation between Teresa and her mother about Claudia. Include information about Claudia's occupation, origin, and family.

ACTIVIDAD 4: ¿Estudias arte?   Mingle and ask people in the class what subjects they are studying (**biología, matemáticas, sociología, historia, economía, literatura).** Follow the model.

> A: ¿Estudias arte?
> B: Sí, estudio arte. / No, no estudio arte. / No, estudio historia.

◄ *Countryside in Ecuador.*

The setting of Quito, the capital of Ecuador, is breathtaking. The city lies in a beautiful valley at the base of a volcano. Even though it is close to the equator, Quito enjoys a moderate climate all year round since it is almost 10,000 feet above sea level. The combination of colonial and modern architecture creates a fascinating contrast in the city.

A large percentage of Ecuador's population is of native Andean origin. West of Quito is the town of Santo Domingo de los Colorados. The indigenous group of the Tsa'tchela, or Colorados, lives on the outskirts of this town. The men are well known for their hair, which they cover with red clay and shape in the form of a leaf. The Otavalos, another indigenous group, are renowned for their success in cottage industry and textile commerce.

▲ *Otavalo child sitting between two adults.*

LO ESENCIAL I

I. Las nacionalidades *(Nationalities)*

Adjectives of nationality are not capitalized in Spanish.

Practice using word associations: **Salvador Dalí** = **español; Lady Di** = **inglesa;** etc.

Make flash cards of things you associate with each country: **tangos argentinos, enchiladas mexicanas,** etc.

Soy español.   Soy mexicana.   Somos bolivianos.   Somos argentinas.

Otras nacionalidades y adjetivos regionales

africano/a	dominicano/a	indio/a	puertorriqueño/a
asiático/a	ecuatoriano/a	italiano/a	ruso/a
brasileño/a	europeo/a	panameño/a	salvadoreño/a
colombiano/a	guatemalteco/a	paraguayo/a	uruguayo/a
cubano/a	hondureño/a	peruano/a	venezolano/a
chileno/a			

NOTE: Adjectives of nationality ending in **-o** and **-a** form their plural by adding **-s.** For example: **african**os, **african**as.

alemán/alemana	inglés/inglesa	portugués/portuguesa
francés/francesa	irlandés/irlandesa	

Review accent rules. See Appendix C (Stress).

NOTE: Adjectives of nationality ending in a consonant add **-es** to form the masculine plural. The feminine singular form adds **-s** to form the plural. For example: **aleman**es/**aleman**as. Note that only the masculine singular form has a written accent: **inglés/ingl**esa; **ingl**eses/**ingl**esas; **francés/franc**esa, **franc**eses/**franc**esas.

árabe	costarricense	nicaragüense
canadiense	estadounidense	

NOTE: Adjectives of nationality ending in **-e** can be masculine or feminine. The plural is formed by adding **-s.** For example: **árab**es.

¿LO SABÍAN?

How people from the United States are referred to varies in Hispanic countries. **Americanos** is a misnomer, since all people from the Americas are Americans. In some Hispanic countries, such as Colombia, Venezuela, Peru, and Chile, Americans are usually called **gringos,** which is not necessarily a derogatory term. But in Mexico, for example, **gringo** has a negative connotation. In countries such as Spain, Mexico, and Argentina, Americans are called **norteamericanos.** These terms are used since the word **estadounidenses** is somewhat cumbersome. **Estadounidense** is used primarily in formal writing, when filling out forms, or in formal speech, such as newscasts.

ACTIVIDAD 5: ¿De qué nacionalidad son estas personas? In pairs, alternate asking and answering questions about the nationalities of these people.

> A: ¿De qué nacionalidad es Bill Cosby?
> B: Es norteamericano.

1. Monty Python y Lady Di
2. Henry Kissinger
3. Kristi Yamaguchi y Nancy Kerrigan
4. Jacques Cousteau
5. Paloma Picasso
6. Plácido Domingo y Monserrat Caballé
7. Michael J. Fox y Paul Shaffer
8. Mikhail Gorbachev y Boris Yeltsin
9. Fernando Valenzuela

ACTIVIDAD 6: ¡Qué memoria!   In groups of three, have a competition by trying to remember the characters you have met so far in the book. State the country they are from and their nationality. Follow the model.

➤   Teresa es de Puerto Rico, entonces es puertorriqueña.

Page through the book if necessary.

ACTIVIDAD 7: El origen de tu familia   In groups of five, find out the ancestry of your group members. Follow the model.

➤   A: ¿Cuál es el origen de tu familia?
    B: Mi familia es de origen alemán e italiano.

Remember: **Origen** refers to one's heritage, not to where one was born.

Note: **Y** becomes **e** before words beginning with **i** or **hi**: **historia** *y* **español** but **español** *e* **historia.**

II. Lugares *(Places)*

Identify places while walking or riding through town: **el parque, el cine,** etc. Idle time = study time.

1. el cine
2. la escuela
3. la iglesia
4. la playa
5. el supermercado
6. la librería

Otros lugares

la agencia de viajes travel agency	**el parque** park
el banco bank	**la piscina** pool
la biblioteca library	**la plaza** plaza, square
la casa house, home	**el restaurante** restaurant
la farmacia pharmacy, drugstore	**el teatro** theater
el hospital hospital	**la tienda** store
el museo museum	**la universidad** university
la oficina office	

ACTIVIDAD 8: Asociaciones   Say which places you associate with the following words: **educación, diversión, trabajo.**

ACTIVIDAD 9: Acción y lugar   Choose an action from Column A and a logical place in which to do this action from Column B. Form sentences, following the models.

> Me gusta nadar; por eso voy a la piscina.
> Tienen que comer; por eso van al restaurante.

Remember: **a** + **el** = **al**

A

Me gusta nadar
Tienen examen
Tiene que estudiar
Necesito dinero
Tenemos que comprar papas
Tienen que comer
Me gusta caminar
Tienes que comprar aspirinas
Me gusta el arte

B

la piscina
el parque
la biblioteca
el restaurante
la universidad
la farmacia
el banco
el supermercado
el museo
la playa
la cafetería

HACIA LA COMUNICACIÓN I

I. Expressing Destination: *Ir* + *a* + place

To say where you are going, you need to use a form of **ir** + **a** and the destination. Remember to use **al** when the destination noun is masculine.

Vamos al Museo de Antropología.	*We're going to the Museum of Anthropology.*
Voy a la farmacia. ¿Necesitas aspirinas?	*I'm going to the drugstore. Do you need aspirin?*
¿**Adónde vas**?	*Where are you going (to)?*
¿Con quién **vas a la** fiesta?	*Who are you going to the party with?*

Note that prepositions precede the question word.

Practice **ir a** and **estar en** by reporting your actions to yourself as you do them.

II. Indicating Location: *Estar* + *en* + place

To say where you are, use a form of **estar** + **en** + *place*.

estar			
yo	**estoy**	nosotros/as	**estamos**
tú	**estás**	vosotros/as	**estáis**
Ud. él/ella	**está**	Uds. ellos/ellas	**están**

La directora no **está en** la oficina hoy.*	*The director isn't in the office today.*
Mamá, **estoy en** el hospital.	*Mom, I'm in/at the hospital.*

*NOTE: The preposition to express being *in* or *at* a place is **en**: **Estamos en el cine.** (*We're at the movies.*)

III. Talking About the Present: The Present Indicative

Memorize infinitives. Make lists of **-ar, -er,** and **-ir** verbs and quiz yourself on forms and meanings, for example: **Yo estudio mucho. Mi amigo Paul no estudia. Paul y yo bebemos Pepsi. Mary bebe Coca-Cola.**

Practice automatic pairs: **¿Trabajas? Sí, trabajo. / ¿Trabaja ella? Sí, ella trabaja. / ¿Trabajan Uds.? Sí, trabajamos.**

1. In order to talk about daily or future activities or about actions in progress, use the present indicative. In Spanish, there are three classes of verbs depending on the ending of the infinitives: **-ar (trabajar), -er (beber),** and **-ir (escribir).** The stems **(trabaj-, beb-, escrib-)** of regular verbs do not change. The endings vary according to the subject of the sentence, which can be expressed or not: **(yo) trabajo, (tú) trabajas,** etc. In order to form the present indicative, use the following endings:

trabajar *(to work)*			
yo	trabaj**o**	nosotros/as	trabaj**amos**
tú	trabaj**as**	vosotros/as	trabaj**áis**
Ud. él/ella	trabaj**a**	Uds. ellos/as	trabaj**an**

Mañana **yo** trabaj**o.**   *I work tomorrow.*
Mi madre habl**a** español.   *My mother speaks Spanish.*

beber *(to drink)*			
yo	beb**o**	nosotros/as	beb**emos**
tú	beb**es**	vosotros/as	beb**éis**
Ud. él/ella	beb**e**	Uds. ellos/as	beb**en**

¿Beb**es** vino o cerveza?   *Do you drink wine or beer?*
Nosotros com**emos** en la cafetería.   *We eat in the cafeteria.*

escribir *(to write)*			
yo	escrib**o**	nosotros/as	escrib**imos**
tú	escrib**es**	vosotros/as	escrib**ís**
Ud. él/ella	escrib**e**	Uds. ellos/as	escrib**en**

Isabel Allende escrib**e** novelas.   *Isabel Allende writes novels.*
Nosotros viv**imos** en Lima.   *We live in Lima.*
¿Recib**es** tus cartas aquí?   *Do you receive your letters here?*

In order to choose the correct ending for a verb, you need to know two things: (1) the infinitive of the verb **(-ar, -er, -ir),** and (2) the subject of the sentence. For example:

(1) beb**er**   (2) nosotros = Nosotros beb**emos** Coca-Cola.

2. The following verbs, and most of those you learned in Chapter 2, are regular verbs and therefore follow the pattern of **trabajar, beber,** and **escribir.**

aprender	to learn	**tocar**	to play (an instrument); to touch
desear	to want; to desire	**usar**	to use
necesitar	to need	**vender**	to sell
recibir	to receive	**vivir**	to live
regresar	to return		

3. The following verbs have irregular **yo** forms, but follow the pattern of regular verbs in all other present-indicative forms.

hacer	to do; to make	yo ha**go**
poner	to put, place	yo pon**go**
salir (con)	to go out (with)	yo sal**go**
salir de	to leave (someplace)	
traer	to bring	yo tra**igo**
saber	to know (facts/how to do something)	yo **sé**
ver	to see (a thing)	yo ve**o**
ver a	to see (a person)	
conocer*	to know (a place/thing)	yo cono**zco**
conocer a	to know (a person)	
traducir*	to translate	yo tradu**zco**

Ha**go** la tarea todos los días.	*I do my homework every day.*
¿Qué hac**en** Uds.?	*What are you doing?*
Sal**go con** Ramona.	*I go out with Ramona.*
Ella sal**e de** la tienda.	*She is leaving the store.*
No **sé** la respuesta.	*I don't know the answer.*
No cono**zco a** tu profesora.	*I don't know your teacher.*

Do mechanical drills, Workbook, Part I.

*NOTE: Most verbs that end in **-cer** and **-ucir** follow the same pattern as **conocer** and **traducir: ofrecer** *(to offer)*, **establecer** *(to establish)*, **producir** *(to produce)*, etc.

ACTIVIDAD 10: ¿Adónde vas?   Pretend this is your schedule for the week. State what you have to do or are going to do and where you are going to go.

➤ El lunes tengo que estudiar para un examen, por eso voy a ir a la . . .

lunes	estudiar para un examen
martes	comprar discos compactos
miércoles	nadar
jueves	comprar libros para la clase de literatura
viernes	comer con Ana
sábado	comprar papas fritas, hamburguesas, café y Coca-Cola
domingo	ver la exhibición de Picasso

ACTIVIDAD 11: Después de clase   Mingle with your classmates and find out where (**adónde**) others are going after class and with whom (**con quién**) they are going. Follow the model.

> ➤ A: ¿Adónde vas?
> B: Voy a casa.
> A: ¿Con quién vas?
> B: Voy solo/a. / Voy con . . .

ACTIVIDAD 12: ¿Dónde están?   In pairs, ask and state where the following people or things are.

1. el presidente de los Estados Unidos
2. la Torre Eiffel y el Arco de Triunfo
3. la Estatua de la Libertad y Woody Allen
4. Bogotá
5. el Vaticano
6. Machu Picchu y Lima

ACTIVIDAD 13: El verano   In pairs, discuss what you and your partner do during the summer (**el verano**). Use the following verbs and phrases: **bailar, comer en un restaurante, escuchar música, esquiar, estudiar, mirar televisión, nadar, salir con amigos.** Follow the model.

> ➤ A: ¿Nadas?
> B: Sí, nado todos los días.
> A: ¿Dónde nadas?
> B: En la piscina de la universidad.

Remember the endings for **-ar, -er,** and **-ir** verbs and subject-verb agreement.

ACTIVIDAD 14: ¡Una carta de Miguel!   This is a letter from a Honduran student who is studying in the United States. He is describing his daily activities to his parents. Complete the letter with the appropriate conjugated forms of the following verbs: **bailar, correr, escribir, estudiar, hablar, ir, salir, ser, tener.**

Queridos papás:

¿Cómo están? Yo, bien. Me gusta la universidad y _____ muchos amigos. Voy a clase, _____ composiciones y _____ mucho porque _____ demasiados exámenes; el jueves tengo un examen importante de biología. Los viernes y los sábados yo _____ en la biblioteca y por la noche _____ con un grupo de amigos. Ellos _____ mexicanos, venezolanos y de los Estados Unidos. Los mexicanos siempre _____ de política con los venezolanos.

Yo también _____ a una discoteca los martes porque tienen música latina; allí yo _____ con Santa, una chica puertorriqueña. Ella _____ bien porque es bailarina profesional.

Bueno, tengo que terminar la carta porque voy a correr. ¡_____ ocho kilómetros al día!

> Abrazos y besos,
>
> *Miguel*

Why is **exámenes** written with an accent and **examen** without? See Appendix C for explanation.

P.D. Gracias por los $$$dólares$$$.

ACTIVIDAD 15: Gente famosa   In groups of three, name famous people who do the following things: **bailar, cantar, conocer a David Letterman, correr, escribir novelas, esquiar, nadar, saber el número de teléfono del presidente, tocar la guitarra.** Follow the model.

➤   Gabriel García Márquez escribe novelas.

ACTIVIDAD 16: ¿Qué hacen ellos?   Describe what these people do by forming sentences with phrases from the three columns. Make any changes necessary. For example: **Ellos saben tu número de teléfono.**

ellos	traducir	tu número de teléfono
Spike Lee	ofrecer	Alaska
yo	producir	libros del inglés al español
mi amigo bilingüe	(no) conocer (a)	películas
muchas universidades	saber	clases de arte
	salir con	programas de televisión
	traer	Liz Taylor
	ver (a)	música a la fiesta

ACTIVIDAD 17: Nosotros y nuestros padres   In groups of three, discuss what students and parents do in a typical week. Think of at least five examples. Follow the model.

➤   Nosotros bailamos los fines de semana y nuestros padres van al cine.

ACTIVIDAD 18: El cuestionario   You work for an advertising agency and have to conduct a "person-on-the-street" interview on people's likes and dislikes. Work in pairs and use the following questionnaire. The interviewer should use the **Ud.** form and complete questions to elicit responses: **¿Es Ud. estudiante? ¿Qué periódico lee Ud.?** The "person on the street" should not look at the book. When finished, exchange roles. Be prepared to report back to the class.

Cuestionario

Nacionalidad: _____
Edad: _____
Sexo: Masculino _____   Femenino _____
Estudiante: _____ Si contesta que sí:
               ¿Dónde? _____
Trabajador/a: _____ Si contesta que sí:
               Ocupación _____
Vive (con):   Familia _____   Amigo/a _____   Solo/a _____
Gustos:
Leer _____   Si contesta que sí: ¿Qué lee? _____
Ver la televisión _____   Si contesta que sí:
   ¿Qué tipo de programas? _____
Escuchar música _____   Si contesta que sí:
   ¿Qué tipo de música? _____
Usar: Perfume _____   Agua de colonia _____   Nada _____
Escribir con: Computadora _____   Bolígrafo _____
               Máquina de escribir _____   Lápiz _____

NUEVOS HORIZONTES

Estrategia de lectura: *Dealing With Unfamiliar Words*

As was discussed in Chapter 1, in Spanish there are many cognates (words similar to English words). However, there are other words that might be completely unfamiliar to you. A natural tendency when encountering an unknown word is to look it up in the dictionary. Looking up many words can be tedious, can produce boredom and frustration, and most importantly, may be an unnecessary step. What follows are strategies you can use to deal with unfamiliar words while reading. First ask yourself if the unknown word is important. Can you understand the sentence without it? If you can't, try some of the following techniques.

1. Identify the grammatical form of the word. For example, if it is a noun **(sustantivo),** it can refer to a person, place, or thing; if it is a verb **(verbo),** it can refer to an action or state; if it is an adjective **(adjetivo),** it modifies a noun.

2. Try to extract the word's meaning from context. To do this, you must read what comes before and after the word itself.

3. Check whether the word reappears in another context in another part of the text.

4. Check whether the word or expression is explained by the writer. An explanation may be set off using commas.

5. Sometimes words appear in logical series and meaning can easily be understood. For example, you may not understand the meaning of the word "boing," but if it is presented in this sequence *first, second, "boing," and fourth* its meaning becomes obvious.

These strategies will help you make a reasonable guess regarding a word's meaning. If the meaning is still not clear and you feel you *must* understand the word to get the general idea conveyed, the next step would be to consult a dictionary. You will have a chance to try to extract the meaning of unknown words from context without consulting a dictionary while reading this section.

Note: If you do have to look up a word, it is not a good idea to write the translation above the Spanish word in the text. If you feel you must write it down, do so on another sheet of paper.

ACTIVIDAD 19: La idea principal   Before reading this article from the Mexican magazine *Muy bien (MB)*, look at the title, the format, and the pictures to answer the following questions.

1. ¿Cuál es la idea principal del artículo?
    a. los jóvenes y sus opiniones sobre sus familias
    b. el futuro político de México
    c. los planes y las aspiraciones de los jóvenes
2. ¿Es un artículo optimista o pesimista?

ACTIVIDAD 20: Los cognados   Before reading the following article, quickly go through it and underline any word that you think is a cognate.

ACTIVIDAD 21: En contexto   While reading the article without using a dictionary, try to determine what the following words mean.

1. En la introducción, ¿qué significa la palabra **metas** en la frase: ". . . sus ideales, planes y **metas** para el futuro . . . ?"
2. En la introducción, ¿qué significa la palabra **mundo** en la frase: ". . . en su comunidad, país o **mundo** . . . ?"
3. En el número uno y el número dos, ¿qué significa la palabra **carrera**?
   a. los estudios universitarios   b. una profesión
4. En el número tres, ¿qué es la palabra **estupenda**?
   a. un sustantivo   b. un adjetivo   c. un verbo
   ¿Qué significa **estupenda**?
   a. fantástica   b. inteligente   c. clásica
5. En el número seis, ¿qué significa la frase **medio ambiente** en: ". . . Me gustaría cambiar el **medio ambiente**, que está muy contaminado . . . ?"

Note: The word **mundo** also appears in Nancy Barrera's response.

Chavo/a = palabra coloquial mexicana que significa hombre/mujer joven.

Qué quieres en tu futuro

esta vez emprendimos la tarea de investigar en qué sueñan los jóvenes como tú. ¿Cuáles son sus ideales, planes y metas para el futuro? ¿Qué les gustaría hacer para cambiar algo en su comunidad, país o mundo?

Hay chavos y chavas idealistas, a quienes les gustaría hacer algo por los demás y su planeta, pasando por los que aman la justicia, hasta los más materialistas que prefieren el dinero, la buena vida y ser muy importantes.

Ahora veamos cuáles fueron las respuestas de los chicos MB de esta ocasión.

1. Quiero terminar mi carrera y hacer una especialidad en cirugía plástica. Deseo triunfar como médico y ser uno de los mejores. Francisco Rodríguez. 20 años.

2. Mis sueños son terminar la carrera y estudiar medicina interna. Me gustaría viajar para conocer el mundo y lograr cambiar la actitud apática de la gente. Nancy Barrera. 21 años.

3. Mis sueños más grandes son ser licenciada en relaciones comerciales y llegar a ser una estupenda bailarina profesional de jazz y tap. Me gustaría acabar con la corrupción. Marina Isabel López. 18 años.

competitivo. Me gustaría que fuéramos más humildes y positivos como mexicanos, porque nada tiene que ver la nacionalidad para ser mejores. Gabriel Gallo. 21 años.

5. Mis planes son realizarme como mujer, como madre que soy y como profesional; ayudar a mi padre en su negocio. Me gustaría ocuparme de las personas necesitadas; cambiar al país en su ideología de inferioridad, porque todos podemos salir adelante si nos lo proponemos. Liliana Romero. 23 años.

4. Mis planes son acabar medicina y hacer una especialidad en cardiología; tener una familia; ser bueno en lo que hago, porque este medio es muy

6. Mis sueños máximos son ser un profesional, tener comodidad y vivir bien. Me gustaría cambiar el medio ambiente, que está muy

contaminado, y que no hubiera tanta gente. Enrique Catalán. 19 años.

ACTIVIDAD 22: Después de leer Answer the following questions based on the article.

1. ¿De qué nacionalidad son los estudiantes?
2. ¿Son estudiantes de escuela secundaria o de universidad?
3. ¿A quién le gusta la música? 3
4. ¿Quiénes estudian medicina? 1, 2, 4
5. ¿Qué cosas les gustaría cambiar?

_____ la violencia   _____ la contaminación

_____ la corrupción   _____ el narcotráfico

_1_ el negativismo mexicano

Estrategia de escritura: *Pastiche*

When beginning to think and write in a new language, it is good to study a model. When studying a model, you learn phrases and other ways to express yourself. Some of these phrases can be memorized at this point in your studies and simply be used without understanding the intricate grammatical relationships between all of the words. You can also combine these phrases with your knowledge of the Spanish language as studied so far and, therefore, raise the level of what you are capable of writing.

ACTIVIDAD 23: ¿Qué vas a ser y qué te gustaría hacer? In the previous article you read six quotes attributed to six Mexican students who were discussing their own future plans and what they would like to do to help humanity. Write a brief paragraph where you address your opinion on the same two topics. To do this, study the responses given by the Mexicans and use your knowledge of the Spanish language to best express your own desires and thoughts. Try to imitate the style used by the Mexicans as much as possible.

LO ESENCIAL II

I. Las descripciones: *Ser* + adjective

Adjectives, including adjectives of nationality, agree in number and in many cases gender with the noun modified.

Mayor is generally used when describing people. **Viejo** is also used, but may have a negative connotation.

1. Ella es **alta.**
2. Ella es **baja.**
3. Ellos son **gordos.**
4. Ellos son **delgados.** (Ellos son **flacos.**)

5. Él es **joven.**
6. Él es **mayor.**
7. Ellas son **morenas.**
8. Ellas son **rubias.**

Otros adjetivos

simpático/a	nice	**antipático/a**	unpleasant; disagreeable
guapo/a	good-looking		
bonito/a	pretty	**feo/a**	ugly
bueno/a	good	**malo/a**	bad
inteligente	intelligent	**estúpido/a, tonto/a**	stupid
grande	large, big	**pequeño/a**	small
largo/a	long	**corto/a**	short (in length)
nuevo/a	new	**viejo/a**	old

ACTIVIDAD 24: ¿Cómo son?   Describe the following people using one or two adjectives.

1. el/la profesor/a
2. Connie Chung
3. Tom Cruise y Mel Gibson
4. Frankenstein

5. el capitán Picard
6. Michele Pfeiffer y Julia Roberts
7. tu madre o tu padre

ACTIVIDAD 25: ¿Cómo eres? The following descriptive adjectives are cognates. Circle the four that best describe you and underline the four that least describe you. When finished, compare your answers with those of a classmate.

activo/a	idealista	optimista	reservado/a
artístico/a	indiferente	paciente	responsable
atlético/a	informal	pesimista	serio/a
cómico/a	intelectual	político/a	sociable
conservador/a	liberal	realista	tímido/a
formal	nervioso/a	religioso/a	tradicional

ACTIVIDAD 26: ¿A quién describo? In pairs, take turns describing people in your class and have the other person guess who is being described. You may use adjectives that describe physical characteristics and personality traits.

II. Las descripciones: *Estar* + adjective

1. Ella está **enferma.**
2. Ella está **aburrida.**
3. Él está **contento.**
4. Él está **enojado.**
5. Ellos están **enamorados.**
6. Ella está **triste.**

Otros adjetivos

borracho/a   drunk
cansado/a   tired
preocupado/a   worried

ACTIVIDAD 27: ¿Cómo estoy? In pairs, act out the different adjectives and have your partner guess how you feel; then switch roles.

ACTIVIDAD 28: ¿Cómo estamos?   Discuss in what situations you and other people have the following feelings.

➤   Estoy preocupado cuando tengo exámenes.

1. Estoy aburrido/a cuando . . .
2. Estoy triste cuando . . .
3. Estoy cansado/a cuando . . .
4. Una persona está borracha cuando . . .
5. Mis amigos están enojados cuando . . .
6. Estoy contento/a cuando . . .

ACTIVIDAD 29: ¿Cómo están ellos?   Look at the drawing and answer the following questions.

1. ¿Cómo es él?
2. ¿Cómo es ella?
3. ¿Cómo está él?
4. ¿Cómo está ella?

Hay familias . . . y . . . FAMILIAS

¿Por qué? Porque . . .	Why? Because . . .
No te preocupes.	Don't worry.

Teresa and Vicente have started going out together. Don Alejandro, Teresa's uncle, wants to meet Vicente to "check him out." Teresa is trying to convince Vicente to meet her uncle.

ACTIVIDAD 30: ¿Cómo es el tío de Teresa?   Read through the following list. Then, while listening to the conversation, check the adjectives that apply to Teresa's uncle.

El tío de Teresa es:

_____ alto	_____ bajo
_____ moreno	_____ rubio
_____ delgado	_____ gordo
_____ simpático	_____ antipático
_____ pesimista	_____ optimista
_____ cómico	_____ serio
_____ liberal	_____ conservador

Inviting	VICENTE	Oye, Teresa. ¿Te gustaría ir al cine el jueves?
	TERESA	Me gustaría, pero antes tenemos que tomar un café con mi tío.
	VICENTE	¡¿Tu tío . . . ?! Pero, ¿por qué?
Giving a reason	TERESA	Porque es mi tío y por eso, es como mi papá en España.
	VICENTE	Estoy nervioso. ¿Cómo es?
Giving physical description	TERESA	No te preocupes. Es alto, moreno, un poco gordo . . .
	VICENTE	¡No, no! Pero, ¿cómo es? ¿Simpático? ¿Antipático?
Describing personality traits	TERESA	Es muy simpático, y qué más . . . es un hombre muy optimista y siempre está contento.
	VICENTE	Pero . . . es tu familia . . . y las familias . . .
	TERESA	Y las familias, ¿qué?
Expressing feelings	VICENTE	No sé, pero, estoy nervioso. ¿Es tradicional tu tío?
	TERESA	No, hombre. Es un poco serio, eso sí. Mi tío es serio, pero muy liberal.
	VICENTE	Bueno, voy, pero después vamos al cine, ¿O.K.?
	TERESA	Sí, por supuesto, pero con mi tío, ¿no?
	VICENTE	¿Cómo? ¿Estás loca?

ACTIVIDAD 31: Preguntas   Answer the following questions based on the conversation.

1. ¿Adónde van a ir Teresa y Vicente el jueves?
2. ¿Con quién van a ir?
3. ¿Cómo está Vicente?
4. Vicente le dice a Teresa: "¿Estás loca?"; ¿por qué?

ACTIVIDAD 32: Una invitación y una excusa   In pairs, invite your partner to go somewhere or to do something. Your partner should give an excuse. Then switch roles. Follow the model.

> A: ¿Te gustaría ir al cine/a bailar/ . . . ?
> B: Me gustaría, pero estoy . . . /tengo que . . .

Since Teresa's parents are in Puerto Rico and her uncle is in Madrid, it is normal for him to consider her welfare an important responsibility. Teresa's duty is to respect him as if he were her father.

The word *family* has different connotations in different cultures. For Hispanics, the word **familia** suggests not only the immediate family, but also grandparents, uncles and aunts, as well as close and distant cousins. What does the word *family* mean to you?

▲ *A woman and her grandchild in Chapultepec Park, Mexico City.*

HACIA LA COMUNICACIÓN II

I. Describing Yourself and Others: Descriptive Adjectives

Before studying the grammar explanation, answer these questions:

- What would you have to change in the sentence **Eduardo está cansado** if the subject were **Carmen** instead of **Eduardo**?
- Since both **ser** and **estar** mean *to be* in English, what is the difference between **¿Cómo es ella?** and **¿Cómo está ella?**
- Even though you may not know these adjectives in Spanish, would you use **ser** or **estar** to say that a person is generous? Courageous? Interesting? Upset? Honest? Elated? Explain your choices.

A. Agreement of Adjectives

1. Adjectives that end in **-o** agree in gender (masculine/feminine) and in number (singular/plural) with the nouns they modify.

> **Francisco** es baj**o** pero **Francisca** es alt**a**.
> **Ellos** son delgad**os** y **ellas** son delgad**as**.

2. Adjectives that end in **-e** and in a consonant agree in number (singular/plural) with the nouns they modify.

> **Ella** está triste y **ellos** también están trist**es**.
> **Camilo** no es liberal. **Ana** y **Elisa** tampoco son liberal**es**.

NOTE: **joven**—**jóvenes**

Remember: Professions and other nouns that end in **-ista** also have two forms only: **artista/s.**

3. Adjectives that end in **-ista** agree only in number with the nouns they modify.

> **Rafael** es real**ista** y **Emilia** es ideal**ista**.
> **Ellos** son optim**istas**.

B. *Ser* and *estar* + *adjective*

1. Ser + *adjective* is used to describe *the being:* what someone or something *looks like* or *is like.* You use **ser** when describing someone's personality (**Él es inteligente, optimista,** etc.**),** or when describing a person physically (**Ella es alta, delgada,** etc.**).**

2. Estar + *adjective* is used to describe the *state of being;* it indicates how people or things are, or describes a particular condition: **Él está enfermo.**

3. Certain adjectives convey different meanings depending on whether they are used with **ser** or **estar.**

Ser	Estar
El político **es aburrido.** *The politician is boring.*	Ellos **están aburridos.** *They are bored.*
Ella **es lista.** *She is clever.*	Ella **está lista.** *She is ready.*
La fruta **es buena.** *Fruit is good (for you).*	La fruta **está buena.** *The fruit tastes good.*
El café **es malo.** *Coffee is bad (for you).*	El café **está malo.** *The coffee tastes lousy.*
Verónica **es bonita.** *Veronica is pretty.*	¡Verónica **está bonita!** *Veronica is / looks especially pretty (today)!*

¿Cómo son estas personas?
¿Cómo están estas personas?

Students speaking with an ▶
instructor after class, Costa
Rica.

II. Expressing Possession: Possessive Adjectives

You already know two ways of expressing possession: **de** + *noun* (**el video es de Juan Carlos/es el video de Juan Carlos**) and **tener** + *noun* (**tengo calculadora**). You can also express possession by using possessive adjectives (*her, their, our,* etc.). In Spanish, **mi, tu,** and **su** agree in number with the thing or things possessed; **nuestro** and **vuestro** agree in gender and number with the thing or things possessed.

Possessive Adjectives			
mi/s	my	nuestro/a/os/as	our
tu/s	your (informal)	vuestro/a/os/as	your (informal)
su/s	{ your (formal) { his, her	su/s	{ your (in/formal) { their

—¿Son los discos de Mario?   —No, no son **sus discos**, son **mis discos**.
—¿De quiénes son las guitarras?   —Son **nuestras guitarras**.
—¿Es el televisor de Ana y Luis?   —Sí, es **su televisor**.

III. Position of Adjectives

1. Possessive adjectives and adjectives of quantity (including indefinite articles) precede the noun they modify.

Mi madre es arquitecta.*	*My mother is an architect.*
Tengo **tres televisores.**	*I have three TV sets.*
Bebo **mucha Coca-Cola.**	*I drink a lot of Coca-Cola.*
¿Tienes **pocos** o **muchos amigos**?	*Do you have few or many friends?*

*NOTE: The indefinite articles (**un, una, unos, unas**—a/an, some) are used with occupations only when they are modified by an adjective:
    Mi padre es *ingeniero.*
    BUT: **Mi padre es** *un* **ingeniero** *fantástico.*

2. Descriptive adjectives normally follow the nouns they modify.

Tenemos un **examen importante** en la clase de literatura.

We have an *important exam* in literature class.

Do mechanical drills, Workbook, Part II.

ACTIVIDAD 33: ¿Adónde vas cuando . . . ?   In pairs, ask your partner where he/she goes when in the following moods or situations. Follow the model.

➤   A: ¿Adónde vas cuando estás enojado/a?
    B: Cuando estoy enojado/a voy a mi habitación.

1. estar aburrido/a
2. tener que comprar café
3. tener que trabajar
4. estar enfermo/a
5. necesitar estudiar

6. desear correr
7. estar contento/a
8. tener que comprar periódicos
9. estar preocupado/a
10. estar con tu novio/a

ACTIVIDAD 34: Una conversación   In pairs, "A" covers Column B and "B" covers Column A. Carry on a conversation with your partner. You will need to enunciate very clearly and listen closely to select the appropriate response.

Listen, select the appropriate sentence, look your partner in the eye, and say the line.

A	B
¿Estás triste?	No, estoy preocupado/a. Sí, hoy no tengo problemas en la oficina.
¿Por qué? ¿Tienes problemas? ¿Cuándo?	Sí, me gustaría. Sí, es mi padre.
¿Está enfermo? ¿Está enferma?	No, es simpático, joven y muy inteligente. Sí, está en el hospital y está solo.
¿Dónde está? ¿Va a ir al hospital?	En Miami y yo voy mañana. De Guadalajara.

ACTIVIDAD 35: Un compañero de clase   As a class, write a description of one of your classmates. Say what the person's name is, where he/she is from, what he/she looks like, what activities he/she likes to do, etc.

ACTIVIDAD 36: ¿Quién es?   In groups of five, each person prepares descriptions of a famous man and a famous woman. When you finish writing your descriptions, read them aloud and have the rest of the group identify who is being described.

➤   Es político.
    Es un político famoso.
    Es un político famoso de Massachusetts.
    Está en Washington.
    Su familia es de origen irlandés.

ACTIVIDAD 37: Tu amigo y su amiga   Read the following paragraph, then invent a story about a friend of yours and his girlfriend by completing the paragraph with the types of words indicated in parentheses. Remember that adjectives agree with the nouns they modify.

Mi amigo _____ es _____ y es
                 (nombre)   (nacionalidad)
_____. Él tiene _____ años y es
  (ocupación)   (número)
_____, _____ y _____.
  (adjetivo)   (adjetivo)   (adjetivo)
_____ amigo tiene una amiga que se llama _____.
(adjetivo posesivo)   (nombre)
Ella es _____ y _____. Ellos son muy
              (adjetivo)   (adjetivo)
_____, pero están _____ porque
  (adjetivo)   (adjetivo)
_____.
                (?)

ACTIVIDAD 38: Los gustos   In pairs, discuss what TV programs, music, movies, etc., young kids like, and compare their preferences with yours. Use as many descriptive adjectives as you can. Follow the model.

➤   Sus programas favoritos son . . . , pero nuestros programas favoritos son . . .

ACTIVIDAD 39: La persona ideal   In groups of five, describe the ideal roommate. When finished, share your description with the other groups.

➤   Nuestro/a compañero/a ideal es . . .

ACTIVIDAD 40: Autobiografía   Write an autobiographical sketch. Use these questions as a guide.

Pay attention to accents and punctuation.

Párrafo (Paragraph) 1
1. ¿Cómo te llamas, de qué nacionalidad eres y cuántos años tienes?
2. ¿Dónde estás y por qué estás allí *(there)*?

Párrafo 2
1. ¿Tienes muchos o pocos amigos? ¿Cómo son?
2. Si son estudiantes, ¿qué estudian? ¿Estudian mucho o poco?
3. Si trabajan, ¿qué hacen? ¿Dónde trabajan? ¿Trabajan mucho o poco?

Párrafo 3
1. ¿Qué te gusta hacer y con quién?
2. ¿Qué hacen Uds. los viernes y los sábados? ¿Adónde van?
3. ¿Estás contento/a cuando estás con tus amigos?

VOCABULARIO FUNCIONAL

Las nacionalidades

¿Cuál es el origen de tu/su familia?	*Where is your family from?*
¿De qué nacionalidad eres/es?	*What nationality are you?*

See pages 62–63.

La descripción

Adjetivos con **ser: ¿Cómo es?**

aburrido/a	*boring*
alto/a	*tall*
antipático/a	*unpleasant, disagreeable*
bajo/a	*short (in height)*
bonito/a	*pretty*
bueno/a	*good*
corto/a	*short (in length)*
delgado/a	*thin*
estúpido/a	*stupid*
feo/a	*ugly*
flaco/a	*skinny*
gordo/a	*fat*
grande	*large, big*
guapo/a	*good-looking*
inteligente	*intelligent*
joven	*young*
largo/a	*long*
listo/a	*clever*
malo/a	*bad*
mayor	*old (literally older)*
moreno/a	*brunet/te; dark skinned*
nuevo/a	*new*
pequeño/a	*small*
rubio/a	*blond/e*
simpático/a	*nice*
tonto/a	*stupid*
viejo/a	*old*

Adjetivos con **estar: ¿Cómo está?**

aburrido/a	*bored*
borracho/a	*drunk*
cansado/a	*tired*
contento/a	*happy*
enamorado/a	*in love*
enfermo/a	*sick*
enojado/a	*angry, mad*
listo/a	*ready*
loco/a	*crazy*
preocupado/a	*worried*
solo/a	*alone*
triste	*sad*

Los adjetivos posesivos

See page 79.

Lugares

See page 64.

¿Adónde vas/va?	*Where are you going?*
¿Con quién vas/va?	*With whom are you going?*
¿Dónde estás/está?	*Where are you?*
estar en + *lugar*	*to be in/at* + place
el cine	*movie theater*
la escuela	*school*
la iglesia	*church*
la librería	*bookstore*
la playa	*beach*
el supermercado	*supermarket*

Verbos

-ar

desear	*to want; to desire*
necesitar	*to need*
regresar	*to return*
tocar	*to play (an instrument); to touch*
usar	*to use*

-er

aprender	*to learn*
conocer	*to know (a place/thing)*
conocer a	*to know (a person)*
hacer	*to do; to make*
poner	*to put, place*
saber	*to know (facts, how to do something)*
traer	*to bring*
vender	*to sell*
ver	*to see (a thing)*
ver a	*to see (a person)*

-ir

recibir	*to receive*
salir (con)	*to go out (with)*
salir de	*to leave (someplace)*
traducir	*to translate*
vivir	*to live*

Palabras y expresiones útiles

la clase	*lesson; class*
con	*with*
demasiado	*too much*
después	*after*
la familia	*family*
me gustaría	*I would like*
muy	*very*
No te preocupes.	*Don't worry.*
No tengo idea.	*I don't have any idea.*
el origen	*origin*
otro/a	*other; another*
la película	*movie*
pero	*but*
poco/pocos	*a little/few*
¿Por qué?	*Why?*
porque	*because*
si	*if*
siempre	*always*
el tío	*uncle*
todos los días	*every day*

TravelTur

España de mis sueños / Madrid, España

Antes de ver

ACTIVIDAD 1: Predicción   In this video segment, you will see Andrés arrive in Madrid where he will be met by his aunt **(tía)** and uncle **(tío).** Before viewing the segment, take a guess at the answers to the following questions.

1. Los tíos de Andrés tienen más o menos . . .
   a. 20 años   b. 45 años   c. 65 años   d. 80 años
2. "Miguelito" es un nombre para . . .
   a. un niño pequeño   b. un adolescente   c. un adulto
3. Después de salir del aeropuerto, Andrés y sus tíos van a ir a . . .
   a. casa   b. un bar   c. una cafetería   d. un restaurante
4. Andrés va a filmar anuncios comerciales para TravelTur en . . .
   a. Madrid y Barcelona   b. Madrid y Sevilla   c. sólo en Madrid

Mientras ves

ACTIVIDAD 2: ¿Qué pasó?   Before watching the video to confirm your predictions from Activity 1, read the following questions. Then, watch the video to find the answers.

VER TODO EL PROGRAMA

1. En el carro: ¿Quién es Miguel? ¿Cuántos años tiene? ¿Cómo se llama su novia?
2. En el bar: ¿Qué va a hacer Andrés en España?

ACTIVIDAD 3: Descripción e imaginación   View the description of Miguel and his girlfriend Magdalena again. As you view the segment, jot down everything you can about each of them.

DESDE 9:06 HASTA 9:50

Después de ver

ACTIVIDAD 4: Descripción   In pairs, describe the people in the following photograph. Say who they are, what they look like, where they live, and any other information you may know about them.

ACTIVIDAD 5: El significado   In the video Andrés had a hard time understanding a few words used by his aunt and uncle. This is normal since he is not from Spain and, therefore, was unfamiliar with certain terms. Consequently, he had to ask what they meant. In pairs, try to remember what these terms mean and define them in Spanish: **COU, una caña.**

ACTIVIDAD 6: Más allá   In pairs, take turns pretending one of you is a Chilean visiting the USA who does not understand a few terms. Ask an American to explain what the following items mean: a "convenience" store, coffee "to go," a "term" paper, a fraternity.

➤   A: ¿Qué quiere decir **convenience store** en inglés?
     B: Un **convenience store** es. . .

CAPÍTULO 4

▲ *Unos arqueólogos trabajan en las ruinas precolombinas de Honduras. ¿Sabes en qué países hay ruinas aztecas, mayas o incaicas?*

CHAPTER OBJECTIVES

- Describing what someone is doing
- Discussing daily routines
- Identifying parts of the body
- Talking about who and what you and others know and don't know
- Telling what the weather is like

Noticias de una amiga

◀ *Un hombre hace andinismo en una montaña muy rocosa de los Andes peruanos. ¿Te gustaría hacer andinismo?*

¡Qué + *adjective*!	How + *adjective*!
¡Qué inteligente!	How intelligent!
hay	there is/there are
deber + *infinitive*	ought to/should + *verb*
debes conocer	ought to/should know

José Manuel, un arqueólogo venezolano que está en Perú, recibe una carta de España de su amiga Marisel. José Manuel comenta con Rafael, otro arqueólogo venezolano.

ACTIVIDAD 1: Cierto o falso   Lee las siguientes oraciones. Mientras escuchas la conversación, escribe **C** si la oración es cierta y **F** si la oración es falsa.

1. _____ Rafael no conoce a Marisel.
2. _____ Marisel es arqueóloga.
3. _____ Marisel tiene una foto de José Manuel.
4. _____ José Manuel practica andinismo.

Being curious	RAFAEL	Hola, José Manuel. ¿A quién conoces en Madrid?
	JOSÉ MANUEL	¿Por qué?
	RAFAEL	Pues . . . Porque hay una carta de Madrid para ti.
Showing excitement	JOSÉ MANUEL	¡Ay qué bueno! Es de Marisel.
	RAFAEL	¿De quién?
	JOSÉ MANUEL	De Marisel. Tú debes conocer a Marisel; es venezolana.
	RAFAEL	Ah, sí. Es una estudiante muy buena. Estudia geología, ¿no?
	JOSÉ MANUEL	Exacto.
	RAFAEL	Y . . . ¿Qué dice?[1]
	JOSÉ MANUEL	A ver . . . Pregunta mucho sobre el proyecto en Machu Picchu: qué hago en el trabajo, cómo son las ruinas incaicas, si hablo con los indígenas sobre su cultura. Tú sabes, preguntas.
	RAFAEL	¿Y qué más?
Reporting	JOSÉ MANUEL	Ah . . . Dice que tengo que afeitarme porque estoy feo con la barba que tengo.
	RAFAEL	Es verdad que estás feo, pero ¿cómo sabe que tienes barba?
	JOSÉ MANUEL	Porque tiene una foto.
	RAFAEL	¡Ahh!
	JOSÉ MANUEL	También dice que estoy loco y que voy a tener un accidente.
	RAFAEL	¿Y por qué dice que vas a tener un accidente?
Describing what someone is doing	JOSÉ MANUEL	Porque en la foto estoy haciendo andinismo . . . estoy subiendo una montaña totalmente vertical.
	RAFAEL	¡Qué inteligente es Marisel! Porque, en realidad, tú estás loco.

---

[1] What does she say?

ACTIVIDAD 2: La carta   Después de escuchar la conversación otra vez, contesta estas preguntas.

1. ¿De dónde es y dónde está Marisel?
2. ¿Qué estudia Marisel?
3. ¿Por qué dice Marisel que José Manuel tiene que afeitarse?
4. ¿Por qué dice Marisel que José Manuel va a tener un accidente?
5. En tu opinión, ¿está loco José Manuel?
6. ¿Te gustaría hacer andinismo?

ACTIVIDAD 3: La habitación de tu compañero/a   **Parte A:** En parejas *(pairs)*, hagan *(make)* una lista de un mínimo de diez cosas que generalmente tienen los estudiantes en su habitación.

Parte B: En parejas, averigüen *(find out)* cinco cosas que su compañero/a *(partner)* tiene en su habitación. Sigan *(follow)* el modelo.

➤   A: ¿Hay video en tu habitación?
B: Sí, hay. / No, no hay.

ACTIVIDAD 4: Los comentarios   Caminas por la calle *(street)* y ves a diferentes personas. Haz un comentario *(Make a comment)* sobre ellas.

➤   Brooke Shields ⟶ "¡Qué bonita!"

Roseanne, Einstein, Michael Jordan, Heather Locklear, David Letterman, el tío de la familia Addams, Danny DeVito

LO ESENCIAL I

I. Las partes del cuerpo *(Parts of the Body)*

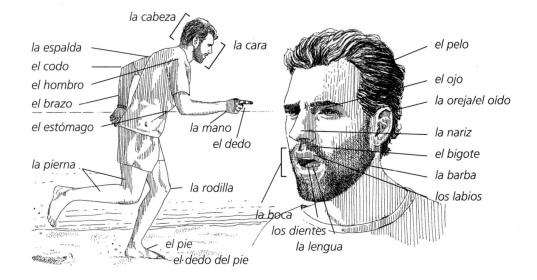

ACTIVIDAD 5: Asociaciones En grupos de tres, digan qué partes del cuerpo asocian Uds. con estas personas o productos.

No Nonsense	Kleenex
Vidal Sassoon	Venus de Milo
el príncipe Carlos de Inglaterra y Ross Perot	Crest
Visine	Reebok
Fidel Castro	Mick Jagger

ACTIVIDAD 6: Adivina quién es En parejas, "A" describe a una persona de la
clase y "B" tiene que adivinar *(guess)* quién es. Después cambien de papel *(switch roles)*.

➤ A: Esta persona tiene piernas largas, ojos grandes, pelo corto y rubio y
tiene barba.
B: Es . . .

¿ LO S A B Í A N ?

Cada lengua *(language)* tiene sus dichos *(sayings)* y proverbios, y el español
tiene muchos. Algunos están relacionados con las partes del cuerpo.

¡Ojo!	*Watch out!*
Ojo por ojo, diente por diente.	*An eye for an eye and a tooth for a tooth.*
Tengo la palabra en la punta de la lengua.	*I have the word on the tip of my tongue.*
Habla hasta por los codos.	*He/She runs off at the mouth.*

ACTIVIDAD 7: Los dichos   Lee las situaciones que están a continuación y decide qué dicho relacionas con cada situación.

1. Tienes un amigo que habla y habla y habla.
2. Estás en un carro con un amigo y ves a un policía.
3. Un criminal tiene que pagar 20.000 pesos y pasar tres años en la prisión.
4. Sabes qué palabra debes usar, pero no puedes recordarla *(can't remember it)* en este momento.

II. Acciones reflexivas

1. lavarse las manos	5. ducharse
2. afeitarse	6. peinarse
3. cepillarse los dientes	7. quitarse la ropa
4. cepillarse el pelo	8. ponerse la ropa

Otras acciones reflexivas

bañarse   to bathe
levantarse   to get up
maquillarse   to put on make-up

NOTE: The verb **desayunar** *(to have breakfast)* is reflexive in some countries: **desayunarse (con).** The reflexive or nonreflexive can be used without affecting meaning.

As you do these activities every day, practice Spanish by saying what you are doing: **Me lavo las manos con jabón.** etc. Remember: idle time = study time.

ACTIVIDAD 8: ¿En qué orden?   En parejas, digan *(tell)* en qué orden *(order)* hacen estas acciones.

peinarse, bañarse, afeitarse, levantarse, desayunar, cepillarse los dientes, ponerse la ropa

ACTIVIDAD 9: Relaciones Relaciona cada *(each)* acción reflexiva con una o más partes correspondientes del cuerpo.

afeitarse	los ojos
lavarse	las manos
peinarse	la barba
maquillarse	el pelo
cepillarse	los dientes
	las piernas
	la cara
	la boca

HACIA LA COMUNICACIÓN I

I. The Personal *a*

Remember to use **el, la, los,** or **las** with titles such as **Sra., Dr.,** etc. when speaking about the person.

When a person receives the action of the verb directly (when he/she acts as a direct object), you need to use the personal **a.**

Maricarmen mira **a** Juan.
Maricarmen mira **al** Sr. López.
Maricarmen mira **a** la profesora.
BUT: Maricarmen mira la televisión.*

*NOTE: **Televisión** is not a person, therefore it does not take the personal **a.**
Tener does not normally take the personal **a: Tengo un amigo.**

II. Describing Daily Routines: Reflexive Verbs

A reflexive verb is used when the subject performs and receives the action of the verb. Study the difference between these three drawings:

As a general rule, use definite articles with parts of the body: *He washes his hands* = **Él se lava las manos.**

Ella lava el carro.
(She performs the action.)

Él se ducha.
(He performs and receives the action.)

Él se lava las manos.
(He performs and receives the action.)

1. In order to use reflexive verbs, you need to know the reflexive pronouns.

levantarse *(to get up)*	
me levant**o**	**nos** levant**amos**
te levant**as**	**os** levant**áis**
se levant**a**	**se** levant**an**

Me levant**o** temprano.	*I get up early.*
Él **se** cepill**a** los dientes después de comer.	*He brushes his teeth after he eats.*
Nos duch**amos** por la mañana.	*We take a shower in the morning.*

2. The reflexive pronoun precedes a simple conjugated verb form.

Todos los días **me levanto** temprano.	*I get up early every day.*

3. When there is a conjugated verb + *infinitive*, the reflexive pronoun either precedes the conjugated verb or follows attached to the infinitive.

Mañana **me voy** a levantar tarde. ⎫ Mañana voy a **levantarme** tarde. ⎭	*Tomorrow, I'm going to get up late.*

While watching TV, think about the actions taking place: **Están cantando,** etc.

III. Discussing Actions in Progress: *Estar + -ando / -iendo*

To discuss actions in progress, you can use the present indicative, as you saw in Chapter 3, or the present progressive. In Spanish, the present progressive is used for actions that are taking place at the moment of speaking.

—¿Qué haces?	*What are you doing?*
—**Estoy** trabaj**ando.**	*I'm working.*
—¿**Está** com**iendo** ella?	*Is she eating?*
—No, **está** escrib**iendo** una carta.	*No, she's writing a letter.*

1. To form this construction, use a form of the verb **estar** and the present participle *(-ing)* of another verb. The present participle is formed by adding **-ando** to the stems of **-ar** verbs and **-iendo** to the stems of **-er** and **-ir** verbs.

estoy		
estás		
está		trabaj**ando**
estamos	+	com**iendo**
estáis		escrib**iendo**
están		

NOTE: **-er** and **-ir** verbs whose stems end in a vowel substitute a **-y-** for the **-i-**: **leer** ⟶ **le**y**endo.**

Review accent rules. See Appendix C.

2. When you use a reflexive verb in the present progressive, the reflexive pronoun either precedes the conjugated form of **estar** or follows attached to the present participle.

> Ella **se** está bañando. }
> Ella está bañándo**se**.* }   *She is bathing.*

Do mechanical drills, Workbook, Part 1.

*NOTE: When the pronoun is attached to the present participle, an accent is needed on the stressed vowel of the verb.

ACTIVIDAD 10: El amor de Juan Carlos   Completa esta historia *(story)* sobre Claudia y Juan Carlos con **a, al, a la, a los** o **a las** sólo *(only)* si es necesario.

_____ Juan Carlos le gusta mucho Claudia y desea salir con ella, pero no sabe si ella va _____ salir con él. Está nervioso y llama _____ Teresa porque ella conoce bien _____ Claudia. Teresa sabe cómo es Claudia y le explica que _____ Claudia le gusta ir _____ cine, que los sábados por la noche baila _____ rock con sus amigos en una discoteca y que toca el saxofón y por eso va _____ bares donde tocan _____ jazz. También dice que ahora Claudia está visitando _____ amigos de sus padres que viven en Ávila y que regresa mañana. Entonces Juan Carlos decide llamar _____ Claudia mañana por la tarde.

ACTIVIDAD 11: La familia Rosado   Di qué hace por la mañana la familia Rosado un día típico.

ACTIVIDAD 12: ¿Qué vas a hacer?   Decide qué vas a hacer con estas cosas.

1. un peine
2. una bañera
3. un cepillo de dientes
4. una ducha
5. café y yogur
6. un jabón

ACTIVIDAD 13: Nuestra rutina   En parejas, digan qué tienen que hacer Uds. un día típico por la mañana.

➤   Nosotros tenemos que levantarnos . . . / Nosotros nos tenemos que levantar . . .

ACTIVIDAD 14: La rutina   Pregúntales a tus compañeros si hacen las siguientes actividades. Tienes que encontrar *(find)* dos personas para cada acción.

1. desayunar todos los días en una cafetería
2. levantarse temprano los domingos
3. lavarse el pelo por la noche
4. hacer gimnasia un mínimo de tres días por semana
5. correr todos los días
6. ir al cine todas las semanas
7. ducharse dos veces por día
8. estudiar los sábados

ACTIVIDAD 15: ¿Está Diana?   En parejas, "A" llama por teléfono para hablar con una persona, pero la persona está ocupada; "B" dice qué está haciendo esa persona. Después, cambien de papel.

➤   B: ¿Aló?
     A: Buenos días. ¿Está Diana?
     B: Sí, está, pero está duchándose.
     A: Ah, muchas gracias, adiós. / Ah, entonces llamo más tarde.

ACTIVIDAD 16: Imagina   En parejas, cada persona selecciona tres dibujos y usa la imaginación para explicarle a su compañero/a quiénes son las personas, qué están haciendo y dónde están.

➤   Son mis amigos Mike y Eric. Mike es de Miami y Eric es de Chicago. Ellos están esquiando en Vail. Mike esquía muy bien. Eric está aprendiendo y le gusta mucho esquiar.

NUEVOS HORIZONTES

Estrategia de lectura: *Predicting*

Predicting helps you start to think about the theme of a selection before you read it. You can predict or guess what a selection will be about by looking at the title, photos or illustrations, subtitles, as well as by recalling what you know about the topic itself before you read it.

In the following exercises, you will be asked some questions to make you aware of what you know and don't know about the topic at hand; then you will be asked to predict possible subtopics in the selection. You will then read a flyer announcing an event. Reading a flyer, brochure, or an ad is a common task. Many words or expressions will be used which you may not understand, but by predicting, guessing meaning from context, and using your knowledge of cognates and your general knowledge about the world, you will be able to comprehend a great deal of information.

ACTIVIDAD 17: ¿Qué sabes?   Mira la primera parte de este folleto y contesta estas preguntas.
1. ¿Qué anuncia?
   a. una conferencia   b. una venta de artefactos   c. una exhibición
2. Mira la foto. Esta cultura es . . .
   a. precolombina   b. renacentista   c. moderna
3. ¿Dónde está Sipán?
   a. Centroamérica   b. Suramérica   c. Europa
4. ¿Conoces otras civilizaciones indígenas?
5. ¿Sabes dónde está el museo?

ACTIVIDAD 18: Predicciones   **Parte A:** Antes de leer más, intenta predecir *(predict)* qué información hay en el folleto. En parejas, hagan una lista de un mínimo de seis cosas que pueden estar incluidas en esta descripción. Pueden hacer esta parte en inglés.

Parte B: Antes de leer y después de hacer tus predicciones sobre el contenido del folleto, debes pensar en otro aspecto de lo que vas a leer. El folleto que vas a leer contiene hechos históricos. Di si los verbos van a estar en el futuro, el presente o el pasado.

Parte C: Lee el folleto para ver cuáles de tus predicciones están incluidas en la descripción de la exhibición.

Las Tumbas Reales de Sipán
Tesoros Peruanos
de una Civilización Desaparecida

24 de junio, 1994 – 1 de enero, 1995

American Museum of Natural History

Courtesy of the American Museum of Natural History

Las Tumbas Reales de Sipán es un deslumbrante despliegue de objetos de oro, plata, y cobre dorado provenientes de una de las más ricas tumbas precolombinas excavadas en el hemisferio occidental. La exhibición especial relata la historia de los moche, una sofisticada civilización preincaica que dominó el norte del Perú entre los años 100 y 800. Debido a la extraordinaria importancia de los artefactos de Sipán, los arqueólogos han comparado su hallazgo con el de la tumba de Tutankamón.

Los notables tesoros en exhibición fueron descubiertos en 1987 en una erosionada pirámide de adobe cerca de la aldea peruana de Sipán. Dentro de la pirámide estaban las cámaras funerarias de tres altos funcionarios moche, incluyendo la del más importante líder moche, el Sacerdote Guerrero, también conocido como el Señor de Sipán. Los artefactos constituyeron valioso testimonio de la vida de los moche, que no tenían lengua escrita y cuya civilización desapareció mucho antes de que los españoles conquistaran el Perú en el siglo XVI.

Entre los objetos figuraban un cetro esculpido de oro y plata de dos pies de altura, una enorme cuenta con forma de cabeza humana hecha de lámina de oro trabajada con ojos de lápiz lázuli, elaborados tocados y una selección de exquisita joyería.

En cada sección de la exhibición, la joyería, las armas, los ornamentos, los adornos reales y otros objetos se yuxtaponen con fotografías de la excavación. También, el Museo ha agregado la exhibición una recreación de una de las tumbas. La réplica se muestra tal como los artefactos fueron desenterrados para dar a los visitantes una mejor idea del área de excavación y el trabajo de los arqueólogos.

La exhibición fue organizada por el Museo Fowler de Historia Cultural, Los Angeles, California, y el Museo Arqueológico Brüning del Perú, con el Instituto Nacional de Cultura del Perú.

La exhibición del Museo Americano de Historia Natural recibe apoyo de ASARCO Incorporated y Southern Peru Copper Corporation; Aeroperu/FOPTUR; Banco de Crédito del Perú; Bear, Stearns & Co. Inc.; el diario/LA PRENSA y CS First Boston.

ENTRADA ESPECÍFICA
El precio de admisión de $5.00 adultos y $2.50 niños (miembros: $4.00 adultos y $2.00 niños) incluye la gira de audio en español. Fundos se utilizará para cubrir los costos del montaje de la exhibición y para la instalación permanente de los tesoros de Sipán en el Museo Brüning.

American Museum of Natural History
Central Park West at 79th Street, NYC – 212-769-5100

ACTIVIDAD 19: ¿Qué, dónde y cuándo?   Después de leer el folleto, contesta estas preguntas.

1. ¿Cómo se llaman los indígenas de Sipán?
   a. incas   b. moches   c. Tutankamón
2. ¿Es pre o poscolombina la civilización de Sipán?
3. ¿Es pre o posincaica la civilización de Sipán?
4. ¿De qué materiales son los artefactos de la exhibición?

   _____ oro   _____ cobre *(copper)*

   _____ esmeraldas   _____ plata

   _____ diamantes   _____ aluminio
5. Menciona tres objetos que hay en la exhibición.
6. Hay una recreación o réplica en el museo, ¿de qué es?
7. Si tú visitas el museo con un amigo y un niño que tiene ocho años, ¿cuánto dinero tienen que pagar Uds.?
8. ¿Te gustaría visitar esta exhibición? ¿Por qué sí o no?

Estrategia de escritura: *Brainstorming and Outlining*

When writing, it is good to follow a process. The first step is to *brainstorm* ideas. While brainstorming you should jot down everything that comes to mind. The next step is usually *outlining*, which will help you plan your writing and therefore write a more organized paragraph or essay. An outline is an organized list of what you plan to write. It may progress from the general to the specific. For example, an outline for a museum pamphlet may be as follows:

> **Exhibición del museo**
> qué se exhibe
> explicación histórica
> cuándo es
> dónde es

ACTIVIDAD 20: El bosquejo   **Parte A:** Haz *(Make)* una lista de diez a quince actividades que hace una persona un día normal.

Parte B: Organiza tu lista de la Parte A y haz un bosquejo *(outline)* de qué haces tú un día normal. Separa tu lista en tres partes: por la mañana, durante el día, por la noche.

Actividades diarias

Por la mañana	Durante el día	Por la noche
a.	a.	a.
b.	b.	b.
etc.	etc.	etc.

LO ESENCIAL II

I. Los meses, las estaciones y el tiempo (Months, Seasons, and the Weather)

Un año en la provincia de Mendoza, Argentina

ARGENTINA

Treinta días trae noviembre,
con abril, junio y septiembre;
de veintiocho sólo hay uno y
los demás de treinta y uno.

El verano

En enero hace calor.

En febrero hace sol.

En marzo está nublado.

El otoño

En abril hace mal tiempo.

En mayo hace fresco.

En junio hace frío.

El invierno

En julio nieva.

En agosto hace viento.

En septiembre hace fresco.

La primavera

En octubre hace buen tiempo.

En noviembre hace sol.

En diciembre llueve.

Expresiones relacionadas con el tiempo

centígrados   centigrade/Celsius

Está a ___ grados (bajo cero).   It's ___ degrees (below zero).
¿Qué tiempo hace?   What's the weather like?
la temperatura   temperature

¿ L O   S A B Í A N ?

En los países que están al sur de la línea del ecuador *(equator)*, las estaciones no son en los mismos meses que en los Estados Unidos. Por ejemplo, cuando es invierno en este país, es verano en Uruguay; por eso, en el hemisferio sur hace calor en la Navidad *(Christmas)*. Hay clases desde el otoño, en marzo, hasta noviembre o diciembre, el final de la primavera.

II. Las fechas *(Dates)*

—**¿Cuál es la fecha?**   What is the date?
—**Hoy es el 20 de octubre.***   Today is October 20th.

—**¿Cuándo es la fiesta?**   When is the party?
—**Es el 21 de marzo.***   It's on March 21st.

*NOTA: El **primero** de enero, pero **el dos/tres/cuatro** . . . de enero.

ACTIVIDAD 21: Los meteorólogos   En parejas, Uds. son meteorólogos que trabajan para Radio Popular. Hablen del tiempo que hace en el mundo, usando la siguiente información.

➤   Aquí en La Paz, Pepito Pérez. Hoy hace sol y la temperatura está a 16 grados centígrados. Ahora a nuestro amigo . . . en . . .

El Mundo	Las temperaturas están expresadas en grados Celsius.						
Ciudad	**Mín.**	**Máx.**	**Condiciones**	**Ciudad**	**Mín.**	**Máx.**	**Condiciones**
Asunción	20	30	Sol	México	10	23	Sol
Atenas	6	16	Lluvia	Miami	22	27	Sol
Berlín	5	8	Nublado	Montevideo	18	21	Buen tiempo
Bogotá	7	18	Nublado	Moscú	2	6	Frío
Bruselas	7	14	Sol	Nueva York	3	3	Sol
Buenos Aires	18	22	Nublado	Panamá	30	32	Nublado
Caracas	18	28	Sol	París	9	14	Nublado
Ginebra	-9	11	Nublado	Pekín	5	14	Buen tiempo
Guatemala	14	26	Sol	Quito	8	19	Nublado
La Habana	21	26	Nublado	Río de Janeiro	19	32	Sol
La Paz	4	16	Sol	Roma	5	9	Sol
Lima	19	25	Nublado	San José	16	27	Sol
Lisboa	11	19	Nublado	San Juan	21	28	Nublado
Londres	6	13	Sol	San Salvador	21	33	Buen tiempo
Los Ángeles	11	16	Nublado	Santo Domingo	20	30	Sol
Madrid	5	20	Sol	Tegucigalpa	21	33	Buen tiempo
Managua	21	32	Sol	Washington	8	19	Sol

ACTIVIDAD 22: El informe   En grupos de cuatro, escriban un informe *(report)* sobre el tiempo que va a hacer mañana en diferentes partes del país. Usen expresiones como **va a nevar/llover/hacer sol/estar nublado/**etc. Al terminar, léanle el informe a la clase, siguiendo el modelo de la Actividad 21.

Estudiante A: Honolulú
Estudiante B: Nueva York
Estudiante C: Denver
Estudiante D: Seattle

ACTIVIDAD 23: Las celebraciones   En parejas, pregúntenle a su compañero/a en qué mes o fecha específica son estas celebraciones.

For practice, say dates that are important to your family: birthdays, anniversaries, etc.

➤   A: ¿Cuándo es el Día de San José?
    B: Es el 19 de marzo.

1. el Día de San Valentín
2. el Día de la Independencia de los
    Estados Unidos
3. el Día de San Patricio
4. Navidad
5. Año Nuevo
6. el Día de las Madres
7. el Día del Padre
8. su cumpleaños

ACTIVIDAD 24: Feliz cumpleaños   **Parte A:** Averigua el cumpleaños de un mínimo de diez compañeros y apunta *(jot down)* la fecha de cada uno.

Parte B: Contesta estas preguntas sobre tus compañeros.

1. ¿Quién cumple años en la primavera? ¿Y el otoño?
2. ¿Quién cumple años en octubre? ¿Y en agosto?
3. ¿Quién de la clase va a celebrar su cumpleaños pronto?
4. ¿Quién celebra su cumpleaños cuando hace frío? ¿Y cuando hace calor?
5. ¿Quién es del signo del zodíaco Virgo? ¿Y Acuario?

El memo

▲ *Libros a la venta en una librería en Costa Rica. ¿Conoces algunos de los escritores o títulos?*

¿podrías + *infinitive*?	could you . . .?
¿Podrías ir tú?	Could you go?
Un millón de gracias.	Thanks a lot.

Teresa va a la agencia de viajes de su tío para trabajar y recibe un memo.

ACTIVIDAD 25: Lee y contesta   Mira la primera parte del siguiente memo y contesta estas preguntas.

1. ¿Quién escribe el memo?
2. ¿Quién recibe el memo?
3. ¿Cuál es el tema del memo?
4. ¿Cuál es la fecha del memo?

A: Teresa
DE: tu tío Alejandro
FECHA: 20/VI/95
EN RELACIÓN A: información sobre un viaje a Argentina
HA LLAMADO: _____
LLAMAR A: _____

Tengo que ir a la librería La Casa del Libro, pero no tengo tiempo. ¿Podrías ir tú? ¿Sabes dónde está? En la Gran Vía. Tomas el metro o el autobús número dos. Tienes que llevar este paquete de información sobre vacaciones. El señor se llama Federico de Rodrigo y desea ir a esquiar con su familia a Mendoza, Argentina, el mes de agosto. Tú conoces al Sr. de Rodrigo, ¿no? Es bajo, rubio, un poco gordo y tiene la nariz larga. Trabaja en el segundo piso[1] en la sección de arte; en ese piso también se venden mapas. ¿Podrías comprar una guía urbana de Madrid de este año? Un millón de gracias.

Which is written as a Roman numeral, the day or the month?

---

[1] floor

ACTIVIDAD 26: Preguntas   Después de leer el memo, contesta estas preguntas.

1. Teresa tiene que hacer dos cosas; ¿cuáles son?
2. ¿Dónde está la librería y cómo se llama?
3. Teresa tiene dos opciones para ir a la librería; ¿cuáles son?
4. ¿Qué se vende en el segundo piso de la librería?
5. ¿Adónde desea ir el Sr. de Rodrigo, con quiénes y por qué?

ACTIVIDAD 27: Los favores   En parejas, pídanle *(ask)* favores a su compañero/a, usando la expresión **podrías** + *infinitivo*.

➤ A: ¿Podrías comprar champú?
   B: Con mucho gusto. / Por supuesto. / No puedo, tengo que estudiar.

HACIA LA COMUNICACIÓN II

I. *Saber* and *conocer*

Both **saber** and **conocer** mean *to know*, but they are used to express very different kinds of knowledge in Spanish.

A. Saber

1. saber + *infinitive* = to know how to do something

Claudia **sabe** tocar el saxofón.	*Claudia knows how to play the saxophone.*
Juan Carlos **sabe** esquiar.	*Juan Carlos knows how to ski.*

2. saber + *factual information* = to know something (by heart)

Teresa **sabe** el número de teléfono de Vicente.	*Teresa knows Vicente's telephone number.*
¿**Sabes** dónde está La Casa del Libro?	*Do you know where the "Casa del Libro" is?*
¿**Sabes** quién es Rubén Blades?	*Do you know who Rubén Blades is?*

B. Conocer

1. conocer a + *person* = to know a person

Claudia **conoce al** tío de Teresa.	*Claudia knows Teresa's uncle.*
¿**Conoces a** Marisel?	*Do you know Marisel?*

2. conocer + *noun* = to be familiar with places and things

Teresa no **conoce** Buenos Aires.	*Teresa doesn't know Buenos Aires.*
¿**Conoces** el libro *Cien años de soledad* de Gabriel García Márquez?	*Do you know the book* One Hundred Years of Solitude *by Gabriel García Márquez?*

Gabriel García Márquez, Colombian, Nobel Prize for Literature in 1982.

II. Pointing Out: Demonstrative Adjectives and Pronouns

A. Demonstrative Adjectives

Demonstratives are frequently used with phrases containing **aquí** (here), **allí** (there), and **allá** (there / way over there).

Estos discos compactos (aquí) son de jazz, **esos discos compactos** (allí) son de música clásica y **aquellas cintas** (allá) son de rock.

Este has a *t* and you can touch it, **ese** is over there, and **aquel** is so far away you have to *yell*.

In English there are two demonstrative adjectives: *this* and *that*. In Spanish there are three: **este** *(this)*, which indicates something near the speaker; **ese** *(that)*, which indicates something farther from the speaker; and **aquel** *(that)*, which usually indicates something far away from the speaker and the listener. Many native speakers make no distinction between **ese** and **aquel;** they use them interchangeably. Since **este, ese,** and **aquel** are adjectives, they must agree with the noun they modify in gender and in number.

este libro	estos libros
esta grabadora	estas grabadoras
ese, esa	esos, esas
aquel, aquella	aquellos, aquellas

B. Demonstrative Pronouns

1. To avoid repetition of a noun with a demonstrative adjective, use a demonstrative pronoun. The pronoun forms are the same as demonstrative adjectives (**esta, ese, aquellas,** etc.), but may have a written accent placed over the stressed vowel: **éste, ésas, aquél,** etc. These accents are optional.

Este disco compacto es bueno, pero **ése** que está allí es fantástico.

This CD is good, but that (other) one over there is fantastic.

2. Esto, eso, and **aquello** are neuter demonstrative pronouns that refer to abstract concepts; they do not have accents.

—Voy a estudiar otorrinolaringología.

I'm going to study otolaryngology.

—¿Otorrinolaringología? ¿Qué es **eso**?

Otolaryngology? What's that?

Do mechanical drills, Workbook, Part II.

ACTIVIDAD 28: ¿Sabes esquiar? En parejas, túrnense haciendo preguntas para ver cuántas de las siguientes cosas saben hacer.

➤ A: ¿Sabes esquiar?
B: Sí, sé esquiar. / No, no sé esquiar.

1. bailar tango
2. tocar la guitarra
3. hablar francés
4. nadar
5. usar computadora
6. leer música

ACTIVIDAD 29: Sí, lo sé de memoria En parejas, túrnense para averiguar cuánto saben.

➤ cuántos años tiene tu profesor/a
¿Sabes cuántos años tiene tu profesor/a?

Sí, lo sé. Tiene XX años. No, no sé.

1. cómo se llama el presidente o la presidenta de la universidad
2. quién es el jefe o la jefa del departamento de español
3. dónde está la oficina de tu profesor/a
4. cuándo es el cumpleaños de tu profesor/a
5. de dónde es tu profesor/a
6. cuál es el número de teléfono de tu profesor/a

ACTIVIDAD 30: ¿Conoces San Juan? En parejas, túrnense para preguntar si su compañero/a conoce diferentes ciudades. Sigan el modelo.

➤ A: ¿Conoces San Juan?

B: Sí.
A: ¿Cómo es?
B: Es muy bonita y siempre hace buen tiempo.

B: No.
A: ¿Te gustaría conocer San Juan?
B: Sí, me gustaría. / No, no me gustaría.

1. Barcelona
2. Caracas
3. Hong Kong
4. París
5. Nueva York
6. Tokio
7. Jerusalén
8. Detroit
9. Quito

ACTIVIDAD 31: ¿Conoces a . . . ? **Parte A:** Escribe una lista de cinco nombres de personas que conoces personalmente en la universidad. Incluye a profesores, decanos, personas que trabajan en la cafetería, atletas o estudiantes.

➤ Conozco a . . .

Parte B: En parejas, averigua si tu compañero/a sabe quiénes son las personas de tu lista. Sigue el modelo.

➤ A: ¿Sabes quién es Peter Smith?

A: Sí, es profesor de historia, ¿no?
B: Sí.

A: No, no sé. ¿Quién es?
B: Es mi profesor de historia y es excelente.

◀ *Una cafetería al aire libre en Mallorca. ¿Sabes dónde está Mallorca?*

ACTIVIDAD 32: Una persona que . . .   Busca *(Look for)* a las personas de tu clase que saben o conocen:

1. bailar salsa
2. San Francisco
3. la película E.T.
4. tocar el piano
5. el número de teléfono de la policía
6. cantar "La bamba"
7. Nueva York
8. una persona importante

ACTIVIDAD 33: ¿Este disco o ése?   Completa esta conversación entre dos vendedores de una tienda de música en Puerto Rico.

Bruno: ¿De quién es el disco compacto que tienes en la mano?

Paco: _____ disco compacto es de Juan Luis Guerra. Es nuevo.

Bruno: Me gusta Juan Luis Guerra. Paco, ¿sabes cuánto cuestan _____ cintas de Luis Miguel que están allá?

Paco: _____ cuestan cinco dólares con noventa y cinco centavos porque son viejas y ya no son muy populares.

Bruno: ¿Y _____ discos compactos que veo allí, de música clásica?

Paco: ¿Cuáles? ¿_____? ¿Aquí?

Bruno: No, _____ de Plácido Domingo.

Paco: Ah, Plácido Domingo. No sé. Un momento. Tengo que mirar uno . . . Sí . . . aquí está . . . _____ cuestan once dólares.

ACTIVIDAD 34: ¿Éste, ése o aquél?   En parejas, "A" cubre *(covers)* la información de B y "B" cubre la información de A. Uds. están en una fiesta y conocen a muchas personas, pero no a todas. Pregúntale a tu compañero/a si conoce a las personas que tú no conoces. Usa oraciones como, **¿Conoces a ese señor alto que está bailando?**

Remember to use the personal a with **conocer** when followed by a person.

A

1. Ramón Paredes, hombre de negocios, el novio de Carmen
3. Carmen Barrios, estudiante universitaria, estudia biología
4. Miguel Jiménez, médico, 31 años, no tiene novia
6. Germán Mostaza, periodista, trabaja para *El Diario*, 27 años

B

2. Ramona Carvajal, dentista, argentina, amiga de Laura
5. Laura Salinas, economista, trabaja en el Banco Hispanoamericano
7. José Peña, geólogo, el novio de Begoña
8. Begoña Rodríguez, programadora de computadoras

VOCABULARIO FUNCIONAL

Las partes del cuerpo

Ver página 88.

Verbos reflexivos

Ver página 89.

Adjetivos y pronombres demostrativos

Ver página 103.

El tiempo

centígrados	*centigrade/Celsius*
Está a _____ grados (bajo cero).	*It's _____ degrees (below zero).*
está nublado	*it's cloudy*
hace buen/mal tiempo	*it's nice/bad out*
hace calor/frío	*it's hot/cold*
hace fresco	*it's chilly*
hace sol	*it's sunny*
hace viento	*it's windy*
llover/llueve	*to rain/it's raining*
nevar/nieva	*to snow/it's snowing*
¿Qué tiempo hace?	*What's the weather like?*
la temperatura	*temperature*

Los meses

Ver página 98.

Las estaciones

el invierno	*winter*
el otoño	*fall*
la primavera	*spring*
el verano	*summer*

Expresiones de tiempo y fechas

el año	*year*
el cumpleaños	*birthday*
la fecha	*date*
el mes	*month*

Palabras y expresiones útiles

allá	*over there*
allí	*there*
aquí	*here*
la carta	*letter*
cumplir años	*to have a birthday*
deber + *infinitive*	*ought to/should* + verb
hay	*there is/there are*
Un millón de gracias.	*Thanks a lot.*
ocupado/a	*busy*
¿podrías + *infinitive*?	*could you . . .?*
¡Qué + *adjective*!	*¡How* + adjective!
subir	*to go up, climb*
temprano	*early*

CAPÍTULO 5

CINE LATIN

XXVI MUESTRA INTERNACIONAL DE CINE
AMBAR
JORGE RUSSEK HECTOR BONILLA

CHAPTER OBJECTIVES

- Expressing feelings
- Telling time
- Discussing clothing
- Indicating purpose and reason
- Specifying the location of something
- Discussing present and future events

▲ Un cine en México ofrece una muestra de películas internacionales.

Esta noche no estudiamos

▲ *Un cine en Buenos Aires. ¿Qué películas dan? ¿Sabes cómo se llaman en inglés? ¿Hay muchas películas de otros países en tu ciudad? ¿Son dobladas o con subtítulos?*

¡Me fascina/n!	I love it/them.
se + *third person singular of verb*	they/people + *verb*
se dice que . . .	they/people say that . . .
¡No me diga/s!	No kidding!

Juan Carlos y Claudia están en una cafetería haciendo planes para esta noche.

ACTIVIDAD 1: Marca las películas   Mientras escuchas la conversación, marca sólo los títulos de las películas que mencionan Juan Carlos y Claudia. ¡Ojo! Algunos no son películas.

_____ Vértigo	_____ Matador
_____ Groucho	_____ Almodóvar
_____ Casablanca	_____ Psicosis

JUAN CARLOS	Bueno, entonces ¿qué te gustaría hacer?
CLAUDIA	Pues . . . No sé.
JUAN CARLOS	¿Te gusta el jazz?
CLAUDIA	¡Huy! Me fascina, pero esta noche no.
JUAN CARLOS	¿Y entonces? ¿Prefieres ir al cine?
CLAUDIA	Sí, me gustaría ver una película vieja.

Inviting

JUAN CARLOS	Bueno, puedo mirar en un periódico. ¡Camarero! ¿Tiene por casualidad un periódico de hoy?
CAMARERO	¿Qué sección quiere?
JUAN CARLOS	La sección de espectáculos.
CAMARERO	Es posible. Un momento . . . Sí. Aquí está.
JUAN CARLOS	Gracias, y por favor, otra cerveza que tengo sed . . . Vamos a ver . . . En el Alphaville podemos ver *Vértigo* de Hitchcock.
CLAUDIA	Se dice que *Vértigo* es una película muy buena, pero . . . no sé . . . ¿qué más hay?
JUAN CARLOS	*Matador* está en el Cinestudio Groucho.
CLAUDIA	¡Ay! Tiene mucha violencia. Me gusta el director, Pedro Almodóvar, pero esta noche no.
JUAN CARLOS	También está *Casablanca*.
CLAUDIA	¡No me digas! ¡*Casablanca!* ¡Qué bueno! Vamos a ésa.
JUAN CARLOS	¿Te gusta Humphrey Bogart?
CLAUDIA	Sí, y me fascina Ingrid Bergman.
JUAN CARLOS	Bueno. La película empieza a las 9:35 en el Cine Luna.
CLAUDIA	¡Huy! Y son las 8:30. Voy a llamar a Vicente y a Teresa para salir a comer después. Ellos también van al cine esta noche.
JUAN CARLOS	O.K. Podemos ir a un restaurante a comer comida china.
CLAUDIA	¡Perfecto!

Offering an option

Discussing future time
Telling time

ACTIVIDAD 2: Preguntas   Después de escuchar la conversación otra vez *(again)*, contesta estas preguntas.

1. ¿Qué van a hacer esta noche Juan Carlos y Claudia?
2. ¿Dónde buscan información?
3. ¿Qué película van a ver?
4. ¿Conoces esa película? ¿Qué tipo de película es, violenta o romántica? ¿Es un drama o una comedia?
5. ¿Qué van a hacer Juan Carlos y Claudia después del cine?

ACTIVIDAD 3: Una entrevista   **Parte A:** Clasifica *(Rate)* los siguientes tipos de películas con esta escala de uno a cinco.

1   no me gustan nada
2   no me gustan
3   me gustan
4   me gustan mucho
5   me fascinan

_____ románticas	_____ documentales	_____ de Disney
_____ de horror	_____ cómicas	_____ de suspenso
_____ de ciencia ficción	_____ dramáticas	_____ de violencia

Part B: Ahora, en parejas, entrevisten a su compañero/a para ver qué tipo de películas le gusta y cuáles son sus películas, actores, actrices y directores favoritos.

➤   A: ¿Te gustan las películas de horror?
    B: No, no me gustan nada.
    A: . . .

ACTIVIDAD 4: Información   En parejas, "A" es una persona nueva en esta ciudad y "B" vive aquí. "A" necesita información sobre la ciudad y le pregunta a "B".

➤   A: ¿Dónde se come bien?
      B: Se come bien en . . .

1. comer bien   3. correr   5. caminar por la noche
2. nadar   4. bailar   6. vivir con tranquilidad

LO ESENCIAL I

I. La hora, los minutos y los segundos

When you look at your watch try to think of the time in Spanish.

The hour may be written 4 different ways depending on the country: **10.00/10,00/10'00/ 10:00.**

menos   y
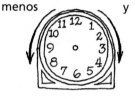

Es la una y cuarto.

Son los ocho menos diez.

Son las cinco y media.

Es (el) mediodía.

Es (la) medianoche.

En el aeropuerto

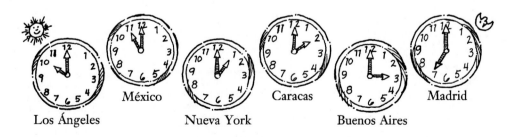

Los Ángeles   México   Nueva York   Caracas   Buenos Aires   Madrid

¿Qué hora **es** en Los Ángeles?   **Son las diez** de la mañana.
¿Qué hora **es** en Nueva York?   **Es la una** de la tarde.
¿Qué hora **es** en Buenos Aires?   **Son las tres** de la tarde.

¡OJO! Son las once *de* **la noche / mañana.** *(specific time)*
Nunca estudio *por* **la noche / mañana.** *(general time period)*

ACTIVIDAD 5: La hora en el mundo En parejas, Uds. están en el aeropuerto de México. Miren los relojes de la sección *En el aeropuerto* y túrnense para preguntar la hora de las diferentes ciudades.

➤ 6:15 A.M. ¿Madrid?

A: Si en México son las 6:15 de la mañana, ¿qué hora es en Madrid?
B: En Madrid son las 2:15 de la tarde.

Hora en México

1. 1:15 A.M.   ¿Nueva York?
2. 5:50 A.M.   ¿Caracas?
3. 4:25 P.M.   ¿Los Ángeles?
4. 3:30 P.M.   ¿Buenos Aires?

5. 7:16 A.M.   ¿Caracas?
6. 10:20 P.M.   ¿Madrid?
7. 8:45 A.M.   ¿Nueva York?
8. 2:12 P.M.   ¿Madrid?

¿LO SABÍAN?

El uso de "buenas tardes" o "buenas noches" varía entre los países hispanos. En países como Ecuador, Colombia y Venezuela hay doce horas de día y doce horas de noche, porque estos países están cerca de la línea del ecuador. Por eso, la tarde para ellos empieza más o menos después de las 12:00 y termina más o menos a las 6:00, cuando ya casi no hay sol; después de esa hora, generalmente se dice "buenas noches". En cambio, en España, por ejemplo, la tarde empieza como a las 3:00 después de comer y termina a las 10:00, cuando muchos españoles cenan. Por lo tanto, los españoles generalmente empiezan a decir "buenas noches" a partir de las 10:00.

ACTIVIDAD 6: Programas de televisión En grupos de tres, miren esta página de una guía de televisión y túrnense para preguntar a qué hora son los diferentes programas.

➤ A: ¿A qué hora es "La ley de Los Ángeles"?
B: Es a la/las . . .

Note: **Son las 7:00** = It is 7:00; **El concierto es a las 7:00** = The concert is at 7:00. Practice this latter construction when reading movie schedules, TV guides, etc.

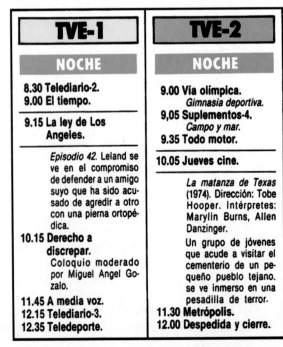

TVE-1

NOCHE

8.30 Telediario-2.
9.00 El tiempo.

9.15 La ley de Los Angeles.

Episodio 42. Leland se ve en el compromiso de defender a un amigo suyo que ha sido acusado de agredir a otro con una pierna ortopédica.

10.15 **Derecho a discrepar.**
Coloquio moderado por Miguel Angel Gozalo.

11.45 A media voz.
12.15 Telediario-3.
12.35 Teledeporte.

TVE-2

NOCHE

9.00 Vía olímpica.
   Gimnasia deportiva.
9,05 Suplementos-4.
   Campo y mar.
9.35 Todo motor.

10.05 Jueves cine.

La matanza de Texas (1974). Dirección: Tobe Hooper. Intérpretes: Marylin Burns, Allen Danzinger.

Un grupo de jóvenes que acude a visitar el cementerio de un pequeño pueblo tejano, se ve inmerso en una pesadilla de terror.

11.30 **Metrópolis.**
12.00 Despedida y cierre.

ACTIVIDAD 7: Los teleadictos   **Parte A:** Escribe los nombres de cuatro programas de televisión que te gustan.

Parte B: Ahora, habla con otra persona para ver si conoce los programas y si sabe qué día y a qué hora son.

A: ¿Conoces el programa . . . ?

B: Sí, conozco ese programa.   B: No, no conozco ese programa.
A: ¿Qué día y a qué hora es?   A: Es un programa muy bueno.
B: Es los . . . a la/s . . .   Es los . . . a la/s . . .

ACTIVIDAD 8: Adivinanzas   En grupos de tres, completen estas adivinanzas (*guessing games*) sobre la hora y los meses.

➤   60 s. en un m. ⟶ 60 segundos en un minuto

1. 60 m. en una h.   4. 28 d. en f.   7. 7 d. en una s.
2. 52 s. en un a.   5. 2 d. en un f. de s. 8. 4 s. en un m.
3. 24 h. en un d.   6. 12 m. en un a.   9. 30 d. en n., a., j. y s.

II. Las sensaciones

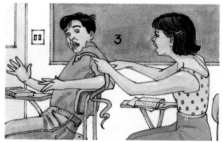

1. Tienen frío.
2. Tiene calor.

3. Tiene miedo.

4. Tienen hambre.
5. Tienen sed.

6. Tiene sueño.

7. Tiene vergüenza.

ACTIVIDAD 9: ¿Cómo se sienten Uds.?   Di qué sensaciones tienen estas personas en las siguientes situaciones.

➤   Si veo una serpiente, tengo miedo.

1. Si estás en la playa, . . .
2. En el mes de enero, . . .
3. Después de correr cuatro kilómetros, . . .
4. Si tu amigo ve una película de horror, . . .
5. Si estudias toda la noche, . . .
6. Si voy al dentista, . . .
7. Si deseamos beber una Coca-Cola, . . .
8. Si no comes durante *(during)* ocho horas, . . .

HACIA LA COMUNICACIÓN I

I. Expressing Habitual and Future Actions and Actions in Progress: Stem-changing Verbs

Drill yourself on these forms.

1. Stem-changing verbs, like regular **-ar, -er,** and **-ir** verbs in the present indicative, express habitual actions as well as actions in progress and future actions. They have the same endings as regular **-ar, -er,** and **-ir** verbs, but there is a vowel change in the last syllable of the stem. You have already seen an irregular verb that has a stem change: **tener (tienes, tiene, tienen).** Stem-changing verbs are often referred to as *boot verbs* (since the conjugation resembles a boot). This should help you remember in which persons the changes occur.

entender (e > ie)	
entiendo	entendemos
entiendes	entendéis
entiende	entienden

poder (o > ue)	
puedo	podemos
puedes	podéis
puede	pueden

pedir (e > i)	
pido	pedimos
pides	pedís
pide	piden

j**u**gar (u > ue)	
juego	jugamos
juegas	jugáis
juega	juegan

¿Enti**e**ndes la explicación?	*Do you understand the explanation?*
Mañana no p**ue**do ir.	*I can't go tomorrow.*
Siempre pedimos agua.	*We always order (ask for) water.*
Los chicos j**ue**gan al fútbol.	*The kids play soccer.*

Note changes in meanings when some verbs become reflexive.

Stem-changing Verbs

e > ie

cerrar   to close
comenzar   to begin
despertar   to wake someone up
despertarse*   to wake up
divertirse*   to have fun
empezar   to begin
entender   to understand
pensar (en)   to think (about)
pensar + *infinitive*   to plan to
perder   to lose
preferir   to prefer
querer   to want
querer a alguien   to love someone
sentarse*   to sit down
venir**   to come

o > ue

acostar   to put someone to bed
acostarse*   to go to bed
almorzar   to have lunch
costar   to cost
dormir   to sleep
dormirse*   to fall asleep
encontrar   to find
morir   to die
poder   to be able, can
probar   to taste
probarse*   to try on (clothes)
volver   to return, come back

For things you are physically able/unable to do, use **poder**; for things you know/don't know how to do, use **saber**.

e > i

decir**   to say; to tell
pedir   to ask for
servir   to serve
vestirse*   to get dressed

u > ue

jugar   to play (a sport or game)

*NOTE: Verbs with an asterisk are reflexive verbs; for example, **sentarse: Yo me siento.**

NOTE: Verbs with two asterisks are conjugated the same as stem-changing verbs in the present indicative, except for a different **yo form: **digo, vengo.**

2. Stem-changing verbs that end in **-ir** also have a change in the present participle.

o > ue > **u**	dormir ⟶ **du**rmiendo	
e > ie > **i**	divertirse ⟶ **di**virtiéndose	
e > i > **i**	servir ⟶ **si**rviendo	

El niño está d**u**rmiendo. *The child is sleeping.*
Nos estamos div**i**rtiendo mucho. *We're enjoying ourselves a lot. / We're having a lot of fun.*
Ahora estoy s**i**rviendo la comida. *I'm serving the meal now.*

II. The Passive *Se*

When using the passive **se** + *third-person verb form*, the passive subject, which receives the action of the verb, determines the verb form.

se +	*third person singular verb*	+	*singular noun*	
	third person plural verb	+	*plural noun* / *series of nouns*	

Se estudia **inglés** en México.	*English is studied in Mexico. (English is a singular subject, therefore the verb is singular.)*
Se abre**n las oficinas** de lunes a viernes.	*The offices are open from Monday to Friday. (Offices is a plural subject, therefore the verb is plural.)*
Se necesita**n vendedores.**	*Salespeople are needed.*
Se vend**en chocolate y caramelos** en la tienda nueva.	*Chocolate and candy are sold in the new store.*

NOTE: At the beginning of this chapter, you learned the expression **se** + *third person singular of verb* (**se dice que . . .** *they/people say that . . .*). This use is called "the impersonal **se**" since there is no expressed subject. After learning the passive **se,** you can now understand why the following sentence has two translations which convey very similar meanings.

Aquí se habla español.	*They/People speak Spanish here. (impersonal)*
	Spanish is spoken here. (passive)

At this point in your study, a good rule of thumb is the following: if a plural noun or a series of nouns directly follow the verb, make the verb plural. In all other circumstances the verb should be singular.

Do mechanical drills, Workbook, Part I.

ACTIVIDAD 10: Preferencias **Parte A:** Marca cuáles de las siguientes cosas prefieres.

1. beber   Coca-Cola _____   Pepsi _____
2. escuchar   cintas _____   discos compactos _____
3. comer   papas fritas _____   Doritos _____
4. comer   un sándwich _____   una hamburguesa _____
5. almorzar   en casa _____   en una cafetería _____
6. nadar   en una piscina _____   en una playa _____
7. estudiar   en casa _____   en una biblioteca _____

Parte B: En parejas, túrnense para averiguar si tienen las mismas preferencias.

➤ A: ¿Prefieres beber Coca-Cola o Pepsi?
B: Prefiero beber Pepsi.

Parte C: Ahora di qué cosas prefieren Uds. dos.

➤ Nosotros preferimos beber . . .

ACTIVIDAD 11: La agenda de Álvaro   En parejas, "A" cubre la Columna B y "B" cubre la Columna A. Para completar la agenda de Álvaro, pregúntenle a su compañero/a qué día va a hacer Álvaro las cosas de su lista y a qué hora empieza cada actividad.

> A: ¿Qué día es el examen de cálculo?
> B: Es el . . .
> A: ¿A qué hora empieza . . . ?
> B: . . .

Remember: **¿A qué hora . . . ?** refers to the time at which something takes place. **¿Qué hora es?** refers to present time.

A

1. el examen de cálculo
2. la película de Almodóvar en la televisión
3. el concierto de Les Luthiers

B

1. la fiesta de Vicente
2. la exhibición de Dalí
3. el torneo de tenis

9	lunes	
10	martes	5:30 exhibición de Dalí
11	miércoles	12:45 torneo de tenis
12	jueves	
13	viernes	
14	sábado	10:00 fiesta de Vicente
15	domingo	

9	lunes	3:15 examen de cálculo
10	martes	
11	miércoles	
12	jueves	8:30 película de Almodóvar
13	viernes	10:00 concierto de Les Luthiers
14	sábado	
15	domingo	

ACTIVIDAD 12: Planes   **Parte A:** Escribe tres cosas que piensas hacer este fin de semana.

> El sábado pienso ir . . .

Parte B: Ahora compara tu lista con la lista de otra persona y dile a la clase si piensan hacer las mismas cosas o si tienen actividades diferentes.

> Nosotros pensamos escribir composiciones el domingo. El sábado ella piensa visitar a sus padres y yo pienso salir con mis amigos.

ACTIVIDAD 13: Los deportes   Habla con varios estudiantes (un mínimo de cinco) y pregúntales si juegan al béisbol, al basquetbol, al fútbol americano, al fútbol, al tenis o al voleibol, y cuándo juegan estos deportes.

Fútbol americano = football; fútbol = soccer.

> A: ¿Juegas al béisbol?
> B: Sí, juego muy bien. / No, juego al golf. / No, prefiero jugar al tenis.
> A: ¿Cuándo juegas?
> B: En el verano. / Todos los días. / Los sábados. / (etc.)

ACTIVIDAD 14: La vida de Gloria   Completa la historia sobre un día en la vida de Gloria con la forma correcta del verbo indicado; después pon *(put)* los párrafos en orden.

A la 1:30 _____ en una cafetería. Después voy a la universidad
         (almorzar)
para estudiar. A las 6:00 yo _____ a casa y mi hijo y yo
                              (volver)
_____ un poco. A las 7:00 _____ la comida y el
(divertirse)   (servir)
niño _____ a las 8:30. Por fin yo _____ y estudio y
        (acostarse)   (sentarse)
a veces _____ con el libro en la mano. Así es mi vida. ¿Te gusta? A
         (dormirse)
mí, ¡me fascina . . . !

At home, analyze why the following words do or don't have accents: **así, café, después, entonces, hambre, oficina.**

En las películas las personas siempre están contentas y tienen una vida ideal.

¡Pero mi vida no es así! Yo _____ poco, _____ a las
                            (dormir)   (despertarse)
5:30 de la mañana, _____ y _____. Siempre tengo
                    (ducharse)   (vestirse)
mucha prisa. Después yo _____ a mi hijo de tres años y él
                         (despertar)
_____ el desayuno porque este niño siempre _____
(pedir)   (tener)
hambre. A las 7:00 _____ mi hermana para estar con el niño. En-
                    (venir)
tonces yo _____ de la casa con mucho cuidado y
           (salir)
_____ la puerta silenciosamente porque si el niño
(cerrar)
_____ que yo salgo, _____ a llorar porque
(saber)   (empezar)
_____ estar con su mamá.
(querer)
Al llegar a la oficina, la directora me _____ qué tengo que
                                         (decir)
hacer. Siempre _____ cosas imposibles y _____
                (pedir)   (querer)
todo en cinco minutos. Nosotros, los empleados, no _____ beber
                                                     (poder)
café ni recibir llamadas personales. _____ que la directora no es
                                      (pensar)
una directora mala sino una dictadora terrible.

ACTIVIDAD 15: Invitación y excusa En parejas, una persona invita a su compañero/a a hacer una de las actividades que a él/ella le gustan. La otra persona da una excusa *(gives an excuse)* diciendo por qué no puede.

➤ A: ¿Quieres ir a esquiar?
B: Me gustaría, pero no puedo porque $\begin{cases} \text{no tengo tiempo.} \\ \text{no tengo dinero.} \\ \text{necesito estudiar.} \\ \text{vienen mis padres.} \\ \text{(etc.)} \end{cases}$

ACTIVIDAD 16: ¿Verdad o mentira? **Parte A:** Escribe tres oraciones usando los verbos **poder, querer** y **preferir.** Dos deben ser verdad *(true)* y una debe ser mentira *(lie)*.

➤ Prefiero estudiar los viernes por la noche porque no hay muchas personas en la biblioteca.

Parte B: En grupos de tres, lean las oraciones y decidan cuáles son mentira.

➤ A: Quiero ser médico.

B o C: Estás diciendo la verdad. B o C: No estás diciendo la verdad.

ACTIVIDAD 17: Acciones habituales **Parte A:** En la primera columna escribe a qué hora haces las siguientes actividades.

	tú	compañero/a
1. levantarse	_____	_____
2. empezar la primera clase los lunes	_____	_____
3. terminar la última clase los lunes	_____	_____
4. almorzar	_____	_____
5. volver a casa (o a la residencia)	_____	_____
6. acostarse	_____	_____

Parte B: Pregúntales a tus compañeros a qué hora hacen ellos las mismas actividades. Si una persona hace una actividad a la misma hora que tú, escribe su nombre en la segunda columna.

➤ A: ¿A qué hora te levantas?
B: Me levanto a las ocho.

Parte C: Di a qué hora hacen Uds. estas actividades.

➤ Michelle y yo nos levantamos a las ocho.

ACTIVIDAD 18: Y en Japón, ¿qué? Di qué hora es en los siguientes lugares y usa una de las acciones de la segunda columna para decir que están haciendo las personas en esos lugares.

➤ En Santiago son las nueve de la noche y están mirando la televisión.

1. Japón   a. dormir
2. Alemania   b. levantarse
3. la India   c. almorzar
4. Hawai   d. trabajar
5. Toronto   e. acostarse

ACTIVIDAD 19: Los letreros Completa estos letreros (*signs*) de diferentes lugares con uno de estos verbos: **cerrar, dormir, hablar, necesitar, servir, vender.** Usa el **se** pasivo o el **se** impersonal.

Remember: If the verb is followed by a plural noun or a series of nouns, use **se** + *third-person plural of the verb.*

1. En una agencia de viajes:
Aquí _____ español.

4. En una tienda:
_____ a las 8:00.

2. En un restaurante:
_____ hamburguesas deliciosas aquí.

5. En una cafetería:
_____ camareros.

3. En una joyería *(jewelry store):*
_____ diamantes y esmeraldas.

6. En un hotel:
_____ como rey *(king)* en el hotel Villarreal.

NUEVOS HORIZONTES

Estrategia de lectura: *Activating Background Knowledge*

We read for many different reasons, but they all fall into two broad categories: pleasure-reading and information-seeking. We employ different reading strategies depending on our purpose and the type of text. When we read we interact with the text depending on the background knowledge we have on the topic. It is for this reason that two readers might interpret the same text differently. For example: a lawyer and a lay person may not have the same perceptions when reading a legal document.

Before doing the reading in this chapter, you will do a prereading activity that will help you activate your background knowledge by focusing on two topics: the world of film and Latin American politics. This activity will help prepare you to obtain a global understanding of the reading selection. Remember: it is not important to understand every word when reading; just try to capture the general idea.

ACTIVIDAD 20: ¿Cuánto sabes? Antes de leer el artículo, contesta estas preguntas.

1. ¿Sabes qué países hispanoamericanos tienen democracia?
2. ¿Hay dictaduras hoy en día en Hispanoamérica?
3. ¿Sabes qué gobiernos hispanoamericanos son estables o inestables?
4. Hay muchos países del mundo que no respetan los derechos humanos *(human rights)*; ¿sabes algo sobre violaciones de derechos humanos en el mundo hispano?

Individually, you may not be able to answer each question, but as a group you should be able to answer many of them. By learning from your peers, you will be better prepared to understand the reading selection.

5. ¿Puedes dar una definición de la frase **refugiado político**?
6. ¿Conoces a alguien que no puede vivir en su país por motivos políticos? ¿Cuál era *(was)* la ocupación de esa persona en su país?
7. ¿Sabes quién es Pinochet? ¿De qué país es?
8. ¿Cuáles son los títulos de algunas películas hispanas? ¿Son románticas, violentas o son cómicas? ¿Tienen comentarios políticos?
9. ¿Qué hacen Carlos Saura, Pedro Almodóvar y María Luisa Bemberg?

▲ *Para recordar el golpe de estado contra Allende, expresidente de Chile, y para protestar contra la dictadura militar de Pinochet, un artista anónimo pintó este mural en La Victoria, una zona donde viven muchos obreros en Santiago, Chile.*

Entre los grandes directores de cine se encuentran muchos hispanos, como Buñuel, Saura, Almodóvar y Bemberg. Los directores hispanos producen todo tipo de películas: románticas, humorísticas, dramáticas, etc. También usan sus obras como un reflejo de la sociedad o de las situación política para celebrarla o para informar al mundo entero de las injusticias que ocurren en su país. A través de su trabajo intentan crear una conciencia mundial contra las violaciones de los derechos humanos. A continuación hay una historia singular sobre la filmación extraordinaria de una película documental que tiene lugar en Chile.

¿Democracia o dictadura?

La situación política en Suramérica varía de país en país, aunque en la década de los ochenta hay una tendencia general hacia la democracia, que continúa en los noventa. Por un lado, hay países como Colombia, donde existe la democracia desde principios de siglo, con sólo tres años y medio de dictadura. Por otro lado, se encuentran países como Argentina y Perú que vacilan entre democracia y dictadura. La situación de Bolivia es más extrema, con más de cien golpes militares[1] en el siglo XX. Cuando hay golpes militares, muchas personas, especialmente artistas e intelectuales, salen del país porque no pueden expresar sus ideas con libertad. Este éxodo se llama "fuga de cerebros".

10   La "fuga de cerebros" empieza en Chile en 1973, después del golpe militar al gobierno democrático del presidente Allende. Es entonces cuando comienza la dictadura del general Pinochet. Entre las personas que salen del país está Miguel Littín, un director de cine. En 1985 él vuelve a Chile con una identidad falsa y con el pretexto de filmar un anuncio publicitario para Uruguay, pero su

15   verdadero propósito es filmar un documental sobre los chilenos y la dictadura.
Littín usa tres grupos de filmación europeos que, como él, entran en Chile con diferentes pretextos artísticos. También trabajan jóvenes chilenos en el proyecto porque el director necesita ayuda extra. Littín filma en Chile durante seis semanas y después de seis meses de revisiones en España, produce una

20   película para el cine y otra para la televisión. Las dos películas tienen un gran éxito[2] en Europa.
En 1988, el director Littín entra en Chile, pero esta vez con su identidad real para votar en el referéndum sobre la continuación de la dictadura militar. La mayoría de los ciudadanos votan "no" a la dictadura y por eso hay elec-

25   ciones en 1989. De esta manera, Chile se suma a la lista de los países suramericanos que logran la restauración de la democracia.

---

[1] golpes . . . coups d'état   [2] success

ACTIVIDAD 21: Palabras desconocidas   Busca las siguientes palabras en el texto que acabas de leer *(have just read)* y adivina sus significados. Después compara tus definiciones con las de un/a compañero/a.

1. fuga de cerebros (línea 10)   3. ayuda (línea 18)
2. verdadero propósito (línea 15)   4. se suma (línea 25)

ACTIVIDAD 22: ¿Cierto o falso?   Después de leer el texto, indica si las siguientes oraciones son ciertas (C) o falsas (F).

1. _____ Perú es un país políticamente estable.
2. _____ La dictadura de Pinochet comienza después de un golpe militar.
3. _____ En 1985 Littín va a su país a hacer una película sobre los inmigrantes.
4. _____ Las películas de Littín triunfan en Europa.
5. _____ Los chilenos quieren democracia en su país.

Estrategia de escritura: *Writing a Synopsis*

There are times when we need to remember information that we find in written material. One way to remember is to list the main facts in telegramlike form, in what is called a **cuadro sinóptico.**

ACTIVIDAD 23: La aventura de Littín   Completa el siguiente cuadro sinóptico sobre la aventura de Littín. Recuerda que sólo se escribe la información importante.

1973: Golpe, fin de Allende, dictadura de Pinochet, Littín sale

1985: _____

Verdadero propósito: _____ Falso: _____

Trabaja con: 1. _____

2. _____

Tiempo de trabajo: _____

1988: Littín _____

Propósito: _____

LO ESENCIAL II

I. Los colores

Colors are adjectives and agree in number with the noun they modify. Those that end in **-o** also agree in gender.

Identify colors in Spanish as you walk down the street.

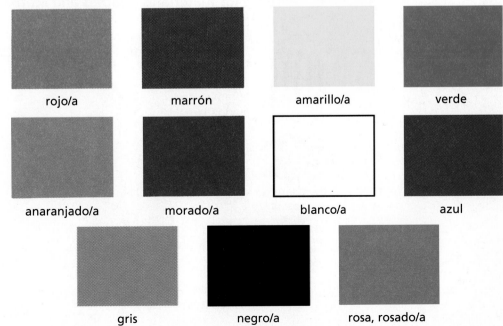

rojo/a   marrón   amarillo/a   verde

anaranjado/a   morado/a   blanco/a   azul

gris   negro/a   rosa, rosado/a

¿LO SABÍAN?

En español, como en inglés, los colores representan diferentes ideas. Por ejemplo, en inglés se dice *"He's/She's blue"* cuando una persona está triste. Adivina qué significan estas expresiones en español: "ver todo color de rosa", "ver todo negro" y "un chiste *(joke)* verde". Las respuestas están al pie de la página.

ACTIVIDAD 24: Asociaciones   En grupos de cinco, digan qué colores asocian Uds. con estas cosas.

1. el 14 de febrero
2. el elefante
3. la noche
4. la Coca-Cola
5. las plantas
6. el 25 de diciembre
7. el inspector Clouseau y la pantera . . .
8. el arco de McDonald's
9. el café
10. el 4 de julio
11. el jabón Ivory
12. el 17 de marzo

ROJO   AMARILLO   AZUL

Barcelona'92

NEGRO
AZUL   AMARILLO   ROJO   VERDE

Logotipo de los JJ OO de Barcelona 92, obra de José María Trías.

ACTIVIDAD 25: El profesor preguntón   En grupos de tres, uno de Uds. es el/la profesor/a que pregunta los colores de cosas que hay en la clase.

➤ Profesor/a: ¿De qué color es el bolígrafo de Peter?
Estudiante: Es rojo.

II.   La ropa y los materiales *(Clothes and Materials)*

de cuadros

de lunares

de rayas

las gafas de sol

la camisa de manga larga

la corbata

el saco

los pantalones

las medias
los zapatos

el sombrero

la blusa de manga corta

la chaqueta

la falda

los zapatos de tacón alto

Respuestas: *to see everything through rose-colored glasses; to be a pessimist; a dirty joke*

Más ropa

el abrigo coat	**el traje** suit
la camiseta T-shirt	**el traje de baño** bathing suit
la ropa interior men's/women's	**el vestido** dress
underwear	**los (zapatos de) tenis** tennis shoes
el suéter sweater	

Los materiales

el algodón cotton	**el nailon/nilón** nylon
el cuero leather	**el rayón** rayon
la lana wool	**la seda** silk

¿LO SABÍAN?

Como en las zonas tropicales de Hispanoamérica hace calor, con frecuencia los hombres no llevan chaqueta; muchos prefieren llevar guayabera, que es un tipo de camisa muy fresca. Hay guayaberas para uso diario y también hay guayaberas muy elegantes que muchos hombres llevan en vez de traje y corbata.

▲ Un hombre entrevista a otro para un reportaje de la televisión. Los dos hombres llevan guayabera, camisa típica del Caribe.

ACTIVIDAD 26: Cuándo y qué   En parejas, hagan una lista de ropa que se lleva en el invierno y otra lista de ropa que se lleva en el verano. Es importante incluir los materiales.

Remember:
se + *sing. verb* + *sing. noun*
se + *pl. verb* + *pl. noun / series of nouns*

ACTIVIDAD 27: ¿Qué llevan?   En parejas, describan qué ropa llevan estos dos
modelos. Deben decir el color y el material de cada artículo.

▶ *Dos modelos en un
parque.*

ACTIVIDAD 28: De compras   Elige tres prendas *(items of clothing)* del catálogo *de
la página 127* para comprar: un prenda para un amigo, una para una amiga y otra
cosa para ti. Después, en parejas, hablen de qué van a comprar, de qué colores y
por qué van a comprar estas cosas.

> ➤   Voy a comprar una blusa de seda roja para mi amiga porque . . .

Each morning, describe to
yourself what you are wear-
ing: the article of clothing,
material, and color.

ACTIVIDAD 29: El pedido   En parejas, una persona va a llamar a la tienda del
catálogo *de la página 127* para pedir la ropa; la otra persona va a recibir la llamada.
Usen las siguientes expresiones en la conversación.

Talla = clothes size;
número = shoe size.

A

¿Tiene Ud. . . . en azul?
¿Tiene Ud. . . . en talla . . . ?
¿De qué (material) es . . . ?
Es muy caro/barato.
Me gustaría comprar . . .

B

No tenemos la talla . . .
¿De qué color quiere . . . ?
¿Va a pagar con Visa, American Express o
  MasterCard?
¿Cuál es el número de su tarjeta de [Visa]?
¿Dónde vive Ud.?

A: Vestido de algodón, lavar a máquina. Colores: rosado, morado o amarillo. Talla: P, M, G, XG.
B: Chaquetas de cuero. Colores: negro, marrón oscuro, marrón claro.
C: Botas de cuero Gacela de Chile con tacón alto. Número: 35–40.

D: Trajes informales de lana para todas las ocasiones. Colores: gris, azul o negro.
E: Camisetas de algodón. Colores: blanco o azul.
F: Sombrero de cuero.
G: Abrigo de lana. Color: beige.
H: Gafas de sol Oscar de la Renta.
I: Zapatos de tenis Nike.

Óscar de la Renta (Dominican) and Carolina Herrera (Venezuelan) are two celebrated designers.

Camisetas de algodón.

Medias de algodón y lana.

Trajes de baño. Colores: rojo con lunares amarillos o amarillo con lunares morados.

Faldas clásicas de lana en muchos colores.

Blusas de seda de Carolina Herrera.

Suéteres, lavar a mano, colores variados.

ACTIVIDAD 30: La noche de los Óscars   En parejas, Uds. están trabajando como reporteros en la ceremonia de los Óscars. Al llegar las estrellas, Uds. tienen que decir qué ropa llevan y con quién vienen.

➤   A: Michael Jackson lleva pantalones y chaqueta de cuero y viene con Lisa Marie.
     B: Ella lleva . . .

Las estrellas: Cher, Willie Nelson, Julia Roberts, Bette Midler, Macaulay Calkin, Vanna White, Sharon Stone, Danny DeVito, Whoopi Goldberg, Brad Pitt, etc.

◄ *Antonio Banderas, actor español.*

De compras en San Juan

◄ *Plaza Las Américas, un centro comercial en San Juan, Puerto Rico.*

acabar de + *infinitive*	to have just + *past participle*
Acaban de llegar.	They have just arrived.
Cuesta un ojo de la cara.	It costs an arm and a leg.
Te queda bien.	It looks good on you. / It fits you well.

Teresa tiene vacaciones y vuelve a Puerto Rico para celebrar el aniversario de sus padres. Ahora Teresa y su hermano Luis están de compras en San Juan.

ACTIVIDAD 31: Escoge las opciones   Lee las siguientes oraciones y mientras escuchas la conversación, escoge las opciones correctas para completar cada oración. Puede haber más de una respuesta correcta.

1. Teresa quiere comprar . . .
   a. un vestido para su madre
   b. un vestido elegante
   c. un vestido de fiesta
   d. un vestido caro
2. Luis quiere comprar una guayabera para . . .
   a. salir con Teresa
   b. una fiesta de aniversario
   c. ir a una cena
   d. almorzar en un restaurante
3. Luis compra una guayabera . . .
   a. cara
   b. barata
   c. talla 38
   d. de algodón

Indicating the recipient of an action

TERESA   Entonces, para mami vamos a comprar un vestido elegante para el aniversario y yo sé exactamente dónde.

LUIS   Por favor, no en Anaís porque allí todo cuesta un ojo de la cara.

TERESA   ¿Por qué no? Quiero comprar algo especial.

Indicating purpose

LUIS   Mira, allí en González Padín tienen una rebaja. Me gustaría comprar una guayabera nueva para la cena. ¿Tenemos tiempo?

Plaza Las Américas is a mall in Hato Rey, on the outskirts of San Juan.

TERESA   ¡Por supuesto! Y después, ¿qué tal si almorzamos en la terraza de Plaza Las Américas? En España, siempre pienso en la comida típica puertorriqueña.

En la sección de caballeros de la tienda

LUIS	Por favor, busco una guayabera fina, para una cena muy especial.
VENDEDOR	Tenemos unas muy elegantes de seda de China que acaban de llegar y . . . también hay de algodón.
LUIS	Me gustaría ver una blanca de talla 40, pero no de algodón, de seda.
VENDEDOR	Aquí tiene Ud. dos guayaberas muy finas.
TERESA	¿Por qué no te pruebas ésta? ¡Me gusta mucho! ¿Cuánto cuesta?
VENDEDOR	Ciento noventa dólares.
LUIS	¡Cómo! ¿Ciento . . . ciento noventa? Creo que me pruebo una de algodón.
LUIS	¡Oye! ¿Te gusta?
TERESA	Te queda muy bien. Y ésta, ¿cuánto cuesta?
VENDEDOR	Cuesta ochenta dólares.
LUIS	Bueno, me llevo ésta.
TERESA	Claro, es que a ti te gustan las tres "bes": **b**ueno, **b**onito y **b**arato. Y vamos, que tenemos que buscar el vestido todavía.

Asking prices (margin)

The currency used in Puerto Rico is the U.S. dollar. In colloquial usage, **dólares** are called **pesos**. (margin)

ACTIVIDAD 32: Preguntas personales   Contesta las siguientes preguntas.

1. ¿A qué tipo de tienda te gusta ir de compras, a una tienda grande o a una boutique?
2. ¿Qué tipo de materiales prefieres usar?
3. ¿Qué prefieres, la ropa práctica o la ropa elegante?

ACTIVIDAD 33: Los padres de Teresa van de compras   En grupos de tres, dos personas son los padres de Teresa que van a comprar ropa elegante para la fiesta de su aniversario. La otra persona es el/la vendedor/a. Mantengan la conversación en la tienda. Hablen de diferentes opciones, tallas, colores, materiales y precios.

Los padres pueden usar expresiones como: **te queda bien, cuesta un ojo de la cara, voy a probarme . . .**
El/La vendedor/a puede usar expresiones como: **¿En qué puedo servirle/s?** *(How may I help you?)*, **cuesta/n . . . , también hay de otros colores.**

HACIA LA COMUNICACIÓN II

I. Indicating Purpose, Reason, Destination, and Duration: *Para* and *Por*

A. Para

1. To explain the purpose or recipient of an action

Because **por** and **para** are prepositions, verbs that follow them directly must be in the infinitive. (margin)

¿Para qué? *(What for?)* ⟶ **¿Para qué** trabajas?
¿Para quién? *(For whom?)* ⟶ **¿Para quién** trabajas?
para + *infinitive (in order to)* ⟶ Trabajo **para tener** dinero.
Paloma estudia **para (ser)** bióloga.

2. To indicate destination (physical or temporal)

El libro es **para Ana.**
El autobús sale **para El Paso, Texas.**
La tarea es **para mañana.**

B. Por

1. To indicate the reason or motivation for an action
¿Por qué? *(Why?)* $\longrightarrow$ —**¿Por qué** trabajas?
porque *(because)* $\longrightarrow$ —**Porque** necesito dinero.

2. To express duration of an action*

Voy a estar en Caracas **por un año.**
Todas las tardes estudio **por dos horas.**

*NOTE: To express duration, you can also use **durante** or nothing at all before the time expression: **Voy a estar en Caracas** *durante* **un año. / Voy a estar en Caracas un año.**

3. To express a time period

Trabajo **por** la mañana y estudio **por** la noche.

II. Telling What Something Is Made of and Indicating Location: *Ser de, Ser en,* and *Estar en*

1. You learned in Chapter 1 that **ser de** is used to indicate the origin of people and things. It is also used to indicate what things are made of.

—¿Ese vestido **es de algodón**?
—No, **es de seda.**

2. **Estar en** is used to specify the location of people or things.

Diana es de los Estados Unidos, pero **está en** España.
Tu suéter **está en** mi habitación.

3. **Ser en** is used to specify where an event *takes place* (a concert, a lecture, an exhibit, etc.).

La clase de arte es en el Museo de Arte Contemporáneo.
La clase $\longrightarrow$ *the class meeting takes place in the museum*

La clase está en el Museo de Arte Contemporáneo.
La clase $\longrightarrow$ *the students are in the museum*

Do mechanical drills, Workbook, Part II.

ACTIVIDAD 34: Una encuesta Haz una encuesta *(poll)* preguntándoles a tus compañeros si hacen las siguientes cosas. Intenta encontrar a dos personas para cada situación. Escoge **para** o **por** y haz *(ask)* preguntas como, **¿Trabajas para tu padre en el verano? / ¿Para quién trabajas en el verano?**

1. compra una guayabera para/por su padre porque es su cumpleaños
2. estudia para/por ser hombre/mujer de negocios
3. siempre estudia para/por la noche

4. usa la biblioteca mucho para/por aprender
5. va a estar en la universidad para/por tres años más
6. trabaja mientras *(while)* estudia para/por tener dinero
7. tiene que terminar el trabajo para/por el viernes

ACTIVIDAD 35: Los regalos   En parejas, Uds. van a darles *(give)* las cosas de esta lista a diferentes compañeros de la clase. Decidan para quién es cada cosa, para qué se usa y por qué es para esa persona.

➤   peine   El peine es para Chuck, para peinarse porque tiene el pelo muy bonito.

1. estéreo
2. video
3. cámara
4. máquina de afeitar
5. libro de filosofía
6. cinta de Elvis
7. blusa de seda
8. camiseta de rock ácido
9. reloj
10. disco compacto de Plácido Domingo

ACTIVIDAD 36: El origen y el material   En grupos de cinco, averigüen de dónde y de qué (material) es la ropa de cada persona del grupo. Luego informen a la clase.

➤   A: ¿De qué (material) es tu camisa?
B: Es de . . .

ACTIVIDAD 37: Cultura general   En parejas, túrnense para preguntar dónde están estas cosas.

➤   A: ¿Dónde están las Ruinas de Sipán?
B: Están en Perú. / No tengo idea. ¿Sabes tú?

1. la Estatua de la Libertad
2. el Museo del Prado
3. Machu Picchu
4. el Museo del Louvre y la Torre Eiffel
5. la Pequeña Habana
6. las Pirámides del Sol y de la Luna
7. el Vaticano
8. el Palacio de Buckingham

ACTIVIDAD 38: Un día de mucha actividad   La policía de Madrid tiene que preocuparse por muchas cosas hoy. Di dónde están las siguientes personas o dónde son los siguientes acontecimientos *(events)*.

Personas y acontecimientos

1. El concierto de Branford Marsalis ____
2. El concierto de Plácido Domingo ____
3. La exhibición de Frida Kahlo ____
4. Los diplomáticos de la O. N. U. ____
5. Los hijos de los diplomáticos de la O. N. U. ____
6. El partido de fútbol entre el Real Madrid y Zaragoza ____

Lugares

a. El Centro de Arte Reina Sofía
b. El Estadio Bernabéu
c. Clamores, club de jazz
d. El Hotel Castellana
e. El Teatro de la Ópera
f. El zoológico en la Casa de Campo

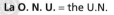 **La O. N. U.** = the U.N.

ACTIVIDAD 39: Los planes   En parejas, miren los anuncios para unos acontecimientos. Uds. tienen que hacer planes para esta noche. Decidan qué van a hacer,
dónde y a qué hora.

> A: ¿Te gustaría ir . . . ? / ¿Qué tal si vamos . . . ? / ¿Quieres ir al concierto
>   de . . . ?
> B: Sí. ¿Dónde es?
> A: Es en el Estadio . . .

Conciertos

MERCEDES SOSA

   Estadio Ferrocarril Oeste:
viernes 20 a las 21 Hs.

LUCIANO PAVAROTTI

   En el escenario de Av. 9 de
Julio y Estados Unidos. Domingo 15 a las 21.30 Hs.

BAGLIETTO–VITALE

   Presentando los discos "La
Excusa" y "Postales de este lado
del mundo". Teatro Opera, 19 al
21 de diciembre, 22 Hs.

CICLO DEL ENCUENTRO

   Los 4 de Córdoba, el Negro
Alvarez, el Sapo Cativa, Edgard
Di Fulvio, Norma Viola y Santiago Ayala. Teatro Alvear, jueves 19 a las 21 Hs.

LA PLAZA

   En el Anfiteatro Pablo Casals, con entrada libre y gratuita,
actúan La Fundación (15/12,
18.30 Hs.), Solla y el Cinco de
Copas (17/12, 18.30 Hs.), Dúo
Vat-Macri (18/12, 13 Hs.), An-
drea Serri (19/12, 18.30 Hs.) y
Rock Royce (20/12, 18.30 Hs.)

LULLABOP

   Jóvenes tocan jazz del '40. En
la Feria de las Estrellas, Puerto
Madero (15/12, 19.30 Hs.).

ACTIVIDAD 40: El desfile de modas   En parejas, Uds. están en un desfile de
modas *(fashion show)*. Observen a su compañero/a y describan qué lleva. Escriban la
descripción y después léanle esta descripción al resto de la clase. Mencionen el
nombre del/de la modelo y su origen. Describan qué lleva: colores, materiales, de
dónde es el conjunto *(outfit)* y para qué tipo de ocasión es.

VOCABULARIO FUNCIONAL

La hora *(Telling Time)*

¿Qué hora es?	*What time is it?*
Es la una menos cinco.	*It's five to one.*
Es (la) medianoche.	*It's midnight.*
Es (el) mediodía.	*It's noon.*
Son las tres y diez.	*It's ten after three.*
¿A qué hora . . . ?	*At what time . . . ?*
A la una. / A las dos.	*At one o'clock. / At two o'clock.*
cuarto	*quarter (of an hour)*
la hora	*hour*
media	*half (an hour)*
el minuto	*minute*
el segundo	*second*

Verbos con cambio de raíz

Ver páginas 114–115.

Las sensaciones

tener calor	*to be hot*
tener frío	*to be cold*
tener hambre	*to be hungry*
tener miedo	*to be scared*
tener sed	*to be thirsty*
tener sueño	*to be tired*
tener vergüenza	*to be ashamed*

La ropa

el abrigo	*coat*
la blusa	*blouse*
las botas	*boots*
la camisa	*shirt*
la camiseta	*T-shirt*
la corbata	*tie*
la chaqueta	*jacket*
la falda	*skirt*
las gafas de sol	*sunglasses*
las medias	*stockings; socks*
los pantalones	*pants*
la ropa interior	*men's/women's underwear*
el saco	*sports coat*
el sombrero	*hat*
el suéter	*sweater*
el traje	*suit*
el traje de baño	*bathing suit*
el vestido	*dress*
los zapatos	*shoes*
los (zapatos de) tenis	*tennis shoes*

Los colores

Ver página 123.

claro/a	*light*
¿De qué color es?	*What color is it?*
oscuro/a	*dark*

Los materiales

Ver página 125.

¿De qué (material) es?	*What (material) is it made out of?*

Ir de compras

barato/a	*cheap, inexpensive*
caro/a	*expensive*
¿Cuánto cuesta/n . . . ?	*How much is/are . . . ?*
de cuadros	*plaid*
de lunares	*polka dotted*
de rayas	*striped*
la manga	*sleeve*
el número	*shoe size*
la talla	*clothing size*
Te queda bien.	*It looks good on you. / It fits you well.*

Palabras y expresiones útiles

acabar de + *infinitive*	*to have just + past participle*
Cuesta un ojo de la cara.	*It costs an arm and a leg.*
ir de compras	*to go shopping*
Me fascina/n.	*I love it/them.*
¡No me diga/s!	*No kidding!*
No me gusta/n nada.	*I don't like it/them at all.*
la película	*movie*
el torneo	*tournament*

TRAVELTUR

Por fin, ¡me voy a Sevilla! / Madrid, España

Antes de ver

ACTIVIDAD 1: ¿Qué lleva?   Antes de ver el video, vas a hacer predicciones sobre el contenido *(content)*. En este segmento, Andrés se prepara para su viaje a Sevilla e intenta decidir qué ropa va a llevar. Recuerda que en Sevilla siempre hace más calor que en Madrid. Haz una lista de cinco cosas que puede poner en su maleta.

ACTIVIDAD 2: Transporte   Usa lo que sabes sobre cognados para contestar las siguientes preguntas. Recuerda: Sevilla está a 541 kilómetros de Madrid.

1. ¿Crees que Andrés va a viajar en carro, avión, autobús o tren?
2. ¿Cómo prefieres viajar tú?

Mientras ves

ACTIVIDAD 3: Haciendo la maleta   Lee la siguiente lista de ropa y después, mientras miras el video, marca sólo las cosas que Andrés menciona que va a empacar *(to pack)* para su viaje a Sevilla.

DESDE EL PRINCIPIO HASTA 15:43

_____ una camiseta	_____ una corbata	_____ un abrigo
_____ pantalones	_____ un suéter	_____ un traje de baño
_____ un sombrero	_____ una chaqueta	_____ un saco
_____ zapatos de tenis	_____ una camisa de manga corta	_____ una camisa de manga larga
_____ botas		
_____ zapatos	_____ gafas de sol	

ACTIVIDAD 4: El dilema y la solución   **Parte A:** Antes de mirar el siguiente segmento del video, lee las siguientes preguntas. Después, mira el segmento para encontrar las respuestas.

DESDE 15:44 HASTA 16:47

1. ¿Cómo quiere viajar a Sevilla Andrés?
2. Hay un problema. ¿Cuál es?

Parte B: Antes de mirar el final del video, intenta contestar las siguientes preguntas y después mira el final para verificar tus respuestas.

DESDE 16:48 HASTA EL FINAL

1. ¿Qué va a hacer Andrés ahora?
   a. Creo que va a alquilar un coche de Hertz, Avis o Europcar.
   b. Creo que va a ir a una estación de autobuses.
   c. Creo que va a llamar a la línea aérea Iberia y va a ir al aeropuerto.
   d. Creo que va a ir a Sevilla en tren, pero otro día.
2. ¿Puedes pensar en otra solución?

Parte C: Después de ver el final del video, contesta estas preguntas.

1. ¿Cómo va a ir Andrés a Sevilla?
2. ¿Está contento el tío Alberto con esta solución? ¿Y Andrés? ¿Por qué?

Después de ver

ACTIVIDAD 5: Los horarios En parejas, uno de Uds. trabaja en la estación de trenes y el/la otro/a es un agente de viajes que necesita información sobre salidas y llegadas. Cada persona debe leer sólo su papel. Después, siéntense de espaldas *(back-to-back)* para mantener una conversación telefónica.

EMPLEADO/A DE RENFE

Trabajas para RENFE, la compañía nacional de trenes de España. Das información sobre la llegada y salida de trenes en Madrid. Comienza contestando el teléfono y di: **RENFE, dígame.**

SALIDAS

Hora	Destino	Días
11:50	Murcia	diario
12:15	Córdoba	diario excepto los domingos
13:05	Sevilla	los viernes y sábados
14:25	Granada	diario

LLEGADAS

Hora	Destino	Días
10:55	Sevilla	diario excepto los martes
12:00	Murcia	los viernes y sábados
12:30	Córdoba	diario
13:10	Granada	diario

AGENTE DE VIAJE

RENFE, la compañía nacional de trenes en España, ha hecho *(has made)* ciertos cambios en el horario de trenes y tú llamas para confirmar algunas horas. Necesitas averiguar a qué hora llegan a Madrid los siguientes trenes.

El tren de Granada los sábados. _____

El tren de Sevilla los martes. _____

También necesitas averiguar a qué hora salen de Madrid los siguientes trenes.

El tren a Sevilla los viernes. _____

El tren a Murcia todos los fines de semana. _____

Tu compañero/a va a comenzar.

ACTIVIDAD 6: Descripción   Parte A: En parejas, miren la foto y describan qué llevan el hombre y la mujer. Sean específicos. Tienen total libertad para inventar. Cuando terminen, compartan su descripción con la clase.

➤   El hombre lleva zapatos marrones. Creo que son de cuero y que son zapatos caros.

Parte B: En parejas, describan la estación de Atocha de Madrid.

➤   La Estación de Atocha es . . . y tiene . . .

CAPÍTULO 6

▲ *Las Cataratas del Iguazú entre Argentina y Brasil.*

Una carta de Argentina

◀ *Galerías Pacífico, un elegante centro comercial de la calle Florida en Buenos Aires, Argentina.*

¡Qué + *noun* + **más** + *adjective*!	What a + *adjective* + *noun*!
¡Qué hotel más lujoso!	What a luxurious hotel!
adjective + **-ísimo/a**	
bello/a ⟶ **bellísimo/a**	very beautiful

Alejandro, el tío de Teresa, le lee a su esposa *(wife)* una carta de su amigo Federico de Rodrigo, que está viajando por Argentina.

ACTIVIDAD 1: Escoge opciones   Lee estas oraciones y, mientras escuchas o lees la carta que sigue, escoge la opción correcta.

1. La carta es de . . .
   a. Buenos Aires   b. Las Leñas
2. Federico está viajando con . . .
   a. unos amigos   b. su familia
3. El español de Argentina es . . . español de España.
   a. diferente del   b. igual al
4. La Recoleta es . . .
   a. una zona de tiendas   b. una zona de cafeterías

Hotel Las Leñas

Reconquista 585 / Mendoza, Argentina

Las Leñas, 20/7/95

Estimado Alejandro:

Aprovecho un rato libre para mandarles un saludo a ti y a tu familia desde Las Leñas, Mendoza, un centro de esquí muy bonito de la zona andina argentina. Los Andes son impresionantes y muy diferentes de los Pirineos españoles, y el Aconcagua es realmente majestuoso. Las Leñas es un lugar excelente para esquiar. En este momento mi esposa y los niños están esquiando y por eso tengo unos minutos para escribir unas líneas.

Llegamos a Buenos Aires el 15 de este mes. Fuimos directamente al Hotel Presidente. ¡Qué hotel más lujoso! Comimos y salimos a ver la ciudad para no perder ni un minuto de nuestro viaje. Buenos Aires es una ciudad muy europea y bellísima. Nos divertimos escuchando hablar a los argentinos con ese acento tan bonito que tienen. Casi cantan al hablar y siempre dicen "che".

Al día siguiente Elena y los niños fueron a la Calle Florida y compraron muchas cosas. El cuero aquí es increíble y buenísimo. Una de las cosas que compró Elena fue un mate porque quiere aprender a beber "yerba". Cerca del hotel, a unos cinco minutos, Elena y yo bailamos tango toda la noche y nuestros hijos fueron a la Recoleta. Les llamó la atención ver esta zona de cafeterías y restaurantes enfrente de un cementerio donde están las tumbas de las personas más importantes del país. De veras que es curioso, ¿no?

Después de esquiar en Las Leñas, vamos a viajar a las Cataratas del Iguazú y después, como sabes, tenemos que regresar a Madrid la semana que viene. ¡Qué pena! Un millón de gracias a ti y a tu sobrina, Teresa, por organizarnos un viaje fantástico.

Como dicen aquí: un abrazo, "che", de tu amigo,

Federico

Dates can be written **20/VII/95, 20 de julio de 1995,** or **20/7/95.**

A colon is preferable to a comma after the greeting, even in informal letters.

El Aconcagua is the highest peak in the Western Hemisphere.

Talking about past events (Paragraphs 2 and 3)

Discussing future plans

ACTIVIDAD 2: ¿Comprendieron?   Escucha o lee la carta otra vez. Luego, en grupos de tres, identifiquen o describan las siguientes cosas o lugares.

1. las montañas donde están Federico y su familia
2. el Hotel Presidente
3. un lugar de compras
4. el mate
5. la Recoleta
6. el itinerario de viaje de la familia

¿LO SABÍAN?

El mate es un té de yerba que se toma especialmente en Argentina, Paraguay, Uruguay y en algunas partes de Chile. Se bebe en un recipiente, también llamado mate, que puede ser una pequeña calabaza seca *(dry gourd)*, o un recipiente de forma similar. Se usa también una bombilla *(a special straw)*, y se pasa de persona a persona. Beber mate a veces es una actividad social y normalmente se toma con un grupo de amigos o con la familia.

Un gaucho toma mate en la provincia de Formosa, Argentina.

ACTIVIDAD 3: ¡Qué exageración! Describe de forma exagerada algunas cosas y personas que conoces. Usa estos adjetivos de una manera original: **altísimas, gordísimo, guapísimos, feísimo, flaquísimo, simpatiquísima.** Recuerda que el adjetivo concuerda *(agrees)* con el sustantivo que modifica.

➤ grandísima   La ciudad de Nueva York es grandísima.

▲ *El barrio de La Boca, Buenos Aires, Argentina.*

Lo esencial I

I. Los números del cien al millón

The use of periods and commas differs in English and Spanish: 54.56 and 1,987,789 (Eng.) = **54,56** and **1.987.789** (Sp.).

Note spelling of **quinientos**, **setecientos**, and **novecientos**.

Mil personas, BUT **un millón de personas.**

100	cien (ciento)
101, 102	ciento uno, ciento dos
200	doscientos
300	trescientos
400	cuatrocientos
500	quinientos
600	seiscientos
700	setecientos
800	ochocientos
900	novecientos
1.000	mil
2.000	dos mil
1.000.000	un millón
2.000.000	dos millones

ACTIVIDAD 4: Los precios   Di cuánto cuestan generalmente estas cosas en dólares norteamericanos.

1. un estéreo bueno
2. estudiar un año en su universidad
3. un viaje de dos semanas a Hawai
4. un televisor a color de trece pulgadas con control remoto
5. una cámara de video
6. un BMW
7. una chaqueta de cuero
8. una blusa de seda

ACTIVIDAD 5: Un ojo de la cara   En parejas, decidan cuánto cuestan cuatro años de estudios universitarios. Necesitan pensar en las siguientes cosas.

➤   La matrícula de un año cuesta . . .

1. la matrícula de un año
2. los libros
3. la comida
4. la vivienda
5. las cuentas de teléfono de cada mes
6. los gastos extras de cada mes (cine, restaurantes, etc.)

II. Preposiciones de lugar

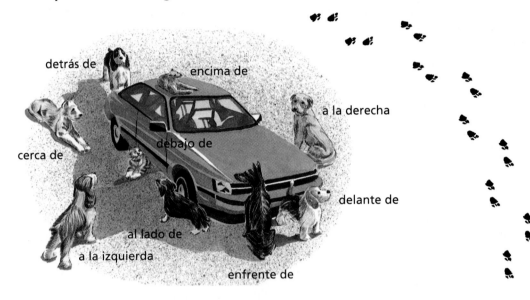

ACTIVIDAD 6: La Meca de la Elegancia   En parejas, Uds. están en la tienda del dibujo, La Meca de la Elegancia. "A" es un/a cliente que quiere comprar una cosa; "B" es un/a vendedor/a.

➤ A: Por favor, ¿(me puede decir) dónde está/n . . . ?
   B: Está/n . . .
   A: ¿Cuánto cuesta/n . . . ?
   B: Cuesta/n . . .
   A: . . .

lejos de

ACTIVIDAD 7: La ciudad universitaria   En grupos de tres, una persona describe dónde están los lugares importantes de su ciudad universitaria *(campus)* y los otros adivinan qué lugar es. La persona que adivina correctamente describe otro lugar. Usen preposiciones de lugar.

> A: Este lugar está cerca de la cafetería y a la derecha de Bascom Hall.
> B: Es . . .

HACIA LA COMUNICACIÓN I

I. Talking About the Past: The Preterit

All **-ar** and **-er** stem-changing verbs are regular in the preterit.

1. In Chapter 5 you saw how to discuss the immediate past using **acabar de** + *infinitive*. Now you will learn how to talk about completed past actions using the preterit. All regular verbs as well as stem-changing verbs ending in **-ar** and **-er** are formed as follows. (You will learn the preterit of stem-changing **-ir** verbs in Chapter 7.)

Note the use of accents.

Vosotros form = **tú** form + **-is**: bebiste + **-is** = bebisteis.

cerr*ar*	
cerré	cerramos
cerraste	cerrasteis
cerró	cerraron

com*er*	
comí	comimos
comiste	comisteis
comió	comieron

escrib*ir*	
escribí	escribimos
escribiste	escribisteis
escribió	escribieron

Ver is regular in the preterit and it has no accents because **vi** and **vio** are monosyllables.

El viernes pasado **vi** una película.   *I saw a movie last Friday.*
Anoche no **estudiamos.**   *We didn't study last night.*
Ayer Paco **almorzó** en un restaurante.   *Paco had lunch in a restaurant yesterday.*

¿**Trabajaste** mucho ayer?   *Did you work a lot yesterday?*
¿Cuándo **empezaron** las clases?   *When did classes begin?*

NOTE:

a. Regular **-ar** and **-ir** verbs have the same ending in the **nosotros** form in the present indicative and the preterit. Context helps determine the tense of the verb. For example: **No almorzamos ayer. / Almorzamos todos los días.**

b. Verbs that end in **-car, -gar,** or **-zar** require a spelling change in the **yo** form: **jugar ⟶ jugué, empezar ⟶ empecé, tocar ⟶ toqué.** For example: **Ayer jugué al fútbol y Juan también jugó.**

c. Regular reflexive verbs follow the same pattern as other regular verbs in the preterit. The reflexive pronoun precedes the conjugated form. For example: **Esta mañana me levanté temprano.**

2. Four common irregular verbs in the preterit are **ir** and **ser,** which have the same preterit forms, **dar** *(to give)*, and **hacer.**

ir/ser		hacer	
fui	fuimos	hice	hicimos
fuiste	fuisteis	hiciste	hicisteis
fue	fueron	hizo	hicieron

dar	
di	dimos
diste	disteis
dio	dieron

Ella no **fue** al concierto.	*She didn't go to the concert.*
¿Qué **hiciste** anoche?	*What did you do last night?*
Todos **hicieron** la tarea.	*They all did their homework.*

3. The following time expressions are frequently used with the preterit to express a completed past action.

anoche   last night
ayer   yesterday
anteayer   the day before yesterday
de repente   suddenly
el sábado/mes/año pasado   last Saturday/month/year
la semana pasada   last week

Here are some frequently used verbs that you will practice in the chapter activities.

abrir   to open
aprender   to learn
asistir a   to attend (class, church, etc.)
buscar   to look for
comenzar (e > ie)   to begin
decidir   to decide
dejar   to leave behind; to let, allow
empezar (e > ie)   to begin
gritar   to shout, scream
llegar   to arrive
llorar   to cry
pagar   to pay (for)
sacar   to get a grade; to take out
terminar   to finish
tomar   to eat, have food or drink; to take (a bus, etc.)
viajar   to travel

Terminé anoche a las 10:00.	*I finished last night at 10:00.*
Ayer dos alumnos no **asistieron a** clase.	*Two students didn't attend class yesterday.*
El público **gritó** con entusiasmo.	*The audience shouted enthusiastically.*

II. Indicating Relationships: Prepositions and Prepositional Pronouns

1. Prepositions relate one word with another in a sentence. Common prepositions include **a, con, de, desde, en, entre, hacia, hasta, para, por,** and **sin.**

Él caminó **hacia** la playa.	*He walked towards the beach.*
Prefiero ver el rodeo **desde** aquí.	*I prefer to see the rodeo from here.*
Salimos **sin** tu permiso.	*We went out without your permission.*

You already used these pronouns with **gustar.** See p. 42.

2. When pronouns follow a preposition, the forms of the pronouns are the same as subject pronouns, except for the forms corresponding to **yo** and **tú,** which are **mí** and **ti** respectively.

Prepositional Pronouns			
a para sin (etc.)	+	**mí** **ti** Ud. él ella	nosotros/as vosotros/as Uds. ellos ellas

—Tengo un regalo **para ti.**	—¿Vas a ir **sin Juan**?
—¿**Para mí?** Gracias.	—No, no podemos ir **sin él.**

NOTE:

a. With the preposition **con,** the pronouns **mí** and **ti** become **conmigo** and **contigo:**

—¿Quieres ir **conmigo?**	*Do you want to go with me?*
—Sí, voy **contigo.**	*Yes, I'll go with you.*

b. The preposition **entre** uses **tú** and **yo:**

—Vamos a hacer el trabajo **entre tú y yo.**	*We are going to do the work between you and me.*

3. When a preposition is immediately followed by a verb, the latter is always in the infinitive.

Después de comer, miraron la tele.	*After eating, they watched TV.*
Antes de ducharse, Fernando tomó café.	*Before showering, Fernando had a cup of coffee.*

4. Note the prepositions used with the following verbs:

asistir a + *place*	to attend + *place*
casarse con + *person*	to marry + *person*
entrar en + *place*	to enter + *place*
salir de + *place*	to leave + *place*
aprender ⎫	to learn + *infinitive*
comenzar ⎬ **a** + *infinitive*	to begin + *infinitive*
empezar	to begin + *infinitive*
enseñar ⎭	to teach + *infinitive*

NOTE: The verbs **deber, desear, necesitar, poder,** and **querer** are directly followed by the infinitive.

Do mechanical drills, Workbook, Part I.

Quiero estudiar porque tengo un examen.

Debemos volver a casa.

I want to study because I have an exam.

We should return home.

ACTIVIDAD 8: ¿Qué ocurrió? Claudia está contando algo que ocurrió el viernes pasado. Completa el párrafo con la forma del verbo y tiempo *(tense)* correctos. Usa los siguientes verbos: **encontrar, hablar, ir, llegar, perder, recibir.**

El viernes pasado nosotros terminamos las clases y _____ a la casa del tío de Teresa para celebrar la fiesta de cumpleaños de Carlitos. Juan Carlos _____ conmigo, y Álvaro con Isabel. Ellos _____ tarde porque _____ 150.000 pesetas en el Parque del Retiro. Álvaro e Isabel _____ con un policía y él les explicó que si la persona que _____ el dinero no _____ con la policía antes del lunes que viene, Álvaro e Isabel van a _____ las 150.000 pesetas.

ACTIVIDAD 9: ¿Cuándo fue? En parejas, digan en qué año ocurrieron los siguientes acontecimientos.

➤ La Armada Invencible española / perder contra los ingleses
La Armada Invencible española perdió contra los ingleses en mil quinientos ochenta y ocho.

1. Cristóbal Colón / llegar a América
2. Clinton / subir a la presidencia
3. Inglaterra / perder la Guerra Revolucionaria contra las colonias americanas
4. Neil Armstrong / caminar en la luna
5. Los Juegos Olímpicos / ser en Barcelona
6. La Segunda Guerra Mundial / empezar

ACTIVIDAD 10: Anoche En tu clase probablemente hay personas que hicieron estas actividades ayer. Haz preguntas para encontrar a estas personas.

➤ A: ¿Hiciste la tarea ayer?
B: Sí, hice la tarea. / No, no hice la tarea.

1. beber Pepsi
2. correr
3. bailar
4. recibir una carta
5. comer a las siete
6. ir al cine
7. tocar el piano
8. mirar televisión

ACTIVIDAD 11: La última vez En parejas, pregúntenle a su compañero/a cuándo fue la última vez *(last time)* que hizo estas acciones.

1. ducharse
2. ir al médico
3. visitar a sus padres
4. sacar "A" en un examen
5. comer pizza
6. jugar al tenis

ACTIVIDAD 12: ¿A qué hora?   **Parte A:** En la primera columna escribe a qué hora hiciste ayer (o el viernes pasado si hoy es lunes) las siguientes actividades.

	tú	compañero/a
1. levantarse	_____	_____
2. almorzar	_____	_____
3. ir a la primera clase	_____	_____
4. terminar la última clase	_____	_____
5. volver a casa (o la residencia)	_____	_____
6. acostarse	_____	_____

Parte B: Ahora, pregúntale a otra persona a qué hora hizo las actividades de la Parte A y escribe su respuesta en la segunda columna.

➤ A: ¿A qué hora te levantaste ayer?
B: Me levanté a las . . .

ACTIVIDAD 13: Las últimas vacaciones   En parejas, pregúntenle a su compañero/a sobre las últimas vacaciones de sus padres o de unos amigos. Averigüen adónde fueron y qué hicieron. Tomen apuntes *(take notes)*.

ACTIVIDAD 14: ¿Qué hicieron estas personas?   En parejas, digan qué hicieron sus padres, amigos o personas famosas el año pasado y qué van a hacer el año que viene. Usen la imaginación. Por ejemplo: **Mi padre visitó Japón el año pasado y va a ir a Rusia el año que viene.**

If you can't remember, invent! Use the preterit to speak about the past and **ir a** + *infinitive* to speak about the future.

ACTIVIDAD 15: De compras   Imagínate que ayer fuiste de compras. En parejas, explíquenle a su compañero/a lo siguiente:

1. adónde fuiste
2. quién fue contigo
3. qué viste
4. si compraste algo y para quién
5. qué hiciste después de ir de compras

ACTIVIDAD 16: La entrevista   Para hacer publicidad, la administración de tu institución quiere saber qué tipo de estudiantes asisten a esta universidad. En parejas, entrevisten a su compañero/a y luego informen al resto de la clase.

Pregúntenle a su compañero/a . . .

1. en qué año empezó sus estudios universitarios.
2. si asistió a otras universidades. ¿Dónde? ¿Por cuánto tiempo?
3. por qué decidió venir aquí.
4. en qué año comenzó a estudiar en esta universidad.
5. si aprendió a usar computadoras en esta universidad, en otra universidad, en la escuela secundaria o en la escuela primaria *(elementary school)*.
6. qué hace después de sus clases todos los días.
7. si juega al tenis, al basquetbol o a otro deporte.
8. dónde y cuántas horas al día estudia.
9. en qué año va a terminar sus estudios.
10. qué piensa hacer después de terminar la universidad.

NUEVOS HORIZONTES

Estrategia de lectura: *Skimming*

In Chapter 2, you learned about scanning. When scanning, you look for specific information and your eyes resemble laser beams zeroing in on a subject. In this chapter you will learn about skimming. When you skim a text, you simply read quickly to get the main idea without stopping to wonder about the meaning of unknown words. You will practice skimming as you read about Mar del Plata, a city in Argentina.

ACTIVIDAD 17: Predicción   **Parte A:** Antes de leer un folleto turístico sobre Mar del Plata, una ciudad al sur de Buenos Aires, predice cuatro lugares que piensas que se van a describir en este folleto.

escuelas	centros culturales	monumentos	museos
cines	supermercados	iglesias	playas
piscinas	centros comerciales	estadios	farmacias

Parte B: Ahora mira el folleto para confirmar tus predicciones. ¿Qué otros lugares se mencionan?

ACTIVIDAD 18: Lectura rápida y lectura detallada   **Parte A:** Lee rápidamente *(skim)* la información sobre cada lugar para encontrar cuatro lugares que quieres visitar en un viaje que piensas hacer en marzo, a fines del verano.

Parte B: Ahora lee sobre estos cuatro lugares para obtener más información. Intenta adivinar *(guess)* las palabras que no entiendes usando el contexto, el mapa, los dibujos *(drawings)* y las fotos.

> Remember: You are not expected to comprehend every word, you are just reading to get the gist.
>
> NOTE: Marplatense/s is an adjective denoting people or things from Mar del Plata.

Parte C: En parejas, Uds. van a ir a Mar del Plata en marzo y tienen que usar la información del folleto y el mapa de la página 150 para:

1. convencer a su compañero/a de cuáles son los lugares más interesantes.

   Por ejemplo: **Debemos ir a la playa porque . . .**

2. decidir el recorrido *(route)* turístico.

   Por ejemplo: **Primero debemos ir . . . porque está cerca de . . .**

ACTIVIDAD 19: Los detalles   Sigue las instrucciones de tu profesor/a para ver cuánta información puedes sacar de las secciones biográficas del folleto que acabas de leer.

LUGARES DE INTERÉS TURÍSTICO

▶ **Archivo Histórico Municipal**

Habilitado el 17 de agosto de 1969 tiene como función específica la de reunir, clasificar, organizar y conservar toda documentación gráfica, escrita o sonora y demás elementos vinculados con el historial de la cuidad y de la región. Cuenta con una biblioteca con obras de escritores locales y libros que hacen mención de Mar del Plata, así como también con reseñas históricas de pueblos de la provincia de Buenos Aires.

▶ **La Banquina de Pescadores**

Ofrece, con sus embarcaciones típicas, un espectáculo siempre novedoso y cambiante. En las últimas horas de la tarde llegan las lanchas de pescadores y realizan la descarga en la banquina; desde allí parten también pequeños barcos que hacen excursiones marítimas, y recorren la costa marplatense.

Sobre el acceso a la Escollera Sur se encuentra la **Reserva de Lobos Marinos**; estos animales pueden ser observados durante todo el año a muy corta distancia. En la avenida Martínez de Hoz y Magallanes se encuentra el Centro Comercial y Gastronómico, con restaurantes especializados en platos a base de pescados y mariscos.

▶ **Capilla Stella Maris**

Esta capilla fue inaugurada el 22 de mayo de 1908. Entre los elementos que la componen merecen destacarse: el altar, de nogal tallado; la torre, coronada por una cruz de bronce dorado; el carillón de gran tamaño que reproduce las características del reloj de la Abadía de Westminster en Inglaterra.

▶ **Centro Cultural Victoria Ocampo**

En la primera década del siglo doña Francisca Ocampo, tía abuela de la escritora Victoria Ocampo, hizo traer de Inglaterra una enorme casa prefabricada emplazándola en un parque de dos manzanas. Luego pasó a ser propiedad de la ciudad y ahora se organizan cursos de jardinería, cursos de tapices, muestras de murales, y en los meses de verano, conciertos al aire libre de importantes conjuntos nacionales.

■ *Victoria Ocampo nació el 7 de abril de 1890. Su vida fue dedicada a la cultura, su obra literaria y a la revista Sur. En 1969 la India le otorga la más alta distinción honoraria: Doctora en Literatura, distinción que se suma al Premio María Moors Cabot de la Universidad de Columbia, al Honoris Causa de la Universidad de Harvard o la Commander of the Order of the British Empire que acuerda la Reina Isabel de Inglaterra. En 1973 toma la decisión de donar su casa a la UNESCO. Falleció a la edad de 88 el 27 de enero de 1979.*

Juegos Panamericanos Copán 95

Desde 1951, los juegos deportivos panamericanos se han convertido en una arraigada tradición en competencias deportivas entre los aficionados de 42 países americanos. Los juegos se celebran cada cuatro años, siempre uno antes de los olímpicos.

El complejo polideportivo se encuentra literalmente "enterrado" a 3,50 metros debajo del nivel del suelo. Los juegos tuvieron lugar en Mar del Plata en 1995, con 40 disciplinas (entre éstas se encuentran: atletismo, basquetbol, boxeo, canoa/kayac, ciclismo, esquí acuático, fútbol, gimnasia artística, tenis de mesa, taekwondo, triatlón, voleibol).

◀ *La playa Bristol en Mar del Plata, Argentina.*

▼ *Lobos marinos, Argentina.*

▶ Monumento a Alfonsina

Fue construido en 1938 en memoria de Alfonsina Storni, poeta argentina.

■ *Alfonsina Storni, nació en Suiza en 1892, fue maestra, periodista y defensora del feminismo. El epitafio en este monumento fue escrito por ella misma un mes antes de morir. En 1938, se suicidió en Mar del Plata arrojándose al mar. Un mes después de su muerte, la Cámara de Diputados decidió erigir este mausoleo a su memoria en el mismo lugar donde apareció el cadáver.*

▶ Museo Municipal de Arte "Juan Carlos Castagnino"

El museo posee una colección de 450 obras de artistas nacionales y marplatenses – pintura, dibujo, grabado fotografía y escultura – de las cuales 138 pertenecen al maestro Juan C. Castagnino. La actividad del museo comprende muestras permanentes y temporarias, cursos y conferencias referidas a la problemática artístico-visual y a sus expresiones, proyecciones y visitas guiadas a escolares y público en general.

■ *Juan Carlos Castagnino nació en Mar del Plata, provincia de Buenos Aires el 18 de noviembre de 1908. Hizo sus estudios en la Facultad de Buenos Aires. En 1939 y 1948 realizó viajes de estudio por Italia, España y Francia. En 1952 viajó por el Oriente. En 1960, fue a México y recorrió los países de Centro América. En el exterior participó en exposiciones individuales y colectivas. Entre sus obras de carácter mural se destacan "Obreros y campesinos" y "Sol y luna". Falleció el 21 de abril de 1972.*

▶ Playas

Las playas más interesantes para visitar son Playa Grande y Playa Chica que tienen servicio de restaurante y cafés. Pasando el puerto se encuentra el Complejo Turístico de Punta Mogotes. Cuenta con 24 balnearios con instalaciones complementarias: locales comerciales, restaurantes, cafés, salas de entretenimientos, playas de estacionamiento, juegos y guarderías infantiles, salones de belleza integrales, canchas de tenis, paddle y papi fútbol.

▶ Torreón del Monje

El edificio fue donado a la ciudad por el señor Ernesto Tornquist. El sitio para su construcción fue el promontorio de Punta Piedras, lugar predilecto de los excursionistas que a principios de siglo visitaban nuestra ciudad. Contiene una sala de exposición con libre acceso al público. Confitería-salón de té muy amplio y con vista al mar.

▶ Torre Tanque

Fue construida en el punto más alto de la Loma de Stella Maris; tiene una altura máxima de 8,40 metros sobre el nivel del mar y un magnífico mirador, clásico punto panorámico de la ciudad

Estrategia de escritura: *Writing a Biography*

You have learned that developing good writing skills involves a process. The first steps in the process that you studied were brainstorming and outlining. When writing a biography there are certain aspects of a person's life that are commonly mentioned and these elements will form the basis for the information you include and the outline you develop. These include:

- the person's name
- when and where he/she was born
- what he/she did
- when the person died if he/she is deceased

Most data is presented in chronological order. If the person is still living, actions in progress are also included as are future plans.

ACTIVIDAD 20: Una biografía   Escribe una biografía de una persona famosa viva o escribe una autobiografía. Primero, organiza un bosquejo *(outline)* y después escribe tres párrafos:

- párrafo 1: nombre, cuándo y dónde nació, qué hizo
- párrafo 2: qué hace ahora
- párrafo 3: qué va a hacer en el futuro

Note: The first paragraph will use the preterit tense and you should limit yourself to what the person did (avoid description of people and places). The second paragraph will use the present tense. The third will use **ir a** + *infinitive*, **querer** + *infinitive*, **le gustaría** + *infinitive*, **pensar** + *infinitive*, etc.

LO ESENCIAL II

I. Medios de transporte

1. la moto/motocicleta	5. la bicicleta	8. el camión
2. el metro	6. el taxi	9. el tren
3. el barco	7. el carro/coche/auto	10. el avión
4. el autobús		

ACTIVIDAD 21: Asociaciones   Di qué medios de transporte se asocian con estas palabras: Greyhound, Northwest, Allied, el color amarillo, Porsche, Titanic, Amtrak, Kawasaki, Trek.

ACTIVIDAD 22: Los transportes de tu ciudad   En parejas, hagan una lista de los medios de transporte de la ciudad donde Uds. estudian. Digan cuánto cuestan, qué zonas recorren y a qué hora empiezan sus servicios. Expliquen también qué medios de transporte no hay, cuáles piensan que se necesitan y por qué.

II. La familia de Marisel

Parientes = relatives; **padres** = parents.

Mª = abbreviation for **María.**

Esposo/marido = husband; **esposa/mujer** = wife.

La familia de Marisel es grande. Sus **abuelos** paternos son Francisco y Marina y sus **abuelos** maternos son Ramón y María Luisa. Su **padre** se llama Javier y su **madre,** Ana María. Marisel tiene un **hermano menor** que se llama Quico y ella, por supuesto, es la **hermana mayor.** Tiene cuatro **tíos:** Luis y Alicia son **hermanos** de su padre y Mª Rebeca y Marta, **hermanas** de su madre. Para Marta, Marisel es una **sobrina** muy divertida. Marisel también tiene dos **tíos políticos:** Rosa, la **esposa** de su **tío** Luis, y Tomás, el **esposo** de su **tía** Marta. Rosa y Luis tienen dos **hijos,** Inés y Diego, que son **primos** de Marisel; pero su **primo** favorito es Tomasito, **hijo** de su **tía** Marta y su **esposo** Tomás.

ACTIVIDAD 23: La familia de Javier   En parejas, describan la familia de Marisel en relación con Javier. Por ejemplo: **El padre de Javier se llama Francisco. Javier tiene dos hermanos, Alicia y Luis.** Las siguientes palabras pueden ser útiles:

suegro	father-in-law	**cuñado**	brother-in-law
suegra	mother-in-law	**cuñada**	sister-in-law

Practice family vocabulary by forming sentences about your family and about fictional families on TV: **Beaver y Wally son hermanos.**

¿ L O   S A B Í A N ?

Cuando se casa una mujer hispana, generalmente conserva sus apellidos y añade *(adds)* el primer apellido de su esposo. Por ejemplo, si Olga Tedias Araya se casa con Vicente Montero Salgado, ella se llama Olga Tedias (Araya) de Montero. Si tienen un hijo, sus apellidos van a ser Montero Tedias.

ACTIVIDAD 24: ¡Bingo!   Vas a jugar al Bingo. Tienes que hacerles preguntas a diferentes compañeros de la clase basándote en la información de las casillas *(boxes)*. Si una persona contesta que sí a una pregunta, escribe su nombre en la casilla correspondiente. La persona que completa primero una fila *(line)* en forma diagonal, vertical u horizontal es el/la ganador/a *(winner)*.

O *(Or)* becomes **u** before words beginning with **o** or **ho.**

B	I	N	G	O
un hermano	cumpleaños en septiembre	madre alta	un abuelo irlandés	una tía enfermera
cumpleaños en febrero	padre gordo	no tiene hermanos	una tía que se llama Ann	tiene primos
tiene cuatro abuelos	un tío que se llama Bill	cumpleaños en julio	tiene esposo	un hermano rubio
dos hermanos	una abuela italiana	dos cuñados	tiene una sobrina	un abuelo con poco pelo
hermanas	tiene un sobrino	tiene una hija	cumpleaños en el otoño	dos hermanas

ACTIVIDAD 25: Oraciones incompletas   Parte A: En tres minutos escribe oraciones incompletas sobre la familia. Por ejemplo: **La madre de mi madre es mi ____.**

Parte B: Ahora, en grupos de tres, una persona lee sus oraciones incompletas y los compañeros tienen que completar esas oraciones.

El hotel secreto

▲ *Los novios esperan para casarse en el Palacio de Matrimonio (un centro matrimonial del gobierno) de La Habana, Cuba.*

echar la casa por la ventana	to go all out (lit. to throw the house out the window)
en/por + barco/tren/etc.	by boat/train/etc.
tener ganas de + *infinitive*	to feel like + *-ing*
Tengo ganas de viajar.	I feel like traveling.

Isabel fue a Chile por dos semanas para visitar a su familia y para asistir a la boda de su mejor amiga con su primo favorito. Ahora está hablando con dos amigos, Andrés y Camila, sobre la boda que fue ayer.

ACTIVIDAD 26: Marca los regalos   Mientras escuchas la conversación, marca sólo los regalos *(presents)* que recibieron los novios. Lee la lista antes de empezar a escuchar.

Novios = *boyfriend and girl-friend,* as well as *bride and groom.*

¿Recibieron?

una grabadora	_____	un sofá	_____
un estéreo	_____	una casa	_____
un televisor	_____	un viaje	_____
unas toallas	_____		

ANDRÉS	Hola, Isabel. ¿Qué tal?
ISABEL	Estoy cansadísima.
ANDRÉS	¿Y por qué?
ISABEL	Es que anoche fue el matrimonio de Olga y mi primo Nando y bailé muchísimo.
CAMILA	Los papás de Olga echaron la casa por la ventana. ¡A mí me encantó ver a Nando entrando en la iglesia del brazo de tu tía! ¡Qué buen mozo estaba Nando! Y tu tía, ¡qué madrina[1] más elegante!
ANDRÉS	¿Y sabes qué regalos les dieron?
ISABEL	Un tío de ella les dio un televisor gigante.
CAMILA	Claro y con control remoto para Olga que siempre cambia de canal.
ANDRÉS	¿Y qué más?
ISABEL	Ah sí, mi abuelo les dio un estéreo.
ANDRÉS	Fantástico.
ISABEL	Sí, están contentísimos con el estéreo. También los padres de Camila les regalaron un sofá precioso.
ANDRÉS	Perfecto. Así puede dormir Nando mientras mira la televisión en su televisor gigante.
CAMILA	Nando me dijo que los padres de él les pagaron el viaje de luna de miel.[2]
ANDRÉS	¡No me digas! ¿Adónde?
ISABEL	Hoy van a Santo Domingo y después van a viajar en barco por el Caribe.
CAMILA	¡Qué romántico! Yo tengo muchas ganas de ir a la República Dominicana; las islas del Caribe deben ser muy lindas.
ANDRÉS	¿Y sabes en qué hotel se quedaron anoche?
ISABEL	No sé. Creo que no le contaron nada a nadie. ¿Tú sabes algo, Camila?
CAMILA	¡Claro que no! Eso . . . no se dice nunca . . .

Stating who gave what to whom

Discussing means of transportation

Expressing desires

Making negative statements

[1] maid of honor   [2] honeymoon

ACTIVIDAD 27: Preguntas   Después de escuchar la conversación otra vez, contesta estas preguntas.

1. ¿Quiénes se casaron? ¿Quién es pariente de Isabel, el novio o la novia?
2. ¿Con quién entró el novio en la iglesia?
3. ¿Quiénes les dieron los siguientes regalos: el estéreo, el televisor, el sofá y el viaje?
4. ¿Adónde van Nando y Olga para la luna de miel y cómo van?
5. ¿Qué tiene ganas de hacer Camila, la amiga de Isabel?

ACTIVIDAD 28: La luna de miel En parejas, pregúntenle a su compañero/a adónde fueron unos amigos para su luna de miel, qué hicieron y cómo viajaron. Si su compañero/a está casado/a, pregúntenle sobre su luna de miel.

¿LO SABÍAN?

Por lo general, en las bodas hispanas los amigos de los novios no participan directamente en la ceremonia; en cambio, los padres de los novios son los "padrinos" y están en el altar acompañando a sus hijos. El novio entra en la iglesia del brazo de su madre (la madrina) y, como en los Estados Unidos, la novia entra del brazo de su padre (el padrino). ¿Te gusta la idea de tener a los padres como padrinos en una boda?

Pedro Domínguez y Susana Bensabat de Domínguez participan a Ud. la boda de su hijo Pablo con la señorita Mónica Graciela Guerrero y le invitan a presenciar la ceremonia religiosa que se efectuará en la Iglesia Santa Elena el viernes 14 de diciembre a las 20 y 30.

Buenos Aires, 1995

Los novios saludarán en el atrio.
Juan F. Seguí 3815

ACTIVIDAD 29: El viaje del año pasado En grupos de tres, pregúntenles a sus compañeros adónde fueron de viaje el año pasado, por qué fueron y qué medios de transporte usaron. También pregúntenles qué tienen ganas de hacer este año.

If you didn't take a trip last year, invent one!

➤ A: ¿Adónde fuiste el año pasado?
  B: Fui a San Francisco.
  A: ¿Cómo fuiste?
  B: Fui en/por avión.
  A: . . .

HACIA LA COMUNICACIÓN II

I. Using Indirect-Object Pronouns

Before studying the grammar explanation, answer these questions:

• When Isabel, Camila, and Andrés speak, to whom do the words in bold refer in the following sentences?

"¿Y sabes qué regalos **les** dieron?"
"Creo que no **le** contaron nada a nadie."
"Nando me dijo que los padres de él **les** pagaron el viaje . . ."

• Do the people indicated by the words in boldface perform the actions indicated by the verbs?

See **gustar**, p. 42.

What was sent? —→ money = direct object

To whom was the money sent? —→ to me = indirect object

1. An indirect object indicates *to whom* or *for whom* an action is done. You have already learned the indirect-object pronouns with the verb **gustar**.

—¿Quién **te** mandó dinero?   *Who sent you money?*
—Mi padre **me** mandó dinero.   *My father sent me money.*

2. Like the reflexive pronoun, the indirect-object pronoun precedes a conjugated verb or follows attached to a present participle or an infinitive.

Ayer **le** escribí una carta.   *I wrote him/her a letter yesterday.*
Ahora **le** estoy escribiendo (estoy escribiéndo**le**) una carta.   *I'm writing him/her a letter now.*
Mañana **le** voy a escribir (voy a escribir**le**) una carta.   *I'm going to write him/her a letter tomorrow.*

3. The meaning of an indirect-object pronoun can be emphasized or clarified by using the preposition **a** + *noun* or **a** + *prepositional pronoun*.

Le escribí una carta **a Juan**.   *I wrote a letter to Juan.*
Ella **les** explicó el problema **a ellos**.   *She explained the problem to them.*

The following verbs are commonly used with indirect-object pronouns:

Conjugate **ofrecer** like **conocer**: ofrezco, ofreces . . .
Dar has an irregular **yo** form: **doy, das, da . . .**

contar (o > ue) to tell	**mandar** to send
contestar to answer	**ofrecer** to offer
dar to give	**pagar** to pay
decir (e > i) to say; to tell	**pedir** to ask for
escribir to write	**preguntar** to ask (a question)
explicar to explain	**regalar** to give a present
hablar to speak	

Los padres de Nando **les pagaron** el viaje.   *Nando's parents paid for the trip (for them).*
La familia de Olga **les regaló** muchas cosas.   *Olga's family gave them many things.*

NOTE: The indirect-object pronoun in Spanish is almost always mandatory. In the following sentences the items in parentheses are optional and bolded words are mandatory. Those in parentheses are used to provide clarity or emphasis.

(A ellos) **les** gustaría ir a la República Dominicana.
Les regalaron un viaje (a Olga y a Nando).

II. Using Affirmative and Negative Words

Palabras afirmativas	Palabras negativas
todo everything **algo** something	**nada** nothing
todos/as everyone **alguien** someone	**nadie** no one
siempre always	**nunca** never

1. When the words **nada, nadie,** or **nunca** follow the verb in a sentence, the double negative is mandatory. You need to apply the following formula:

> **no** + *verb* + *negative word*

—¿Tienes algo para mí? —¿Llamó alguien?
—No, **no** tengo **nada.** —No, **no** llamó **nadie.**

—¿Siempre estudia tu hermana?
—No, **no** estudia **nunca.**

2. Nunca and **nadie** can also precede the verb. In this case **no** is omitted. **Nada** almost never precedes the verb.

Nunca estudio los viernes.
Nadie llamó.

Review use of the personal **a**, Ch. 4.

NOTE: **Alguien** and **nadie** require the personal **a** when they function as direct objects:

Do mechanical drills, Workbook, Part II.

—¿Llamaste **a alguien**?
—No, no llamé **a nadie.**

ACTIVIDAD 30: Las próximas actividades   Describe las actividades que van a hacer estas personas la semana que viene. Forma oraciones con elementos de cada columna.

➤ Yo voy a preguntarle algo indiscreto a Julieta.

yo	explicar	un trabajo	a la psicóloga
el paciente	contestar	algo indiscreto	a Julieta
la abogada	mandar	una carta de amor	a nosotros
Romeo	ofrecer	su problema	a ti
ellos	pedir	varios telegramas	al piloto
	preguntar	cien dólares	al médico
		su nombre	a mí

ACTIVIDAD 31: La última vez   Contesta estas preguntas.

1. ¿Cuándo fue la última vez que le mandaste algo a alguien? ¿Qué le mandaste y a quién?
2. ¿Cuándo fue la última vez que alguien te mandó algo? ¿Quién te mandó algo y qué te mandó?
3. ¿Alguien te escribe cartas? ¿Alguien te manda correo electrónico? ¿Cuándo fue la última vez que recibiste una carta o correo electrónico?
4. ¿Cuándo fue la última vez que le hablaste a un/a profesor/a en horas de oficina? ¿Le preguntaste algo? ¿Te contestó la pregunta? ¿Te explicó algo? ¿Qué te explicó?

ACTIVIDAD 32: Los regalos   En parejas, pregúntenle a su compañero/a qué les regaló a cinco personas el año pasado. Piensen en ocasiones especiales y en personas como sus abuelos, su novio/a, un/a amigo/a especial, su hermano/a, etc. Luego, pregúntenle a su compañero/a qué le dieron a él/ella el año pasado esas cinco personas.

ACTIVIDAD 33: ¡No, no y no!   En parejas, terminen estas conversaciones entre padres e hijos. Después, presenten las diferentes miniconversaciones; una persona es el padre o la madre y la otra es el/la hijo/a. Usen palabras afirmativas y negativas como **siempre, nunca, algo, nada, alguien, nadie.**

—¿Qué tienes en la mano?
—No tengo . . .

—¿Hay alguien contigo?
—No, no hay . . . Estoy solo/a.

—¿Qué hiciste?
—No hice . . .

—¿Qué me vas a regalar?
— . . . muy especial.

—¿Terminaste la tarea?
—¿ . . . termino la tarea antes de salir a jugar.

ACTIVIDAD 34: El optimista y el pesimista   En parejas, uno/a de Uds. es una persona optimista y la otra es pesimista; siempre se contradicen.

➤   El/La optimista: Alguien me escribe cartas.
     El/La pesimista: Nadie me escribe cartas. / No me escribe cartas nadie.

Optimista	Pesimista
Voy a comer algo.	_____
_____	No conozco a nadie de la clase.
Siempre me regalan todo.	_____
_____	Nunca voy a fiestas.
Siempre me habla alguien.	_____
_____	Mis padres nunca me dieron nada.

ACTIVIDAD 35: La Dra. Ruth   En parejas, una persona es la Dra. Ruth y la otra es el/la invitado/a *(guest)* al programa. El tema de hoy es la educación sexual. La doctora quiere saber . . .

1. si le preguntó a alguien de dónde vienen los niños.
2. si alguien le explicó la verdad *(truth)*. Si contesta que sí, ¿quién? ¿Qué le dijo *(did he/she say)* a Ud.?
3. si estudió la sexualidad humana en la escuela.
4. si les va a decir a sus hijos de dónde vienen los niños.

ACTIVIDAD 36: La familia de tu compañero   En parejas, hagan preguntas para dibujar *(draw)* el árbol de la familia de su compañero/a. Después háganle preguntas sobre su familia y escriban información sobre cada persona en el árbol. Las siguientes palabras pueden ser útiles:

es soltero/a   is single
está casado/a (con)   is married (to)
está divorciado/a (de)   is divorced (from)
la madrastra   stepmother

el padrastro   stepfather
el/la hermanastro/a   stepbrother/sister
el/la hijastro/a   stepson/daughter

Pregúntenle, por ejemplo: **¿Qué hace tu hermano? ¿Cuándo se casó tu tío? ¿Alguien de tu familia habla español? ¿Quién te escribe cartas?**

VOCABULARIO FUNCIONAL

Los números del cien al millón

Ver página 141.

Preposiciones de lugar

a la derecha de	*to the right of*
a la izquierda de	*to the left of*
al lado de	*beside*
cerca de	*near*
debajo de	*under*
delante de	*in front of*
detrás de	*behind*
encima de	*on top of*
enfrente de	*facing, across from*
lejos de	*far from*

Palabras afirmativas y negativas

Ver página 157.

Palabras y expresiones útiles

bellísimo/a	*very beautiful*
la boda	*wedding*
en/por + barco/tren/etc.	*by boat/train/etc.*
la luna de miel	*honeymoon*
¡Qué + *noun* + más + *adjective*!	*What a* + adjective + noun!
el regalo	*present, gift*
tener ganas de + *infinitive*	*to feel like* + -ing
echar la casa por la ventana	*to go all out*

Medios de transporte

Ver página 151.

Verbos

abrir	*to open*
asistir a	*to attend (class, church, etc.)*
buscar	*to look for*
casarse (con)	*to marry; to get married (to)*
contar (o > ue)	*to tell; to count*
contestar	*to answer*
dar	*to give*
decidir	*to decide*
dejar	*to leave behind; to let, allow*
entrar en	*to enter*
explicar	*to explain*
gritar	*to shout, scream*
llegar	*to arrive*
llorar	*to cry*
mandar	*to send*
ofrecer	*to offer*
pagar	*to pay (for)*
preguntar	*to ask (a question)*
regalar	*to give (a present)*
sacar	*to get a grade; to take out*
terminar	*to finish*
tomar	*to eat, have food or drink; to take (a bus, etc.)*
viajar	*to travel*

Expresiones de tiempo pasado

Ver página 144.

La familia

el/la abuelo/a	*grandfather/grandmother*
el/la cuñado/a	*brother-in-law/sister-in-law*
el/la esposo/a	*husband/wife*
el/la hermanastro/a	*stepbrother/sister*
el/la hermano/a	*brother/sister*
el/la hijastro/a	*stepson/daughter*
el/la hijo/a	*son/daughter*
la madrastra	*stepmother*
el padrastro	*stepfather*
los padres/papás	*parents*
los parientes	*relatives*
el/la primo/a	*cousin*
el/la sobrino/a	*nephew/niece*
el/la suegro/a	*father-in-law/mother-in-law*
el/la tío/a	*uncle/aunt*
es soltero/a	*is single*
está casado/a	*is married*
está divorciado/a	*is divorced*
mayor	*older*
menor	*younger*

CAPÍTULO 7

► *La piscina del hotel* La
casa que canta *en
Zihuatanejo, México.*

CHAPTER OBJECTIVES

• Making hotel and plane
  reservations

• Narrating past actions and
  occurrences

• Placing phone calls

• Stating how long ago an action
  took place and specifying its
  duration

Se dice que "las piedras (rocks) hablan" y en realidad, muchos monumentos representan las múltiples culturas que ocuparon la Península Ibérica y que formaron lo que hoy en día se llama España. Entre estas culturas están las de los fenicios, los celtas, los romanos y los moros (árabes del norte de África). Los romanos llevaron la religión cristiana y su lengua y, a través de los moros, no sólo España sino toda Europa aprendió el concepto del cero y el álgebra. En ciudades como Segovia y Toledo es posible revivir la historia española visitando acueductos romanos, sinagogas judías, arcos moros y catedrales cristianas.

To learn more about Spanish history, there is a reading in your Workbook.

▲ La sinagoga de Santa María la Blanca en Toledo, España.

ACTIVIDAD 3: Llamada a la operadora   En parejas, "A" cubre la Columna B y "B" cubre la Columna A. "B" llama al/a la operador/a para averiguar el teléfono de los lugares que aparecen en su columna y escribe el número. Después cambien de papel.

➤   A: Información.
     B: Quisiera el número (de teléfono) de . . .
     A: Es el . . . / Lo siento, pero no tengo ese número.

A

Averigua el teléfono de:
1. el Restaurante El Hidalgo
2. el Teatro Bellas Artes
3. la Librería Compás

Usa esta información cuando eres el/la operador/a:

B

Averigua el teléfono de:
1. el Restaurante La Corralada
2. el Peluquero Pedro Molina
3. los Minicines Astoria

Usa esta información cuando eres el/la operador/a:

PELUQUERO'S
PEDRO MOLINA
ESTETICA - MAQUILLAJE - DEPILACION
Padre Espla, 15 ent.
☎ 521 94 21
No cerramos al mediodía

MINICINES ASTORIA 1 - 2
Pl. Carmen, 16 ----------- 521 5666

Restaurante EL HIDALGO
San Fernando, 8 -------- 520 0392
RESTAURANTE FIESTA S. A.
Av. Denia, 47 -------- 526 4426

COMPAS LIBRERIA
LIBRERIA COMPAS
COMPAS UNIVERSIDAD
Torre de Mando - Rabasa
ALICANTE
Alcalde Alfonso Rojas, 5
☎ 521 16 79
San Vte. del Raspeig ☎ 566 30 77

LO ESENCIAL I

I. El teléfono

Tipos de llamadas telefónicas

local

de larga distancia
- **marcar directo**
- **con ayuda del/de la operador/a**
- **teléfono a teléfono**
- **persona a persona**
- **a cobro revertido / para pagar allá**

el indicativo del país / código internacional *country code*
el área / prefijo / código / indicativo *area code*

Cómo hablar cuando . . .

contestas el teléfono
- **¿Aló?**
- **Diga./Dígame.** (España)

preguntas por alguien
- **¿Está Álvaro, por favor?**
- **Quisiera hablar con Álvaro, por favor.**

te identificas
- **—¿Quién habla?**
- **—Habla Claudia.**
- **—¿De parte de quién?**
- **—(De parte) de Claudia.**

hay un número equivocado
- **—¿Está Marisel, por favor?**
- **—No, tiene el número equivocado.**

hay problemas de comprensión **¿Puede hablar más despacio, por favor?**

> Words vary according to country. When you travel, you should be familiar with these terms to be able to understand written instructions on public telephones or questions from operators.

ACTIVIDAD 4: Una llamada a Teresa Vicente llama por teléfono a Teresa a su trabajo. Pon esta conversación en orden lógico.

_____ ¿De parte de quién?

__1__ Todos nuestros agentes están ocupados en este momento. Espere por favor. ♪ ♪ ♪

_____ Bueno. Muchas gracias, don Alejandro. Adiós.

_____ Hola Vicente. Habla Alejandro, el tío de Teresa. Ella no está.

_____ De nada. Adiós.

_____ TravelTur, buenos días. Dígame.

_____ Bueno, quisiera dejarle un mensaje.

_____ Buenos días. ¿Está Teresa?

_____ Sí, por supuesto

_____ De parte de Vicente.

_____ ¿Puede decirle que la llamé y que voy a llamar mañana?

_____ Sí, claro.

¿LO SABÍAN?

En muchas ciudades y pueblos del mundo hispano, los números de teléfono tienen sólo 5 ó 6 cifras, y no 7 como en los Estados Unidos. También es importante saber que, en muchos países, las llamadas locales se pagan según la cantidad de minutos, el número de llamadas y la distancia.

ACTIVIDAD 5: Llamada de larga distancia   Una persona está en Montevideo, Uruguay y necesita llamar a un pariente en los Estados Unidos con ayuda del/de la operador/a. En parejas, ustedes hacen los papeles del/de la operador/a y de la persona que llama. El/La operador/a pregunta qué tipo de llamada quiere, el área y el número. Después cambien de papel.

➤   A: Operador/a internacional, buenos días.
     B: Quisiera . . .

TELEFÓNICAS

En casi todos los lugares de España existen cabinas telefónicas de uso público, desde las que se puede llamar a cualquier punto del mundo siguiendo las instrucciones que aparecen traducidas a varios idiomas en los carteles fijados en su interior. Estas cabinas funcionan con monedas de 5, 25 y 100 pesetas. Últimamente existen cabinas desde las que se puede llamar con tarjeta.

Para llamar por teléfono desde España a cualquier punto del mundo es preciso marcar el 07 y, tras recibir tono, el número indicativo del país y de la ciudad correspondientes seguido del número de teléfono concreto con el que se desee hablar. El número indicativo de España, necesario para recibir llamadas desde cualquier otro país del mundo, es el 34. A continuación es preciso marcar el prefijo de la provincia correspondiente y, finalmente, el número telefónico deseado.

Códigos interurbanos de la red telefónica automática en España

Álava (Vitoria)	45	Coruña, La	81	Palencia	88
Albacete	67	Cuenca	66	Palmas, Las	28
Alicante	6	Girona	72	Pontevedra	86
Almería	51	Granada	58	Rioja, La (Logroño)	41
Asturias (Oviedo)	8	Guadalajara	11	Salamanca	23
Ávila	18	Guipúzcoa		Tenerife (Santa Cruz)	22
Badajoz	24	(San Sebastián)	43	Segovia	11
Baleares (Mallorca,		Huelva	55	Sevilla	5
Menorca, Ibiza, etc.)	71	Huesca	74	Soria	75
Barcelona	3	Jaén	53	Tarragona	77
Burgos	47	León	87	Teruel	74
Cáceres	27	Lleida	73	Toledo	25
Cádiz	56	Lugo	82	Valencia	6
Cantabria		Madrid	1	Valladolid	83
(Santander)	42	Málaga	5	Vizcaya (Bilbao)	4
Castellón	64	Murcia	68	Zamora	88
Ciudad Real	26	Navarra (Pamplona)	48	Zaragoza	76
Córdoba	57	Orense	88		

A estos códigos es preciso anteponer el número 9 si se llama desde dentro de España.

Para información telefónica de carácter general es preciso marcar el 003.

ACTIVIDAD 6: Telefónica, buenos días   Contesta estas preguntas sobre el sistema telefónico de España usando el folleto de la página 166.

1. ¿Qué monedas puedes usar en las cabinas telefónicas?
2. ¿Puedes usar tarjeta o tienes que pagar con monedas?
3. Si estás en Madrid, ¿qué número tienes que marcar si quieres hacer una llamada de larga distancia a otro país?
4. ¿Cuál es el indicativo de España si llamas desde los Estados Unidos?
5. ¿Cuál es el prefijo de Salamanca? Si llamas de Madrid a Toledo, ¿qué número tienes que marcar antes del 25 (el prefijo de Toledo)?
6. ¿Es lógico o complicado el sistema?

II. En el hotel

Star rating system for hotels: 1 star = lowest rating; 5 stars = highest. What class hotel is the Hotel Los Arcos?

★★ **HOTEL LOS ARCOS**

	Precio
Habitación sencilla con **baño** y con **desayuno**	8.100 ptas.
Con **media pensión**	9.400 ptas.
Con **pensión completa**	10.700 ptas.
Habitación doble sin baño y con desayuno	9.900 ptas.
Con media pensión	12.300 ptas.
Con pensión completa	14.700 ptas.
Habitación doble con baño y con desayuno	10.500 ptas.
Con media pensión	12.900 ptas.
Con pensión completa	15.300 ptas.

ACTIVIDAD 7: ¿Quién es o qué es?   Basándote en la información presentada en *Lo esencial, página 167*, di qué es o quién es . . .

1. la persona que lleva las maletas a la habitación del hotel.
2. el lugar donde te bañas o te lavas los dientes.
3. el desayuno y una comida más en el hotel.
4. la persona que te dice los precios de las habitaciones.
5. el desayuno y dos comidas en el hotel.
6. la persona que hace las camas.
7. una habitación para una persona.
8. el lugar del hotel donde está el/la recepcionista.
9. una habitación para dos personas.

ACTIVIDAD 8: En recepción   En parejas, una persona es el/la recepcionista de un hotel y la otra persona llama para hacer una reserva. El/La recepcionista debe rellenar esta ficha con la información necesaria. Al terminar, cambien de papel.

HOTEL LA RECONQUISTA ★ ★

Fechas   de _____   hasta _____

Habitación   sencilla _____   doble _____   triple _____
                 con baño _____   sin baño _____
                 pensión completa _____   media pensión _____
                 sólo desayuno _____

Hacia la Comunicación I

I. Talking About the Past: Irregular Verbs and Stem-Changing Verbs in the Preterit

1. Some common irregular verbs share similar patterns in the preterit.

Verbs whose irregular preterit stems end in **-j** add **-eron**, not **-ieron** in the third-person plural form.

Irregular verbs like **tener** have the same endings in the preterit as **hacer: -e, -iste, -o, -imos, -isteis, -ieron.**

tener	
tuve	tuvimos
tuviste	tuvisteis
tuvo	tuvieron

decir	
dije	dijimos
dijiste	dijisteis
dijo	dijeron

Verbs that have endings like **tener:**

estar	→ estuve	querer	→ quise
poder	→ pude	saber	→ supe
poner	→ puse	venir	→ vine

Verbs that have endings like **decir:**

traducir* → traduje
traer → traje

—¿**Tuviste** que trabajar anoche?
—Sí, **tuve** que trabajar mucho.

Did you have to work last night?
Yes, I had to work a lot.

—¿Quién te **dijo** eso?
—Andrés.

Who told you that?
Andrés.

*NOTE: Most verbs that end in **-ucir** follow the same pattern as **trad*ucir***: **prod*ucir*** ⟶ **prod*uje*,** etc.

2. Verbs with stems ending in a vowel (except the silent **-u-** as in **seguir**) + **-er** or **-ir** take **-y-** in the third-person singular and plural. These verbs include **leer, creer, construir** *(to build)*, and **oír** *(to hear)*.

Note that the accent dissolves diphthongs.

leer	
leí	leímos
leíste	leísteis
leyó	leyeron

oír	
oí	oímos
oíste	oísteis
oyó	oyeron

| ¿Por qué no leyeron el artículo? | *Why didn't "you (pl)" or "they" read the article?* |
| Él oyó las noticias. | *He heard the news.* |

Review **-ir** stem-changing verbs, Ch. 5.

Note that the **nosotros** form is the same in the preterit and present indicative. Context will help you determine meaning.

3. Stem-changing verbs ending in **-ir** have a stem change in the third-person singular and plural of the preterit.

preferir (e > ie > i)	
preferí	preferimos
preferiste	preferisteis
prefirió	**prefirieron**

pedir (e > i > i)	
pedí	pedimos
pediste	pedisteis
pidió	**pidieron**

dormir (o > ue > u)	
dormí	dormimos
dormiste	dormisteis
durmió	**durmieron**

e > ie > i		**e > i > i**		**o > ue > u**	
mentir	to lie	**repetir**	to repeat	**morir/se**	to die
sentir/se	to feel	**seguir**	to follow		

| —¿**D**urmieron en el parque Claudia y Juan Carlos? | *Did Claudia and Juan Carlos sleep in the park?* |
| —No, creo que prefirieron no dormir. | *No, I think they preferred not to sleep.* |

II. Changes of Meaning in the Preterit

Since the preterit expresses a completed past action, certain verbs can convey a special meaning when used in the preterit.

Review the uses of the preterit, Ch. 6.

	Present	Preterit
conocer	to know	met
poder	to be able	was/were able and succeeded in doing something
no poder	not to be able	was/were not able and didn't
querer	to want	wanted to, but didn't do it; tried; intended
no querer	not to want	refused to
saber	to know	found out
tener que	to have to, be supposed to	had to and did

Conocí al padre de mi novia.   *I met my girlfriend's father.*
Por fin, **pude** ir a la fiesta.   *At last, I was able to (and did) go to the party.*
Ella **quiso** ir a la fiesta, pero   *She tried (intended) to go to the party,*
 no **pudo.**   *but couldn't (wasn't able to and didn't).*
Él **no quiso** ir a la fiesta.   *He refused to go to the party.*
Ayer **supe** la verdad.   *Yesterday, I found out the truth.*
Él **tuvo que** estudiar.   *He had to (and did) study.*

III. Expressing the Time of Past Actions: *Hace* + time expression + *que* + verb in the preterit

To express *how long ago* an action took place, apply the following formula:

> **Hace** + *time expression* + **que** + *verb in the preterit*

—¿Cuánto (tiempo) hace que ella llegó?   *How long ago did she arrive?*
—**Hace dos horas que** ella **llegó.**   *She arrived two hours ago.*

IV. Using More Affirmative and Negative Words

Review negatives, Ch. 6.

Affirmative and Negative Adjectives	Affirmative and Negative Pronouns
algún/alguna/algunos/as some/any **ningún/ninguna** (not) any	**alguno/a/os/as** some/any **ninguno/a** none/no one

¿Necesitas **algún** libro sobre   *Do you need any books on Segovia?*
  Segovia?
Aquí tengo **algunas** camisas para ti.   *I have some shirts for you here.*
No vamos a visitar **ninguna**   *We're not going to visit any cities.*
  ciudad.*

—¿Vinieron tus invitados?   *Did your guests come?*
—Sí, **algunos** vinieron.   *Yes, some came.*

—¿Tienes todos los libros?   *Do you have all the books?*
—No, no tengo **ninguno.**   *No, I don't have any.*

Do mechanical drills, Workbook, Part I.

*NOTE: The adjectives **ningún/ninguna** and the pronouns **ninguno/a** are seldom used in the plural.

ACTIVIDAD 9: Tus actividades de la semana pasada   Haz dos listas: las cosas que tuviste que hacer la semana pasada y las cosas que quisiste hacer, pero no pudiste hacer. Luego, en grupos de tres, comparen las listas y expliquen por qué no pudieron hacer estas cosas.

ACTIVIDAD 10: ¿Quién lo dijo?   En parejas, decidan quién o qué personaje (*character*) dijo estas oraciones famosas. Sigan el modelo.

➤   No puedo decir mentiras.
    George Washington dijo: «No puedo decir mentiras».

1. Ser o no ser, he aquí el problema.
2. Pienso luego existo.
3. Ganar no es todo; es lo único.
4. Dios está muerto.
5. Tu hermano mayor te vigila.
6. Elemental, mi querido Watson.
7. Vine, vi y conquisté.
8. E es igual a MC al cuadrado.
9. Francamente querida, ¡no me importa un bledo!

a. Lombardi
b. Holmes
c. Nietzsche
d. Rhett Butler
e. Hamlet
f. Julio César
g. Descartes
h. Orwell
i. Einstein

ACTIVIDAD 11: Las noticias del año   En parejas, formen oraciones usando las siguientes pistas para hablar de noticias *(news)* importantes de este año.

1. una persona famosa / morir
2. un político / mentirle al público americano
3. una persona famosa / tener un niño
4. personas famosas / casarse
5. la universidad / construir un edificio nuevo
6. el público / saber la verdad sobre el escándalo de . . .

ACTIVIDAD 12: Los soplones   En grupos de tres, Uds. trabajan en un restaurante y ayer alguien (una de las personas de la clase) no vino a trabajar. Decidan qué ocurrió y después díganle a su jefe/a todo lo que saben. Incluyan información como la siguiente:

> ¿Dónde estuvo?   ¿Qué hizo?
> ¿Con quién?   ¿Cómo supieron Uds. todo esto?

El/La soplón/ona = tattletale = **el/la acusetas** (some Hispanic countries).

ACTIVIDAD 13: Las noticias   En parejas, Uds. van a narrar las noticias de ayer. Escriban el guión *(script)* que van a usar.

La policía = the police (force); **el/la policía** = the policeman/woman.

La bomba

terrorista / poner / bomba / aeropuerto

terrorista / llamar / policía

policía / ir / aeropuerto

personas / salir / aeropuerto

perro / encontrar / bomba

policía / poder detener / terrorista

Activity continued on the next page.

Lulú Camacho

Lulú Camacho / recibir /
título de Miss Cuerpo

anoche / llorar de alegría

dar / las gracias /
a sus padres, etc.

perder / título

su agente / decir que /
tomar esteroides

Lulú / preferir /
no hacer comentarios

ACTIVIDAD 14: ¿Sabes mucha historia?　En parejas, túrnense para preguntar
cuánto tiempo hace que murieron estas personas.

➤　　　A:　¿Cuánto tiempo hace que murió Francisco Franco?

B:　Hace más o menos 20 años que　　B:　No tengo idea. ¿Sabes tú?
　　murió Francisco Franco. (1975)

1. Martin Luther King, Jr., y Robert Kennedy
2. John Kennedy
3. Abraham Lincoln
4. Roberto Clemente
5. John Lennon
6. Raúl Julia

Franco fue dictator de España
desde 1939 hasta 1975.

ACTIVIDAD 15: ¿Cuánto tiempo hace que . . . ?   En parejas, pregúntenle a su compañero/a cuánto tiempo hace que hizo estas actividades.

➤   A: ¿Cuánto tiempo hace que visitaste a tus padres?

B: Hace tres semanas que visité a   B: Visité a mis padres ayer.
mis padres.

1. visitar a tus abuelos   ayer
2. ir al cine   anteayer
3. escribir una composición   hace 3/4/5 días
4. hablar por teléfono a larga distancia   la semana pasada
5. dormir en un hotel   hace 2/3 semanas
6. sacar "A" en un examen   el mes pasado
7. comprarle un regalo a alguien   hace 2/3/4 meses

ACTIVIDAD 16: La habitación desordenada   En parejas, "A" cubre la Columna B y "B" cubre la Columna A. El dibujo de la Columna A está incompleto, pero el dibujo de la Columna B está completo. "A" debe averiguar qué cosas de las que están debajo de su dibujo se necesitan para completarlo, cuántas hay y dónde están. Cuando averigüe, "A" debe dibujar las cosas en los lugares apropiados.

➤   A: ¿Hay algunas camisas en esta habitación?
     B: Sí, hay una. / No, no hay ninguna.
     A: ¿Dónde está? / ¿Hay algún televisor?
     B: . . .

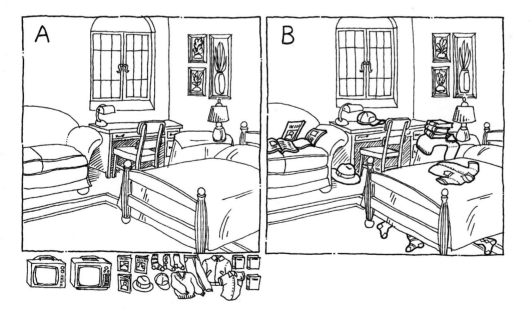

ACTIVIDAD 17: ¿Qué hay?   En algunas clases hay muchas cosas, otras no tienen mucho. ¿Cuáles de las siguientes cosas hay en la clase: fotografías, mapas, televisor con video, ventanas, proyector para transparencias, reloj, estéreo, computadoras, tablón de anuncios? Sigan el modelo.

➤   En nuestra clase no hay ninguna . . .
     En nuestra clase hay . . .

NUEVOS HORIZONTES

Estrategia de lectura: *Identifying Main Ideas*

As you saw in Chapter 6, when skimming you read quickly to find only the main ideas of a text. If the topic interests you, you may want to learn more about it, that is, read more in depth about the topic in question. Main ideas can be found in titles and also in topic sentences which many times begin a paragraph or a section of a reading. Subcategories divide the topic into parts or components and these can be found in the body of a paragraph or in a section itself.

In the following reading about lodging in Spain, each section is introduced by a title and a topic sentence. You will have a chance to identify subcategories as you read one of the descriptions.

ACTIVIDAD 18: Alojamiento en los Estados Unidos   Un chileno te pregunta sobre estos tipos de alojamiento *(lodging)* en los Estados Unidos y tienes que darle definiciones: hoteles, moteles, "B & B", campings.

ACTIVIDAD 19: Un esquema   En una hoja aparte *(separate sheet)*, prepara un esquema como el siguiente, pero más grande. El esquema incluye, el tema *(theme, topic)* y los títulos de las secciones, la oración principal de una sección y las subcategorías relacionadas con los hoteles. Rellena *(fill in)* las cajas en blanco según la información de la lectura.

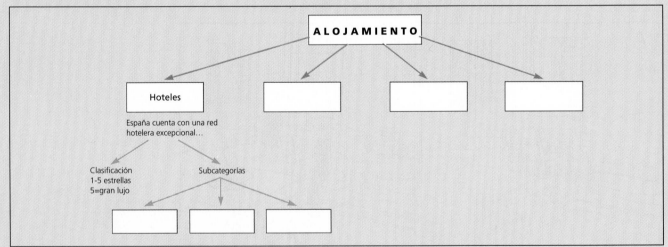

ACTIVIDAD 20: El alojamiento en España   Contesta las siguientes preguntas según el artículo sobre alojamiento en España.

1. ¿Qué es más impersonal: un hotel-residencia o una pensión? ¿Por qué?
2. Si quieres alquilar un apartamento para turistas, ¿adónde debes ir para hacer una reserva?
3. ¿Dónde hay más lugares para hacer camping? ¿En el centro de España o en la costa?
4. ¿Cuántos Paradores hay? ¿En qué tipo de edificios están? ¿En qué lugares geográficos están?
5. ¿Dónde te gustaría pasar una noche: en un hostal, una pensión, un camping, un apartamento turístico o en un Parador? ¿Por qué?

Alojamiento

HOTELES

España cuenta con una red hotelera excepcional por el número, la variedad y la calidad de unos establecimientos que se reparten por toda la geografía de nuestro país, y que son capaces de adaptarse a cualquier exigencia y posibilidad.

Los hoteles españoles están clasificados en cinco categorías, que se identifican con un número de estrellas que va de una a cinco, según los servicios y las características de cada uno. Existe también un reducido número de hoteles de cinco estrellas, de características auténticamente excepcionales, que ostentan además la categoría máxima de GRAN LUJO.

Los denominados **hoteles-residencia**, que se rigen por las misma clasificación que los demás hoteles, son aquellos que carecen de restaurante, aunque sirven desayunos, tienen servicio de habitaciones y poseen un bar o una cafetería. Los **hostales**, establecimientos de naturaleza similar a los hoteles, pero más modestos, constituyen otra modalidad de alojamiento. Están clasificados en tres categorías que van de una a tres estrellas.

Otra posible modalidad de alojamiento es la constituida por las **casas de huéspedes**, que en España se llaman **pensiones**. De gran tradición en nuestro país, resultan generalmente establecimientos acogedores y cómodos, cuyas instalaciones y servicios pueden variar entre la sobriedad y un lujo relativo. Regentados generalmente por la familia propietaria de la casa, su precio suele incluir solamente el alojamiento y las comidas, frecuentemente excelentes. Las pensiones resultan un tipo de alojamiento ideal para los visitantes que deseen conocer Espana en profundidad, apartándose de las rutas turísticas más frecuentadas.

CAMPINGS

España cuenta con cerca de 800 campings, que reúnen una capacidad global de casi 400.000 plazas. Repartidos por todo el territorio nacional, son especialmente abundantes en las costas, y están clasificados en diversas categorías según sus características e instalaciones, como los hoteles. Sus tarifas varían en función de la cantidad y calidad de sus servicios. En el caso de que se opte por hacer acampada libre es recomendable informarse previamente acerca de la no existencia de prohibiciones municipales que afecten al lugar elegido. Si se desea acampar en un territorio privado es preciso obtener previamente el permiso del propietario.

La Federación Española de Empresarios de Campings y Ciudades de Vacaciones tiene su sede en General Oráa 52-2°D, 28006 Madrid.
Tel.: (91) 562 99 94

APARTAMENTOS

El alquiler de apartamentos amueblados constituye también una posibilidad de alojamiento interesante. La oferta de apartamentos turísticos se reparte por todo el litoral español, concentrándose especialmente en la Costa Brava, Valencia, Baleares y la Costa del Sol, y puede resultar muy interesante si se viaja en grupo. Los precios, que varían según el lugar y la temporada del año, se suelen calcular por persona y día. La oferta y contratación de apartamentos turísticos forman parte de los servicios habituales de las agencias de viajes.

PARADORES DE TURISMO

Los Paradores de Turismo constituyen la modalidad hotelera más original e interesante de la oferta turística española.

La red de Paradores está constituida por 86 establecimientos, que ofrecen los servicios y comodidades de los más modernos hoteles, pero ocupan, en cambio, en la mayoría de los casos, antiguos edificios monumentales de valor histórico y artístico, como castillos, palacios, monasterios y conventos, que, abandonados en el pasado, han sido adquiridos y rehabilitados para este fin.

Enclavados casi siempre en lugares de gran belleza e interés, los Paradores, que tienen generalmente categoría de hoteles de tres o cuatro estrellas, se reparten por todos los rincones de nuestro país. Para información y reservas: Paradores de Turismo, Velázquez 18, 28001 Madrid. Tels.: (91) 435 97 00 y (91) 435 97 44.

▲ *(arriba) Parador nacional en Sigüenza, España.*
◀ *(abajo) Interior del parador de Sigüenza, España. ¿A un niño le gustaría pasar una noche en este lugar?*

Estategia de escritura: *Titles and Subcategories*

You have just learned about the role of titles and subcategories. Think of a topic as the whole and the subcategories as the parts that make up the whole. When writing remember the following:

- A title may merely serve to focus the reader's attention on a specific topic **(tema principal).**
- A topic sentence **(oración principal)** makes a thesis statement about the main theme; it serves as an introduction to the theme.
- Subcategories **(subcategorías)** break the main topic into smaller parts or components.

ACTIVIDAD 21: Temas y subcategorías   Escribe la oración principal para introducir el tema y después un párrafo con subcategorías del tema principal. Escribe sobre uno de los siguientes temas para una guía para extranjeros.

1. Alojamiento en los Estados Unidos (hoteles, moteles, "B & B")
2. El sistema telefónico (llamadas locales, llamadas de larga distancia)
3. El sistema universitario de los Estados Unidos (universidades privadas y públicas, "community colleges")

LO ESENCIAL II

I. En el aeropuerto

Llegadas internacionales

Note the use of the 24-hour clock.

Línea aérea	Número de vuelo	Procedencia	Hora de llegada	Comentarios
Iberia	952	Lima	09:50	a tiempo
VIASA	354	Santo Domingo	10:29	11:05
LAN Chile	988	Santiago/Miami	12:45	a tiempo
Lasca	904	México/N.Y.	14:00	14:35

Salidas internacionales

Línea aérea	Número de vuelo	Destino	Hora de salida	Comentarios	Puerta
TWA	750	San Juan	10:55	11:15	2
Avianca	615	Bogotá	11:40	a tiempo	3
VIASA	357	Miami/N.Y.	14:20	a tiempo	7
Aeroméxico	511	México	15:00	16:05	9

ACTIVIDAD 22: Información   Una persona necesita información sobre vuelos y le pregunta a un/a empleado/a del aeropuerto. Trabajen en parejas y usen la información previa sobre los vuelos para contestar las preguntas.

1. ¿A qué hora llega el vuelo número 354 de Santo Domingo?
2. ¿De qué línea aérea es el vuelo 904? ¿Llega a tiempo o hay retraso?
3. ¿De dónde viene el vuelo 952?
4. ¿A qué hora sale el vuelo 615 para Bogotá?
5. ¿De qué puerta sale? ¿Hay retraso?
6. ¿Adónde va el vuelo 615 de Avianca?

Ahora cambien de papel.

1. ¿A qué hora sale el vuelo de VIASA a Miami?
2. ¿De dónde viene el vuelo 354?
3. ¿Llega a tiempo o con retraso el vuelo de México?
4. ¿A qué hora llega el vuelo de Santiago?
5. ¿Adónde va el vuelo 750 de la TWA?
6. ¿De qué puerta sale el vuelo a Nueva York? ¿Hay retraso?

II. El pasaje

VIASA
Venezuelan International Airways

Apellido: VEGA
Asiento: 23B
Fecha: 26 DE AGOSTO
Fumar/No Fumar: NO FUMAR
Vuelo: 357
Salida: 14:20
Destino: NUEVA YORK

Sr. Vega, su pasaje de ida y vuelta está confirmado. Puede llevar dos maletas y un bolso de mano pero hay un límite de 20 kilos.

-- IDA ------------------------------
VIASA 357 de Caracas a Nueva York
  Salida de Caracas: 14:20 26/VIII/93
    Escala y aduana en Miami
  Llegada a Nueva York (JFK): 22:15 26/VIII/93
-- VUELTA ------------------------------
VIASA 358 de Nueva York a Caracas
  Salida de Nueva York (JFK): 13:15 1/IX/93
    Escala en Miami
  Llegada a Caracas: 21:00 1/IX/93
  Aduana en Caracas

la aduana customs	**ida y vuelta** round trip
el asiento seat	**la llegada** arrival
el bolso de mano hand luggage	**el pasaje** ticket
el destino destination	**el/la pasajero/a** passenger
el equipaje luggage	**la salida** departure
la escala a stop, layover	**el vuelo** flight
fumar to smoke	**la vuelta** return trip
la ida outbound trip	

ACTIVIDAD 23: ¿Qué es?   Contesta estas preguntas, usando el vocabulario del pasaje del Sr. Vega y de la información de la agencia de viajes.

1. ¿Cómo se llama el pasajero?
2. ¿El Sr. Vega tiene un pasaje de ida o de ida y vuelta?
3. ¿Cómo se dice en español *a one-way ticket*?
4. ¿Tiene el Sr. Vega un vuelo a Nueva York directo o con escala?
5. ¿Cuántas maletas puede llevar el Sr. Vega? ¿Cuántos kilos puede llevar como máximo?
6. ¿Cuál es el número del asiento del Sr. Vega? ¿Fuma él? ¿Qué prefieres tú, la sección de fumar o de no fumar?
7. ¿Sabes qué cosas no se pueden pasar por la aduana?
8. ¿Hay aduanas en aeropuertos que no son internacionales? ¿En cuáles de estos aeropuertos hay aduanas: La Guardia, Newark o Kennedy?

ACTIVIDAD 24: La reserva   En parejas, Uds. están en México en una agencia de viajes. "A" es el/la cliente que habla con "B", un/a agente de viajes. Lean el papel que les corresponde y mantengan una conversación en la agencia.

A. Cliente

Necesitas viajar de México a Lima el 23 de diciembre para volver el 2 de enero. No puedes salir por la mañana. No quieres hacer escala. No fumas. Necesitas saber la aerolínea, la hora de salida y de llegada y el precio.

B. Agente

De México a Lima hay vuelos de Mexicana y AeroPerú. AeroPerú hace escala en Bogotá y sale por la tarde. Mexicana sale por la mañana y vuela directo. Necesitas saber si el/la cliente quiere un pasaje de ida y vuelta, las fechas y si fuma. El vuelo de Mexicana cuesta $739 y el vuelo de Aero-Perú $668.

Un día normal en el aeropuerto

◀ *Un hombre vende caña de azúcar y fruta en una calle de Santo Domingo, República Dominicana.*

darse cuenta de algo	to realize something
No me di cuenta de la hora.	I didn't realize the time.
¿Cómo que . . . ?	What do you mean . . . ?
¿Cómo que no hay nada?	What do you mean there isn't anything?

Antes de regresar a España Teresa va a la República Dominicana para trabajar por una semana en el aeropuerto. Ahora Teresa está ayudando en el mostrador (*check-in counter*) del aeropuerto de Santo Domingo y habla con algunos pasajeros que salen hacia Miami; como siempre, hay problemas.

ACTIVIDAD 25: ¿Cierto o falso?   Lee las siguientes oraciones. Después, mientras escuchas las conversaciones, marca si estas oraciones son ciertas o falsas.

1. _____ El señor es paciente.
2. _____ El señor fuma.
3. _____ El niño viaja solo.
4. _____ Al final, el niño no lleva el ron.
5. _____ La señora perdió el pasaje.
6. _____ La señora llegó con un día de retraso.

Expressing how long an action has been taking place	TERESA	Siguiente, por favor.
	SEÑOR	¡Por fin! Hace media hora que estoy en esta fila. Aquí está el pasaje, mi pasaporte, la maleta y quiero un asiento en la sección de no fumar.
	TERESA	Lo siento, pero no hay nada.
	SEÑOR	¿Cómo que no hay nada?
Apologizing	TERESA	Perdón señor, pero es tarde y sólo hay asiento en la sección de fumadores. ¡Que tenga buen viaje!
	SEÑOR	Pues, va a ser difícil tener un buen viaje . . .
	TERESA	Siguiente.
	MADRE	Aquí está el pasaje y el pasaporte de mi hijo Ramoncito.
	TERESA	¿Y su hijo viaja solo o con Ud.?
	MADRE	Solo, pero lo espera su tío Ramón en Miami. Yo regreso a casa.
	NIÑO	Mamá, ¿dónde pongo las botellas de ron?
	MADRE	Las llevas en la mano.
	TERESA	Pero señora, su hijo no puede entrar en los Estados Unidos con alcohol porque no tiene veintiún años.
Giving a reason	MADRE	Pero no lo va a beber él; es para su tío.
	TERESA	Señora, tiene que darse cuenta de que es ilegal.
	MADRE	¡Bueno! Las ponemos en el bolso de mano. Ramoncito, si te preguntan en la aduana qué llevas, ¿qué les dices?
	NIÑO	Les digo que no llevo nada, que no hay ron.
	TERESA	Siguiente.
Narrating a series of past actions	SEÑORA	¡Ay! Por fin llegué. Es que estaba en la peluquería y no me di cuenta de la hora y es que vine en taxi y el taxista manejó muy rápidamente. Casi tuvimos un accidente. ¡Qué nervios! Y luego dejé la maleta en el taxi. Tuve que hablar con un policía, muy simpático por cierto . . .
Manejar = **conducir** (Spain)		
	TERESA	Su pasaje y pasaporte, por favor.
	SEÑORA	Sí, aquí están . . . bueno el policía muy simpático . . .
	TERESA	Ejem . . . señora, lo siento pero su vuelo salió hace 24 horas . . .

ACTIVIDAD 26: Los problemas de los pasajeros   Después de escuchar las conversaciones otra vez, identifica cuáles son los problemas del señor, del niño y su madre y de la señora.

HACIA LA COMUNICACIÓN II

I. Avoiding Redundancies: Direct-Object Pronouns

Before studying the grammar explanation, answer these questions based on the conversation:

Remember: Direct objects indicate *what* or *who* receives the action of the verb.

- To what do the boldfaced words in the following sentences refer?
  a. "**Las** llevas en la mano".
  b. ". . . **lo** espera su tío . . .".
  c. "Pero no **lo** va a beber él . . .".

- Do the preceding words in boldface perform the action indicated by the verb?

- In the sentence "**. . . ¿dónde pongo las botellas . . . ?**" the noun phrase **las botellas** is not the subject but the object. If you had to replace this noun phrase with a pronoun, where in the sentence would you place it?

A direct object names the person or thing that directly receives the action of the verb. In Spanish, the direct object may be expressed by the direct-object pronoun. It follows the same placement rules as the reflexive and the indirect-object pronouns.

Direct-Object Pronouns	
me	nos
te	os
lo/la	los/las

Juan Carlos está enamorado de Claudia; **la** quiere muchísimo.

Me gustó el vestido y voy a comprar**lo.**

The following verbs can take direct objects:

amar	to love	**odiar**	to hate
ayudar	to help	**poner**	to put
creer	to believe	**querer**	to want; to love
esperar	to wait (for); to hope (for)	**tener**	to have
invitar	to invite	**ver**	to see
necesitar	to need	**visitar**	to visit

—¿Dónde pusiste el pasaje?   *Where did you put the ticket?*
—**Lo** puse en la maleta.   *I put it in the suitcase.*

Las invité a mi casa.   *I invited them to my home.*
Nuestros padres **nos** quieren.   *Our parents love us.*

Review *Expressing the Time of Past Actions,* p. 170.

II. Expressing the Duration of an Action: *Hace* + time expression + *que* + verb in the present

To express the duration of an action that began in the past and continues into the present, apply the following formula:

Hace + *time expression* + **que** + *verb in the present*

—¿Cuánto (tiempo) hace que vives aquí?   *How long have you lived here?*
—**Hace tres años que vivo** aquí.   *I have lived here for three years.*

Note the difference between these two sentences:

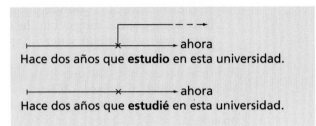

Hace dos años que **estudio** en esta universidad.

Hace dos años que **estudié** en esta universidad.

Read the following sentences, then answer the questions:

Hace cinco años que Ramón fue de vacaciones a la isla de San Andrés.
Hace cinco años que Elena va de vacaciones a la isla de San Andrés.

Do mechanical drills, Workbook, Part II.

• Who has spent vacations in San Andrés for the last five years?
• Who went on vacation to San Andrés five years ago?

ACTIVIDAD 27: La redundancia   Estas conversaciones no suenan *(sound)* bien porque tienen mucha redundancia. En parejas, cámbienlas usando pronombres para evitar la redundancia.

—¿Compraste el libro?
—No, no compré el libro.
—¿Por qué no compraste el libro?
—Porque la librería no tiene el libro.

—¿Dónde están mis llaves *(keys)*?
—¡Caramba! Tienes las llaves en la mano.

—¿Cuándo vas a escribir la carta?
—Estoy escribiendo la carta ahora mismo.

—¿Vas a escribir la composición?
—No, voy a escribir la composición mañana.

—Compré un cassette nuevo.
—¿Puedo escuchar tu cassette nuevo?

ACTIVIDAD 28: Las cosas para el viaje   En parejas, una persona es el esposo y la otra es su esposa. Van a hacer un viaje y quieren saber dónde puso su pareja las siguientes cosas. Altérnense haciendo preguntas.

pareja = partner/pair

➤   A: ¿Dónde pusiste la cámara?
     B: La puse en el bolso de mano.

Cosas: champú, gafas de sol, trajes de baño, máquina de afeitar, peine, zapatos de tenis, cepillo de dientes, pasaporte, regalos, niño
Lugares: la maleta, el carro, el bolso de mano

ACTIVIDAD 29: Romeo y Julieta   En parejas, inventen un diálogo romántico entre los protagonistas de una telenovela *(soap opera):* María Julieta y José Romeo. Usen en la conversación un mínimo de tres de estos verbos en oraciones o preguntas: **querer, necesitar, odiar, creer** y **esperar.**

➤   José Romeo: María Julieta, te quiero.
     María Julieta: Yo también te quiero, pero mi padre te odia.

ACTIVIDAD 30: Las cosas de tu compañero   En parejas, averigüen si su compañero/a tiene estas cosas y cuánto hace que las tiene: **estéreo, carro, bicicleta, radio, apartamento, motocicleta, computadora, guitarra, problemas,** etc.

➤   A: ¿Tienes grabadora?

B: Sí, tengo.   No, no tengo.
A: ¿Cuánto tiempo hace que la tienes?
B: Hace cinco años que la tengo.

ACTIVIDAD 31: Una entrevista   **Parte A:** En parejas, entrevístense para rellenar este gráfico.

¿Cuándo empezaste a estudiar en esta universidad? _____

¿Estudiaste en otra universidad antes de venir aquí? Sí _____ No _____

   Si contesta que sí: ¿Cuándo empezaste a estudiar allí? _____

   ¿Cuándo dejaste de estudiar allí? _____

¿Trabajas? Sí _____ No _____

   Si contesta que sí: ¿Cuándo empezaste? _____

¿Cuál fue el último trabajo que tuviste? _____

   ¿Cuándo lo empezaste? _____

   ¿Cuándo lo dejaste? _____

¿Tienes carro? Sí _____ No _____

   Si contesta que sí: ¿Cuándo lo compraste? _____

¿Dónde vives?

   Residencia estudiantil _____ Apartamento _____ Casa _____

   ¿Cuándo empezaste a vivir allí? _____

Parte B: Ahora, haz un resumen de la información del gráfico. Por ejemplo:

➤   **Hace dos años que** John **estudia** en esta universidad. Antes él estudió en la Universidad de Kansas por 2 años. **Dejó** de estudiar allí **hace dos años . . .**

ACTIVIDAD 32: Los anuncios comerciales   En grupos de tres, Uds. trabajan para una agencia de publicidad. Tienen que escribir anuncios *(ads)* para estos productos.

➤   el agua de colonia "Atracción"   Hace un año que uso el agua de
                                                colonia "Atracción" y ahora tengo
                                                muchos amigos.

1. el jabón para la cara "Radiante"
2. el champú para hombres "Hércules"
3. el jabón de ropa "Blancanieves"
4. el perfume "Gloria"
5. el desodorante "Frescura Segura"

ACTIVIDAD 33: La entrevista   Lee esta parte del curriculum vitae de Carmen Fernández y completa la entrevista *(interview)* que sigue. La entrevista fue el 7 de septiembre de 1995.

1990–presente	Empleada de IBM
1992–presente	Programadora de computadoras
1990–1992	Recepcionista
1986–88	Secretaria, Aeroméxico

Entrevistadora: ¿Cúanto tiempo hace que Ud. _____ en IBM?

Carmen: Hace cinco años que _____ allí.

Entrevistadora: ¿Qué hace?

Carmen: Soy programadora de computadoras ahora, pero hace tres años _____ recepcionista por un tiempo.

Entrevistadora: ¿Por cuántos años fue Ud. recepcionista en esa compañía?

Carmen: Por dos años.

Entrevistadora: ¿Y antes de trabajar con IBM?

Carmen: Fui secretaria para Aeroméxico.

Entrevistadora: Entonces, hace cinco años que _____ en Aeroméxico.

Carmen: No, hace siete años que _____ allí.

Entrevistadora: Entonces, ¿qué hizo entre 1988 y 1990?

Carmen: Tuve un hijo y me quedé en casa con él.

ACTIVIDAD 34: El contestador automático   En parejas, Uds. trabajan en la oficina de reclamos *(complaints office)* de una tienda y allí tienen un contestador automático *(answering machine)*. Los clientes llaman para quejarse de las cosas que compraron. Preparen un mensaje *(outgoing message)*, en el que deben pedirle al/a la cliente la siguiente información.

1. nombre del/de la cliente
2. teléfono
3. qué producto / comprar
4. cuánto (tiempo) hace
5. qué problema / tener
6. cómo / ocurrir

Terminen el mensaje con la frase "espere el tono antes de hablar".

ACTIVIDAD 35: El problema   Tú eres un/a cliente que llama a la oficina de reclamos de una tienda porque tienes problemas con algo que compraste. Quieres dejar un mensaje describiendo tu problema. Trabajen en parejas. Tu compañero/a hace el papel del contestador automático.

VOCABULARIO FUNCIONAL

El hotel

el baño	*bathroom*
el botones	*bellboy*
la comida	*meal*
el desayuno	*breakfast*
la empleada (de servicio)	*maid*
la habitación doble	*double room*
la habitación sencilla	*single room*
la maleta	*suitcase*
media pensión	*breakfast and one meal included*
pensión completa	*all meals included*
la recepción	*front desk*
el/la recepcionista	*receptionist*

Palabras y expresiones útiles

¿Cómo que . . . ?	*What do you mean . . . ?*
darse cuenta de algo	*to realize something*
Lo siento.	*I'm sorry.*
Perdimos el autobús.	*We missed the bus.*
por fin	*at last*
el precio	*price*
quisiera/quisiéramos	*I/we would like*

Verbos

amar	*to love*
ayudar	*to help*
construir	*to build*
creer	*to believe*
esperar	*to wait (for); to hope (for)*
invitar	*to invite*
manejar	*to drive*
mentir (ie, i)	*to lie*
odiar	*to hate*
oír	*to hear*
producir	*to produce*
repetir (i, i)	*to repeat*
seguir (i, i)	*to follow*
sentir/se (ie, i)	*to feel*

El pasaje

Ver página 177.

Palabras afirmativas y negativas

Ver página 170.

El teléfono

el área/prefijo/código/ indicativo	*area code*
¿Aló?/Diga/Dígame	*Hello?*
¿De parte de quién?	*Who is calling?*
(De parte) de . . .	*It/This is . . .*
¿Está . . . , por favor?	*Is . . . there, please?*
Habla . . .	*It/This is . . .*
el indicativo del país/ código internacional	*country code*
llamada a cobro revertido/ para pagar allá	*collect call*
llamada de larga distancia	*long-distance call*
llamada local	*local call*
marcar directo	*to dial direct*
No, tiene el número equivocado.	*No, you have the wrong number.*
¿Puede hablar más despacio, por favor?	*Can you speak more slowly, please?*
¿Quién habla?	*Who is speaking/calling?*
Quisiera hablar con . . . , por favor.	*I would like to speak with . . . , please.*

El aeropuerto

a tiempo	*on time*
la aerolínea	*airline*
la hora de llegada	*time of arrival*
la hora de salida	*time of departure*
la línea aérea	*airline*
la puerta (de salida) número . . .	*gate number . . .*
el retraso	*delay*

TRAVELTUR

¡Vale! / Sevilla, España

Antes de ver

ACTIVIDAD 1: ¿Qué recuerdas? Antes de ver el video, ¿cuánto puedes recordar de lo que ocurrió hasta ahora? Cuando termines de contestar estas preguntas, compara tus respuestas con las de un/a compañero/a.

1. Andrés está en . . .
   a. España   b. Puerto Rico   c. Colombia   d. los EE.UU.
2. Andrés es de . . .
   a. España   b. Puerto Rico   c. Colombia   d. los EE.UU.
3. En este segmento del programa Andrés va a . . .
   a. Bogotá   b. Madrid   c. Sevilla   d. San Juan
4. Él va a visitar a . . .
   a. su tía   b. su hija   c. su prima   d. su sobrina
5. Normalmente Andrés trabaja como agente de viajes para la agencia TravelTur, pero ahora . . .
   a. acompaña a un grupo de turistas
   b. filma anuncios comerciales para jóvenes
   c. examina hoteles y restaurantes para hacer recomendaciones
   d. no hace nada. Está de vacaciones porque tiene un viaje gratis por ser agente de viajes

Mientras ves

ACTIVIDAD 2: La reserva Lee la siguiente ficha. Después, observa mientras Andrés consigue una habitación en el Hotel Cervantes en Sevilla. Mientras escuchas, rellena *(fill out)* la ficha.

DESDE EL PRINCIPIO
HASTA 21:36

HOTEL CERVANTES

Sencilla _____   Doble _____

Con baño _____   Sin baño _____

Desayuno _____   Media pensión _____   Pensión completa _____

Número de habitación _____   Precio _____ pesetas

ACTIVIDAD 3: Las ideas principales   Antes de ver el resto del video, lee las siguientes preguntas. Después, mientras miras, escribe tus respuestas.

DESDE 21:37 HASTA EL FINAL

1. ¿Puedes nombrar tres lugares que visitó Andrés en Sevilla?
2. ¿Qué hizo en cada uno de los tres lugares?

ACTIVIDAD 4: Planes futuros   Mira el segmento de video donde Andrés habla de sus planes futuros; después, contesta las siguientes preguntas.

DESDE 23:28 HASTA 23:57

1. ¿Adónde va a ir Andrés después de salir de España?
2. ¿Quién conoce a alguien allí?
3. Andrés dice: "**Un _____ tuyo es un amigo mío. Claro . . . Si tiene _____ y conoce las _____**".
   ¿Por qué dice eso Andrés?

Después de ver

ACTIVIDAD 5: La música   La música nos revela mucho de una cultura. La música que acompaña las tomas *(rough cuts)* para los anuncios que va a hacer Andrés sobre Sevilla es típica de Andalucía, una provincia en el sur de España. Contesta las siguientes preguntas sobre ese tipo de música.

1. ¿Sabes cómo se llama la música típica del sur de España?
   a. merengue   b. salsa   c. rumba   d. flamenco
2. ¿Qué instrumento musical asocias con este tipo de música?
   a. una trompeta   b. una guitarra   c. un piano
3. ¿Qué instrumento o instrumentos de percusión asocias con esta música?

a. las castañuelas

b. las congas

c. las maracas

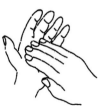

d. las palmas

e. la pandereta

f. los pitos

4. Al escuchar la música, ¿notaste alguna influencia de otros tipos de música? ¿Qué influencia notaste?
   a. influencia de las polkas de Alemania
   b. influencia de la música del medio oriente
   c. influencia de los cantos gregorianos
   d. influencia de la música clásica de Bach y Mozart

CAPÍTULO 8

CHAPTER OBJECTIVES

- Indicating sequence

- Describing wants and needs

- Describing the layout of a house and its furnishings

- Describing household items you need or want to buy

- Expressing preferences, giving advice, and making requests

▲ *Un edificio de apartamentos de lujo en Santiago, Chile.*

Buscando apartamento

▲ *Un portero reparte el correo delante de un edificio en Madrid, España.*

o sea	that is to say
Fulano, Mengano y Zutano	Tom, Dick, and Harry
¡Vaya!	Wow!

Las cinco chicas buscan apartamento porque el colegio mayor se cierra el mes de agosto durante las vacaciones. Ahora están hablando Diana, Marisel y Teresa sobre qué tipo de apartamento quieren.

ACTIVIDAD 1: Marca qué buscan   Lee la lista siguiente. Después, mientras escuchas la conversación, marca qué cosas buscan las chicas en un apartamento.

dormitorios	2	③	4
cocina grande	ⓢí	no	
teléfono	ⓢí	no	
patio	sí	ⓝo	
muebles	sí	ⓝo	
portero	ⓢí	no	
aire acondicionado	sí	ⓝo	
balcón	ⓢí	no	
muchas ventanas	ⓢí	no	

Describing what you are looking for	MARISEL	Entonces necesitamos un apartamento que tenga tres dormitorios.
	TERESA	¡Claro! Y también debemos tener una cocina grande porque cocinamos mucho.
	MARISEL	Y es muy importante que tenga teléfono porque, claro, Teresa y Claudia tienen que hablar con sus novios . . .
	DIANA	Recuerden que el apartamento debe ser barato, y ¿no lo queremos amueblado?
	TERESA	No, sin muebles porque mi tío tiene muebles de segunda mano que podemos usar. O sea, tres dormitorios, cocina grande, teléfono y barato. ¿Algo más?
	MARISEL	Sí, que tenga portero.
	DIANA	¿Por qué?
Giving a reason	MARISEL	Porque un portero es una ayuda enorme. Limpia la entrada, recibe las cartas, saca la basura, abre la puerta y además es el policía del edificio.
	DIANA	¡Qué curioso! En mi país no hay muchos porteros. Generalmente hay teléfonos para abrir la puerta.
	TERESA	En Puerto Rico también tenemos teléfono: el intercomunicador. Sólo los apartamentos más caros tienen portero.
	MARISEL	Pues, aquí en España también hay teléfono y se le llama portero automático. Se usa por la tarde o por la noche cuando el portero no está.
Expressing preference	TERESA	Prefiero tener portero porque normalmente vive en el edificio y, si tienes problemas, siempre está para ayudarte.
	DIANA	Bueno, bueno . . . Teléfono o portero, a mí no me importa. Lo único es que a mí me gustaría tener balcón y muchas ventanas.
Expressing a desire		
	MARISEL	Pues si . . . si no quieres que te vean Fulano, Mengano y Zutano de la calle, es mejor que esté en un segundo o tercer piso porque un apartamento en el primer piso y con balcón . . . no sé, pero puede traer problemas.
In most Hispanic countries, **la planta baja/el bajo** = first or ground floor; **el primer piso** = second floor.	DIANA	¡Vaya! Entonces buscamos un apartamento que esté en un segundo piso o más alto, con tres dormitorios, balcón, teléfono, una cocina grande, con portero y que sea barato. ¡Uf! ¡No pedimos nada!

ACTIVIDAD 2: ¿Comprendiste?   Después de escuchar la conversación otra vez, contesta estas preguntas.

1. ¿Cuáles son dos cosas importantes para Diana, para Teresa y para Marisel?
2. ¿Qué es un portero? ¿Es común tener portero en Puerto Rico? ¿Y en los Estados Unidos? ¿Te gustaría vivir en un edificio con portero?
3. Cuando Diana dice, "¡No pedimos nada!", ¿quiere decir que va a ser fácil o difícil encontrar apartamento?
4. ¿Prefieres vivir en un apartamento o en una residencia estudiantil?

Apartamento = departamento (some Latin American countries).

Cuando se busca apartamento en un país hispano, a veces las necesidades son diferentes de las de los Estados Unidos. En un país hispano es normal tener portero automático; también es común tener portero en los edificios. Asimismo, en los Estados Unidos nadie se preocupa si hay línea de teléfono o no porque es fácil instalarla, pero en muchos países hispanos hay que esperar meses y cuesta mucho dinero obtener una línea de teléfono. Por eso, es importante encontrar un apartamento que tenga teléfono. ¿Te imaginas viviendo en un apartamento sin teléfono?

ACTIVIDAD 3: ¿Qué prefieren Uds.?   En grupos de cinco, decidan cuáles son las cosas más importantes para Uds. en un apartamento. Clasifiquen las siguientes cosas en una escala de uno a tres. Después informen al resto de la clase.

1   no es importante   2   es importante   3   es muy importante

_____ el número de dormitorios   _____ la parte de la ciudad en que esté

_____ que sea barato   _____ que tenga garaje

_____ que tenga teléfono   _____ que tenga cocina grande

_____ que tenga balcón   _____ el piso en que esté

_____ que esté amueblado   _____ que tenga portero

LO ESENCIAL I

I. Los números ordinales

1°	primero	5°	quinto	8°	octavo
2°	segundo	6°	sexto	9°	noveno
3°	tercero	7°	séptimo	10°	décimo
4°	cuarto				

1. Ordinal numbers are used to refer to things such as floor numbers, grade levels in school, and finishing positions in races. It is not common to use ordinal numbers above **décimo;** cardinal numbers are used instead.

Felipe II (segundo) construyó El Escorial.
BUT: Alfonso XIII (trece) murió en 1941.

2. Ordinal numbers agree in gender and number with the nouns they modify. **Primero** and **tercero** drop the final **-o** when modifying a masculine singular noun.

Ella vive en el **primer** apartamento del **tercer** piso.
La **primera** en llegar fue la esquiadora chilena.

Felipe II and Alfonso XIII are former Spanish kings. Alfonso XIII is the grandfather of the present king, Juan Carlos I.

ACTIVIDAD 4: La carrera de ciclismo   En una carrera *(race)* de ciclismo este fin de semana participaron seis ciclistas de Hispanoamérica. En parejas, lean las pistas *(clues)* y adivinen el número de llegada (primero, segundo, etc.), nombre, nacionalidad y color de camiseta de cada ciclista.

1. Claudio Vardi, con camiseta roja, es de un país suramericano.
2. El uruguayo llegó en tercer lugar.
3. El hombre de la camiseta amarilla se llama Augusto Terranova y no es uruguayo.
4. El colombiano que llegó primero tiene una camiseta roja.
5. Hernando Calasa, con camiseta morada, no llegó en cuarto lugar.
6. Francisco Lara, que tiene camiseta azul, es el único que no es suramericano.
7. Silvio Scala, de nacionalidad chilena, llegó justo después del boliviano de camiseta amarilla.
8. El peruano de camiseta morada llegó en el último lugar.
9. El guatemalteco llegó justo después del colombiano.
10. La camiseta del uruguayo Marcelo Ruso es verde y no negra como la del ciclista chileno.

¿LO SABÍAN?

El ciclismo es un deporte muy popular en muchos países y cada año hay carreras internacionales de bicicletas. Quizás las más interesantes sean las de Colombia y España, por la habilidad de los participantes y también porque son muy difíciles, pues hay muchas montañas. La carrera más importante del mundo es la Vuelta a Francia, que tiene lugar todos los años en el mes de julio. En 1985, Fabio Parra de Colombia ganó la carrera. En 1988, la ganó un español, Pedro Delgado, y la ganó otro español, Miguel Indurráin, de 1991 a 1995. Los ciclistas hispanos se encuentran entre los mejores del mundo. ¿Sabes los nombres de algunos ciclistas norteamericanos?

La Vuelta a España empezará en Tenerife y terminará en Madrid.

ACTIVIDAD 5: Tu opinión   **Parte A:** Todos tenemos opiniones. Numera los problemas en la página 193 del primero al octavo en orden de importancia para los Estados Unidos. Escribe la palabra completa.

> Remember that **problema** is masculine.

_____ la entrada de inmigrantes ilegales

_____ el sistema educativo

_____ la reducción de impuestos *(taxes)*

_____ el dinero que les da el gobierno a otros países

_____ la falta *(lack)* de seguro médico para todas las personas

_____ el crimen

_____ la corrupción del gobierno

_____ el consumo de tabaco, alcohol y drogas ilegales

Parte B: Compara tu orden con el de un/a compañero/a. Usa frases como **Para mí el primer problema es . . . porque . . .**

Dormitorio = habitación, alcoba, cuarto, recámara

II. Las habitaciones de la casa

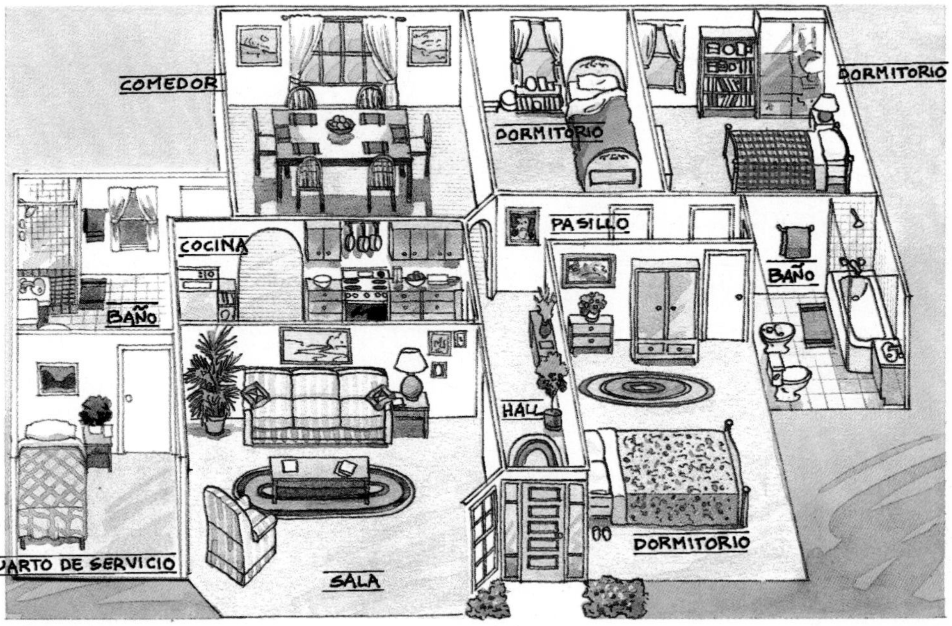

Palabras relacionadas

el agua water	**la electricidad** electricity
alquilar to rent	**la fianza/el depósito** security deposit
el alquiler rent	**el gas** gas
amueblado/a furnished	**los gastos** expenses
la calefacción heat	**la luz** light; electricity

ACTIVIDAD 6: Asociaciones   Di qué cuartos de la casa asocias con las siguientes actividades o cosas: dormir, mirar televisión, comer, el agua, estudiar, hablar con amigos, leer, ducharse, escuchar música.

ACTIVIDAD 7: ¿Cómo es tu casa?   En grupos de tres, cada persona les describe la casa de su familia a sus compañeros. Digan si es grande o pequeña, qué tiene (cuántos dormitorios, etc.) y si tiene alguna característica especial.

ACTIVIDAD 8: Pidiendo información   En grupos de tres, "A" y "B" están estudiando en Madrid por un semestre y necesitan alquilar un apartamento. "C" es un/a amigo/a y les dice que hay un apartamento para alquilar en su edificio. "A" y "B" quieren información sobre el apartamento y le hacen preguntas a "C". Lean sólo las instrucciones para su papel.

A y B Quieren saber:	C Sabe:
1. cuánto es el alquiler 2. si hay fianza (depósito) 3. si está amueblado 4. si hay calefacción 5. si hay teléfono 6. si hay otros gastos, como gas, agua y luz (electricidad)	1. el alquiler es 110.000 ptas. al mes 2. un mes de fianza (depósito) 3. está amueblado (con muebles viejos) 4. hay calefacción central 5. hay teléfono 6. el alquiler incluye gas, agua y luz (electricidad)

HACIA LA COMUNICACIÓN I

Talking About the Unknown: The Present Subjunctive

Before studying the grammar explanation, answer these questions based on the conversation:

- When Marisel says, **"Necesitamos un apartamento que tenga tres dormitorios"**, is she describing an apartment she has seen?
- The word **tenga** is used in two other instances in the conversation. Is it used to describe what the women are looking for or what they have found?

Up to now, you have used all verbs in the indicative mood. There is another verbal mood called the *subjunctive*, which is used to express things such as doubt, uncertainty, hope, possibility, influence, and lack of existence. Most subjunctive constructions contain both an independent and a dependent clause. The independent clause contains a verb in the indicative and the dependent clause contains a verb in the subjunctive. The two clauses are usually linked by the word **que.**

An independent clause can stand alone as a complete sentence: *I'm looking for a house.* A dependent clause cannot stand alone: *. . . that has a garage.*

Remember: The subjunctive forms are normally in dependent clauses and are therefore almost always preceded by **que.**

independent clause (indicative) + **que** + *dependent clause (subjunctive)*		
Buscamos un apartamento	**que**	tenga teléfono.
Queremos un apartamento	**que**	sea grande.

A. Forms of the Present Subjunctive

1. To conjugate a verb in the subjunctive, apply the following rules:

a. take the present indicative **yo** form: **hablo, como, salgo**

b. drop the **-o** from the verb ending: **habl-, com-, salg-**

c. add **-e** for **-ar** verbs: habl**e**
   add **-a** for **-er** and **-ir** verbs: com**a**, salg**a**

d. add the endings for the other persons as shown in the following charts:

When practicing the subjunctive, say **que** before each form.

caminar	
camin**o** → que camin**e**	que camin**emos**
que camin**es**	que camin**éis**
que camin**e**	que camin**en**

correr	
corr**o** → que corr**a**	que corr**amos**
que corr**as**	que corr**áis**
que corr**a**	que corr**an**

salir	
salg**o** → que salg**a**	que salg**amos**
que salg**as**	que salg**áis**
que salg**a**	que salg**an**

NOTE:

a. Remember that reflexive pronouns precede a conjugated form: **que se levante, que se bañen.**

b. Verbs ending in **-car, -gar, -zar,** and **-ger** require spelling changes in all present subjunctive forms.

	Ind. ative	Subjunctive
bus**car**	busco	que bus**que**
empe**zar**	empiezo	que empie**ce**
esco**ger**	escojo	que esco**ja**
pa**gar**	pago	que pa**gue**

2. In the subjunctive, stem-changing verbs ending in **-ar** and **-er** have the same stem change as in the present indicative: **que yo piense, que él quiera, que nosotros almorcemos.** Stem-changing verbs ending in **-ir** have the same stem change as in the present indicative, except in the **nosotros** and **vosotros** forms, which require a stem change from **-e-** to **-i-** or from **-o-** to **-u-.**

Review **-ir** stem-changing verbs, Chs. 5 and 7.

mentir		dormir	
que mienta	que mintamos	que duerma	que durmamos
que mientas	que mintáis	que duermas	que durmáis
que mienta	que mientan	que duerma	que duerman

The accent distinguishes **dé**, the subjunctive, from **de**, the preposition. Accents on **estar** reflect pronunciation.

3. The following verbs are irregular in the present subjunctive:

dar ⟶ que **dé**   estar ⟶ que **esté**   ser ⟶ que **sea**
ir ⟶ que **vaya**   saber ⟶ que **sepa**

Here is the complete conjugation of **dar** and **estar:**

dar		estar	
que dé	que demos	que esté	que estemos
que des	que deis	que estés	que estéis
que dé	que den	que esté	que estén

NOTE: **Hay** ⟶ **que haya**

B. Using the Present Subjunctive

1. The subjunctive is used in dependent adjective clauses to describe something that may or may not exist from the point of view of the speaker.

I'm looking for a *red* car. *red* = adjective
I'm looking for a car *that is red.*
that is red = dependent adjective clause

Quiero un carro **que sea** rojo.	*I want a car (any car) that is red.*
Necesitan un apartamento **que tenga** balcón.	*They need an apartment (any apartment) that has a balcony.*
Busco una persona **que sepa** hablar quechua.*	*I'm looking for a person (any person) who can speak Quechua.*

However, when you talk about something that you know exists, use the indicative mood.

Vivo en un apartamento que **tiene** balcón.	*I live in an apartment that has a balcony. (I know it exists, where it is, what it looks like, etc.)*

*NOTE: The personal **a** is not used when the direct object refers to a person or persons that may or may not exist, unless it is **alguien: Busco a *alguien* que sepa hablar quechua.**

Quechua is a language spoken by many Andean Indians. Basque is a language spoken in a region of northern Spain and in southwestern France. It is unrelated to other modern European languages.

2. The subjunctive is also used in adjective clauses to describe something that does not exist from the point of view of the speaker.

No hay **ningún** apartamento **que tenga** balcón.	*There are no apartments (not one) with a balcony.*
No conozco a **nadie que hable** vasco en esta universidad.*	*I don't know anyone at this university who speaks Basque.*

Do mechanical drills, Workbook, Part I.

*NOTE: The personal **a** is used when **nadie** is a direct object.

ACTIVIDAD 9: Por teléfono   En parejas, una persona busca apartamento y llama a una agencia de alquiler. La otra persona trabaja en la agencia y le da información.

> A: Busco un apartamento que tenga . . . , que sea . . . y que esté . . .
> B: Tenemos un apartamento que tiene . . . , que es . . . y que está . . .

If something exists, use the indicative. If something may/may not exist, use the subjunctive.

ACTIVIDAD 10: El eterno pesimista   Eres una persona pesimista. Completa estas oraciones de forma original.

1. No hay nadie que . . .
2. No tengo nada que . . .
3. No conozco a nadie que . . .
4. El presidente no hace nada que . . .
5. En las tiendas no encuentro nada que . . .
6. No tengo ningún profesor que . . .

Nonexistence from the speaker's point of view = subjunctive

ACTIVIDAD 11: Se busca   **Parte A:** Tienes cuatro minutos para encontrar personas que tengan o hagan las siguientes cosas.

> que tenga dos hijos
> A: ¿Tienes dos hijos?
> B: Sí, tengo dos hijos. / No, no tengo dos hijos.

1. que trabaje en un restaurante
2. que termine los estudios este año
3. que vaya a viajar a Bolivia este verano
4. que tenga tres hermanos
5. que sepa hablar catalán
6. que sea de Illinois
7. que hable japonés
8. que piense casarse este año
9. que tenga perro
10. que sepa preparar mole poblano

Catalán is a language spoken in **Cataluña** (northeastern Spain). Capital of **Cataluña**: Barcelona.

Mole poblano = a spicy Mexican sauce made with chocolate.

Parte B: Ahora, contesta las preguntas de tu profesor/a.

> ¿Hay alguien en la clase que trabaje en un restaurante?

Sí, hay alguien que trabaja en un restaurante; [Charlie] trabaja en [Red Lobster].

No, no hay nadie que trabaje en un restaurante.

ACTIVIDAD 12: La perfección   En grupos de cuatro, describan a su profesor/a, jefe/a *(boss)*, secretario/a, padre/madre o amigo/a ideal. El/La secretario/a del grupo toma apuntes. Después, comparen su descripción con las de otros grupos.

> Queremos tener un profesor que . . .
> Buscamos un jefe que . . .

ACTIVIDAD 13: Se necesita   Lee los anuncios que siguen y decide cuáles pueden combinarse. Después, en parejas, una persona llama para pedir más información y la otra da información adicional.

➤   A: ¿Aló?
    B: Sí, llamo por la moto . . .

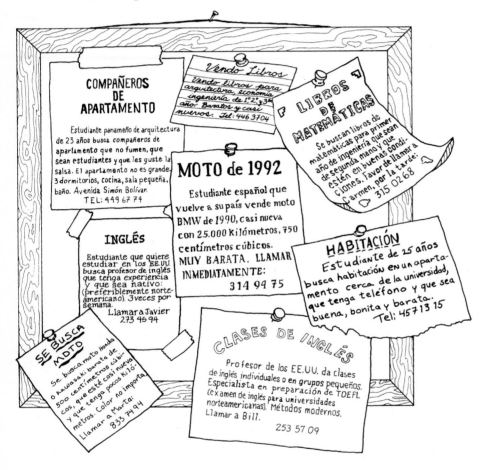

The infinitive is frequently used to give impersonal commands: **Llamar a Javier.**

ACTIVIDAD 14: Bienvenidos a Radio Tienda Uds. van a hacer un programa de radio de compraventa de cosas de segunda mano. Cada persona tiene dos minutos para escribir la descripción de una cosa que quiere vender o comprar. Después, en parejas, mantengan una conversación telefónica. No olviden (*forget*) cambiar de papel.

> A: Bienvenido/a a Radio Tienda. ¿Compra o vende?

B: Quiero comprar un televisor que tenga . . .

B: Quiero vender un televisor que tiene . . .

ACTIVIDAD 15: Eso es lo que quiero Acabas de escuchar el programa Radio Tienda y te interesa comprar o vender algo. En parejas, llamen a su compañero/a para comprar u ofrecerle algo. Pidan u ofrezcan más información.

> A: ¿Aló?

B: Buenos días. ¿Ud. es la persona que quiere comprar un televisor? . . .

B: Buenos días. ¿Ud. es la persona que quiere vender un televisor? . . .

NUEVOS HORIZONTES

Estrategia de lectura: *Using the Dictionary*

So far in this text you have practiced a number of strategies to help you understand the meaning of a passage you are reading: predicting, identifying cognates, guessing meaning from context, etc. In this chapter, you will practice using the dictionary to discern meaning. Remember: use a dictionary only when the word is essential to your understanding of the passage.

The following guidelines will help you make better use of the dictionary.

Note: Since all dictionaries are not the same, it is important to familiarize yourself with your dictionary. Consult the Table of Contents and indexes.

The verb *to leave* can be transitive or intransitive and has two equivalents in Spanish. Transitive (must take a direct object): He always *leaves his keys* on the table. **Siempre deja las llaves en la mesa.** Intransitive (doesn't take a direct object): She *leaves* at seven every morning. **Ella sale a las siete todas las mañanas.**

1. Try to guess meaning from context. Then, look up the word to confirm your guess. Remember that a word may have more than one meaning, so you should check the context in which it appears to make your choice.
2. Check the grammatical form of the word. This may help you determine which definition is correct according to context. Important grammar abbreviations are: **m.** (masculine noun), **f.** (feminine noun), **adj.** (adjective), **adv.** (adverb), **v. tr.** (transitive verb — must have a direct object), **v. intr.** (intransitive verb — does not admit a direct object), and **reflex.** (reflexive verb).
3. If a word you are looking up is part of an idiom, you will find it referenced under the main word of the idiom.
4. Nouns are usually presented in the singular form of the corresponding gender: masculine singular, feminine singular.
5. Adjectives are normally presented in their masculine singular form.

In the sentence **Busco una persona que tenga estas credenciales,** the word **tenga** is the subjunctive of the verb **tener** and you should look up the word **tener.**

6. Verbs are normally listed only in the infinitive form, therefore, it is necessary to determine what the infinitive is from the conjugated form.
7. Knowing some common abbreviations may be helpful: ARTS fine arts; BOT. botany; CHEM. chemistry; COLL. colloquial; FIG. figurative; ZOOL. zoology; etc. There is normally a key to abbreviations in the dictionary itself and should be consulted when a question arises.

ACTIVIDAD 16: Contexto histórico   Vas a leer un poema de Ángela Figuera, una poeta que escribió el poema *No quiero* después de la Guerra Civil española. Determina si las siguientes oraciones son ciertas o falsas para averiguar cuánto sabes sobre la Guerra Civil y la posguerra española.

1. La Guerra Civil española ocurrió después de la Segunda Guerra Mundial. _____
2. Los fascistas ganaron la guerra. _____
3. Después de la guerra, el dictador fue el General Francisco Franco. _____
4. No participaron otros gobiernos en la Guerra Civil española. _____
5. Después de la guerra, España pasó por un período de mucha censura. _____

ACTIVIDAD 17: Lectura rápida   Lee el poema una vez rápidamente y mira los dibujos para comprender mejor el significado de algunas palabras. No uses el diccionario. Contesta estas preguntas al terminar.

1. ¿Cómo se siente la poeta, Ángela Figuera, triste o contenta?
2. ¿Qué aspectos de su sociedad critica ella, que la gente es demasiado materialista o que no tiene libertad de expresión?
3. En los Estados Unidos, ¿pueden pasar las cosas que ella critica? ¿Por qué sí o no?

No quiero

por Ángela Figuera

1   No quiero
    que los besos se paguen
    ni la sangre se venda
    ni se compre la brisa
    ni se alquile el **aliento.**

2   No quiero
    que el trigo se queme y el pan se **escatime.**

3   No quiero
    que haya frío en las casas,
    que haya miedo en las calles,
    que haya rabia en los ojos.

4 No quiero
   que en los labios se encierren mentiras,
   que en las arcas se encierren millones,
   que en la cárcel se encierren a los buenos.

5 No quiero
   que el **labriego** trabaje sin agua,
   que el marino navegue sin brújula,
   que en la fábrica no haya **azucenas,**
   que en la mina no vean la aurora,
   que en la escuela no **ría** el maestro.

6 No quiero
   que las madres no tengan perfumes,
   que las mozas no tengan amores,
   que los padres no tengan tabaco,
   que a los niños les pongan los **Reyes**
   camisetas de **punto** y cuadernos.

7 No quiero
   que la tierra se parta en porciones,
   que en el mar se establezcan dominios,
   que en el aire se **agiten** banderas,
   que en los trajes se pongan señales.

8 No quiero
   que mi hijo desfile,
   que los hijos de madre desfilen
   con fusil y con muerte en el hombro:
   que jamás se **disparen** fusiles,
   que jamás se fabriquen fusiles.

9 No quiero
   que me manden Fulano y Mengano,
   que me **fisgue** el vecino de enfrente,
   que me pongan carteles y sellos,
   que decreten lo que es poesía.

10 No quiero
    amar en secreto,
    llorar en secreto,
    cantar en secreto.

11 No quiero
    que me **tapen** la boca
    cuando digo NO QUIERO.

ACTIVIDAD 18: El diccionario   Lee el poema otra vez con más cuidado (*care*). Mira las palabras que están en negrita (*bold*) y busca el significado de cada palabra. A continuación se presentan definiciones de estas palabras para consultar.

a·gi·tar   tr. *(sacudir)* to wave, shake; FIG. *(alborotar)* to agitate, excite -reflex. *(sacudirse)* to wave, flutter; FIG. *(perturbarse)* to be agitated *or* excited; MARIT. to be rough or choppy.

a·lien·to   m. *(soplo)* breath; *(respiración)* breathing, respiration; FIG. *(valor)* strength, courage • **dar a. a** FIG. to encourage • **de un a.** FIG. in one breath, without stopping **cobrar a.** FIG. to take heart • **sin a.** breathless.

a·zu·ce·na   f. BOT. white *or* Madonna lily; CUBA, BOT. nard; FIG. pure *or* delicate person • **a. anteada** day *or* fire lily • **a. atrigada** tiger lily • **a. de agua** water lily.

dis·pa·rar   tr. to fire, shoot; *(echar)* to throw, hurl.

es·ca·ti·mar   tr. to skimp on, to be sparing with • *e. la comida* to skimp on food; to spare • *no e. esfuerzos to spare no effort.*

fis·gar   tr. *(pescar)* to spear, harpoon (fish); *(husmear)* to pry into, snoop on -intr. & reflex. to make fun of, mock.

la·brie·go, -ga   m.f. farm hand or worker.

pun·to   m. *(señal pequeña)* small dot; *(sitio)* point, spot • *p. de reunión* the meeting point; *(ocasión)* point, verge • *ellos están a p. de lograrlo* they are on the verge of accomplishing it; GRAM. dot *el p. de la i* the dot of the i; period; • **al p.** at once, immediately • **a p.** just in time • **a p. de** on the verge of, about to • **de p.** knitted • *calcetines de p.* knitted socks • **dos puntos** GRAM. colon • **en p.** on the dot, sharp.

reir   intr. to laugh *echarse a. r.* to burst out laughing; FIG. *(burlar de)* to make fun of, laugh at; *(brillar)* to be bright, sparkle, (one's eyes).

rey   m. *(monarca)* king, sovereign; *(en juegos)* king; FIG. king • *r. de los animales* the king of beasts • **a cuerpo de r.** FIG. like a king *vivir a cuerpo de r.* to live like a king • **cada uno es r. en su casa** a man's home is his castle • **día de Reyes** Epiphany, Twelfth Night • **Reyes magos** the Three Magi *or* Wise Men.

rí·a   f. estuary.

rí·a, río   see reír

ta·par   tr. *(cubrir)* to cover, cover up; *(cerrar)* to plug up, to stop up; *(ocultar)* to block, obstruct (the view); FIG. *(esconder)* to conceal, hide -reflex. to cover oneself up.

ACTIVIDAD 19: En otras palabras   Indica qué idea representa mejor cada estrofa (*stanza*) del poema. Es posible escribir más de un número en cada línea.

a. _____ hay cosas que cada persona debe poder tener
b. _____ no hay por qué tener hambre en el mundo; hay comida para todos
c. _____ las dictaduras producen terror
d. _____ una persona no debe ir a la cárcel (*jail*) por sus ideas
e. _____ los seres humanos tienen el derecho (*the right*) de ser felices
f. _____ la tierra es de todos, no de diferentes gobiernos con sus ideologías
g. _____ la violencia no es necesaria
h. _____ nadie debe decirle a nadie qué debe hacer, pensar o decir

Estrategia de escritura: *Using the Dictionary*

When writing in a foreign language, you often need to consult the dictionary. You should keep in mind the information you learned about dictionary usage when reading a text. The following are some additional clues to help you use the dictionary appropriately:

1. Remember that some words have more than one translation. Make sure you choose the one that suits the context.
2. Abbreviations such as *(coll.)* or *(pop.)* indicate that the choice of word is colloquial or popular.
3. Abbreviations such as *(Guat.)* or *(C. Rica)* indicate that the word is a regionalism used only in that country.

4. When looking up a verb, check whether it is irregular. This is often indicated in the Spanish-English section by the abbreviation **irreg.** or **irr.,** and the forms are usually given in a table of irregular verbs.

To make the best use of the dictionary, it is advisable to look at the user's guide included in it.

NOTE: It is best to use a dictionary as sparingly as possible in this stage of your studies. It may be a great help, but it can also cause problems. Examine the following sentences which could be produced by poor dictionary usage:

The race ended in a tie.	**La raza acabó en una corbata.**
	The race (e.g., Caucasian) ended in a necktie.
Buenos Aires is a matchless city.	**Buenos Aires es una ciudad sin fósforos.**
	Buenos Aires is a city without matches.

ACTIVIDAD 20: Completa las oraciones   Completa estas oraciones buscando las palabras entre paréntesis en las secciones del diccionario que se presentan.

1. El reloj que compré en el Rastro no _____ bien. *(work)*

2. Ayer fui al mercado con Felipe, un _____ amigo de mi padre. *(close)*

3. El _____ de esa camisa artesanal es muy hermoso. *(print)*

4. Ayer comí unos _____ muy deliciosos en Guatemala. *(dates)*

5. El otro día la Metro Goldwyn Mayer _____ parte de una película de Indiana Jones en el mercado de Chichicastenango. *(shot)*

close I. adj. (klōs) cercano; *(relationship)* íntimo; *(similar)* parecido; *(contest)* reñido; *(resemblance)* casi igual; *(copy)* fiel, exacto; *(rigorous)* minucioso; *(attention)* total; *(enclosed)* encerrado; *(tight-fitting)* apretado.

date¹ (dāt) I. s. fecha; *(epoch)* época; *(appointment)* cita, compromiso; *(companion)* acompañante *mf* ♦ **d. line** meridiano de cambio de fecha • **to d.** hasta la fecha II. tr. & intr. fechar; *(socially)* salir (con) ♦ **to d. back to** remontar(se) a • **to d. from** datar de.

date² s. *(fruit)* dátil *m* ♦ **d. palm** datilero.

print (prĭnt) I. s. *(impression)* impresión *f,* huella; *(stamp, seal)* estampa, cuño; *(letters)* letra, tipo; FOTOG. copia; *(engraving)* grabado, estampa; *(fabric)* estampado ♦ **in p.** impreso, publicado • **out of p.** agotado II. tr. imprimir; *(edition)* tirar, hacer una tirada; *(to publish)*

publicar; FOTOG. copiar; *(to write)* escribir con letras de imprenta *o* de molde.

shoot (shōt) I. tr. **shot** *(a weapon)* disparar; *(to wound)* herir; *(to kill)* matar a tiros; *(to hit)* pegar un tiro; *(to execute)* fusilar; *(to send)* lanzar; *(to film)* rodar; *(to photograph)* fotografiar ♦ **to s. down** derribar • **to s. forth** BOT. echar • **to s. it out** resolverlo a tiros.

work (wûrk) I. s. trabajo; *(job)* empleo; *(result, deed)* obra ♦ **let's get to w.!** ¡manos a la obra! • **the works** JER. todo, de todo • **to make short w. of** terminar rápidamente • **w. force** mano de obra ♦ pl. *(output)* obra; *(factory)* taller; *(mechanism)* mecanismo II. intr. trabajar; *(to be employed)* tener trabajo; *(to operate)* funcionar; *(to be effectual)* surtir efecto; *(to contort)* torcerse • **to w. out** *(to go well)* salir bien; *(to do exercises)* hacer gimnasia.

ACTIVIDAD 21: Mi carro ideal   Escribe un párrafo describiendo el carro que te gustaría comprar. Busca cuatro, y **solamente cuatro** palabras, en el diccionario al escribir tu descripción.

➤   Busco un carro que . . .

Remember what you know about both languages. For example, if you want to say a "sports car," "sports" functions as an adjective. You will need to consult a bilingual dictionary. If you or a friend do not own one, you will be able to find a dictionary in the library or, most likely, in your language laboratory.

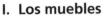

LO ESENCIAL II

I. Los muebles

1. la alfombra
2. la cómoda
3. el espejo
4. el armario/el ropero
5. el sillón
6. el estante

ACTIVIDAD 22: Asociaciones

1. Di qué muebles y objetos asocias con estas habitaciones: la sala, el dormitorio y el comedor.
2. Di qué muebles asocias con estas acciones: dormir, leer, maquillarse, escribir, comer y sentarse.
3. Di qué muebles asocias con estas cosas: suéteres, vestidos, peine y diccionario.

ACTIVIDAD 23: Casa amueblada   Mira el plano *(diagram)* de la casa en la página 193 y describe los muebles que ves y en qué parte de la casa están.

II. Los electrodomésticos y otras cosas necesarias

Dryers **(secadoras)** are not as common in Spain and Hispanic America as in the U.S. **La secadora** = (clothes) dryer; **el secador** = hair dryer.

1. el horno (de) microondas
2. la estufa/cocina eléctrica (de gas)
3. el lavaplatos
4. el fregadero
5. la nevera

6. el congelador
7. la aspiradora
8. la lavadora
9. la tostadora
10. la cafetera

En el baño

la bañera   bathtub
el bidé   bidet
la ducha   shower
el inodoro   toilet
el lavabo   bathroom sink

ACTIVIDAD 24: Asociaciones   Asocia estas marcas con el vocabulario de electrodomésticos y de las cosas del baño:

Maytag, Mr. Coffee, Mr. Bubble, Hoover, Frigidaire, Toastmaster, Kenmore, Saniflush

ACTIVIDAD 25: Describe y dibuja   En parejas, "A" le describe a "B" su cocina, sala o baño. "A" debe indicar qué muebles y electrodomésticos tiene en ese cuarto y dónde están. "B" dibuja un plano del lugar con muebles y electrodomésticos. Después cambien de papel.

ACTIVIDAD 26: El apartamento nuevo   En grupos de cuatro, Uds. acaban de alquilar un apartamento semiamueblado. El apartamento tiene cuatro dormitorios, un teléfono, un sofá, dos camas, dos cómodas, una mesa grande en el comedor y solamente tres sillas para la mesa. Miren la siguiente lista y decidan qué más necesitan y qué cosas no necesitan.

alfombras	cómodas	una lavadora	espejos
una aspiradora	estantes	sillas para el comedor	una tostadora
una cafetera	un estéreo	sillones	
camas	un horno (de) microondas	un televisor	

Todos son expertos

▶ *El Rastro, un mercado al aire libre en Madrid, España. Sólo se abre los domingos.*

ojalá (que) + *subjunctive*	I hope (that) . . .
Ojalá que quiera venderla.	I hope he wants to sell it.
la plata	slang for "money" (literally, "silver")
¡Por el amor de Dios!	For heaven's sake! (literally, "For the love of God!")

Don Alejandro, el tío de Teresa, tiene algunos muebles para el apartamento que acaban de alquilar las chicas, pero ellas tienen que comprar algunas cosas. Vicente y Alejandro le están dando consejos a Teresa sobre los muebles de la casa.

ACTIVIDAD 27: Marca los muebles   Mientras escuchas la conversación, marca sólo las cosas que necesitan las chicas.

_____ sofá   _____ cómoda   _____ estantes   _____ cama

_____ lavadora   _____ alfombra   _____ escritorio   _____ lámparas

	TÍO	Entonces, con los muebles que voy a darles, ya tienen casi amueblado el apartamento.
	TERESA	¡Sí, es fantástico!
Asking about needs	VICENTE	Pero todavía necesitan una cama y unas lámparas, ¿no?
	TERESA	Sí, y también dos estantes para los libros.
	VICENTE	¿Crees que en el Rastro puedas encontrar unos estantes que no cuesten mucha plata?
	TERESA	Buena idea, porque no tenemos mucho dinero.
Expressing influence	TÍO	Oye Teresa, creo que es necesario que tengan lavadora, ¿no?
	TERESA	Es verdad, pero nos va a costar un ojo de la cara.
	VICENTE	¿Sabes? Ayer me dijo Juan Carlos que la semana que viene Francisco se va a Ecuador para trabajar en el Instituto Darwin de las Islas Galápagos.
	TERESA	¿Francisco? ¿Quién es Francisco?
	VICENTE	Un amigo que tiene un apartamento con lavadora. Podemos llamarlo para preguntarle si la va a vender.
	TERESA	¡Perfecto! Ojalá que quiera venderla. Y podemos preguntarle si también quiere vendernos una cama.
Giving an implied command	TÍO	Pero, Teresa, ¡cómo que una cama de segunda mano! No quiero que compres una cama usada.
	TERESA	Entonces, ¿quieres que duerma en la alfombra?
	TÍO	No, ¡por el amor de Dios! Tu tío Alejandro te compra una cama nueva.
	VICENTE	*(En voz baja)* ¿Matrimonial?

ACTIVIDAD 28: ¿Hay soluciones?   Después de escuchar la conversación otra vez, explica cómo va a obtener Teresa estas cosas: una cama, unas lámparas, dos estantes y una lavadora.

¿ L O   S A B Í A N ?

Las Islas Galápagos, que están en el Océano Pacífico, pertenecen a *(belong to)* Ecuador. Se conocen en todo el mundo por su gran variedad de animales y plantas. Charles Darwin fue a estas islas por primera vez en el año 1835 y fue allí donde hizo estudios para su teoría de la evolución. Hoy, las Islas Galápagos son un santuario para conservar la flora y la fauna que están en peligro de extinción. Allí está el Instituto Darwin, donde los biólogos estudian muchas especies de animales que no existen en otras partes del mundo.

▶ *Turistas con las tortugas gigantes de las Islas Galápagos, Ecuador.*

ACTIVIDAD 29: Los deseos de Año Nuevo   Uds. están celebrando el Año Nuevo y están brindando *(toasting)* por el año que comienza. Hagan un deseo para el año nuevo.

➤   Ojalá que este año pueda ir de vacaciones a México.

HACIA LA COMUNICACIÓN II

I. Using *Ya* and *Todavía*

Are you coming? = **¿Vienes?** I'm coming (implying "I'm on my way."). = **Ya voy.**

A. Ya

1. When used in an affirmative sentence, **ya** means *already* or *now*. Context helps determine which meaning is being conveyed.

—¿Te explico la lección?	*Should I explain the lesson to you?*
—No, gracias. **Ya** la entiendo.	*No thanks. I **already** understand it.*
—¿Ves? Así se hace una tortilla.	*See? This is how a tortilla is made.*
—¡Ah! ¡**Ya** entiendo!	***Now** I understand!*

2. When used in a negative sentence, **ya** means *no longer, not any more.*

Ya no tengo que estudiar porque terminé los exámenes.   *I **don't** have to study **any more** because I finished my exams.*

B. Todavía

1. When used in an affirmative sentence, **todavía** means *still* or *yet*.

Todavía tengo problemas.   *I **still** have problems.*

2. When used in the negative, **todavía** means *not yet*.

—¿Estudiaste?	*Did you study?*
—**Todavía no.**	*Not yet.*

II. Influencing: Other Uses of the Subjunctive

Before studying the following grammar explanation, answer these questions based on the conversation:

- How many subjects are there in the following sentences: **"No quiero que compres una cama usada"** and **"¿. . . quieres que duerma en la alfombra?"**
- What is present in one of the following sentences that helps to indicate the use of the subjunctive: **"Es mejor ir al Rastro . . ."** and **". . . es necesario que tengan lavadora"**?

The subjunctive is used in dependent noun clauses when the verb in the independent clause expresses a desire to influence someone's actions. Influence may be expressed by stating preference, by requesting, hoping, advising, or giving an implied command. There are two ways of expressing influence: personal and impersonal.

We recommend *John.*
John = direct object

We recommend *that John do it.*

that John do it = dependent noun clause

1. To express influence in a personal way:

   a. The independent clause contains a subject that wants to influence and a verb of influence such as **querer** or **aconsejar.**

   b. The dependent clause contains a different subject, which is the person or thing being influenced, and a verb in the subjunctive.

   > *influencing subject* + **que** + *influenced subject*
   > **Yo** quiero   **que   tú** escribas la carta.

   Quiero que (tú) vayas al Rastro.   *I want you to go to the Rastro.*
   Siempre **me pide que me levante** temprano.   *He/She always asks me to get up early.*
   Te aconsejo que compres una cama nueva.   *I advise you to buy a new bed.*
   Ella espera que compres éste.   *She hopes you buy this one.*
   Te prohíbe que fumes.   *He/She forbids you to smoke.*

2. To express influence in an impersonal way:

   a. The independent clause contains an impersonal expression such as **es bueno, (no) es necesario, (no) es importante,** or **es mejor.**

   b. The dependent clause contains the subject being influenced and a verb in the subjunctive.

   > *impersonal expression of influence* + **que** + *influenced subject*
   > **Es mejor**   **que   Uds.** estudien mucho.

   Es necesario que la casa tenga una cocina grande.   *It's necessary that the house have a big kitchen.*
   No es importante que vuelvas pronto.   *It isn't important that you return soon.*
   Es mejor que te acuestes.   *It's better that you go to bed.*

However, when you want to express influence, but not over someone in particular, use a verb in the infinitive.

   Es necesario **volver** mañana.   *It's necessary to return tomorrow. (no **que** and no subject in the dependent clause)*

After studying the grammar explanation, answer these questions based on the poem *No quiero* on pages 200–201.

- Look at the sixth stanza of the poem. Which word begins the second, third, and fourth lines? What are the subjects of the verbs in these lines? Are these verbs infinitive, indicative, or subjunctive forms?
- Look at the tenth stanza. Do the second, third, and fourth lines begin with the word **que**? In these three lines, which form of the verb is used?
- Why is the subjunctive used in the sixth stanza and infinitives in the tenth stanza?

Do mechanical drills, Workbook, Part II.

ACTIVIDAD 30: ¿Ya estudiaste?   En parejas, "A" cubre la Columna B y "B" cubre la Columna A. "A" y "B" viven en la misma casa y cada persona tiene sus responsabilidades. El problema es que "B" es muy perezoso/a y hace las cosas a último momento. "A" le pregunta a "B" si ya hizo las tareas que le corresponden.

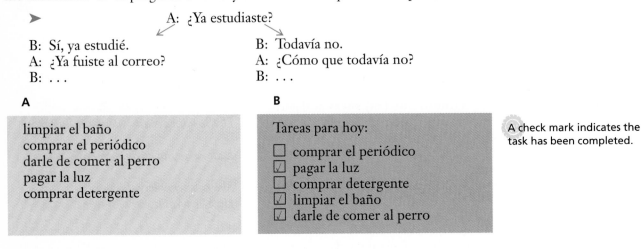

➤ A: ¿Ya estudiaste?

B: Sí, ya estudié.   B: Todavía no.
A: ¿Ya fuiste al correo?   A: ¿Cómo que todavía no?
B: . . .   B: . . .

A

limpiar el baño
comprar el periódico
darle de comer al perro
pagar la luz
comprar detergente

B

Tareas para hoy:

☐ comprar el periódico
☑ pagar la luz
☐ comprar detergente
☑ limpiar el baño
☑ darle de comer al perro

A check mark indicates the task has been completed.

ACTIVIDAD 31: La búsqueda   Termina esta conversación entre Mario y un amigo de su padre que trabaja para la agencia Vivir Feliz. Escribe las formas apropiadas de los verbos indicados usando el subjuntivo, el indicativo o el infinitivo.

Mario: Necesito un apartamento que _____ cerca de la universidad. (estar)

Agente: Hay un apartamento a cinco minutos de aquí que _____ un dormitorio. (tener)

Mario: No, ése no me va a servir. Busco un apartamento que _____ tres dormitorios y dos cuartos de baño. (tener)

Agente: Te aconsejo que _____ con otra agencia porque nosotros sólo tenemos apartamentos pequeños. (hablar)

Mario: ¿Algún consejo más?

Agente: Sí, es importante que _____ a buscar ahora, porque hay pocos apartamentos y muchos estudiantes. (empezar)

Mario: Buena idea. ¿Es necesario que yo _____ un depósito o solamente tengo que firmar un contrato? (pagar)

Agente: Generalmente es necesario _____ en el momento de firmar. (pagar)

Mario: Ahora tengo que _____, pero como Ud. dice, es importante que yo _____ temprano para buscar apartamento. Muchas gracias, Sr. Moreno. (estudiar, levantarme)

ACTIVIDAD 32: Consejos para los políticos   Imagina que tienes la oportunidad de hablar directamente con el presidente. Dale consejos.

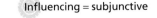

Influencing = subjunctive

1. Querer / que / Ud. / bajar / los impuestos
2. Es importante / que / Ud. / preocuparse / por los pobres
3. Es mejor / que / los candidatos / no recibir / dinero de grupos con intereses especiales

4. Es necesario / que / haber / menos corrupción en el gobierno
5. Esperar / que / Ud. / escuchar / al pueblo
6. Aconsejarle / que / ser / (más o menos) liberal
7. ?????

ACTIVIDAD 33: Dando consejos   En parejas, "A" es un padre o una madre que tiene que darle consejos a su hijo/a sobre las drogas y el alcohol. "B" es el/la hijo/a que reacciona y también da consejos. Lean sus papeles abajo. Usen frases como **te aconsejo (que) . . . , te prohibo (que) . . . , es importante (que) . . .**

A (El padre/La madre)

Crees que tu hijo/a de 16 años consume drogas y bebe demasiado alcohol. Habla con él/ella y dale consejos. Quieres mucho a tu hijo/a. Recuerda: tú no eres perfecto/a tampoco.

B (El hijo/La hija)

Tienes 16 años y eres muy rebelde. Tu padre toma una cerveza cuando llega del trabajo y también con la comida. Tu madre siempre toma un gin tonic antes de la comida. Los dos fuman. Dale algún consejo a tu padre/madre. Recuerda: tú no eres perfecto/a tampoco.

ACTIVIDAD 34: El conflicto   En parejas, Uds. van a compartir un apartamento y tienen que amueblarlo. "A" es muy práctico/a y "B" es muy excéntrico/a. Deben tratar de influir en la decisión de la otra persona (**es mejor . . . , te aconsejo . . . ,** etc.) para comprar los muebles y ponerlos en el lugar que cada uno quiere.

➤   A: Es mejor que compremos unas sillas para el comedor.
     B: No, es mejor sentarse en la alfombra.

ACTIVIDAD 35: Querida Esperanza   Eres Esperanza, una señora que trabaja para un periódico y contesta cartas dando consejos. Lee estas cartas y escribe unas respuestas apropiadas usando la imaginación. Usa expresiones como **es necesario que . . . , le aconsejo que . . .**

Querida Esperanza:

Soy un hombre de 35 años y tengo un problema: hace una semana compré una crema especial y muy cara para cambiarme el color del pelo. Mi pelo cambió de color pero también empezó a caerse. Después de una semana ya no tengo pelo.

¡Imagínese! Me da vergüenza salir de casa. ¿Qué puedo hacer? ¿Comprar un sombrero? ¿Qué es mejor, que escriba a la compañía que hizo la crema o que hable con un abogado?

Calvo y sin plata

Querida Esperanza:

   Hace un mes se murió mi suegra y ahora tenemos problemas con la herencia. Ella estuvo enferma durante tres años y yo la llevé al médico, le di de comer y cuando ya no pudo caminar, le compré una silla de ruedas. El hermano de mi esposa no hizo nada, pero recibió todo el dinero y a nosotros mi suegra nos dejó solamente el gato y un álbum de fotos. ¿Qué nos aconseja que hagamos?

                                            Responsable pero pobre

ACTIVIDAD 36: Con esperanza, de Esperanza   En parejas, lean la respuesta que escribió Esperanza a una carta. Inventen la carta que recibió.

Queridos niños tristes:

   Quiero que sepan que sus padres los quieren. Ellos solamente les prohíben que hagan algunas cosas porque pueden ser malas para Uds. Yo también les aconsejo que estudien y que estén en casa a las diez de la noche. Es mejor que estén con sus padres y no en la calle donde hay violencia y drogas. Ojalá que Uds. entiendan las intenciones de sus padres.

                                            Con esperanza de,
                                            Esperanza

ACTIVIDAD 37: Quiero . . .   Uds. leyeron el poema *No quiero* por Ángela Figuera. En este poema ella escribe sobre las cosas que no quiere ver en el mundo. En parejas, escriban un poema con el título *Quiero*. Usen el siguiente formato.

Be careful when writing the third stanza!

Quiero
que _____
que _____
que _____
Quiero
que _____
que _____
que _____

Quiero
que _____
que _____
que _____
Quiero
que _____
que _____
que _____

VOCABULARIO FUNCIONAL

Los números ordinales

Ver página 191.

Las habitaciones de la casa

el baño	*bathroom*
la cocina	*kitchen*
el comedor	*dining room*
el cuarto de servicio	*maid's room*
el dormitorio	*bedroom*
el hall	*entrance hall*
el pasillo	*hallway*
la sala	*living room*

Palabras relacionadas con la casa o el apartamento

el agua	*water*
alquilar	*to rent*
el alquiler	*rent*
amueblado/a	*furnished*
el apartamento	*apartment*
la calefacción	*heat*
el edificio	*building*
la electricidad	*electricity*
la fianza/el depósito	*security deposit*
el garaje	*garage*
el gas	*gas*
los gastos	*expenses*
la luz	*light; electricity*
el piso	*floor*
el portero	*doorman; janitor*
el portero automático	*intercom; electric door opener*

Los muebles

Ver página 204.

Más verbos

aconsejar	*to advise*
escoger	*to choose, select*
limpiar	*to clean*
prohibir	*to prohibit*

Palabras y expresiones útiles

la calle	*street*
el consejo	*advice*
de segunda mano	*secondhand, used*
es bueno	*it's good*
es importante	*it's important*
es mejor	*it's better*
es necesario	*it's necessary*
la esperanza	*hope*
Fulano, Mengano y Zutano	*Tom, Dick, and Harry*
o sea	*that is to say*
ojalá (que) + *subjunctive*	*I hope that . . .*
la plata	*slang for "money" (literally, "silver")*
¡Por el amor de Dios!	*For heaven's sake! (literally, "For the love of God!")*
todavía	*still, yet*
todavía no	*not yet*
¡Vaya!	*Wow!*
ya	*already; now*
ya no	*no longer, not any more*

Los electrodomésticos y otras cosas necesarias

Ver página 205.

En el baño

Ver página 205.

CAPÍTULO 9

CHAPTER OBJECTIVES

- Discussing leisure-time activities
- Expressing doubt and certainty
- Telling how an action is done (quickly, etc.)
- Indicating time and age in the past
- Identifying food items
- Giving instructions
- Expressing emotion

▲ *Unos señores pasan el tiempo libre jugando al dominó en un pueblo de Puerto Rico.*

Un fin de semana activo

Tal vez and quizás don't use **que;** they are followed directly by the subjunctive.

¿No sabías?	Didn't you know?
tal vez/quizás + *subjunctive*	perhaps/maybe
Somos tres.	There are three of us.
¡Qué mala suerte!	What bad luck!

Juan Carlos, Álvaro y Vicente llegan al apartamento para ayudar a las chicas a poner los muebles, pero ellas todavía no están allí. Entonces, ellos deciden ir al bar de enfrente a esperarlas y hablan del fin de semana pasado.

ACTIVIDAD 1: ¿Cierto, falso o no se sabe?   Lee las oraciones siguientes. Luego, mientras escuchas la conversación, identifica si estas oraciones son ciertas **(C)**, falsas **(F)** o si no se sabe **(N).**

1. _____ Todos los muchachos piden café.

2. _____ Vicente compró monedas de Cuba.

3. _____ Vicente tiene una colección de monedas de cincuenta países.

4. _____ A Juan Carlos le gustan los animales.

5. _____ Álvaro tuvo un fin de semana muy divertido.

6. _____ Álvaro fue a hablar con un policía porque alguien le robó el coche.

JUAN CARLOS	Oiga, por favor. ¿Podemos sentarnos en aquella mesa al lado de la ventana?
CAMARERO	¿Cuántos son?
JUAN CARLOS	Somos tres.
CAMARERO	Vale.
VICENTE	Gracias. Tres cafés con leche y un vaso de agua para mí, por favor . . . ¿Saben que por fin el domingo fui al Rastro con Teresa?
ÁLVARO	¿Y? . . . ¿Compraron algo?
VICENTE	Sí. Ella compró unos estantes baratos para su apartamento y yo tuve mucha suerte porque encontré unas monedas viejísimas de Cuba con la imagen de José Martí.
ÁLVARO	¿Qué? ¿Coleccionas monedas?
VICENTE	¿No sabías? Es posible que tenga unas quinientas monedas de cuarenta países diferentes. Las empecé a coleccionar cuando tenía diez años. Pero bueno, ¿qué hicieron Uds. el fin de semana?
JUAN CARLOS	Yo jugué en la computadora con una versión nueva de Donkey Kong que me dio un amigo y es buenísima. ¡Ay! Esta cuchara está sucia. ¡Camarero!
CAMARERO	¿Sí?
JUAN CARLOS	¿Puede darme otra cuchara?
CAMARERO	Sí . . . Aquí tiene.
JUAN CARLOS	Gracias. Y tú, Álvaro, ¿qué hiciste?
ÁLVARO	Tuve miles de problemas. Primero dejé las llaves dentro del coche y tuve que romper la ventanilla. Alguien me vio y llamó a la policía. Entonces llegó un policía y me quiso detener por robar el coche. Le expliqué el problema y por fin entendió.
VICENTE	¡Qué mala suerte! Bueno, quizás exista alguien que te odie. ¿Crees que alguien te esté echando el mal de ojo?[1]
ÁLVARO	¡Hombre! Deja de tonterías que no creo en esas cosas. ¡Qué imaginación! Es evidente que lees demasiadas novelas de Stephen King.
JUAN CARLOS	¡Miren! Ahí llegan las chicas. Vamos a ayudarlas.

Margin notes:
Discussing past actions
Indicating possibility
Stating age in the past
ventana = window
ventanilla = car window
Narrating a series of past events
Expressing certainty

---

[1] **te . . .** is putting a curse on you

ACTIVIDAD 2: El fin de semana   Después de escuchar la conversación otra vez, di qué hizo cada uno de los chicos el fin de semana.

ACTIVIDAD 3: ¿Qué piensas?   En parejas, háganle a su compañero/a las siguientes preguntas.

Note the use of the subjunctive.

➤ A: ¿Crees que exista la reencarnación?
   B: Sí, creo que existe. / Es posible que exista. / No, no creo que exista.

1. ¿Crees que exista la suerte?
2. ¿Crees que se pueda ver el futuro en la palma de la mano?
3. ¿Crees que vivan personas en otros planetas (Venus, Marte, Plutón, Urano)?
4. ¿Crees que exista la percepción extrasensorial *(ESP)*?
5. ¿Crees que alguien te pueda echar el mal de ojo?

¿LO SABÍAN?

José Martí (1853–1895) fue un famoso poeta, escritor y revolucionario cubano. Su sueño era ver a Cuba independiente de España, pero murió en una batalla contra los españoles antes de ver su sueño realizado. A Martí lo llaman "el apóstol de la independencia de Cuba". Su poesía "Versos sencillos" fue la inspiración para la famosa canción "Guantanamera".

► *José Martí (1853–1895)*

ACTIVIDAD 4: Quizás . . . quizás . . . quizás   En parejas, Uds. tienen problemas y quieren hablar con un/a amigo/a para pedirle consejo. "A" cubre la Columna B y "B" cubre la Columna A. Primero "A" le explica sus problemas a "B" para ver qué piensa. Después cambien de papel.

➤ A: Dejé las llaves dentro del coche.
    B: Tal vez tengas que romper la ventanilla. / Quizás debas llamar a la policía.

A

1. No funciona el televisor nuevo que compraste.
2. Acabas de recibir tu cuenta de teléfono por $325. Hay tres llamadas de larga distancia a Japón y no llamaste a nadie allí.

B

1. Acabas de empezar un trabajo nuevo y tu jefe/a quiere salir contigo.
2. Un buen amigo bebe mucho y crees que es alcohólico.

LO ESENCIAL I

I. Los pasatiempos

1. jugar con juegos electrónicos/videojuegos
2. jugar (al) billar
3. jugar (al) ajedrez
4. jugar (a las) cartas
5. hacer rompecabezas

Associate people you know with their hobbies.

Otros pasatiempos

arreglar el carro   to fix the car
cocinar   to cook
coleccionar   to collect
  estampillas   stamps
  monedas   coins
coser   to sew
cuidar plantas (jardinería)   to take care of plants (gardening)

escribir cartas/poesías   to write letters/poems
hacer crucigramas   to do crossword puzzles
pescar   to fish
pintar   to paint
tejer   to knit; to weave

ACTIVIDAD 5: Los pasatiempos   En parejas, hablen con su compañero/a para ver qué hace en su tiempo libre. Hagan preguntas como, **¿Te gusta cocinar? ¿Pintas en tu tiempo libre?** Luego, marquen la columna apropiada.

Le gusta:	mucho	poco	nada
1. coser	————	————	————
2. cuidar plantas	————	————	————
3. pintar	————	————	————
4. pescar	————	————	————
5. . . .	————	————	————

ACTIVIDAD 6: Los intereses   Habla con varias personas y pregúntales si hacen las siguientes actividades en su tiempo libre.

1. jugar a las cartas
   Si contestan que sí: ¿A qué juegan? ¿Con quiénes? ¿Juegan por dinero? En general, ¿pierden o ganan dinero?
   Si contestan que no: ¿Por qué no?
2. tener colecciones
   Si contestan que sí: ¿De qué? ¿Cuántos/as? ¿Cuánto tiempo hace que coleccionan?
   Si contestan que no: ¿Les gustaría tener una colección? ¿Qué les gustaría coleccionar?
3. hacer crucigramas o rompecabezas
   Si contestan que sí: ¿Dónde? ¿Cuándo? ¿Son expertos?
   Si contestan que no: ¿Por qué? ¿Son interesantes estos juegos o les causan frustración?
4. jugar con juegos electrónicos
   Si contestan que sí: ¿Cuáles? ¿Dónde? ¿Son expertos? ¿Cuánto tiempo hace que juegan?
   Si contestan que no: ¿Qué piensan de las máquinas? ¿Tienen computadora?

¿Qué otra actividad hacen en su tiempo libre?

II. Cosas de la cocina

Spoons come in many sizes: **cuchara de sopa, cucharita,** and **cuchara de café.**

The use of **el** or **la** with **sartén** varies from country to country.

1. la cuchara ⎫
2. el tenedor ⎬ los cubiertos
3. el cuchillo ⎭
4. el vaso
5. la taza

6. la servilleta
7. el plato
8. la olla
9. el/la sartén

ACTIVIDAD 7: ¿Qué están haciendo?   Mira el dibujo de la tienda en la página 219 y di qué están haciendo las personas.

ACTIVIDAD 8: ¿Dónde?   En grupos de cuatro, hagan una lista y digan para qué son las cosas que hay en el dibujo de la tienda. Luego nombren tiendas de su ciudad donde se pueden comprar estas cosas.

HACIA LA COMUNICACIÓN I

I. Expressing Doubt and Certainty: Contrasting the Subjunctive and the Indicative

Before studying the following grammar explanation, answer these questions based on the conversation:

- When Vicente says, **"Es posible que tenga unas quinientas monedas . . . ,"** is he *sure* that he has about five hundred or is it a possibility?
- When Álvaro says, **"Es evidente que lees demasiadas novelas . . . ,"** is he showing certainty or doubt?

The subjunctive is used in dependent noun clauses when the verb in the independent clause expresses doubt or disbelief about something or someone. Doubt may be expressed in a personal or an impersonal way.

1. To express doubt in a personal way:

a. the independent clause contains the subject or person expressing doubt and a verb of doubt such as **dudar, no creer, no pensar, ¿pensar?** or **¿creer?**

b. the dependent clause contains a different subject and a verb in the subjunctive.

> Note: **Creer** and **pensar** in an affirmative statement do not imply doubt.
>
> **Quizás** and **tal vez** imply doubt.

expression of doubt + **que** + *what is doubted*		
Dudo	**que**	ellos **tengan** muebles.

No creo que a las chicas les **guste** el apartamento.   *I don't believe (think) that the girls are going to like the apartment.*

¿Crees que necesitemos lavadora?   *Do you think we need a washing machine?*

When no doubt is expressed, the indicative is used.

Creo que a las chicas les **gusta** el apartamento.   *I believe (think) that the girls like the apartment.*

Estoy seguro de que Vicente **va** a venir.   *I'm sure Vicente is going to come.*

2. To express doubt or denial in an impersonal way:

a. the independent clause contains an impersonal expression such as **no es cierto, no es evidente, no es verdad, (no) es posible, (no) es probable, es dudoso,** or **no está claro.**

b. the dependent clause contains the subject and a verb in the subjunctive that expresses the action being doubted or denied.

impersonal expression of doubt + **que** + what is doubted		
Es posible	**que**	Teresa **necesite** platos.

No es cierto que vivan en Guatemala. — *It isn't true that they live in Guatemala.*

Es probable que Diana no **se sienta** bien. — *It's probable that Diana doesn't feel well.*

When the impersonal expression indicates certainty, the indicative is used.

Es verdad que viven en Nicaragua. — *It's true that they live in Nicaragua.*

Other impersonal expressions that express certainty and do not require the subjunctive are **es cierto, está claro, es evidente, no hay duda (de),** and **es obvio.**

However, if you want to express doubt, but not about someone in particular, use the infinitive: **Es posible ir mañana.**

II. Saying How an Action is Done: Adverbs Ending in *-mente*

An adverb of manner indicates how the action expressed by the verb is done. English adverbs of manner that end in *-ly* are formed in Spanish by adding **-mente** to the feminine singular form of the adjectives. If the adjective ends in a consonant or **-e,** add **-mente.** If the adjective has an accent, it is retained when **-mente** is added.

rápido $\longrightarrow$ rápid**amente**   general $\longrightarrow$ general**mente**

Speedy González corre **rápidamente.**   *Speedy González runs rapidly.*

Common adverbs include:

constantemente	frecuentemente	probablemente
continuamente	generalmente	solamente*
divinamente	inmediatamente	tranquilamente
fácilmente	posiblemente	

*NOTE: **solamente** = **sólo** *(only)*, but **solo/a** *(alone).*

Note the use of **para.**

ADVERTENCIA DEL CIRUJANO GENERAL: Dejar de Fumar Ahora Reduce Enormemente Los Graves Riesgos Para Su Salud.

III. Indicating Time and Age in the Past: *Ser* and *Tener*

You already know one way to express the past, the *preterit*. There is another way called the *imperfect*, which has its own uses.

1. When you want to indicate age in the past, you use one of the following forms of the verb **tener.**

tener	
tenía	teníamos
tenías	teníais
tenía	tenían

Álvaro **tenía** diez años cuando empezó a coleccionar monedas.

Álvaro was ten when he began collecting coins.

Una vez, cuando **tenía** quince años, fui a la Isla de Pascua.

Once, when I was fifteen, I went to Easter Island.

◀ *Monolito en la Isla de Pascua, Chile.*

2. When you want to indicate the time an action took place, you use the imperfect form of the verb **ser: era** or **eran.**

Era la una de la mañana cuando mi novia me llamó.

It was one in the morning when my girlfriend called me.

Eran las ocho cuando salí de mi casa.

It was eight when I left my house.

Do mechanical drills, Workbook, Part I.

ACTIVIDAD 9: La política   Da tus opiniones sobre el presidente de los Estados Unidos, formando oraciones con frases de las tres columnas.

Doubt = subjunctive
Certainty = indicative

Es evidente		ser inteligente
Dudo		entender los problemas del país
(No) creo		vivir en Washington
(No) es cierto		ser liberal
Es obvio	que el presidente	ser bueno
(No) es posible		trabajar mucho
(No) es probable		decir la verdad
(No) es verdad		saber hablar con otros líderes

ACTIVIDAD 10: ¿Estás de acuerdo o no?   Di si estás de acuerdo o no con estas oraciones. Para dar tu opinión usa frases como **Creo que . . . , No creo que . . . , Dudo que . . . , No es cierto que . . .**

1. Los jóvenes norteamericanos no reciben buena educación.
2. La música que escuchan muchos jóvenes no es música.
3. Los periodistas son muy liberales.
4. Rush Limbaugh tiene razón en todo.
5. Las minorías tienen muchas posibilidades de triunfar en la sociedad.
6. Los jóvenes de hoy tienen prejuicios.
7. Los jóvenes viven solamente para beber alcohol.

ACTIVIDAD 11: El horóscopo   En grupos de cuatro, lean el horóscopo de Uds. para este mes y coméntenlo. Usen frases como las siguientes:

es evidente que hoy debo . . . porque . . .   es probable que . . .
no creo que sea verdad porque . . .   dudo que . . .
es posible que . . .   es mejor que . . .
es necesario que . . .

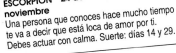

ARIES   21 de marzo—20 de abril
Alguien que te ama secretamente va a confesarte su amor. Vas a gastar mucho dinero este mes. Suerte: días 25 y 29.

TAURO   21 de abril—21 de mayo
Entras en una etapa de expansión sentimental. Conoces a una persona que va a ser muy importante en tu vida. Suerte: días 17 y 29.

GÉMINIS   22 de mayo—21 de junio
Esa cosa que esperas hace mucho tiempo finalmente llega. Estás muy nervioso; debes tomar bebidas sin cafeína. Suerte: días 14 y 27.

CÁNCER   22 de junio—22 de julio
Este mes vas a estar lejos de una persona que quieres mucho. Vas a sentirte un poco triste, pero si te mantienes activo todo va a ser mucho mejor. Suerte: días 17 y 18.

LEO   23 de julio—23 de agosto
Días muy positivos en tu vida. Buena semana para buscar un trabajo nuevo. Tu situación económica va a mejorar considerablemente. Suerte: días 15 y 16.

VIRGO   24 de agosto—23 de septiembre
Toda la energía que pusiste en tu trabajo hasta ahora va a darte resultados inesperados. Vas a recibir un gran regalo. Suerte: días 19 y 20.

LIBRA   24 de septiembre—23 de octubre
Días de contraste entre tu vida sentimental y tu vida laboral. Llega una sorpresa. Suerte: días 12 y 17.

ESCORPIÓN   24 de octubre—22 de noviembre
Una persona que conoces hace mucho tiempo te va a decir que está loca de amor por ti. Debes actuar con calma. Suerte: días 14 y 29.

SAGITARIO   23 de noviembre—20 de diciembre
Alguien que conoces quiere invitarte a bailar. Acepta esta invitación. Va a hacerte muy feliz. Suerte: días 13 y 17.

CAPRICORNIO   21 de diciembre—20 de enero
No te preocupes demasiado por tus obligaciones. Necesitas dormir más. Descansa el fin de semana; no debes ir a fiestas. Suerte: días 11 y 29.

ACUARIO   21 de enero—19 de febrero
Un amigo te da un buen consejo. ¡Ojo! Puede afectar tu futuro. Suerte: días 10 y 27.

PISCIS   20 de febrero—20 de marzo
Un amigo de la escuela secundaria viene a visitarte. Vas a recordar momentos muy felices. ¡Ojo con las comidas! Suerte: días 11 y 29.

ACTIVIDAD 12: La visita de un primo   **Parte A:** Completa esta información sobre tu primo con su edad y sus gustos.

Mi primo va a pasar el fin de semana conmigo. Él tiene _____ años y le gusta mucho _____, _____ y _____.
Nunca _____ y tampoco le gusta _____. Creo que le gusta _____. No creo que le guste _____.

Parte B: En parejas, una persona cubre el Papel A y la otra persona cubre el Papel B. Lean las instrucciones para su papel y planeen el fin de semana del primo que viene a visitar. Después cambien de papel.

Papel A

Tu primo viene a visitarte este fin de semana. Pídele ayuda a tu compañero/a para planear algunas actividades. Para hablar de los gustos de tu primo, usa la información que escribiste en la *Parte A*. Si no estás seguro/a que a tu primo le gusten algunas de las actividades que sugiere tu amigo/a, usa **dudo que . . .** o **no creo que . . .** Empieza la conversación diciendo, **Mi primo viene a visitarme.**

Papel B

El primo de tu compañero/a viene este fin de semana. Debes ayudarle a planear algunas actividades y por eso necesitas saber qué le gusta hacer a él. Primero, hazle preguntas a tu compañero/a sobre los gustos de su primo. Después, dale consejos sobre lo que pueden hacer, usando **te aconsejo que . . .**, **es posible que . . .** o **quizás/tal vez . . .**

ACTIVIDAD 13: ¿Verdad o mentira?   **Parte A:** Escribe cuatro oraciones sobre tu vida actual. Dos deben ser falsas y dos deben ser ciertas. Por ejemplo:

➤   Vivo en un apartamento con cinco personas y dos perros.

Parte B: En parejas, léanle las oraciones a su compañero/a y digan si creen que son verdad o mentira. Usen frases como **(No) creo que . . .**, **Dudo que . . .**, **(No) es verdad que . . .**, **Es cierto que . . .** Sigan el modelo.

➤   A: Vivo en un apartamento con cinco personas y dos perros.

B: Creo que vives en un   B: No creo que vivas en un
    apartamento con . . .   apartamento con . . .

ACTIVIDAD 14: ¿Conoces bien a tu compañero?   ¿Crees que conoces bien a tu compañero/a? Escribe oraciones describiendo sus costumbres usando las palabras que se presentan. Después, en parejas, léanle las oraciones a su compañero/a para ver si Uds. se conocen bien o no.

➤   Tú duermes constantemente.

			constante
		bailar	continuo
		comer	divino
		conducir	fácil
Tú	(no)	correr	frecuente
		dormir	general
		estudiar	inmediato
		leer	tranquilo
			rápido

ACTIVIDAD 15: ¿Cuántos años tenían?   En parejas, averigüen cuántos años tenía su compañero/a o alguien de su familia cuando hizo estas cosas.

➤   aprender a nadar

> A: ¿Cuántos años tenías cuando aprendiste a nadar?
> B: Tenía siete años cuando aprendí a nadar.

1. terminar la escuela secundaria
2. tener su primer trabajo
3. empezar a jugar a (un deporte)
4. casarse
5. tener novio/a por primera vez
6. empezar a leer

ACTIVIDAD 16: Era medianoche cuando . . .   En parejas, lean la siguiente historia y después digan a qué hora ocurrieron las acciones indicadas, empezando cada oración con **Era/Eran** (+ hora) **cuando . . .**

Era medianoche cuando Pablo llegó a casa. Una hora más tarde, alguien llamó por teléfono, pero él no contestó porque diez minutos antes había empezado (*had start-ed*) a bañarse. Estuvo en el baño por media hora. Justo cuando salió de la bañera empezó un episodio de "Viaje a las estrellas", donde el Sr. Spock casi se enamora de la enfermera del *Enterprise*. Cuando terminó el programa, Pablo se acostó.

1. él / llegar / a casa
2. alguien / llamar
3. él / empezar a bañarse
4. el programa / empezar
5. él / acostarse

Nuevos Horizontes

In Chapter 7 you learned about subcategories. Supporting evidence and subcategories should not be confused. Remember:
• subcategories = the parts that make up the whole as stated in a title
• supporting evidence = proves the author's point as stated in the topic sentence

Estrategia de lectura: *Finding Topic Sentences and Supporting Evidence*

When reading, it is important to separate main ideas from supporting evidence. The main idea of a paragraph is stated in a *topic sentence* **(oración principal),** which is usually the first or the second sentence of a paragraph; occasionally a topic sentence may appear towards the end of a paragraph. Once a main idea or a topic sentence has been stated, it is generally substantiated with supporting evidence **(ideas de apoyo).**

You will have an opportunity to find topic sentences and supporting evidence while doing the activities that accompany the reading entitled *Y tú . . . ¿De qué la juegas?*

ACTIVIDAD 17: ¿De qué se trata?   Primero, lee el título del artículo en la página 226 y después lee el artículo rápidamente (un minuto máximo) para contestar esta pregunta: ¿Es para niños o adultos?

Note: The article contains some Mexican slang terms.
padrísimo = cool
chavos/as = guys/gals

▲ *Jóvenes españoles juegan a la cartas.*

Y tú...
¿De qué la juegas?

De las canicas a los videojuegos, además de divertidos, te hacen ser y sentirte eternamente joven.
Por Lucía Vázquez Corona.

1   Hace días discutíamos en la redacción lo importante que es el juego en nuestras vidas. ¡Sí! Una parte de nuestro tiempo libre la dedicamos a jugar y de verdad que nos parece maravilloso. A nosotros no pueden preguntarnos: "¿Qué les gustaría ser de niños?", porque seguimos siéndolo sin dejar de ser adultos. Ese niño que cada uno de nosotros tiene nos permite divertirnos, tener sentido del humor, integrarnos como equipo, ser leales, sentir amistad y no perder nuestra capacidad de asombro y espíritu de investigación.

2   Un bebé al nacer tan sólo sabe tomar su leche y resolver algunas necesidades básicas. Los papás, hermanos y familiares lo ayudan a desarrollarse por medio del juego. Es clásica la escena donde los papás le hablan al bebé como bebés; hacen caras, gestos, muecas y mil y una cosas para que el pequeño ría. Le cantan canciones que tienen que ver con las partes del cuerpo o con sonidos de animales. El bebé se la pasa fantástico con las ocurrencias de sus desvelados padres, y el resultado es que empieza a pensar y hablar.

3   Casi mágicamente, los niños del mundo continúan jugando los juegos que les heredaron sus padres y abuelos, con sus debidas diferencias. Los papás conocieron los yoyos de madera, a nosotros nos tocaron los de plástico y los más jóvenes se alucinaron con los de luces fluorescentes.

4   No es nuestra intención convencerte de que es padrísimo jugar, pero sí de que es una forma de aliviar las tensiones. Al jugar, quien está tenso se relaja y quien está demasiado relajado se activa.

5   El juego es un motor del buen humor; una catarsis que nos permite olvidarnos de los problemas por un rato; un campo ilimitado para la creatividad, para jugar con lo siniestro y lo fantástico en un ambiente placentero. Posibilita el pensamiento inteligente, la invención e investigación, porque no hay contradicción en aprender y jugar; nos ayuda

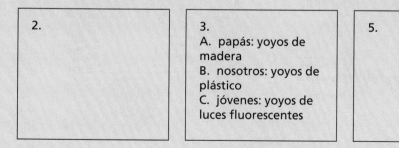

▲ Las chicas juegan contra los chicos
un partido de futbolín.
▲ Dos muchachos jugando al ajedrez en Santiago de Chile.

a realizar nuestros sueños, a sentirnos libres, vitales y jóvenes.

6   El juego te permite ser ridículo, infantil, loco, vanguardista, antisolemne, bromista, estratega, actor, mimo, ídolo y hasta ser tú.

_____

7   Lo importante del juego y los juguetes es que abarcan todas las edades. El juego evoluciona conforme crecemos. Ahora estás identificado con los deportes, coleccionas desde ranitas, discos, zapatos y ositos, hasta chavos o chavas. Tienes ganas de estudiar guitarra eléctrica o batería, sin olvidar tus clases de slam o quebradita.

8   En otras palabras, tus pasatiempos son tus juegos, son lo que te divierte, te hace conocer amigos, te activa, te llena de sensaciones agradables y te hace ser eternamente joven.

ACTIVIDAD 18: Las ideas principales   **Parte A:** Vuelve a leer el artículo y busca la oración principal de los párrafos dos, tres y cinco. Escribe las tres oraciones.

Oración principal

2. _____   3. _____   5. _____
_____   _____   _____
_____   _____   _____

Parte B: El siguiente cuadro (*graph*) contiene las ideas de apoyo del párrafo tres de la Parte A. Ahora, busca las ideas que usó la autora para apoyar la oración principal de los párrafos dos y cinco. Escríbelas en el cuadro.

Ideas de apoyo

2.	3. A. papás: yoyos de madera B. nosotros: yoyos de plástico C. jóvenes: yoyos de luces fluorescentes	5.

ACTIVIDAD 19: Los subtítulos   Teniendo en cuenta (*taking into account*) las ideas centrales de cada parte del artículo, decide cuál de los siguientes subtítulos se puede poner antes del segundo, tercer, cuarto y séptimo párrafos. Los subtítulos son los siguientes:

Juegos y juguetes en la historia   Los expertos dicen
De niño a adolescente   Jugar, ¿para qué?

Estrategia de escritura: *Describing and Giving Your Opinion*

When describing something—a situation, a theory, etc.—first you must establish the main idea you want to convey by answering the question *what?* To describe supporting details and to give your reader the necessary background information for understanding, you should also address questions such as *who?*, *where?*, *how?*, and *why?* In formal writing, expressions such as **es importante notar, se dice, tal vez, es bueno/malo que,** etc., introduce the author's point of view. In informal writing, you may express your point of view or interpretation of the topic with phrases such as **dudo que, en mi opinión, creo que,** and **tal vez.**

ACTIVIDAD 20: Tu opinión   La autora del artículo opina que los juegos son importantes no sólo para los niños sino para los adultos. Expresa tu opinión. ¿Crees que un adulto tenga que participar en juegos o jugar deportes para ser feliz? Justifica tu respuesta.

> Remember: When writing, use topic sentences and give supporting evidence.

LO ESENCIAL II

I. La comida

Practice vocabulary at the supermarket, when making up your shopping list, and when cooking.

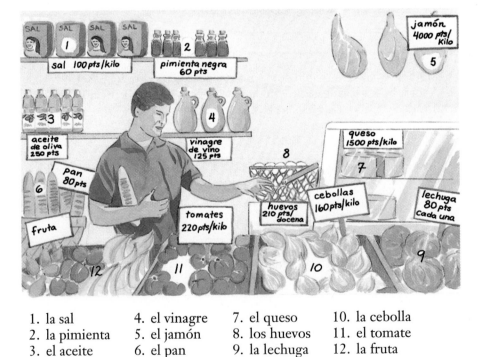

1. la sal
2. la pimienta
3. el aceite
4. el vinagre
5. el jamón
6. el pan
7. el queso
8. los huevos
9. la lechuga
10. la cebolla
11. el tomate
12. la fruta

ACTIVIDAD 21: Una ensalada   En grupos de tres, Uds. van a preparar una ensalada *(salad)*. Digan qué ingredientes van a ponerle.

> Prepared salad dressings are not normally used; Hispanics generally use **aceite y vinagre.**

ACTIVIDAD 22: El menú   En parejas, planeen el menú para un picnic usando productos que se venden en la tienda.

En el mundo hispano, por lo general, la comida más importante del día es la del mediodía, que en muchos países se llama el almuerzo. A esa hora mucha gente va a casa a comer con su familia; por eso, en algunos lugares es normal que se cierren casi todas las tiendas durante unas dos horas. La hora de las comidas varía de país en país, pero generalmente se come más tarde que en los Estados Unidos. En este país, ¿cuánto tiempo tienen para almorzar las personas que trabajan? ¿Por qué? ¿Dónde almuerzan generalmente? ¿Cuál es la comida más importante del día?

II. Preparando la comida

Freír is an irregular verb. See Appendix A.

1. revolver   3. freír   5. poner la mesa
2. añadir   4. cortar   6. darle la vuelta

ACTIVIDAD 23: Los cocineros   Di qué cosas de la siguiente lista de comida se pueden cortar, freír, revolver, añadir, etc.

se corta   la sal
se fríe   un huevo
se añade   el pan
se le da la vuelta a el jamón
se revuelve   la pimienta
                      el aceite
                      el queso
                      la cebolla

ACTIVIDAD 24: El "chef"   Eres cocinero/a y vas a inventar un plato nuevo. Escribe la receta *(recipe)* y después explícale la receta a un/a amigo/a. Por ejemplo: **Primero se cortan . . . , Después se . . . ,** etc. **Se llama . . . y es delicioso.**

Use the passive and impersonal **se** to give instructions: **Primero, se cortan las patatas.**

Después de un día de trabajo, una cena ligera

◀ *Una tortilla española, jamón serrano y pan. ¿Tienes hambre?*

hay que + *infinitive*	one/you must + *verb*
mientras tanto	meanwhile
No puedo más.	I can't take it anymore.

Después de arreglar el apartamento, los chicos están cansados y tienen hambre. Ahora están hablando sobre la cena.

ACTIVIDAD 25: Ponlas en orden   Lee las siguientes oraciones. Después, mientras escuchas la conversación, pon en orden estas instrucciones para hacer una tortilla española.

_____ Añades la sal.

__1__ Cortas las patatas y la cebolla.

_____ Fríes las patatas y la cebolla.

_____ Le das la vuelta a la tortilla.

_____ Pones todo en la sartén.

_____ Revuelves las patatas y la cebolla con los huevos.

_____ Quitas casi todo el aceite de la sartén.

_____ Revuelves los huevos.

_____ Pones las patatas y la cebolla en un recipiente.

VICENTE	¡Qué hambre tengo!
ISABEL	Y yo también; ¡no puedo más! ¿Quién va a preparar la comida?
JUAN CARLOS	Álvaro, el gran cocinero cordobés, nos va a preparar una tortilla española, ¿no es verdad, Álvaro?
DIANA	¡Ay, qué bueno! Si tú me das instrucciones puedo aprender a hacerla yo.

Expressing a desire

ÁLVARO   Vale, yo te enseño, pero espero que Teresa y Vicente preparen la ensalada y los otros pongan la mesa.

DIANA   ¿Y cómo se hace la tortilla?

Giving instructions

ÁLVARO   Primero, se cortan unas cuatro patatas grandes y un poco de cebolla y . . .

DIANA   ¿Se cortan en trozos grandes o pequeños?

ÁLVARO   No, no, pequeños; y luego se fríen en aceite. Mientras tanto, revuelves cuatro huevos, o sea, bien revueltos.

DIANA   Y después, ¿qué hago? ¿Pongo los huevos en la sartén?

ÁLVARO   No, se ponen las patatas y la cebolla en un recipiente, se revuelven con los huevos y se añade un poco de sal. Después se quita casi todo el aceite de la sartén, dejando sólo un poco.

DIANA   Y luego, ¿se pone todo en la sartén?

ÁLVARO   Exactamente. Pero hay que esperar unos minutos antes de darle la vuelta.

DIANA   Pero, ¿cómo se le da la vuelta?

ÁLVARO   Pues, se pone un plato encima.

Expressing fear

DIANA   Ay, tengo miedo de que salga mal. ¿Por qué no la haces tú?

ÁLVARO   Bueno. Te voy a ayudar, pero no la voy a hacer por ti.

TERESA   A ver. De primer plato tenemos ensalada; de segundo plato, la tortilla de papas a la Diana, jamón y queso; y de postre, fruta.

VICENTE   Y café, ¿no?

Expressing regret

TERESA   ¡Ay, no! No lo compramos. ¡Qué lástima que no tengamos café!

ÁLVARO   No importa. Salimos después a tomarlo en algún lugar.

ACTIVIDAD 26: Preguntas   Después de escuchar la conversación otra vez, contesta estas preguntas.

1. ¿Quién es un buen cocinero? ¿Cocinas bien tú?
2. ¿Quién va a preparar la tortilla y por qué?
3. ¿Qué van a comer de primer plato los chicos? ¿Quién va a prepararlo?
4. ¿Qué van a comer de segundo plato? ¿Y de postre?
5. ¿Van a tomar el café con la comida o después de comer?
6. ¿Sabes cuál es la diferencia entre la tortilla española y la tortilla mexicana?

¿LO SABÍAN?

En los países hispanos las comidas normalmente tienen tres platos o más. El primer plato puede ser una sopa; el segundo plato es el plato principal, que varía de país en país. Éste puede ser comida picante (hot, spicy) como se come en México y en Perú, por ejemplo, o no picante, como se come en muchos otros países hispanos. El último plato es el postre, que a menudo es fruta. En algunos países es común tomar vino y agua con o sin gas con las comidas. El café no se toma normalmente con la comida; se toma después y en taza pequeña porque es mucho más fuerte que el café que se toma en los Estados Unidos. ¿Qué tomas tú con las comidas? ¿Te gusta la comida picante?

ACTIVIDAD 27: Las necesidades   Termina estas frases, usando **hay que**.

1. Para el examen de mañana . . .
2. La casa está en desorden; . . .
3. Para hacer un viaje . . .
4. No hay huevos para la tortilla; . . .
5. Para tener dinero . . .
6. Para jugar al fútbol . . .

HACIA LA COMUNICACIÓN II

I. Other Uses of *Para* and *Por*

Review uses of **para** and **por**, Ch. 5.

You have already learned some uses of **para** and **por** in Chapter 5. Here are some other uses.

A. Para

To give a personal opinion:

Para Gabriel, el carro español Seat es el coche perfecto.	*For Gabriel, the Spanish car Seat is the perfect car.*

B. Por

1. To indicate that a person is replacing someone:

Ana está enferma, por eso Raquel va a jugar **por** ella.	*Ana is sick, so Raquel is going to play for her. (She will play in her place.)*

Compare the above sentence with this sentence.

Ana y Raquel juegan **para** los Tigres, un equipo profesional de basquetbol.	*Ana and Raquel play for the Tigers, a professional basketball team. (The team employs them.)*

2. To indicate exchange:

¿Cuánto pagaste **por** tu raqueta de tenis?	*How much did you pay for your tennis racket? (Payment indicates exchange.)*
Te doy mis esquíes **por** tus patines.	*I'll give you my skis for your skates.*

3. To express *along, by, through*:

Caminaron **por** la playa.	*They walked along the beach.*
Mandé la carta **por** correo.	*I sent the letter by mail.*
Van a entrar **por** la puerta principal.	*They are going to come in through the main door.*

II. Expressing Emotions: More Uses of the Subjunctive

Up to now, you have seen that the subjunctive is used in dependent noun clauses after verbs that express influence and doubt. In addition, it is used in dependent clauses after verbs that express emotion about other people's actions. As with influence and doubt, emotion can be expressed in a personal or impersonal way.

1. To express emotion in a personal way:

  a. the independent clause contains the subject expressing the emotion and a verb of emotion such as **alegrarse de** *(to be happy about)*, **esperar, sentir, tener miedo de,** or **sorprenderse de** *(to be surprised about)*.

  b. the dependent clause contains a different subject and a verb in the subjunctive.

> emotion expressed + **que** + action that evokes the emotion
> **Siento**   **que**   no **vengas** con nosotros.

¿Te alegras de que vengan los muchachos?

Are you happy that the guys are coming?

Me sorprendo de que no **te afeites**, Álvaro.

I'm surprised that you don't shave, Álvaro.

Nos alegramos de que te **guste** la tortilla.

We're glad that you like the tortilla.

2. To express emotion in an impersonal way:

   a. the independent clause contains an impersonal expression of emotion such as **qué lástima, es una pena, qué pena,** or **es fantástico.**

   b. the dependent clause contains a subject and a verb in the subjunctive.

> impersonal expression of emotion + **que** + action that evokes emotion
> **¡Qué lástima**   **que**   no **tengas** lavadora!

¡Es una pena que no **podamos** salir esta noche!

It's a pity that we can't go out tonight!

Do mechanical drills, Workbook, Part II.

However, if you want to express emotion, but not about someone in particular, use the infinitive: **Es fantástico viajar.**

ACTIVIDAD 28: ¿Por o para?   Forma oraciones para las siguientes situaciones usando **para** o **por.**

➤   Marcos trabaja en la oficina de su tío.   Marcos trabaja **para** su tío.
     Fueron a América en el Titanic.   Fueron **por** barco.

1. Oscar compra doce rosas rojas porque es el cumpleaños de su novia.
2. Todas las noches ella corre diez kilómetros. Corre en el parque.
3. Ayer Carlos estuvo enfermo y por eso no pudo jugar al fútbol. Felipe tuvo que jugar en su lugar.
4. José Morales tiene un banco y su hijo Pepe trabaja allí.
5. El profesor Fernández está en el hospital y la Sra. Ramírez da las clases en su lugar.
6. Anita cree que es importante trabajar mientras estudia.
7. Pablo va a ir a Puerto Rico. Piensa viajar en la TWA.
8. Miguel tiene un reloj que no necesita y quisiera la grabadora de una amiga.

ACTIVIDAD 29: La esperanza y el miedo   Todos tenemos esperanzas y miedos sobre el futuro. Lee la siguiente lista de frases y di si te dan miedo o si son tus esperanzas. Sigue el modelo.

Emotion = subjunctive

➤   Espero (que) . . . / Tengo miedo de que . . .

1. la gente / preocuparse / por la ecología
2. (yo) ayudar / a otras personas
3. el mundo / tener / una guerra nuclear
4. la gente del mundo / vivir / en paz
5. California / tener / un terremoto *(earthquake)*
6. (yo) conseguir / un trabajo bueno
7. (yo) sacar / buenas notas
8. todas las razas / aprender a vivir / juntas

ACTIVIDAD 30: Esperanzas   Haz una lista de cosas que esperas hacer en el futuro y otra de cosas que esperas que hagan tus compañeros de la clase.

Espero vivir en una ciudad grande porque . . .
Espero que Steve sea profesor de filosofía porque . . .

ACTIVIDAD 31: Nada es perfecto   En parejas, hagan una lista de algunas características positivas y otras negativas de su universidad. Usen expresiones como:

Positivas	**Negativas**
Me alegro de que . . .	Tengo miedo de que . . .
Es fantástico que . . .	¡Qué pena que . . . !
Me sorprendo de que . . .	Me sorprendo de que . . .
Estoy contento/a de que . . .	Es una lástima que . . .
Espero que . . .	Espero que . . .

ACTIVIDAD 32: El viaje a Cancún   Uno de Uds. acaba de recibir una carta, pero no sabe qué pensar. En parejas, hablen con su compañero/a para ver qué piensa de la carta. Usen frases como:

tengo miedo de que . . .	es posible que . . .
(no) creo que . . .	me sorprendo de que . . .
no hay duda (de) que . . .	siento que . . .
espero que . . .	es evidente que . . .

Estimado señor o Estimada señora:

Tengo el gusto de informarle que Ud. acaba de recibir un viaje para dos personas a Cancún, México, por una semana. Es posible que sea una segunda luna de miel, un regalo para su persona favorita o simplemente una manera de dejar el frío del invierno para ir al calor del Caribe. En Cancún, van a estar en los Condominios Miramar que se acaban de construir. Tienen playa, piscina, restaurante, bar, casino, discoteca y campo de golf de dieciocho hoyos. Van a recibir además un jeep gratis por esa semana para que viajen por el área.

Hay solamente una condición: es necesario que pasen una mañana visitando los Condominios Miramar con un representante del lugar.

El vuelo no está incluido, pero es posible hacer la reserva en vuelos especiales organizados por Maya Tours.

Para hacer la reserva en Cancún y para comprar sus pasajes de avión, llame al número 1-314-555-7859 y pregunte por Antonio González.

Ojalá que no pierdan esta oportunidad única en su vida. Esperamos que se diviertan en Cancún.

El agente de la felicidad,

Antonio González

Antonio González
Maya Tours

P.D. Una cosita más . . . Esperamos que Ud. nos permita usar su nombre y su foto para hacer publicidad de los Condominios Miramar.

Autorizo el uso de mi nombre y de mi foto para publicidad. _____
                          Firma

ACTIVIDAD 33: ¿Cuál?   Parte A: Tus amigos y tú siempre intentan tomar las mismas clases. Uds. tienen que tomar una clase de *Anatomía I* porque quieren ser médicos. Lee las descripciones de los siguientes profesores y decide con cuál de los tres quieres estudiar. Escribe tres razones por las que quieres tener a esta persona como profesor/a y escribe dos razones en contra de los otros dos.

Profesor Emilio Escarpanter

56 años. Es muy inteligente y viene a clase bien preparado, pero tiene una voz monótona. Sus clases no son interesantes, pero siguen una organización lógica y es muy fácil tomar apuntes. La asistencia a clase es obligatoria, y te baja la nota final si tienes muchas faltas. Tienes que leer muchísimo para la clase. Hay dos exámenes parciales y un examen final. Sus exámenes son muy difíciles (se basan en los apuntes de clase y las lecturas), pero el 45% de la clase recibe buenas notas.

Apuntes = class notes; **notas** = grades; **lecturas** = readings

Profesora Rosalía Obregón

45 años. Es muy inteligente y muy organizada en clase. Es cómica y explica las lecciones a base de ejemplos divertidos. A veces trae su guitarra a clase y canta canciones para ayudar a los estudiantes a recordar la materia importante. Es necesario asistir a clase todos los días. También hay que leer mucho y saber la materia antes de ir a clase porque la participación cuenta un 25% de la nota final. Hay un proyecto que también cuenta un 25% y un examen final que cuenta el 50%. Ella no tiene fama de regalar buenas notas, pero es justa. Hay que trabajar mucho en su clase, pero los estudiantes saben la materia al terminarla.

Profesora Enriqueta Maldonado

45 años. Es muy inteligente, pero desorganizada en clase. Si un estudiante tiene preguntas es mejor verla fuera de clase. Es muy simpática y escribe buenas cartas de recomendación. La asistencia no es obligatoria y los exámenes se basan en las

lecturas, no en la materia presentada en clase. Sus exámenes son relativamente fáciles y el 65% de los estudiantes recibe buena nota, pero por lo general no están bien preparados para *Anatomía II* al terminar el curso.

Parte B: En grupos de tres, decidan con quién van a tomar la clase. Usen frases como:

es posible que . . .   dudo que . . .
es una lástima que . . .   es mejor que . . .
creo que . . .

VOCABULARIO FUNCIONAL

Los pasatiempos
Ver página 218.

Cosas de la cocina
Ver página 219.

La comida
Ver página 228.

Otro vocabulario relacionado con la comida

la ensalada	*salad*
el postre	*dessert*
el primer plato	*first course*
el segundo plato	*second course*

Preparando la comida

añadir	*to add*
cocinar	*to cook*
cortar	*to cut*
darle la vuelta	*to turn over, flip*
freír	*to fry*
poner la mesa	*to set the table*
revolver	*to mix*

Adverbios
Ver página 221.

Verbos

alegrarse de	*to be happy about*
arreglar	*to fix; to arrange*
dudar	*to doubt*
sentir	*to feel sorry*
sorprenderse de	*to be surprised about*

Expresiones impersonales de duda

no es cierto	*it isn't true*
no está claro	*it isn't clear*
es dudoso	*it's doubtful*
no es evidente	*it isn't evident*
(no) es posible	*it is/isn't possible*
(no) es probable	*it is/isn't probable*
no es verdad	*it isn't true*

Expresiones impersonales de certeza

es cierto	*it's true*
está claro	*it's clear*
es evidente	*it's clear, evident*
es obvio	*it's obvious*
es verdad	*it's true*
no hay duda (de)	*there's no doubt*

Expresiones impersonales de emoción

es fantástico	*it's fantastic*
es una pena	*it's a pity*
qué lástima	*what a shame*
qué pena	*what a pity*

Palabras y expresiones útiles

estar seguro/a (de)	*to be sure*
hay que + *infinitive*	*one/you must* + verb
el mal de ojo	*a curse*
mientras tanto	*meanwhile*
No puedo más.	*I can't take it anymore.*
¿No sabías?	*Didn't you know?*
¡Qué mala suerte!	*What bad luck!*
Somos tres.	*There are three of us.*
tal vez/quizás + *subjunctive*	*perhaps/maybe*
tener suerte	*to be lucky*

TravelTur

Visiones de palmas / San Juan, Puerto Rico

Antes de ver

ACTIVIDAD 1: ¿Qué quieres ver? En este segmento del video, Andrés ya llegó a Puerto Rico para filmar un anuncio comercial para TravelTur. Antes de ver el video, contesta las siguientes preguntas.

1. ¿Dónde está Puerto Rico exactamente?
2. ¿Crees que una persona de los Estados Unidos necesite pasaporte para visitar Puerto Rico? ¿Por qué sí o no?
3. ¿Qué tiempo hace en Puerto Rico?
4. ¿Cómo crees que sea la composición étnica de Puerto Rico? ¿Hay muchos blancos, negros, orientales, indígenas, mestizos, mulatos?
5. ¿Qué prefieres que filme Andrés para el anuncio comercial de Puerto Rico?

¿LO SABÍAN?

Ya no hay indígenas en Puerto Rico porque la llegada del europeo no sólo significó grandes cambios para las personas y el futuro de la isla, sino que también marcó la llegada de enfermedades como el sarampión, la viruela y la sífilis. La gran mayoría de los taínos, los indígenas de la isla, murieron de estas enfermedades. En gran parte, por esta tragedia de la historia, hoy en día no se ven rasgos indígenas en la cara de los puertorriqueños. Mientras ves el programa sobre Puerto Rico, observa los rasgos físicos de las personas para ver la variedad étnica que encontramos hoy en día en Puerto Rico.

Mientras ves

ACTIVIDAD 2: Los detalles En este segmento sobre Puerto Rico, la gente va a hablar de varios temas *(themes)*. Lee la lista de temas y después, mientras miras el video, apunta el orden en que los mencionan en el programa.

VER TODO EL PROGRAMA

_____ el tipo de playa que quiere visitar Andrés

_____ Jorge, el cocinero, y su apartamento nuevo

_____ qué va a filmar Andrés

_____ la ciudad natal de Raquel

_____ Adriana, la prima de Andrés

_____ los deportes

ACTIVIDAD 3: El tiempo libre Mira el segmento del video otra vez para contestar estas preguntas.

DESDE 28:15 HASTA 28:44

1. Según Andrés, ¿qué deportes se juegan mucho en Texas?
2. ¿Cuál es el deporte favorito de Andrés?
3. Según Jorge, ¿cuáles son los deportes más populares en Puerto Rico?

ACTIVIDAD 4: Un poco de exageración   Cuando Andrés le describe a Jorge adónde quiere ir, la conversación se convierte en *(it becomes)* una competencia verbal llena de exageración. Mira esta parte breve del video otra vez y rellena los espacios con las palabras que faltan.

DESDE 28:52
HASTA 29:30

ANDRÉS	Tengo visiones de palmas . . . del _____ . . . del mar . . .
JORGE	Tú lo que quieres es una _____.
ANDRÉS	¡Eso! Quiero ir a una playa que _____ . . .
JORGE	. . . aguas cristalinas _____ de cielo.
ANDRÉS	Sí . . . que tenga _____ puro . . .
JORGE	Que _____ tranquila . . .
ANDRÉS	Y también _____.

ACTIVIDAD 5: ¿Jorge el gran cocinero?   Lee las siguientes preguntas, después mira otra vez el segmento de la conversación entre Andrés, Jorge y Raquel cuando hablan del apartamento de Jorge. En parejas, contesten las siguientes preguntas.

DESDE 30:06
HASTA 30:36

1. ¿Dónde van a comer y qué piensa Raquel sobre eso?
2. ¿Cómo es el nuevo apartamento de Jorge?
3. ¿Raquel cree que Jorge pueda cocinar bien?

Después de ver

ACTIVIDAD 6: Un poco de ironía   Con un/a compañero/a, imita el estilo y el humor de la conversación entre Andrés y Jorge cuando hablan de la playa ideal. Hablen de uno de los siguientes temas. Para repasar el contenido de la conversación, miren la *Actividad 4*.

1. la clase ideal
2. el lugar ideal para pasar las vacaciones de primavera
3. el novio o la novia ideal

CAPÍTULO 10

▶ *Niños en una carreta en Costa Rica. ¿Para qué se usan las carretas?*

CHAPTER OBJECTIVES

- Making use of postal services
- Expressing likes, dislikes, complaints, and opinions
- Avoiding redundancies in everyday speech
- Talking about sports
- Describing actions, situations, people, and things in the past
- Tell what you used to do

¡Feliz día!

▲ *San José, Costa Rica.*

echar de menos	to miss (someone or something)
a lo mejor	perhaps
quedarse en + *place*	to stay in / at + *place*
aburrirse como una ostra	to be really bored (literally, to be bored like an oyster)

Después de pasar dos años en España sin ver a su familia, Vicente regresa a Costa Rica de vacaciones para ver a sus padres y para celebrar su cumpleaños.

ACTIVIDAD 1: ¿Cierto o falso? Mientras escuchas la conversación entre Vicente y sus padres, escribe **C** si la oración es cierta y **F** si la oración es falsa.

1. _____ Hace un mes que Vicente le mandó una tarjeta a su madre.
2. _____ A la madre le gustó la tarjeta.
3. _____ Hoy es el cumpleaños de Vicente.
4. _____ Los padres de Vicente le compraron un regalo.
5. _____ Vicente y sus padres van a ir a Sarchí.
6. _____ Es posible que Vicente le compre un regalo a Teresa.

VICENTE	No saben cuánto me gusta estar en Costa Rica otra vez; siempre los echo de menos a Uds. y a mis amigos.
MADRE	Y a nosotros nos encanta tenerte en casa, hijo.
VICENTE	Por cierto, mamá, no dijiste nada sobre la tarjeta que te mandé para tu santo.
MADRE	Pero, ¿qué tarjeta? Yo no recibí nada.
VICENTE	Te la mandé hace un mes por avión.

Complaining

PADRE	Es que el correo es terrible. Mandas cosas y tardan un siglo en llegar, si llegan.
MADRE	No te preocupes; ya va a llegar. Además, mi mejor regalo es tener a mi hijo aquí con nosotros, gracias a Dios.
VICENTE	Gracias, mamá. Bueno, ¿qué vamos a hacer hoy?
PADRE	Primero, vamos a darte tu regalo de cumpleaños; aquí lo tienes. Te lo compramos porque sabemos que es algo que necesitas. ¡Feliz cumpleaños!
VICENTE	. . . ¡Una raqueta de tenis! Hace mucho tiempo que no juego. Muchas gracias mamá . . . papá.
PADRE	¿Te gusta?

Expressing likes

VICENTE	¡Me fascina!
PADRE	Bueno, ahora vamos a ir a Sarchí para ver las carretas.
VICENTE	¿Para el festival?
PADRE	Sí, lo celebran hoy.

Discussing memories

VICENTE	¡Pura vida![1] Echo de menos el "canto" de las carretas. Tenía tres años cuando subí a la carreta del abuelo por primera vez y me fascinó. ¿Vienes con nosotros, mamá?
MADRE	No, me quedo aquí porque me duele la cabeza y quiero dormir un poco.
VICENTE	Pero mamá, . . . te vas a aburrir como una ostra.
MADRE	No, es mejor que vayan Uds. solos. ¡Ah! ¡Oye! Sarchí es un buen lugar si quieres comprarle algo de artesanía típica a Teresa.
VICENTE	A lo mejor le regalo una carreta pequeña.

Avoiding redundancies

PADRE	Yo conozco un lugar perfecto donde se la puedes comprar.
VICENTE	Bueno, voy a echarle gasolina al carro. Ahorita vengo, papá. Adiós mamá; espero que te mejores.
MADRE	Hasta luego, mi amor; que Dios te acompañe.
PADRE	. . . ¿Ya llamaste a todos sus amigos?
MADRE	Sí, vienen como a las ocho. A Vicente le va a encantar verlos a todos. Tengo mucho que hacer mientras Uds. están en Sarchí. No pueden llegar hasta las 9:00, ¿eh?

_____
[1] That's great! (Costa Rican expression)

ACTIVIDAD 2: Preguntas Después de escuchar la conversación otra vez, contesta estas preguntas.

1. ¿Por qué le mandó Vicente una tarjeta a su madre?
2. Según el padre de Vicente, ¿qué ocurre cuando se mandan cosas por correo?
3. ¿Qué van a hacer Vicente y su padre en Sarchí?
4. ¿Qué va a pasar esta noche en la casa de Vicente?
5. ¿Es verdad que a la madre de Vicente le duele la cabeza?
6. La madre de Vicente usa frases de origen religioso. ¿Cuáles son?

En español las palabras **Dios** y **Jesús** se oyen con frecuencia en las conversaciones. Esto no significa que la persona que las usa sea religiosa o irrespetuosa. Algunas expresiones comunes que se usan son **¡Por Dios!, ¡Dios mío!, Con la ayuda de Dios, ¡Sabe Dios . . . !** (Who knows . . . !), **Dios mediante** (God willing) y **Que Dios te acompañe** (May God go with you). ¿Es común usar el nombre de Dios en los Estados Unidos?

ACTIVIDAD 3: Echo de menos . . .   Ahora que Uds. están en la universidad, deben echar de menos algunas cosas de su vida anterior (casa, pueblo, escuela secundaria, familia, etc.). En parejas, hagan una lista de cinco cosas que echan de menos y de tres cosas que no echan de menos. Después, compartan sus ideas con la clase.

➤   Paul echa de menos a su perro . . . y yo echo de menos . . .

LO ESENCIAL I

El correo

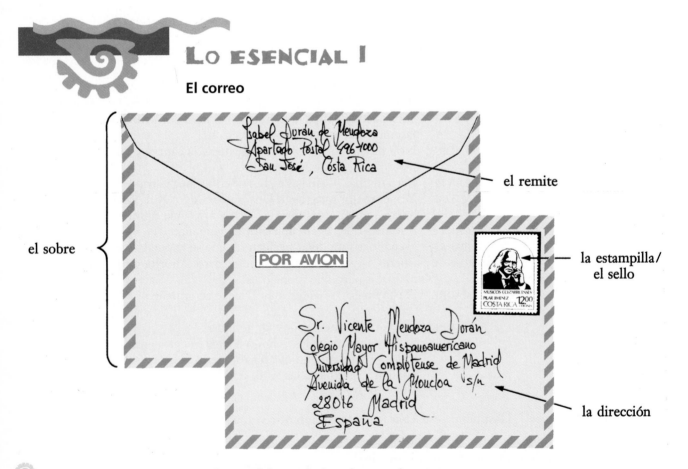

el remite

el sobre

la estampilla/
el sello

POR AVION

la dirección

Practice this vocabulary while receiving and sending letters.

Otras palabras relacionadas con el correo

el buzón mailbox	**mandar una carta** to send a letter
la carta letter	**el paquete** package
el/la cartero letter carrier	**la (tarjeta) postal** postcard
certificado/a certified	**el telegrama** telegram
hacer cola to stand in line	

ACTIVIDAD 4: En orden, por favor   En parejas, pongan estas oraciones sobre el correo en orden lógico.

_____ Busco un buzón.

_____ Escribo el remite en el sobre.

_____ Le pongo una estampilla.

_____ Echo la carta en el buzón.

_____ Escribo la carta.

_____ La pongo en un sobre.

_____ Escribo la dirección en el sobre.

ACTIVIDAD 5: Definiciones   En parejas, una persona define palabras que tienen que ver con el correo y la otra adivina qué palabras son. Altérnense frecuentemente.

➤   A: Si quiero mandarte un libro, te mando esto.
     B: Un paquete.

ACTIVIDAD 6: ¿Coleccionas estampillas?   Uds. coleccionan estampillas y van a intercambiarlas. Quieren saber de dónde son y qué representan las estampillas de su compañero/a. En parejas, "A" cubre la Columna B y "B" cubre la Columna A. "A" colecciona estampillas de personas famosas y animales y a "B" le gustan las estampillas de lugares históricos y objetos.

Atahualpa, the last Incan emperor. **Gen. Antonio José de Sucre,** politician and general. Fought to liberate Ecuador and Peru. **Gabriela Mistral,** Chilean poet. **Pablo Picasso,** Spanish painter. **Simón Bolívar, "el Libertador,"** the George Washington of northern South America.

A   **B**

HACIA LA COMUNICACIÓN I

I. Expressing Likes, Dislikes, Complaints and Opinions: Using Verbs Like *Gustar*

The verb agrees with what is loved, hurt, etc. The indirect-object pronoun tells who is affected. See Ch. 2 and review **gustar** if needed.

In Chapter 2, you learned how to use the verb **gustar.**

¿**Te gusta** el festival?
Nos gustan las carretas de Sarchí.

1. Here are some other verbs that function like **gustar:**

doler (ue) to hurt	**fascinar** to like a lot; to find fascinating
encantar to like a lot, love	**importar** to matter
faltar to lack; to be missing	**molestar** to be bothered by, find annoying

¿**Le duelen** los pies a la madre de Vicente?	*Do Vicente's mother's feet hurt? (Literally: Do her feet hurt her?)*
A Vicente **le encanta** visitar a su familia.	*Vicente loves to visit his family. (Literally: Visiting his family is really pleasing to him.)*

2. The verb **parecer** *(to seem)* is used much like **gustar,** except that it must be immediately followed by an adjective, an adverb, or a clause introduced by **que.**

Me parecen bonitas esas estampillas.	*Those stamps seem pretty to me.*
A él **le parece que** va a llover.	*It seems to him that it's going to rain.*

When **parecer** is used in a question with the word **qué,** its meaning changes to *how do/does/did . . . like . . . ?*

¿Qué **te pareció** el regalo?	*How did you like (What did you think of) the present?*

II. Avoiding Redundancies: Combining Direct- and Indirect-Object Pronouns

Before studying the grammar explanation, answer this question based on the conversation:

• When Vicente and his father say the following, what do the highlighted words refer to? *"Te **la** mandé hace un mes . . ."* / *"Te **lo** compramos porque sabemos . . ."*

In Chapters 6 and 7 you learned how to use the indirect- and the direct-object pronouns separately. The indirect object tells *for whom* or *to whom* the action is done and the direct object is the person or thing that directly receives the action of the verb.

Indirect-Object Pronouns		Direct-Object Pronouns	
me	nos	me	nos
te	os	te	os
le	les	lo, la	los, las

Le mandé un regalo a mi amiga.   *I sent a gift to her (to my friend).*

—¿Mandaste el regalo?   *Did you send the gift?*
—Sí, **lo** mandé.   *Yes, I sent it.*

Remember: Indirect before direct (I.D.).

1. When you use both an indirect- and a direct-object pronoun in the same sentence, the indirect-object pronoun immediately precedes the direct-object pronoun.

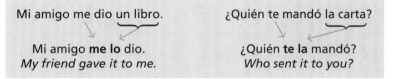

Mi amigo me dio un libro.   ¿Quién te mandó la carta?

Mi amigo **me lo** dio.   ¿Quién **te la** mandó?
My friend gave it to me.   *Who sent it to you?*

2. The indirect-object pronouns **le** and **les** become **se** when combined with the direct-object pronouns **lo, la, los,** and **las.**

le/les ⟶ **se** + lo/la/los/las

Le voy a pedir un café (a Inés). ⟶ **Se lo** voy a pedir (a Inés/a ella).
Les escribí las instrucciones (a ellos). ⟶ **Se las** escribí (a ellos).

Remember to add accents when needed.

3. Remember that object pronouns either precede a conjugated verb or are attached to the end of an infinitive or present participle.

Do mechanical drills, Workbook, Part I.

Se lo mandé ayer.
Se lo voy a mandar.   Voy a mand**árselo.**
Se la estoy escribiendo.   Estoy escrib**iéndosela.**

ACTIVIDAD 7: Los dolores   Después de jugar un partido de fútbol, los atletas profesionales siempre tienen problemas. Mira el dibujo de estos atletas y di qué les duele.

➤   Al número 10 le duele el codo.

ACTIVIDAD 8: ¿Lo odias, te gusta o te encanta?   Vas a hacer una encuesta. Pregúntales a tus compañeros si les gustan estas cosas. Anota *(Jot down)* sus nombres en la columna apropiada.

➤   ¿Te gusta la comida picante?

No, la odio.   Sí, me gusta.   Sí, me encanta.

	ODIAR	GUSTAR	ENCANTAR
la comida picante	____	____	____
los postres	____	____	____
la música clásica	____	____	____
cocinar	____	____	____
los juegos electrónicos	____	____	____
fumar	____	____	____
tomar vino	____	____	____
hacer gimnasia	____	____	____

ACTIVIDAD 9: Las cosas que te faltan   Imagina que acabas de mudarte a un apartamento semiamueblado. Escribe una lista de cinco cosas que te faltan. Después, en parejas, comparen sus listas.

➤   Me falta una lavadora para lavar la ropa.

ACTIVIDAD 10: ¿Te molesta?   **Parte A:** En parejas, digan si les encanta o si les molesta hablar de los siguientes temas: la política, la religión, el arte, la música, los problemas de otros, sus problemas, la economía, las estadísticas *(statistics)*, la comida, la vida de personas famosas, los deportes, la ropa.

Parte B: Teniendo en cuenta los temas que le encantan a tu compañero/a, debes sugerirle una revista.

➤   Como te encanta la música, te aconsejo que compres *Rolling Stone*.

ACTIVIDAD 11: ¿Qué te pareció?   En parejas, túrnense para hacer preguntas sobre las opiniones que tienen sobre estos temas.

➤   A: ¿Qué te pareció la última prueba de la clase de español?
    B: Me pareció fácil/difícil/justa/etc.

1. el partido del *Superbowl* del año pasado
2. los resultados de las últimas elecciones
3. la última película de Jodie Foster
4. el juicio *(trial)* de O. J. Simpson
5. tus clases del semestre pasado
6. el último disco compacto de Madonna

ACTIVIDAD 12: La redundancia   Estos diálogos tienen mucha repetición innecesaria. En parejas, arréglenlos para que sean más naturales.

1. A: ¿Piensas comprarle un regalo a tu hermano?
   B: Sí, pienso comprarle un regalo a mi hermano mañana.
   A: ¿Cuándo vas a mandarle el regalo a tu hermano?
   B: Voy a mandarle el regalo a mi hermano mañana por la tarde.

Note: The indirect-object pronouns **le** and **les** become **se** when followed by **lo, la, los,** and **las.**

2. A: Vicente, ¿le trajiste los cubiertos a Teresa?
   B: No, no le traje los cubiertos a Teresa. ¿Quieres que le traiga los cubiertos a Teresa mañana?
   A: Claro que mañana puedes traerle los cubiertos.
3. A: ¿Cuándo vas a prepararme la comida?
   B: Voy a prepararte la comida más tarde.
   A: Siempre dices que vas a prepararme la comida y nunca me preparas la comida. No me quieres.
   B: ¡Cómo molestas! Ya estoy preparándote la comida.

ACTIVIDAD 13: ¿Ya lo hiciste?   En parejas, formen dos conversaciones lógicas. Tienen la primera oracione de cada conversación y sólo deben terminarlas con oraciones de la siguiente lista. Al final van a tener dos conversaciones de seis líneas cada una. Las dos primeras oraciones son:

Conversación no. 1	**Conversación no. 2**
—¿Me compraste el champú?	—¿Me compraste la cinta?
—???	—???

Ah, es verdad. Las tengo en la chaqueta.
Sí, te lo compré. ¿Y tú? ¿Le diste las cartas al cartero?
Ya te lo di, ¿no?
No, no se las di.
Perfecto. ¿Puedes darme las llaves del carro?
Sí, se lo di.
Ah, es cierto. Se lo mandé al dueño ayer.
Sí, te la compré. ¿Y tú? ¿Le diste el paquete al cartero?
Ya te las di, ¿no?
¿Puedes mandarlas mañana, por favor? ¿Y cuándo vas a darme el dinero del alquiler?

ACTIVIDAD 14: En la oficina   En parejas, una persona es el/la empleado/a y cubre la Columna A y la otra persona es el/la jefe/a y cubre la Columna B. Los dos quieren saber si la otra persona hizo las cosas que tenía que hacer. El/La jefe/a hace preguntas primero, basándose en la información de la Columna A.

> Jefe/a: ¿Le mandaste el telegrama a la directora de la compañía M.O.L.A.?
> Empleado/a: Sí, ya se lo mandé. / No, no se lo mandé.

Use **Ud.** when speaking to your boss.

A check mark indicates that the task has been completed.

A (Jefe/a)	**B (Empleado/a)**
Esto es lo que tiene que hacer tu empleado/a hoy:	Esto es lo que tienes que hacer hoy:
☐ pedirle los documentos al Sr. Lerma	☐ pedirle los documentos al Sr. Lerma
☐ mandarle un telegrama al Dr. Fuentes	☑ mandarle un telegrama al Dr. Fuentes
☐ llamar a la agente de viajes	☐ llamar a la agente de viajes
☐ comprar estampillas	☑ comprar estampillas
☐ darle la información a la doctora Ramírez	☑ darle la información a la doctora Ramírez

Ahora, el/la empleado/a hace las preguntas, basándose en la información de la Columna B.

A (Jefe/a)

Cosas que debes hacer hoy:

- ☑ mandarle la carta a la Srta. Pereda
- ☐ escribirle a la Sra. Hernández
- ☑ darle las instrucciones a la secretaria nueva
- ☑ preguntarles su dirección a los Sres. Montero
- ☐ llamar al médico

B (Empleado/a)

Cosas que debe hacer tu jefe/a hoy:

- ☐ mandarle la carta a la Srta. Pereda
- ☐ escribirle a la Sra. Hernández
- ☐ darle las instrucciones a la secretaria nueva
- ☐ preguntarles su dirección a los Sres. Montero
- ☐ llamar al médico

NUEVOS HORIZONTES

Estrategia de lectura: *Finding References*

In Spanish, as in English, writers frequently use pronouns to avoid redundancies. As one reads, it is necessary to identify the reference for subject, object, and reflexive pronouns.

> Subject pronouns: **yo, tú, Ud., él, ella, nosotros/as, vosotros/as, Uds., ellos/as**
> Direct-object pronouns: **me, te, lo/la, nos, os, los/las**
> Indirect-object pronouns: **me, te, le, nos, os, les**
> Reflexive pronouns: **me, te, se, nos, os, se**

Note: The indirect-object pronouns **le** and **les** become **se** when followed by **lo, la, los,** or **las.**

It is also important when reading in Spanish to identify the subjects of the verbs. When trying to identify them keep the following information in mind.

- If the subject is overtly stated, it may precede or follow the verb.

  Mi perro viene sólo cuando **mi padre** lo llama.
  Mi perro viene sólo cuando lo llama **mi padre.**

- A subject pronoun may replace a noun or the verb may be used alone to avoid redundancy. If the latter occurs, the subject must be determined from context.

  Juan y Pepe vienen tarde. / **Ellos** vienen tarde. / Vienen tarde.

- Subjects usually follow verbs that work like **gustar** or may be omitted altogether. Infinitives may also serve as subjects of these types of verbs.

  ¿Le gustan **los deportes** mucho? Sí, le gustan mucho.
  ¿Le gusta **jugar** mucho? Sí, le gusta mucho.

- With the verb **parecer** a clause introduced by the word **que** can function as a singular subject or the clause may be omitted altogether.

  Me parece **que la película es interesante.**
  Me parece interesante.

- At times, a subject may be omitted even though it wasn't mentioned earlier in the reading. This is done when the subject is obvious as it is in this sentence:

Lo pusieron en la prisión por robar un banco.

It is clear that the subject is "police officers or members of the justice system" because they are the only logical choices.

You will practice identifying subjects of verbs and finding references for pronouns in this reading passage.

NOTE: The article you are going to read has some verb endings that are new to you. You should be able to easily identify the infinitives. These new endings refer to actions that *used to happen*. The endings are part of the *imperfect* which you will study in the second part of this chapter.

ACTIVIDAD 15: PREDICCIONES   Parte A: Vas a leer un artículo que se llama *El fútbol y yo*. ¿Qué opiniones crees que tenga el autor sobre el fútbol?

Parte B: Lee el artículo rápidamente para confirmar o corregir tu predicción.

El fútbol y yo

ADOLFO MARSILLACH

Hay algunas cosas de **las** que últimamente me estoy *quitando*. Y entre **ellas** está el fútbol. Ya no me **gusta**. Recuerdo que cuando era jovencito jugué de portero y me metían
5 muchos goles, pero yo lo pasaba muy bien. Luego, **me** hice partidario de un equipo de mi ciudad que **perdía** casi siempre. Este fracaso continuo me parecía fascinante porque venía a
10 coincidir con mi idea romántica de entender la vida. (Me **encanta** sentirme al lado de los perdedores. No hay que darme las gracias, naturalmente).
15 En aquella época, el fútbol reunía dos condiciones estupendas: era un juego que se basaba en atacar y hacer gol y, por otra, los jugadores pertenecían a la región que
20 **representaba** el equipo para el que **estaban jugando**. En cuanto se **pusieron** de moda las tácticas defensivas y se contrataron — a precios irritantes — futbolistas de todos los países del mundo, comencé a aburrirme como una ostra. (No sé quién descubrió que 25 las ostras se aburren: seguramente alguien que no tenía nada que hacer).

Y, además, está lo de las *primas*. Me **parece** escandaloso que se premie a un individuo para que haga bien 30 algo que está obligado a no hacer mal. Vamos, como si a un actor **le** entregaran unas pesetillas para que diga su texto sin equivocarse.

Bueno, lo dejo, no vaya a dar ideas. 35

Adolfo Marsillach es director de la Compañía Nacional de Teatro Clásico.

▲ Un partido entre Bolivia y España.

1. ¿A qué o a quiénes se refieren estos pronombres?
   a. **las** en la línea 1
   c. **me** en la línea 6
   b. **ellas** de la línea 2
   d. **le** en la línea 32
2. ¿Cuáles son los sujetos de estos verbos?
   a. **gusta** en la línea 2
   e. **estaban jugando** en la línea 21
   b. **perdía** en la línea 7
   f. **pusieron** en la línea 21
   c. **encanta** en la línea 11
   g. **parece** en la línea 29
   d. **representaba** en la línea 20

ACTIVIDAD 17: ¿Qué opinas? **Parte A:** El autor, Adolfo Marsillach, está un poco disgustado con el fúbol. ¿Cuáles de las siguientes razones da él? Es posible marcar más de una.

1. Es un juego lento y aburrido.
2. Su equipo favorito siempre pierde.
3. Los jugadores del mismo equipo son de todas partes del mundo.
4. A los jugadores les dan demasiado dinero y hasta les dan pagos extras simplemente por hacer su trabajo.
5. Hay muchos escándalos hoy en día, como el consumo de drogas ilegales.

Parte B: En parejas, discutan las siguientes preguntas sobre los deportes.

1. ¿Creen Uds. que los atletas reciban demasiado dinero?
2. ¿Creen Uds. que las universidades abusen de sus atletas?
3. ¿Qué les gustaría ser: un político famoso, un atleta famoso, un actor famoso o una persona normal con un trabajo interesante?
4. Las mujeres atletas normalmente reciben menos dinero que los hombres. ¿Creen Uds. que esto cambie en el futuro? ¿Va a ser más popular que ahora el basquetbol o el voleibol de mujeres?
5. ¿Se sorprenden Uds. de que atletas como Mike Tyson, Diego Maradona y O. J. Simpson tengan problemas con la ley? ¿Por qué sí o no?

Estrategia de escritura: *Avoiding Redundancies*

When writing, one should avoid repetition, particularly of nouns. When you write, try to use possessive adjectives, object pronouns, and demonstrative adjectives and pronouns.

ACTIVIDAD 18: El Canal de Panamá La siguiente historia del Canal de Panamá tiene cinco redundancias que están en bastardilla *(italics)*. Lee el texto y después escribe la historia nuevamente evitando estas redundancias.

En 1881 una compañía francesa inició la construcción del Canal de Panamá, pero en 1889 decidió abandonar *la construcción del canal* por la malaria y la fiebre amarilla de esa zona que causaron muchas muertes. En 1901, la compañía francesa les ofreció a los Estados Unidos los derechos del proyecto *de la compañía francesa*, pero Panamá en esa época era parte de Colombia y a *Colombia* no le gustó la oferta y no aceptó *la oferta*. Entonces, los Estados Unidos ayudaron a Panamá a independizarse y construyeron el canal; terminaron *el canal* en 1914.

LO ESENCIAL II

Los artículos de deporte

Jugar a los bolos = jugar al boliche

El Estadio del Deporte

312 Alcalá   Tel: 456 33 42

SE CIERRA EL NEGOCIO

GRANDES REBAJAS

Tenemos todo lo que Ud. necesite para los deportes: en el campo de fútbol, en la cancha de tenis, en el gimnasio. Uniformes de todo tipo.

1. balones de fútbol, fútbol americano, basquetbol y pelotas de tenis, squash, golf y béisbol
2. raqueta de tenis y de squash
3. palos de golf
4. cascos de bicicleta, moto y fútbol americano
5. pesas
6. bolas de bolos
7. patines de hielo y de ruedas
8. esquíes de agua y de nieve
9. bates
10. guantes de béisbol, boxeo y ciclismo
11. uniformes de todo tipo

ACTIVIDAD 19: Asociaciones   Asocia estas personas con un deporte y los objetos que se usan en ese deporte.

1. Conchita Martínez y Gabriela Sabatini
2. Pelé
3. Grant Hill
4. Fernando Valenzuela
5. Laverne y Shirley
6. Katarina Witt y Dorothy Hamill
7. Arnold Schwarzenegger
8. Muhammad Ali y Sugar Ray Leonard
9. Nancy López y Seve Ballesteros
10. Joe Montana y Steve Young

ACTIVIDAD 20: Categorías   Pon los artículos de deportes en las siguientes categorías.

1. cosas que se usan en deportes de equipo o deportes individuales
2. cosas que se usan dentro de un gimnasio o al aire libre
3. cosas de madera, de metal o de plástico

ACTIVIDAD 21: Rebajas   En parejas, Uds. están casados y tienen cuatro hijos. Acaban de ver el anuncio del Estadio del Deporte y, ahora cuando todo está barato, van a comprar algunas cosas para sus hijos. Usen la información que tienen sobre los gustos de sus hijos para decidir qué les van a comprar. Usen frases como **es mejor que, dudo que, es posible que.**

Miguel: 18 años; siempre está en el gimnasio, es muy fuerte, juega al squash y practica boxeo
Felipe: 16 años; le encanta el ciclismo y juega al fútbol
Ángeles: 14 años; le gusta patinar en el verano y juega al béisbol
Patricia: 10 años; juega al tenis, pero todavía no juega muy bien; le gusta montar en bicicleta

ACTIVIDAD 22: ¿Son Uds. deportistas?   En grupos de cuatro, identifiquen estos equipos y digan de dónde son, a qué deporte juegan, cómo se llama el estadio donde juegan y cuáles son los colores de su uniforme.

➤ El equipo de los Packers es de Green Bay, Wisconsin. Ellos juegan al fútbol americano en el Estadio Lambeau. Los colores de su uniforme son verde y amarillo.

1. Yankees   4. Dodgers
2. Bears   5. Padres
3. Broncos   6. Redskins

ACTIVIDAD 23: ¿Y tú?   En parejas, pregúntenle a su compañero/a qué deportes practica y qué equipo *(gear)* tiene para jugarlos.

ACTIVIDAD 24: Opiniones   Los deportes favoritos cambian de país en país. En grupos de cuatro, hablen sobre cuáles creen que sean los deportes más populares de los Estados Unidos, de Argentina y del Caribe y por qué creen que sean populares. Después de terminar, comparen sus opiniones con las de otros grupos.

¿ L O   S A B Í A N ?

En la mayoría de los países hispanos el fútbol es el deporte más popular. Es un deporte muy económico porque sólo se necesita un balón y se puede jugar en cualquier lugar. En el Caribe el deporte más popular es el béisbol. Los norteamericanos lo llevaron a esta zona porque tiene un clima ideal que permite practicar el deporte todo el año.

En países como España, México y Perú, la corrida de toros es popular. A mucha gente le gusta ver la corrida y la considera un arte y no un deporte, pero también hay muchas personas a quienes no les gusta. ¿Crees que la corrida de toros sea cruel? ¿Por qué crees que algunos la consideran un arte?

▲ Jóvenes juegan al béisbol en La Habana, Cuba.

Teresa, campeona de tenis

▲ Una puesta del sol en Playa Grande en Tamarindo, Costa Rica.

cambiando de tema	changing the subject
dejar de + *infinitive*	to stop/quit + *-ing*
Te va a salir caro.	It's going to cost you.

Vicente acaba de volver de sus vacaciones en Costa Rica y está hablando con Teresa.

ACTIVIDAD 25: ¿Qué hizo? Mientras escuchas la conversación, marca las cosas que Vicente hizo en Costa Rica.

1. _____ Pasó tiempo con sus padres.

2. _____ Salió con sus amigos.

3. _____ Votó en las elecciones.

4. _____ Fue a la playa.

5. _____ Jugó un partido de fútbol.

6. _____ Fue a un partido de fútbol.

7. _____ Notó tensión por problemas económicos.

8. _____ Jugó al tenis.

	TERESA	¿Qué tal todo por Costa Rica?
	VICENTE	¡Pura vida!, como decimos allí.
	TERESA	¿Qué hiciste?
Telling about a series of completed past actions	VICENTE	Visité a mis padres, salí con mis amigos, fui al interior y a la playa . . .
	TERESA	O sea . . . un viaje típico.
Telling about a completed past event	VICENTE	¡Ah! ¿No te dije que fui a un partido de fútbol en que jugó Hugo Sánchez? Fue estupendo. Me divertí mucho.
	TERESA	¡Qué bueno! Y tu familia, ¿cómo está?
	VICENTE	Todos bien, pero hay muchos problemas económicos en Centroamérica y aun en Costa Rica se siente la tensión.
	TERESA	Pero la situación en Costa Rica es bastante buena, ¿no?
	VICENTE	Sí, es cierto, pero todavía así hay tensión.
	TERESA	Bueno, pero cambiando de tema, ¿qué hiciste con tus amigos?
	VICENTE	Pues . . . salir, nadar, jugar al tenis; mis padres me regalaron una raqueta de tenis fenomenal para mi cumpleaños.
	TERESA	¡Ah! ¿Te gusta el tenis? No sabía que jugabas.
Describing habitual past actions	VICENTE	Sí, empecé a jugar cuando tenía ocho años. Practicaba todos los días, pero dejé de jugar cuando vine a España.
	TERESA	Yo también jugaba mucho.
	VICENTE	¿Y ya no juegas?
Indicating the end of an action	TERESA	Muy poco, pero me encanta. ¿Sabes? Fui campeona de mi club en Puerto Rico hace tres años, pero dejé de jugar cuando tuve problemas con una rodilla.
	VICENTE	Pero, vas a jugar conmigo, ¿no?
	TERESA	Claro que sí . . . y te voy a ganar.
	VICENTE	¿Y qué pasa si le gano a la campeona?
	TERESA	Dudo que puedas. Pero, si ganas tú, te invito a comer y si gano yo, tú me invitas. ¿De acuerdo?
	VICENTE	De acuerdo, pero creo que debes ir al banco ya para sacar dinero porque la comida te va a salir muy cara.

ACTIVIDAD 26: ¿Entendiste? A veces, para entender una conversación se necesita saber algo de política, deportes, arte, cine, etc. Para entender la conversación entre Vicente y Teresa es importante saber algunas cosas. En parejas, traten de contestar estas preguntas.

1. ¿Qué deporte es uno de los más populares en Costa Rica?
2. ¿Qué tipo de problemas hay en Centroamérica?
3. ¿Sabes qué países de Hispanoamérica tienen una economía estable?

ACTIVIDAD 27: ¿Quién va a ganar?   En parejas, y usando la información de la conversación, decidan quién va a ganar el partido de tenis, Teresa o Vicente, y por qué.

ACTIVIDAD 28: Problemas económicos   Uds. acaban de recibir la cuenta de Visa y no tienen dinero para pagarla. En parejas, decidan qué van a dejar de hacer para ahorrar (save) el dinero.

➤   Ahora fumo mucho, pero puedo dejar de fumar.

HACIA LA COMUNICACIÓN II

Describing in the Past: The Imperfect

Before studying the grammar explanation, answer this question based on the conversation:

- Do the sentences **"Practicaba todos los días . . ."** and **"Yo también jugaba mucho"** refer to actions that occurred only once in the past or to habitual actions in the past?

As you have already learned, the preterit in Spanish talks about completed past actions. There is another set of past tense forms, the imperfect, whose main function is to describe.

A. Formation of the Imperfect

1. To form the imperfect of *all* **-ar** verbs, add **-aba** to the stem.

Note accents.

caminar	
camin**aba**	camin**ábamos**
camin**abas**	camin**abais**
camin**aba**	camin**aban**

2. To form the imperfect of **-er** and **-ir** verbs, add **-ía** to the stem.

volver		salir	
volv**ía**	volv**íamos**	sal**ía**	sal**íamos**
volv**ías**	volv**íais**	sal**ías**	sal**íais**
volv**ía**	volv**ían**	sal**ía**	sal**ían**

3. There are only three irregular verbs in the imperfect.

ser		ver		ir	
era	éramos	veía	veíamos	iba	íbamos
eras	erais	veías	veíais	ibas	ibais
era	eran	veía	veían	iba	iban

B. Using the Imperfect

1. As you learned in Chapter 9, the imperfect is used when telling time and one's age in the past. The imperfect is also used when describing people, places, situations, or things in the past, as well as ongoing past states of mind and feelings. It is frequently used to set the scene.

Mi abuela **era** pequeña y **tenía** pelo blanco.	*My grandmother was small and had white hair. (description of a person)*
Había mucha gente en la fiesta de Vicente.*	*There were many people at Vicente's party. (description of a situation)*
Hacía mucho calor en la playa.	*It was very hot at the beach. (setting the scene)*
Vicente **estaba** contento con su trabajo.	*Vicente was happy with his job. (ongoing past feelings)*

*NOTE: **Había** means both *there was* and *there were*.

2. The imperfect is used for habitual or repetitive actions in the past.

Voy a ir = I'm going to go.
Iba a ir = I was going to go.

Diana **iba** a clase todos los días.	*Diana used to go to class every day. (habitual action)*
Se levantaban temprano, **desayunaban** y **leían** el periódico.	*They used to get up early, eat breakfast, and read the newspaper. (a series of habitual actions)*

Do mechanical drills, Workbook, Part II.

ACTIVIDAD 29: Los deportes que jugabas Habla con un mínimo de cinco personas para averiguar a qué deportes jugaban cuando estaban en la escuela secundaria.

Description of habitual past actions.

> A: ¿A qué deportes jugabas?
> B: Jugaba al fútbol, al béisbol, . . .

ACTIVIDAD 30: Vida activa **Parte A:** Tacha *(cross out)* las cosas que no hacías cuando asistías a la escuela primaria.

1. leer mucho
2. jugar Nintendo, Sega, etc.
3. nadar en una piscina
4. mirar mucha televisión
5. jugar en un equipo
6. tocar un instrumento musical
7. invitar a mis amigos a mi casa
8. comer en casa de amigos
9. dormir en casa de amigos
10. mentirles a mis padres
11. hablar en clase
12. ser buen/a estudiante

Parte B: En parejas, entrevístense para ver qué hacían cuando eran niños. Sigan el modelo.

> A: ¿Leías mucho?
> B: Sí, leía mucho. / No, no leía mucho.

Parte C: En parejas, pensando en las respuestas de su compañero/a díganle cuáles de los siguientes adjetivos describen mejor cómo era él/ella de niño/a y por qué.

1. extrovertido/a o introvertido/a
2. hablador/a o callado/a
3. travieso/a u obediente
4. activo/a o inactivo/a
5. bien/mal educado/a

Bien educado/a = well behaved / mannered

ACTIVIDAD 31: El extraterrestre   Uds. vieron a un extraterrestre. En grupos de tres, contesten estas preguntas para describirlo. Después, léanle su descripción al resto de la clase.

Description of a person or thing.

1. ¿Dónde estaban ustedes cuando lo vieron?
2. ¿Día?
3. ¿Hora?
4. ¿Qué tiempo hacía?
5. ¿Cómo era?
6. ¿Color?
7. ¿Cuántos ojos?
8. ¿Llevaba ropa?
9. ???

ACTIVIDAD 32: La rutina diaria   En parejas, describan un día típico de su vida cuando tenían quince años. Digan qué hacían con sus amigos.

Description of habitual past actions.

ACTIVIDAD 33: ¿Tenías razón?   En grupos de tres, piensen en las ideas que tenían sobre la universidad antes de comenzar el primer año y digan si estas ideas cambiaron o no. ¿Qué pensaban y qué piensan ahora?

➤   Yo pensaba que las clases eran difíciles, pero ahora me parece que son fáciles.

ACTIVIDAD 34: Ilusiones y desilusiones   En parejas, pregúntenle a su compañero/a (1) qué fantasías tenía cuando era niño/a y cuándo dejó de creer en ellas, y (2) si hacía ciertas cosas y cuándo dejó de hacerlas. Usen las siguientes listas.

Describing ongoing past states of mind.

¿Creías en estas cosas?	**¿Hacías estas cosas?**
en Santa Claus	odiar a los chicos/las chicas
en el Coco (*boogie man*)	dormir con la luz encendida (*lit*)
en el ratoncito (*tooth fairy*)	jugar con pistolas/muñecas (*dolls*)
que había monstruos (*monsters*) debajo de la cama	comer toda la comida
que la cigüeña (*stork*) traía a los bebés	

Ahora comenten esta pregunta: ¿Es bueno que los niños tengan fantasías? ¿Por qué sí o no?

ACTIVIDAD 35: La escuela   En parejas, Uds. van a entrevistarse (*interview each other*) sobre sus escuelas primarias. Usen la siguiente información como base de la entrevista y anoten las respuestas. Hagan preguntas como, **¿Era grande o pequeña tu escuela primaria? ¿Cuántos estudiantes había?**

Description of a place.

Remember:
hay = there is/there are
había = there was/there were

La escuela primaria

nombre de la escuela
ciudad
escuela pública o privada
escuela grande, mediana o pequeña
número de estudiantes
maestro/a favorito/a
clases favoritas
programas deportivos

¿LO SABÍAN?

Por influencia de Alemania y de los Estados Unidos, en muchos países hispanos se habla de Santa Claus o Papá Noel. En algunos países, como Argentina, Uruguay y Puerto Rico, los niños reciben los regalos de Papá Noel o del Niño Jesús a la medianoche del veinticuatro de diciembre (Nochebuena).

En España, México y otros países hispanos, de la misma manera que en Bélgica y Francia, los Reyes Magos (*Three Wise Men*) les traen los regalos a los niños el 6 de enero. En los Estados Unidos, Santa Claus llega en trineo (*sled*), entra por la chimenea, deja los regalos y pone dulces en los calcetines que los niños cuelgan (*hang*) allí. En cambio, en otros países los Reyes Magos llegan en camello y dejan los regalos en los balcones o cerca de las ventanas. Con frecuencia, en las ventanas de la casa, los niños ponen los zapatos llenos de paja (*hay*) para los camellos y al día siguiente encuentran los regalos al lado de ellos.

▲ *En Tizimín, estado de Yucatán en México, se celebra la Epifanía. ¿Sabes cuándo es la Epifanía?*

ACTIVIDAD 36: Mi dormitorio   Escribe una composición sobre cómo era tu dormitorio y qué hacías allí cuando tenías diez años. Sigue este bosquejo.

Título: _____

I. Descripción física
   Muebles
   1. Cama (dormir solo/a o con hermano/a)
   2. Silla
   3. Cómoda
   4. Armario
   5. Escritorio

II. Decoración y diversión
   A. Color
   B. Carteles (*Posters*)
   C. Juguetes (*Toys*)
   D. Televisión, estéreo, radio, etc.

III. Actividades y cuándo
   A. Con amigos
      1. Jugar
      2. Hablar
      3. Dormir
   B. Solo/a
      1. Leer
      2. Escuchar música
      3. Estudiar
      4. Mirar televisión

IV. Conclusión
   Por qué me gustaba/no me gustaba

VOCABULARIO FUNCIONAL

El correo

la dirección	*address*
la estampilla/el sello	*stamp*
el remite	*return address*
el sobre	*envelope*

Otras palabras relacionadas con el correo

Ver página 242.

Palabras y expresiones útiles

aburrirse como una ostra	*to be really bored (literally, to be bored like an oyster)*
a lo mejor	*perhaps*
cambiando de tema	*changing the subject*
dejar de + infinitive	*to stop, quit + -ing*
echar de menos	*to miss (someone or something)*
quedarse en + place	*to stay in /at + place*
Te va a salir caro.	*It's going to cost you.*

Otros verbos

Ver página 244.

Artículos de deporte

Ver página 251.

Palabras relacionadas con los deportes

el balón	*ball (large)*
los bolos	*bowling*
el boxeo	*boxing*
el campeón/la campeona	*champion*
el equipo	*team; equipment, gear*
el estadio	*stadium*
ganar	*to win; to earn*
montar en bicicleta	*to ride a bicycle*
el partido	*game*
patinar	*to skate*
la pelota	*ball (small)*

CAPÍTULO 11

Bogotá, Colombia.

CHAPTER OBJECTIVES

- Explaining medical problems
- Naming the parts of a car and items associated with it
- Describing and narrating past events
- Expressing two actions that occurred at the same time
- Telling about past actions in progress and what interrupted them

De vacaciones y enfermo

(No) vale la pena.	It's (not) worth it.
(no) vale la pena + *infinitive*	it's (not) worth + *-ing*
ahora mismo	right now
además	besides

Don Alejandro, el tío de Teresa, tuvo que ir a Bogotá en un viaje de negocios y decidió llevar a toda su familia para hacer turismo. Cuando estaban allí, su hijo, Carlitos, no se sentía bien y lo llevaron al médico para ver qué tenía.

ACTIVIDAD 1: Marca los síntomas   Mientras escuchas la conversación en el consultorio de la doctora, marca los síntomas que tenía Carlitos.

____ diarrea	____ fiebre
____ hemorragia	____ náuseas
____ falta de apetito	____ dolor de cabeza
____ dolor de estómago	____ dolor de pierna

ENFERMERA   Pasen Uds.

ALEJANDRO   Gracias . . . Buenos días, doctora.

DOCTORA   ¿Cómo están Uds.?

ALEJANDRO   Mi esposa y yo bien, pero Carlitos nos preocupa. Ayer, el niño estaba bien cuando se levantó; fuimos a visitar la Catedral de Sal, y cuando caminábamos en la mina, de repente el niño empezó a quejarse de dolor de estómago, tenía náuseas, vomitó una vez y no quiso comer nada en todo el día.

CARLITOS   Me sentía muy mal. Hoy me duele la pierna derecha y casi no puedo caminar.

Explaining symptoms

	DOCTORA	¿También tenía fiebre o diarrea?
	ROSAURA	Ayer tenía 39 de fiebre por la noche.
	DOCTORA	A ver, Carlitos, ¿puedo examinarte?
	CARLITOS	¿Me va a doler?
	DOCTORA	No, y tú eres muy fuerte . . . ¿Te duele cuando te toco aquí?
	CARLITOS	No.
	DOCTORA	¿Y aquí?
Expressing pain	CARLITOS	¡Ay, ay, ay!
	DOCTORA	Bueno, creo que debemos hacerle un análisis de sangre ahora mismo. Pero por los síntomas, es muy posible que tenga apendicitis.
	ALEJANDRO	¿Hay que operarlo?
	DOCTORA	Si es apendicitis, hay que internarlo en el hospital y mientras tanto, hay que darle unos antibióticos para combatir la infección.
Speculating	ROSAURA	Entonces, quizás tengamos que quedarnos unas semanas en Bogotá.
	ALEJANDRO	Claro, y Cristina y Carlitos van a perder el comienzo de las clases. Tal vez valga la pena buscarles un profesor particular.
Expressing desires	CARLITOS	¡Ay mamá! No quiero que me operen. Y, además, yo quería ir a Monserrate y subir en funicular y . . . y ahora no voy a poder.
	ALEJANDRO	Vamos, Carlitos. No te preocupes. Vas a ver que la operación no es tan mala. Te prometo que antes de regresar a España te vamos a llevar a Monserrate; dicen que desde allí, la vista de la ciudad es muy bonita.
	CARLITOS	Bueno, pero, también puedo . . . y quisiera . . . y . . .

ACTIVIDAD 2: ¡Pobre Carlitos!   Después de escuchar la conversación otra vez, pon esta lista en orden cronológico. Luego, en parejas, comparen sus respuestas.

_____ antibióticos

_____ tener dolor de estómago, náuseas y no querer comer

_____ operación

_____ dolor de pierna

_____ 39°C de fiebre

_____ análisis de sangre

ACTIVIDAD 3: La mala noticia   En parejas, una persona es don Alejandro y la otra persona es Teresa. Don Alejandro llama a Teresa a España para explicarle qué le pasó a Carlitos.

ACTIVIDAD 4: ¿Vale la pena?   Habla de las cosas que vale o no vale la pena hacer, formando oraciones con frases de las tres columnas.

si no estás enamorado/a		trabajar
si buscas trabajo		ir a la playa
si eres gordo/a		estudiar mucho
si hace mucho frío	(no) vale la pena	hacer ejercicio
si te gusta Tom Hanks		tomar clases
si necesitas dinero		ver su última película
si quieres saber esquiar bien		casarte
		correr todos los días
		alquilar unos esquíes
		ir a Puerto Rico
		hablar con tu jefe/a

¿ **LO SABÍAN?**

En Colombia hay muchos lugares de atracción turística. La Catedral de Sal, que está cerca de Bogotá, es uno de ellos. Es una iglesia muy grande que se construyó en 1954 debajo de la tierra, en una mina de sal que los indígenas ya explotaban antes de la llegada de los españoles a América.

▲ *Catedral de Sal, Zipaquirá, Colombia.*

LO ESENCIAL I

I. La salud

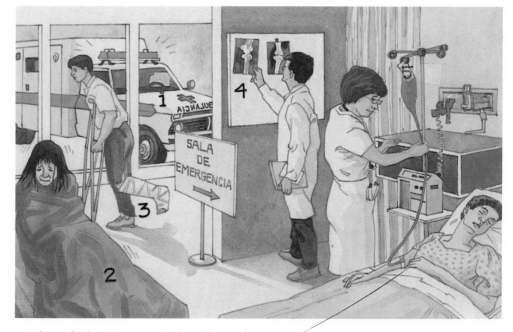

1. la ambulancia
2. tener escalofríos
3. la fractura
4. la radiografía
5. la sangre

Otras palabras útiles

la enfermedad sickness, illness	**tener**
estar mareado/a to be dizzy	**buena salud** to be in good health
estar resfriado/a to have a cold	**catarro/un resfrío** to have a cold
estornudar to sneeze	**diarrea** to have diarrhea
la herida injury, wound	**fiebre** to have a fever
la infección infection	**gripe** to have the flu
romperse (una pierna) to break	**náuseas** to feel nauseous
(a leg)	**tos** to have a cough
sangrar to bleed	**toser** to cough
vomitar/devolver (ue) to vomit	

ACTIVIDAD 5: Los síntomas   Di qué síntomas puede tener una persona que . . .

1. tiene gripe
2. tuvo un accidente automovilístico
3. está embarazada
4. tiene mononucleosis

Embarazada *(Pregnant)* is a false cognate.

ACTIVIDAD 6: Una emergencia   En parejas, "A" es la Sra. Porta, esposa de la víctima de un accidente; "B" es el doctor. El doctor llama a la Sra. Porta para explicarle qué le pasó a su esposo, basándose en la información de la siguiente ficha médica.

Víctima is always feminine, even when referring to males.

> A: ¿Aló?
> B: Buenos días. ¿Habla la Sra. Porta?
> A: Sí . . .
> B: Señora, le habla el Dr. Bello del Hospital Fulgencio Yegros . . .

Sala de Emergencias ✚ Hospital Centro Médico Fulgencio Yegros

Fecha:	14/X/93
Hora:	6:30 p.m.
Paciente:	Mariano Porta Lerma
Dirección:	Avenida Bolívar, 9
Ciudad:	Asunción
Teléfono:	26-79-08
Estado civil:	casado
Alergias:	penicilina
Diagnóstico:	contusiones; fractura de la tibia izquierda
Tratamiento:	5 puntos en el codo derecho
Causa:	accidente automovilístico

Ernesto Bello

Puntos = stitches

II. Las medicinas

¿Tiene tos? ¿No puede respirar?
¿Tiene fiebre? ¿Estornuda?

Para matar el catarro use
R e s p i r a   L i b r e
2 cápsulas cada 8 horas

Si tose y no puede dormir,
busque una noche de tranquilidad

con el jarabe
Noche de Paz

el antibiótico   antibiotic
la aspirina   aspirin
la cápsula   capsule
la inyección   injection

el jarabe   (cough) syrup
la píldora/pastilla   pill
la receta médica   prescription
el vendaje   bandage

▲ *Puesto de un mercado donde se venden hierbas para combatir diferentes enfermedades: úlceras, gases de estómago, bronquitis, etc. La Paz, Bolivia.*

Si viajas a un país hispano y te enfermas a las tres de la mañana, ¿adónde vas para comprar medicinas? En muchas ciudades hispanas hay farmacias de turno, o de guardia, adonde puedes ir durante la noche. Éstas se anuncian en el periódico o en la puerta de las farmacias mismas.

FARMACIAS

Farmacias en servicio de urgencia día y noche, ininterrumpidamente.

Tetuán-Fuencarral-Peña Grande y barrio del Pilar: Bravo Murillo, 257 / San Modesto, 42 (delante de la clínima Ramón y Cajal) / San Benito, 20 (Ventilla) / Sangenjo, 5 (semiesquina a Ginzo de Limia) / Capitán Haya, 5.

Universidad-Moncloa: Martín de los Heros, 48 (esquina a Rey Francisco) / Fernando el Católico, 12.

Chamberí: Divino Pastor, 28 (próximo a San Bernardo) / Plaza de San Juan de la Cruz, 3 (frente al Ministerio de la Vivienda)

Centro-Latina: Marqués de Valdeiglesias, 6 (semiesquina a Gran Vía, 2) / Paseo Imperial, 29 (semiesquina a Gil Imón, 10) / Argensola, 12 (semiesquina a Génova).

Carabanchel-Extremadura: López Mezquia, 13 (semiesquina a Vía Carpetana, 103) / Cariñena, 2 (paseo de Extremadura, 324, Campamento) / Albares de la Ribera, 6 (Carabanchel Alto) / Pericles, 11 (entrada por Caramuel, 52) / San Clemente, 20 (entrada por Camino Viejo de Leganés, 146) / José Cabrera, 11 (Carabanchel Alto; colonia de San Federico).

Arganzuela-Villaverde-Usera: Paseo de Yeserías, 51 (puente de Praga) / Moncada, 116 (San Cristóbal de los Ángeles; Torres Rojas) / Fernando Díaz de Mendoza, 43 / Avenida de Orcasur, 16.

Chamartín-Hortaleza-Canillas: Clara del Rey, 37 / Mar Báltico, 3 (esquina a Liberación) / Cuevas de Almanzora, s/n (barrio del Apóstol Santiago; junto al mercado) / Joaquín Costa, 27.

Ventas-San Blas-Canillejas: Ezequiel Solana, 110 / Valderrobles, 26 (P. Canillejas; Circe) / Verdaguer y García, 44 (paralela a la avenida de Badajoz) / Caunedo, 57 (entrada por la avenida de Aragón, 50) / Valdecanillas, 39 (San Blas).

Salamanca: Alcalá, 219 (entre Manuel Becerra y Ventas) / López de Hoyos, 7 (entre Serrano y Castellana).

Retiro-Mediodía: Marqués de Lozoya, 19 (parque de Roma) / Fúcar, 10 / Avenida de la Ciudad de Barcelona, 108 (frente a la basílica de Atocha).

Vallecas, Puente de: Avenida de la Albufera, 302 (colonia Sandi) / Sierra Toledana, 21.

Vallecas, Pueblo de: Montes Barbanza, 13 (urbanización Saconia; al lado de los jardines).

Moratalaz: La Marroquina, 94 (al final del parque).

Vicálvaro: Avenida Real, 29.

ACTIVIDAD 7: Asociaciones Di qué medicinas asocias con estas marcas.

Bayer, Contac, Formula 44, ACE, Valium, NyQuil

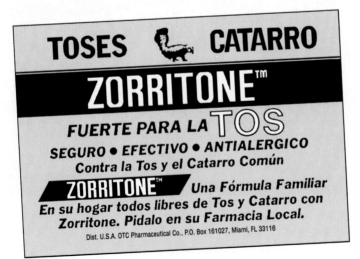

¿Para qué es esta medicina?

ACTIVIDAD 8: Tratamientos   Di cuáles son algunos tratamientos para los siguientes síntomas. ¡Ojo! Hay muchas posibilidades.

Problema	**Debe / Tiene que . . .**
1. Una persona se cortó y está sangrando.	A. comer poco y beber agua de botella
2. Tiene tos.	B. ponerse un vendaje
3. Tiene una infección de oído.	C. llamar una ambulancia
4. Está resfriado.	D. tomar pastillas para la alergia
5. Tiene fiebre.	E. tomar antibióticos
6. Tiene diarrea.	F. acostarse y descansar
7. Se rompió el brazo.	G. tomar un jarabe
8. Estornuda cuando está cerca de los gatos.	H. tomar aspirinas

ACTIVIDAD 9: Consejos   En parejas, "A" se siente enfermo/a y llama a su compañero/a para quejarse *(to complain)*. "B" le da consejos. Después cambien de papel.

> ➤   B: ¿Aló?
> A: Hola, habla . . .
> B: Ah, hola. ¿Qué tal?
> A: La verdad, no muy bien. Tengo fiebre y no tengo mucho apetito.
> B: ¡Qué lástima! Te aconsejo que tomes dos aspirinas y te acuestes. / Debes tomar dos aspirinas y acostarte.

HACIA LA COMUNICACIÓN I

I. Describing Past Actions in Progress: The Imperfect

Before studying the grammar explanation, answer these questions:

- In the conversation between the Domínguez family and the doctor, do the highlighted actions in the following sentence indicate two consecutive actions or one action in progress interrupted by another? ". . . y cuando *cami-nábamos* en la mina, de repente el niño *empezó* a quejarse de dolor de estómago . . ."

- Look at the following sentences and identify the uses of the imperfect that you have practiced.
  a. *Eran* las 11:00 de la mañana.
  b. El niño *tenía* cuatro años.
  c. *Era* un día horrible; *llovía* y *hacía* frío.
  d. Él siempre *se levantaba* temprano.

1. In addition to the uses you have seen, the imperfect describes two simultaneous actions in progress in the past.

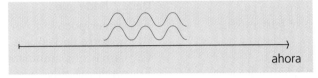

ahora

Tú **leías** mientras ella **trabajaba.**   *You were reading while she was working.*

2. A past action in progress can also be expressed by using the past continuous.

estaba + *present participle* = imperfect

Estaba llov**iendo.** = Llovía.
Estábamos viv**iendo** en Panamá. = Vivíamos en Panamá.

II. Narrating and Describing: Contrasting the Preterit and the Imperfect

As you have already learned, the preterit is used to talk about or *narrate* completed actions in the past, and the imperfect is used to *describe* in the past. If you think of the preterit as a polaroid camera that gives you individual, separate shots of events, you can think of the imperfect as a video camera that gives a series of continuous shots of a situation, or a picture that is prolonged over an indefinite period of time.

En la fiesta la gente **cantaba** y **bailaba.** Por eso el señor **llamó** a la policía.

1. The preterit narrates:
   a. a specific action in the past or a series of completed past actions

En 1990 mi familia **fue** a Colombia.

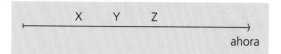

Entré en la casa, **fui** a la cocina y **tomé** un vaso de agua fría.

   b. an action that occurred over a period of time for which specific time limits or boundaries are set

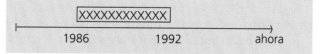

Mi familia **vivió** en España seis años.

   c. the beginning or the end of an action

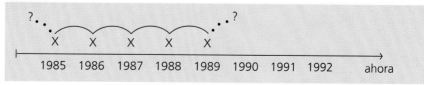

La película **empezó** a las nueve.
Cuando la película **terminó,** salimos.

NOTE: There are many verbs that denote the start or end of an action.

   Él **se enfadó** conmigo.   *He got mad at me.*

2. The imperfect describes:
   a. a repetitive or habitual past action or a series of repetitive or habitual past actions

Antes **íbamos** a Colombia todos los años.

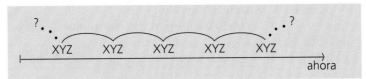

Todos los días yo **entraba** en la casa, **iba** a la cocina y **tomaba** un vaso de agua fría.

b. a past action or series of actions with no specific time limits stated by the speaker

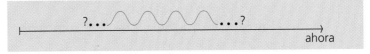

Mi familia **vivía** en España.

3. When talking about the past, the imperfect sets or describes the background and tells what was going on. It refers to an action in progress or a certain situation that existed. The preterit narrates what occurred against the background situation or what interrupted an action in progress. Examples follow.

Ella **leía** (estaba leyendo) cuando él **entró.**

a. an action in progress interrupted by another action

Caminábamos por la calle cuando **explotó** la bomba.

b. a situation that existed when another action occurred

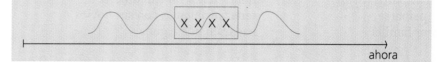

Cuando yo **vivía** en Quito, **trabajé** en un banco por cuatro meses.

c. a background to an action that occurred

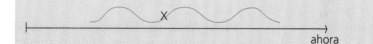

Do mechanical drills, Work-book, Part I.

Era invierno cuando **fui** a Chile por primera vez.

ACTIVIDAD 10: Estaba . . .   En parejas, digan qué estaban haciendo ayer a las siguientes horas.

➤   A: ¿Qué estabas haciendo a las ocho y diez de la mañana ayer?
    B: A las ocho y diez, yo estaba durmiendo. / A las ocho y diez, yo dormía.

1. 7:00 A.M.   5. 6:05 P.M.
2. 9:30 A.M.   6. 8:45 P.M.
3. 12:15 P.M.   7. 10:30 P.M.
4. 3:30 P.M.   8. 11:45 P.M.

ACTIVIDAD 11: Descripciones   En grupos de tres, describan cómo creen que eran las siguientes personas u otros personajes famosos.

Description in the past.

➤   George Washington tenía pelo blanco, era alto, tenía dientes de madera, . . .

Winston Churchill, Cleopatra, Don Quijote, Abraham Lincoln, Napoleón, Romeo y Julieta

ACTIVIDAD 12: Las costumbres Hay ciertos personajes de la televisión que todos conocemos. En parejas, digan qué cosas de la lista hacían los siguientes personajes en sus programas de televisión: Gilligan, Marcia Brady, Roseanne, Hawkeye Pierce, Kramer. ¡Ojo! Hay más de una respuesta correcta.

Repeated habitual actions in the past.

llevar la misma ropa siempre
hablar con Greg
caerse mucho
ser médico en Corea
fumar puros (*cigars*)
no peinarse
tener familia

besar a las enfermeras (*nurses*)
llevar ropa de los años setenta
ser amigo de Radar
vivir en un apartamento
nunca tener mucho dinero
tener problemas con sus novios
nadar en una laguna

ACTIVIDAD 13: ¿Qué tiempo hacía? En parejas, digan adónde fueron el verano pasado, qué hicieron y qué tiempo hacía.

ACTIVIDAD 14: La historia médica En parejas, hablen con su compañero/a sobre las enfermedades que tuvo durante el último año y los síntomas que tenía.

Past actions over an indefinite period of time.

ACTIVIDAD 15: Todos somos artistas **Parte A:** Rompe un papel en cuatro pedazos (*pieces*) iguales. En cada papel, dibuja las siguientes oraciones (algunas pueden necesitar dos dibujos).

1. El terrorista salía del banco cuando explotó la bomba.
2. El terrorista salió del banco y explotó la bomba.
3. Ella besaba a su novio cuando su padre entró.
4. Ella besó a su novio y su padre entró.

Parte B: Muéstrale tus dibujos a un/a compañero/a para que él/ella decida a cuál de las oraciones se refiere.

ACTIVIDAD 16: Dos cosas a la vez Muchas personas hacen dos cosas a la vez (*at the same time*). Piensa en lo que hacías ayer mientras hacías las siguientes cosas.

¿Qué hacías mientras . . .

1. . . . comías?
2. . . . hablabas por teléfono?
3. . . . escuchabas música?
4. . . . mirabas televisión?
5. . . . caminabas a clase?
6. . . . escuchabas al/a la profesor/a?

ACTIVIDAD 17: ¿Qué pasó? En parejas, pregúntenle a su compañero/a si le ocurrió alguna de estas cosas y averigüen qué estaba haciendo cuando le ocurrió.

➤ A: ¿Alguna vez dejaste las llaves en el carro?
B: Sí.
A: ¿Qué pasó?/¿Qué estabas haciendo?
B: . . .

Ongoing action interrupted by another action.

1. encontrar dinero
2. tener un accidente automovilístico
3. romperse una pierna/un brazo
4. perder una maleta
5. quemarse (*to burn oneself*)
6. ???

ACTIVIDAD 18: ¿Aló?   Aquí tienen la mitad *(half)* de una conversación telefónica. En parejas, inventen la otra mitad y preséntenle la conversación a la clase.

¿Dónde estaba José?
¿Con quién?
¿Qué estaban haciendo ellos mientras tú esperabas?
¿Qué ocurrió?
¡Por Dios! ¿Y después?
¿Qué hizo la policía?
¿De verdad?
¿Qué hacían ellos mientras la policía hacía eso?
¿Cómo se sentían?
¿Adónde fueron?

ACTIVIDAD 19: Objetos perdidos   En parejas, una persona perdió algo y va a la oficina de objetos perdidos para ver si está allí. La otra persona trabaja en la oficina y tiene que llenar este formulario haciendo las preguntas apropiadas.

Nombre: _____
Dirección: _____
Ciudad: _____
Teléfono: _____
Artículo perdido: _____
   Dónde: _____
   Cuándo: _____
   Descripción: _____

ACTIVIDAD 20: La entrevista   En parejas, una persona es Bárbara Walters y va a entrevistar a un actor famoso/una actriz famosa. El actor/La actriz tiene que usar la imaginación para contestar.

Nombre original
Trabajos extras que hacía cuando buscaba trabajo de actor/actriz
Primer trabajo de actor/actriz
   Descripción del trabajo
   Director/a
   Otros actores
Cirugía plástica   sí/no
Si contesta que sí: doctor/a
   Cómo era antes y después
Cuántas veces se casó   Por qué se divorció
   Descripción de sus esposos/as
Trabajo actual *(current)*
   Director   Cine / Teatro / Televisión   Comedia / Drama / etc.
Planes para el futuro

NUEVOS HORIZONTES

Estrategia de lectura: *Separating Reality From Fantasy*

When reading a work of literature, it is important to separate what may be reality from what may be fantasy. Once you have distinguished between the two, the meaning of the work becomes clearer.

You will get a chance to practice separating reality from fantasy when reading *Tragedia* by the Chilean author Vicente Huidobro. In this story, the author tells us about a woman named María Olga who seems to have a dual personality, just as she has a double first name.

ACTIVIDAD 21: María Olga   Mientras lees el cuento, anota en una hoja las características o acciones que se refieren a María o a Olga.

María	**Olga**
encantadora	muy encantadora
etc.	etc.

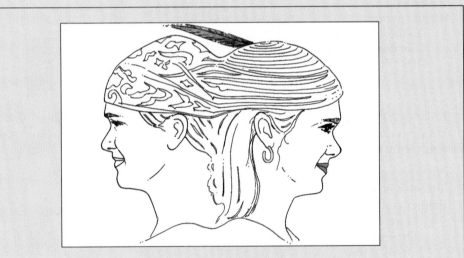

TRAGEDIA

Vicente Huidobro

MARÍA OLGA es una mujer encantadora. Especialmente la parte que se llama Olga.

Se casó con un mocetón grande y fornido, un poco torpe, lleno de ideas honoríficas, reglamentadas como árboles de paseo.

Pero la parte que ella casó era su parte que se llamaba María. Su parte Olga permanecía soltera y luego tomó un amante que vivía en adoración ante sus ojos.

Ella no podía comprender que su marido se enfureciera[1] y le reprochara[1] infidelidad. María era fiel, perfectamente fiel. ¿Qué tenía él que meterse con Olga?[2] Ella no comprendía que él no comprendiera[1]. María cumplía con su deber[3], la parte Olga adoraba a su amante.

¿Era ella culpable de tener un nombre doble y de las consecuencias que esto puede traer consigo?

Así, cuando el marido cogió el revólver, ella abrió los ojos enormes, no asustados, sino llenos de asombro, por no poder entender un gesto tan absurdo.

Pero sucedió que el marido se equivocó y mató a María, a la parte suya, en vez de matar a la otra. Olga continuó viviendo en brazos de su amante, y creo que aún sigue feliz, muy feliz, sintiendo sólo que es un poco zurda[4].

---

[1] Subjunctive verb forms referring to the past: **enfurecerse** *(to become angry)*, **reprochar** *(to reproach)*, and **comprender.**

[2] Why did he have to stick his nose in Olga's business?

[3] she did what she was supposed to do

[4] left-handed; awkward; incomplete

ACTIVIDAD 22: La narración   **Parte A:** Vuelve a leer el cuento y marca todos los verbos que aparecen en el pretérito.

Parte B: Ahora lee sólo las frases del cuento que tienen un verbo en el pretérito y di para qué se usa el pretérito en este cuento.

Parte C: Vuelve a leer el cuento y marca todos los verbos que aparecen en el imperfecto.

Parte D: Ahora lee sólo las frases del cuento que tienen un verbo en el imperfecto y di para qué se usa el imperfecto en este cuento.

ACTIVIDAD 23: ¿Realidad o no?   En parejas, discutan *(discuss)* el final del cuento. Decidan si el marido de verdad mató a María o si la acción de matarla fue solamente una metáfora. Estén preparados para defender su opinión.

Estrategia de escritura: *Narrating in the Past*

When narrating in the past, you need to say what happened (preterit) and add descriptive and background information (imperfect). As you saw while reading *Tragedia*, it is by combining the preterit and the imperfect that one is able to give a complete narration in the past.

ACTIVIDAD 24: Una anécdota   **Parte A:** Piensa en algo que ocurrió en el pasado. Puede ser una experiencia personal.

Parte B: Haz dos listas. La primera debe contar qué pasó y la segunda debe describir.

Qué pasó (pretérito)   Descripción (imperfecto)

Parte C: Ahora, combina las oraciones de la primera columna con las descripciones de la segunda para crear una historia con párrafos lógicos.

LO ESENCIAL II

El carro

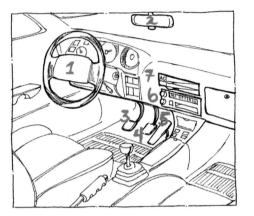

While in a car, practice vocabulary by quizzing yourself on car parts.

1. las luces
2. el parabrisas
3. el limpiaparabrisas
4. la llanta
5. la puerta
6. el baúl
7. el tanque de gasolina

1. el volante
2. el (espejo) retrovisor
3. el embrague
4. el freno
5. el acelerador
6. el/la radio
7. el aire acondicionado

Otras palabras relacionadas

el aceite   oil
la batería   battery
el cinturón de seguridad   seat belt

la licencia/el permiso de conducir
   driver's license
la matrícula/placa   license plate
el motor   engine

Verbos útiles

abrocharse el cinturón   to buckle the seat belt
apagar   to turn off
arrancar   to start the car

chocar   to crash
manejar/conducir   to drive
pisar   to step on
revisar   to check

ACTIVIDAD 25: Definiciones   En grupos de cuatro, una persona da definiciones de palabras asociadas con los carros y las otras personas tienen que adivinar qué cosas son.

➤   A: Es un líquido que cambias cada dos meses.
     B: El aceite.

ACTIVIDAD 26: Alquilando un carro   En grupos de tres, dos personas son amigos que van a alquilar un carro y la otra persona es el/la agente de alquiler. Tienen que decidir qué tipo de carro van a alquilar: **baúl grande/pequeño, aire acondiciona-do, radio, automático/con cambios,** etc.

ACTIVIDAD 27: Problema tras problema   Todos conocemos a alguien que tiene un carro desastroso. ¿Cuáles son algunos problemas que puede tener un carro? Por ejemplo:

➤ Consume muchísima gasolina.

ACTIVIDAD 28: La persuasión   En parejas, "A" es un/a vendedor/a de carros en Los Ángeles, California, y "B" quiere comprar un carro. El/La vendedor/a tiene que convencer al/a la cliente de que debe comprar este carro; el/la cliente quiere un buen precio.

➤ A: Buenos días. ¿En qué puedo servirle?
    B: Me interesa comprar este carro.
    A: ¡Ah! Es un carro fantástico. Tiene llantas Michelín . . .

radiocassette estéreo	estándar
llantas Michelín	estándar
cinturones de seguridad	estándar
limpiaparabrisas trasero	estándar
motor de seis cilindros	estándar
frenos hidráulicos	estándar
retrovisor diurno y nocturno	estándar
transmisión automática	$799
aire acondicionado	$599
ventanillas y cierre automáticos	$249
asientos de cuero	$489
Precio total sin impuestos ni matrícula	$24.995

Garantía: 7/70.000
35 millas por galón de gasolina

Si manejas, te juegas la vida

◄ *Cordillera Real, los Andes, Bolivia. ¿Te gustaría manejar en esta carretera?*

¡Qué lío!	What a mess!
¡Qué va!	No way!
para colmo	to top it all off
jugarse la vida	to risk one's life

Operaron a Carlitos y don Alejandro todavía tiene negocios que hacer. Por eso deja a la familia en Bogotá y se va en un carro alquilado hacia el sur del país. Don Alejandro tiene una conversación de larga distancia con su esposa.

ACTIVIDAD 29: ¿Cierto o falso? Mientras escuchas la conversación, marca **C** si estas oraciones son ciertas o **F** si son falsas. Corrige las oraciones falsas.

1. _____ Cuando don Alejandro llamó, su esposa estaba preocupada.
2. _____ Don Alejandro llegó muy tranquilo a Cali.
3. _____ El carro alquilado era un desastre.
4. _____ Las gasolineras estaban cerradas porque era mediodía.
5. _____ Carlitos va a salir mañana del hospital.

6. _____ Don Alejandro va a regresar en carro.

7. _____ A don Alejandro le fascina viajar en carro por Colombia.

ROSAURA	¿Aló? ¿Alejandro? ¡Por Dios! ¡Qué preocupada estaba! ¿Qué te pasó? ¿Por qué no me llamaste?
ALEJANDRO	Iba a llamarte ayer, pero no pude. No sabes cuántos problemas tuve con este carro que alquilé. Pero, ¿cómo sigue Carlitos?
ROSAURA	Sigue mejor; no te preocupes. Pero, ¿qué te pasó con el carro? ¿Dónde estás ahora?
ALEJANDRO	Pues, ya llegué a Cali, gracias a Dios, pero creí que nunca iba a llegar. ¡Qué lío! Manejar por los Andes es muy peligroso y, para colmo, el carro que alquilé casi no tenía frenos: Y como ya era tarde, las gasolineras estaban cerradas.
ROSAURA	Entonces, ¿qué hiciste?
ALEJANDRO	Pues seguí hasta que por fin encontré una gasolinera que estaba abierta. El mecánico era un hombre muy simpático y eficiente que arregló los frenos pronto, le echó gasolina al carro y revisó las llantas y el aceite.
ROSAURA	¡Virgen Santa! Pero, ¿estás bien?
ALEJANDRO	Sí, sí. Por fin llegué esta mañana con los nervios destrozados y dormí unas horas.
ROSAURA	Ojalá que ya no tengas más problemas. ¿Qué tal Cali?
ALEJANDRO	Muy agradable; tiene un clima ideal que es un alivio después del frío constante de Bogotá. Y tú, ¿estás bien?
ROSAURA	Sí, sólo un poco cansada. Carlitos tenía que salir del hospital hoy, pero los médicos dicen que debemos esperar hasta mañana. ¿Cuándo regresas?
ALEJANDRO	El jueves, si Dios quiere.
ROSAURA	¿Y piensas manejar?
ALEJANDRO	¡Qué va! Me voy por avión. Ahora entiendo por qué Colombia fue el primer país del mundo en tener aviación comercial. Si viajas en carro, ¡te juegas la vida!

Margin labels: *Stating intentions* · *Describing* · *Narrating a series of completed actions* · *Expressing an unfulfilled obligation*

ACTIVIDAD 30: ¡Vaya problemas!   Después de escuchar la conversación otra vez, contesta estas preguntas.

1. Cuando don Alejandro llamó, ¿dónde estaba él y dónde estaba su esposa, Rosaura?
2. Don Alejandro tuvo muchos problemas. ¿Cuáles fueron?
3. ¿Cómo era el mecánico?
4. ¿Por qué es difícil viajar en carro por Colombia?
5. ¿Manejaste alguna vez en las montañas? ¿Cómo era? ¿Tenías miedo mientras manejabas?

ACTIVIDAD 31: Casi me muero   En grupos de cinco, cuéntenles a sus compañeros una situación cuando se jugaron la vida.

➤ Javier bebió mucha cerveza, pero yo decidí ir con él en el carro. Él estaba manejando cuando, de repente, perdió el control y chocamos contra otro carro. Me di un golpe en la cabeza y terminé en un hospital. ¡Qué tonto fui! Aprendí que nunca se le debe permitir manejar a una persona después de beber.

Si viajas vas a encontrar que en muchos países hispanos no es común tener autoservicio en las gasolineras; normalmente hay personas que atienden a los clientes. También es más común encontrar carros pequeños y con cambios. ¿Por qué crees que es común tener carros pequeños en muchos países hispanos?

▲ *San Juan, Puerto Rico.*

HACIA LA COMUNICACIÓN II

I. Expressing Past Intentions and Responsibilities: *Iba a* + infinitive and *Tenía/Tuve que* + infinitive

1. To express what you were going to do, but didn't, use **iba a** + *infinitive*. To tell what you actually did, use the preterit.

Iba a estudi**ar,** pero **fui** a una fiesta.	*I was going to study, but I went to a party.*

2. To express what you had to do, and perhaps didn't, use **tenía que** + *infinitive*.

Tenían que trabaj**ar,** pero **fueron** al cine.	*They had to/were supposed to work, but they went to the movies. (They did not fulfill their obligation.)*
—**Tenía que** habl**ar** con el profesor.	*I had to/was supposed to speak with the professor.*
—¿Hablaste con él o no?*	*Did you speak with him or not?*

*NOTE: The listener does not know whether or not the obligation was fulfilled and therefore has to ask for a clarification.

3. To express what you had to do and did, use **tuve que** + *infinitive*.

—**Tuve que ir** al médico.	*I had to go to the doctor. (I had to and did go.)*
—¿Qué te dijo el médico?	*What did the doctor tell you?*

After studying the grammar explanation, answer the following questions:

• In the sentences that follow, who actually went to buy a present, the man or the woman? **Ella fue a comprarle un regalo. Él iba a comprarle un regalo.**

Simón Bolívar es una figura central en la independencia del norte de Suramérica. Liberó Colombia, Venezuela, Ecuador, parte del Perú y lo que hoy en día es Bolivia del dominio español. En 1819 llegó a ser el presidente de la Gran Colombia que estaba integrada por Colombia, Venezuela, Ecuador, Panamá y parte del Perú. A Bolívar y a José de San Martín se los considera los grandes héroes de la independencia de Suramérica. ¿Quiénes son los héroes de la independencia de los Estados Unidos?

Después de mirar

ACTIVIDAD 5: Tu opinión   Después de mirar el último segmento, en parejas, den su opinión sobre las siguientes oraciones.

1. Mañana Andrés va a ir a Sopó solo.
2. Carlos está celoso (*jealous*) de Andrés.
3. Andrés está celoso de Carlos.
4. A Cristina le interesa más Carlos que Andrés.

ACTIVIDAD 6: La comparación   En parejas, comparen físicamente a Andrés y a Carlos.

• If someone said, **"Tenía que comprarle un regalo"**, what would be a logical response, **¿Qué compraste?** or **¿Lo compraste al fin?**

II. *Saber* and *Conocer* in the Imperfect and Preterit

To review uses of **saber** and **conocer,** see Ch. 4.

Saber and **conocer** may have different meanings depending on whether they are used in the preterit or the imperfect. Note that the imperfect retains the original meaning of the verb.

	Imperfect	Preterit
conocer	knew	met (for the first time), became acquainted with
saber	knew	found out

Conocí a tu padre el sábado. ¡Qué simpático!	*I met your father on Saturday. He's really nice.*
Lo **conocía** antes de empezar a trabajar con él.	*I knew him before starting to work with him.*
Ella **supo** la verdad anoche.	*She found out the truth last night.*
Ella **sabía** la verdad.	*She knew the truth.*

III. Describing: Past Participle as an Adjective

The past participle can function as an adjective to describe a person, place, or thing. To form the past participle *(rented, done, said)* in Spanish, add **-ado** to the stem of all **-ar** verbs, and **-ido** to the stem of most **-er** and **-ir** verbs. When the past participle functions as an adjective it agrees in gender and number with the noun it modifies.

alquilar ⟶ alquil**ado**	perder ⟶ perd**ido**	servir ⟶ serv**ido**

Él fue a Cali en un carro **alquilado.**	*He went to Cali in a rented car.*
Sólo encontró gasolineras **cerradas.**	*He only found closed gas stations.*

Remember that **ser** is used to describe *the being* and **estar** is used to describe *the state of being*. When the past participle is used to emphasize a condition resulting from an action, it functions as an adjective that describes the state of being, and therefore, is used with **estar**.

estar + *past participle*

Cerraron las gasolineras.	*They closed the gas stations.*
Las gasolineras **están cerradas** ahora.	*The gas stations are closed now.*
Ella se sentó.	*She sat down.*
Ya **está sentada.**	*She is already sitting/seated.*

Do mechanical drills, Workbook, Part II.

ACTIVIDAD 32: Buenas intenciones   En español, como en inglés, hay un refrán que dice, "No dejes para mañana lo que puedas hacer hoy". Pero, con frecuencia, todos dejamos para mañana lo que podemos hacer hoy. En parejas, digan qué acciones iban a hacer la semana pasada, pero no hicieron.

➤   Iba a visitar a mi hermana, pero no fui porque no tenía carro.

ACTIVIDAD 33: ¿Mala memoria?   Su profesor/a organizó una fiesta para la clase, pero nadie fue. Ustedes tienen vergüenza y tienen que inventar buenas excusas. Empiecen diciendo, "Lo siento. Iba a ir, pero tuve que . . ."

ACTIVIDAD 34: ¿Eres responsable?   Escribe tres cosas que tenías que hacer y no hiciste el fin de semana pasado y tres cosas que tuviste que hacer. Luego, en parejas, comenten por qué las hicieron y por qué no.

ACTIVIDAD 35: La sabiduría   En parejas, digan qué personas o cosas conocían o qué información sabían antes de empezar el año escolar y qué personas o cosas conocieron o qué información supieron después de empezar el año.

➤   A: ¿Sabías el número de tu habitación?
    B: Sí, lo sabía. / No, no lo sabía.
    A: ¿Cuándo lo supiste?
    B: Lo supe cuando llegué a
       la residencia.

1. la ciudad universitaria
2. dónde ibas a vivir
3. el nombre de tu compañero/a de
   cuarto o apartamento
4. tu compañero/a de cuarto o
   apartamento
5. tu número de teléfono
6. tus profesores
7. tu horario de clases
8. si tus clases iban a ser fáciles o
   difíciles

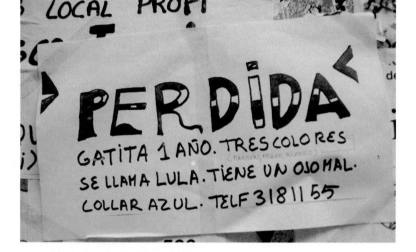

ACTIVIDAD 36: ¿Qué pasó?   Terminen estas oraciones usando **estar** + *el participio pasivo* de un verbo apropiado: **aburrir, beber, decidir, dormir, encantar, levantar, pagar, preocupar, resfriar, terminar, vender** y **vestir.** Hay más verbos de los que necesitas.

1. El carro iba haciendo eses (*zig-zagged*) porque el conductor
   _____ .
2. La chica estaba en una clase de matemáticas y el profesor hablaba y hablaba y
   ella _____ .
3. Salí a comer con mi amigo y cuando iba a pagar la cuenta, el camarero me dijo
   que la cuenta ya _____ .
4. Queríamos comprar entradas para el cine, pero todas _____ .
5. El tenor, José Carreras, no pudo cantar porque _____ .

Participio pasivo = past participle

Use **estaba** + *past participle*, since you are describing in the past.

Past participles as adjectives agree in gender and number with the nouns they modify.

6. Mi padre _____ en el sillón cuando terminó el programa de televisión.

7. Mi novio llegó temprano y tuvo que esperar porque todavía yo no _____.

8. Mi esposa debía de llegar a las 8:00 y era la medianoche. Yo _____.

ACTIVIDAD 37: Un poema   **Parte A:** Alfonsina Storni (1892–1938), poeta argentina, escribió el poema *Cuadrados y ángulos* para hacer un comentario social. Primero, cierra los ojos y escucha mientras tu profesor/a lee el poema en voz alta. Después contesta esta pregunta: ¿Oíste mucha repetición de letras? ¿De palabras?

Parte B: En parejas, pongan las letras de los dibujos al lado de la línea del poema que representan.

Cuadrados y ángulos

Casas enfiladas,[1] casas enfiladas,
casas enfiladas. _____
Cuadrados,[2] cuadrados, cuadrados. _____
Casas enfiladas. _____
Las gentes ya tienen el alma[3] cuadrada, _____
ideas en fila _____
y ángulo en la espalda. _____
Yo misma he vertido[4] ayer una lágrima,[5]
Dios mío, cuadrada. _____

_____
[1] in rows   [2] squares   [3] soul   [4] shed   [5] tear

a.

b. Alfonsina Storni

c.

d.

e. Alma   f.   g.

Parte C: Ahora, decidan cuál de las siguientes oraciones describe mejor el mensaje del poema. Justifiquen su respuesta.

1. Storni dice que la vida es aburrida porque todo es igual — no hay variedad.
2. Storni dice que la gente se conforma con las normas establecidas de la sociedad — no hay individualismo.

Parte D: Discutan estas preguntas y justifiquen sus respuestas.

1. ¿Storni se conforma con las normas establecidas o es individualista?
2. ¿Uds. se conforman con las normas establecidas o son individualistas?

ACTIVIDAD 38: Músicos, poetas y locos   "De músico, poeta y loco, todos tenemos un poco", dice el refrán. Escribe un poema siguiendo las instrucciones.

primera línea:	un sustantivo
segunda línea:	dos adjetivos (es posible usar participios)
tercera línea:	tres acciones (verbos)
cuarta línea:	una frase relacionada con el primer sustantivo (cuatro o cinco palabras máximo)
quinta línea:	un sustantivo que resuma la idea del primer sustantivo

VOCABULARIO FUNCIONAL

La salud

la ambulancia	*ambulance*
la fractura	*fracture, break*
la radiografía	*x-ray*
la sangre	*blood*
tener escalofríos	*to have the chills*

Ver página 263.

Las medicinas

Ver página 265.

El carro

Ver página 276.

Palabras y expresiones útiles

además	*besides*
ahora mismo	*right now*
casi	*almost*
jugarse la vida	*to risk one's life*
mientras	*while*
(No) Vale la pena.	*It's (not) worth it.*
(No) Vale la pena + *infinitive.*	*It's (not) worth + -ing.*
para colmo	*to top it all off*
¡Qué lío!	*What a mess!*
¡Qué va!	*No way!*
quejarse	*to complain*

TRAVELTUR

Recuerdos / El Yunque, Puerto Rico

Antes de ver

ACTIVIDAD 1: El Yunque   Andrés González trabaja para la agencia TravelTur en Texas y ahora está en Puerto Rico filmando un anuncio comercial para su agencia. Él va a ir con su amigo Jorge a filmar en el Yunque. ¿Qué crees que sea el Yunque?

a. una playa   c. un pueblo típico
b. un parque   d. un estadio de básquetbol

Mientras ves

ACTIVIDAD 2: Un lugar maravilloso   Ahora mira el siguiente segmento para confirmar o corregir tu predicción de la *Actividad 1* y para saber qué ocurrió con las cotorras *(parakeets)* en ese lugar en 1989 y por qué. Luego comparte tus respuestas con el resto de la clase.

DESDE EL PRINCIPIO
HASTA 33:56

¿ L O   S A B Í A N ?

El Yunque es el único bosque pluvial *(rain forest)* del sistema de parques nacionales de los Estados Unidos. En él se encuentran aproximadamente 240 tipos de árboles y plantas. En 1989 el Huracán Hugo causó muchísimo daño en este bosque y se dice que se necesitarán 15 años para que todo vuelva a la normalidad.

ACTIVIDAD 3: La historia de Jorge   Jorge le cuenta a Andrés una historia que él vivió en este lugar. Primero mira el segmento y después, lee la siguiente información y trata de completarla mientras lo miras otra vez. Al terminar, comparte tus respuestas con la clase.

DESDE 3:57
HASTA 34:51

Jorge tenía _____ años.

Su papá y su hermano _____.

Jorge _____ un animal y lo _____.

Sus padres lo _____ y lo encontraron después de _____ horas.

Cuando lo encontraron, Jorge _____ porque tenía mucho miedo.

ACTIVIDAD 4: ¿Qué va a ocurrir? Después de recorrer el Yunque, Jorge sugiere hacer un picnic. Lee las siguientes preguntas y luego mira el video para encontrar las respuestas.

DESDE 34:51 HASTA EL FINAL

1. ¿Adónde van ellos y qué piden?
2. ¿Adónde va a ir Andrés para filmar su próximo anuncio comercial?
3. ¿A quién conoce en ese lugar?
4. ¿Dónde conoció a esa persona?

Después de ver

ACTIVIDAD 5: Bellezas naturales **Parte A:** Piensa en un lugar que hayas visitado y que tenga bellezas naturales. Anota la siguiente información:

nombre del lugar   cuánto tiempo te quedaste en ese lugar
qué había   si te gustó o no y por qué
qué hiciste

Parte B: En grupos de tres, hablen con sus compañeros para describir el lugar.

CAPÍTULO 12

▲ *Una pareja baila un tango sensual para un grupo de turistas, en el barrio de La Boca en Buenos Aires.*

CHAPTER OBJECTIVES

- Discussing music
- Ordering food and planning a meal
- Discussing past occurrences
- Describing geographical features
- Making comparisons
- Describing people and things

¡Qué música!

¿Qué es poesía? —dices mientras clavas en mi pupila tu pupila azul, ¿Qué es poesía? ¿Y tú me lo preguntas? Poesía... ¡eres tú!

¡Qué chévere!	Great! *(Caribbean expression)*
cursi	overly cute; tacky, in bad taste
¿Algo más?	Something/Anything else?

Teresa ganó el partido de tenis y por eso Vicente la invitó a comer. Están en un restaurante argentino donde hay un conjunto de música.

ACTIVIDAD 1: ¿Cierto o falso? Mientras escuchas la conversación, marca **C** si la oración es cierta y **F** si es falsa.

1. _____ Teresa aprendió a jugar al tenis en un parque de Puerto Rico.
2. _____ Vicente juega bien al tenis.
3. _____ Teresa pide sopa, una ensalada y churrasco.
4. _____ Vicente es un hombre muy romántico.
5. _____ A Teresa le gusta mucho cuando los músicos le tocan una canción.

CAMARERO	Su mesa está lista . . . Aquí tienen el menú.
VICENTE	Muchas gracias.
TERESA	¡Qué chévere este restaurante argentino! ¡Y con conjunto de música!
VICENTE	Espero que a la experta de tenis le gusten la comida y los tangos argentinos con bandoneón y todo.
TERESA	Me fascinan. Pero, juegas bastante bien, ¿sabes?
VICENTE	Eso es lo que pensaba antes de jugar contigo; pero, ¿cómo aprendiste a jugar tan bien?
TERESA	Cuando era pequeña aprendí a jugar con mi hermano mayor. Todas las tardes, después de la escuela, íbamos a un parque donde había una cancha de tenis y allí nos encontrábamos con unos amigos de mi hermano para jugar dobles. Seguí practicando y después de mucha práctica, empezamos a ganar.
VICENTE	¿Así que aprendiste con tu hermano?

Being facetious

Describing habitual past actions

TERESA	No exactamente; mi padre se dio cuenta de que yo tenía talento y me buscó un profesor particular. Yo jugaba al tenis a toda hora; era casi una obsesión, no quería ni comer ni dormir.
VICENTE	¡Por eso! Ya decía yo . . .
CAMARERO	¿Qué van a comer?
TERESA	Ay, no sé todavía. Perdón, ¿cuál es el menú del día?
CAMARERO	De primer plato, hay sopa de verduras o ensalada mixta; de segundo, churrasco y de postre, flan con dulce de leche.
TERESA	Me parece perfecto. Quiero el menú con sopa, por favor.
CAMARERO	¿Y para Ud.?
VICENTE	También el menú, pero con ensalada. ¿El churrasco viene con papas fritas?
CAMARERO	Sí. ¿Y de beber?
VICENTE	Vino tinto, ¿no?
TERESA	Sí, claro.
CAMARERO	¿Algo más?
VICENTE	No, nada más, gracias. Teresa, este restaurante es fantástico. No sabes cuánto me gusta estar aquí contigo. Estoy con una chica no solamente inteligente y bonita sino también buena atleta. ¿Me quieres?
TERESA	Claro que sí. ¿Y tú a mí?
VICENTE	Por supuesto que sí . . . Mira, aquí vienen los músicos.
MÚSICOS	*En mi viejo San Juan* *cuántos sueños forjé* *en mis años de infancia . . .*
TERESA	¡¡¡VICENTE!!! ¡Te voy a matar! ¡Qué cursi! ¿Cuánto les pagaste?

Ordering a meal (margin note)

Showing playful anger (margin note)

◄ *Un músico toca un bandoneón, el instrumento principal del tango. El bandoneón es parecido al acordeón, pero no tiene teclas (keys) sino botones.*

ACTIVIDAD 2: Preguntas   Después de escuchar la conversación otra vez, contesta estas preguntas.

1. ¿Qué tipo de música se asocia con Argentina?
2. ¿Por qué es buena jugadora de tenis Teresa?
3. ¿Qué van a comer Vicente y Teresa?
4. ¿Por qué le gusta Teresa a Vicente?
5. ¿Crees que la última canción que tocan los músicos sea un tango?
6. ¿Por qué crees que los músicos fueron a la mesa de Vicente y Teresa a tocar esa canción?

ACTIVIDAD 3: ¿Cursi o chévere?   Di si las siguientes cosas son cursis o chéveres.

➤   ¡Qué chévere es la playa de Luquillo en Puerto Rico!
   ¡Qué cursi son las tarjetas del día de San Valentín!

jugar al bingo   unas vacaciones en el Caribe
ganar la lotería   el concurso de Miss Universo
los videojuegos   Graceland y Elvis

ACTIVIDAD 4: En mi viejo San Juan . . .   Di qué hacían habitualmente tus padres o tus abuelos cuando eran jóvenes.

LO ESENCIAL I

I. Los instrumentos musicales

Other instruments: **el sinteti-zador, el oboe, la guitarra eléctrica, el bajo, el flautín, el piano**

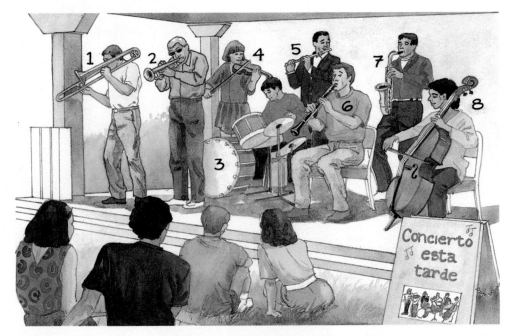

As you listen to music, try to name all the instruments you hear.

1. el trombón	3. la batería	5. la flauta	7. el saxofón
2. la trompeta	4. el violín	6. el clarinete	8. el violonchelo

ACTIVIDAD 5: ¿Qué sabes de música?   En parejas, decidan qué instrumentos necesitan estos grupos musicales.

una orquesta sinfónica   un conjunto de rock
una banda municipal

¿ LO SABÍAN ?

En España, muchas facultades de las diferentes universidades tienen **tunas** formadas por estudiantes que cantan y tocan guitarras, bandurrias *(mandolins)* y panderetas *(tambourines)*. Los tunos, o miembros de la tuna, llevan trajes al estilo de la Edad Media y cantan canciones tradicionales en restaurantes, en las plazas y por las calles.

▲ *Tuna en Segovia, España.*

ACTIVIDAD 6: ¿Tocas?   En grupos de tres, descubran el talento musical de sus compañeros. Pregúntenles qué instrumentos tocan o tocaban y averigüen algo sobre su experiencia musical, según las indicaciones.

Nombre _____
Instrumento(s) _____
Toca/Tocaba   _____ muy bien   _____ bien   _____ un poco
Cuándo empezó a tocar _____
Dónde aprendió a tocar _____
Quién le enseña/enseñaba _____
Cuánto tiempo practica/practicaba _____
Si ya no toca, ¿cuándo dejó de tocar y por qué? _____
_____

Si no toca ningún instrumento, pregúntale cuál le gustaría tocar
_____

ACTIVIDAD 7: Preferencias   En parejas, planeen la música para una boda en una iglesia y para la recepción en un restaurante, sin preocuparse por el dinero. ¿Qué tipo de música quieren? ¿Qué instrumentos van a tocar los músicos?

Dos músicos españoles famosísimos del siglo XX son Andrés Segovia (1893–1987) y Pablo Casals (1876–1973). Segovia llevó la guitarra de la calle y de los bares a los teatros del mundo y la convirtió en un instrumento de música clásica. Pablo Casals tocaba el violonchelo; era maestro, compositor, director y organizador de festivales musicales. Salió de España en 1939 por no estar de acuerdo con la dictadura de Franco. Vivió en Francia y después en Puerto Rico hasta su muerte. Segovia y Casals dieron conciertos en lugares como el Lincoln Center y la Casa Blanca. Cuando murieron, el mundo perdió a dos músicos extraordinarios. ¿Te gusta la guitarra clásica? ¿Tienes algún disco compacto de Segovia o de Casals?

▶ *Pablo Casals, violonchelista español.*

II. La comida

1. el ajo	4. el cordero	7. los espárragos
2. el pollo	5. el cerdo	8. las habichuelas/judías
3. la carne de res	6. la coliflor	verdes

Think of the names of food
items when you eat.

Verduras (Vegetables)

los frijoles   beans
los guisantes/las arvejas   peas
las lentejas   lentils

Aves (Poultry)

el pavo   turkey

Carnes (Meats)

el bistec (**churrasco** in Argentina)   steak
la chuleta   chop
el filete   fillet; sirloin
la ternera   veal

Postres

el flan   Spanish egg custard
el helado   ice cream

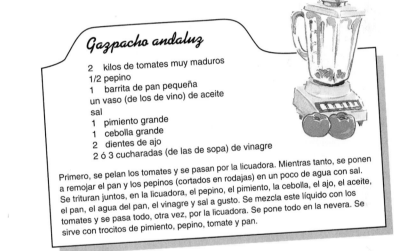

Gazpacho andaluz

2   kilos de tomates muy maduros
1/2 pepino
1   barrita de pan pequeña
un vaso (de los de vino) de aceite
sal
1   pimiento grande
1   cebolla grande
2   dientes de ajo
2 ó 3 cucharadas (de las de sopa) de vinagre

Primero, se pelan los tomates y se pasan por la licuadora. Mientras tanto, se ponen
a remojar el pan y los pepinos (cortados en rodajas) en un poco de agua con sal.
Se trituran juntos, en la licuadora, el pepino, el pimiento, la cebolla, el ajo, el aceite,
el pan, el agua del pan, el vinagre y sal a gusto. Se mezcla este líquido con los
tomates y se pasa todo, otra vez, por la licuadora. Se pone todo en la nevera. Se
sirve con trocitos de pimiento, pepino, tomate y pan.

¿LO SABÍAN?

La comida básica en los países hispanos varía de región en región
según la geografía. Por ejemplo, en la zona del Caribe la base de la
comida son el plátano *(plantain)*, el arroz *(rice)* y los frijoles. El maíz
(corn) es importante especialmente en México y Centroamérica, y la
papa en la región andina de Suramérica. En el Cono Sur se come mucha
carne, producto de las pampas argentinas. El nombre de muchas comidas
también varía según la región; por ejemplo, judías verdes, habichuelas,
porotos verdes, vainas y ejotes son diferentes maneras de decir *green beans.*

ACTIVIDAD 8: Una comida especial   En parejas, Uds. necesitan planear una comida muy especial porque invitaron a su jefe a comer. Usen vocabulario de este
capítulo y de otros: **primer plato, segundo plato, postre, bebida,** etc.

ACTIVIDAD 9: ¡Camarero! En grupos de cuatro, una persona es el/la camarero/a y las otras tres son clientes que van a comer juntos en el restaurante Mi Buenos Aires Querido. Tienen que pedir la comida. Antes de empezar, miren la lista de frases útiles que está a continuación.

Camarero/a

¿Qué van a comer?
¿De primer plato?
¿De segundo plato?
¿Qué desean beber?
El/La . . . está muy bueno/a hoy.
El/La . . . está muy fresco/a hoy.
El menú del día es . . .
De postre tenemos . . .
Aquí tienen la cuenta *(bill)*.

Clientes

¿Está bueno/a el/la . . . ?
¿Cómo está el/la . . . ?
Me gustaría el/la . . .
¿Qué hay de primer/segundo plato?
¿Viene con papas?
¿Hay . . . ?
¿Cuál es el menú del día?
¿Qué hay de postre?
La cuenta *(bill)*, por favor.

Mi Buenos Aires Querido		
Casa del Churrasco *Castellana 240, Madrid*		
		pts.
Primer plato		
Sopa de verduras		700
Espárragos con mayonesa		900
Melón con jamón		1050
Tomate relleno		850
Ensalada rusa		600
Provoleta (queso provolone con orégano)		750
Segundo plato		
Churrasco		2200
Bistec de ternera con puré de papas		2000
Medio pollo al ajo con papas fritas		1700
Ravioles		1300
Lasaña		1300
Pan		150

	pts.
Ensaladas	700
Mixta	700
Zanahoria y huevo	900
Waldorf	
Bebidas	
Agua con o sin gas	425
Media botella	325
	325
Gaseosas	300
Té	300
Café	350
Vino tinto, blanco	
Postres	
Helado de vainilla, chocolate	650
Flan con dulce de leche	650
Torta de chocolate	700
Frutas de estación	650
Menú del día: ensalada mixta, medio pollo al ajo con papas, postre, café y pan	2600

Although this restaurant is in Madrid, the terminology used is typically Argentine. Prices are in **pesetas.**

HACIA LA COMUNICACIÓN I

I. Narrating and Describing: Preterit and Imperfect

Before studying the grammar explanation, answer these questions:

Review uses of the preterit and imperfect, Ch. 9, 10, and 11.

- In the following sentences, some of the verbs in boldface refer to past actions in progress or to actions that occurred repeatedly in the past. Identify these verbs. Are there any words that help identify habitual actions or actions in progress? If so, which?
  a. Cuando era pequeño **jugaba** con mi hermano mayor.

b. El sábado pasado **jugué** al tenis.
c. Todos los días **íbamos** al parque.
d. Ellas siempre **salían** con sus amigos, **hacían** fiestas y **bailaban** mucho.
e. Teresa **jugaba** al tenis mientras Claudia **estudiaba.**
f. Don Alejandro **pensaba** en Teresa cuando ella lo **llamó** por teléfono.

Certain time expressions are often used with the imperfect, since one of its functions is to describe habitual or repetitive actions in the past.

Imperfect	
a menudo	frequently, often
con frecuencia	frequently, often
a veces	at times
algunas veces	sometimes
de vez en cuando	once in a while, from time to time
muchas veces	many times
siempre	always
todos los días/meses	every day/month

Notice the difference in meaning in the following sentences where the preterit denotes a completed past action and the imperfect is used to describe repetitive or habitual actions.

La semana pasada fuimos a la playa.
Anteayer comí paella.
El mes pasado Vicente **jugó** al tenis dos veces.

Íbamos con frecuencia a la playa.
A menudo comía paella.
En Costa Rica Vicente **jugaba** al tenis **de vez en cuando.**

The time expression **de repente** *(suddenly)* always takes the preterit. Other expressions such as **anoche, ayer, hace tres días, la semana pasada,** etc., can be used with either the preterit or the imperfect.

Anoche fuimos al cine.
Anoche yo **miraba** televisión mientras Felipe **leía.**

Last night we went to the movies.
Last night I watched (was watching) TV while Felipe read (was reading).

II. Describing: Irregular Past Participles

As you saw in Chapter 11, a past participle can be used as an adjective to describe a noun. The following verbs have irregular past participles:

Remember: Past participles used as adjectives agree in gender and number with the nouns they modify.

abrir	**abierto**	morir	**muerto**
cubrir	**cubierto**	poner	**puesto**
decir	**dicho**	romper	**roto**
escribir	**escrito**	ver	**visto**
hacer	**hecho**	volver	**vuelto**

—¿Abriste la puerta?
—No, ya **estaba abierta.**

Did you open the door?
No, it was already open.

La guitarra **estaba rota.**
Mi abuelo **está muerto.**

The guitar was broken.
My grandfather is dead.

III. Negating: *Ni . . . ni*

To express *neither . . . nor* use **ni . . . ni.** If **ni . . . ni** is part of the subject, a plural form of the verb is normally used.

Ni él **ni** ella asist**en** a la clase.   *Neither he nor she attends the class.*
No como **ni** carne **ni** pollo.*   *I eat neither meat nor chicken.*

*NOTE: When **no** precedes the verb, the first **ni** is often omitted: **No como carne *ni* pollo.**

Do mechanical drills, Workbook, Part I.

ACTIVIDAD 10: Antes y después   En grupos de tres, hagan un anuncio para la dieta "Kitakilos", basándose en las siguientes fotos del Sr. Delgado. Expliquen cómo era y qué hacía cuando estaba gordo, cuándo empezó la dieta y qué tuvo que hacer para bajar de peso *(lose weight)*. También expliquen cómo es y qué hace hoy.

ACTIVIDAD 11: Con frecuencia   En parejas, digan con qué frecuencia hicieron o hacían las siguientes actividades en su juventud. Usen el pretérito o el imperfecto según el caso y usen palabras como: **una vez, dos veces, a veces, de vez en cuando, con frecuencia, a menudo, todos los sábados, una vez al año,** etc. Sigan el modelo.

➤   Yo iba al dentista dos veces al año cuando era pequeña, ¿y tú?

1. ir al dentista
2. visitar Disneymundo o Disneylandia
3. ir a conciertos
4. comer pavo
5. ver películas
6. ir al teatro
7. visitar a tus abuelos
8. romper una ventana
9. asistir a misa o a un servicio
   religioso / ir a una sinagoga
   o una mezquita

ACTIVIDAD 12: ¿Qué hiciste ayer?   En parejas, hablen de las cosas que hicieron ayer. Usen palabras como **primero, después, a las 8:30, mientras,** etc.

➤   Ayer me levanté a las . . . Después . . .

ACTIVIDAD 13: Una carta   Diana le escribe una carta a una colega que es profesora de español en los Estados Unidos. Completa la carta con la forma y el tiempo correctos de los verbos que aparecen después de cada párrafo.

Madrid, 12 de octubre

Querida Vicky:

Ya hace cinco meses que _____ a España y por fin hoy _____ unos minutos para _____ tu carta. Las cosas aquí me van de maravilla. _____ en un colegio mayor, pero ahora _____ un apartamento con cuatro amigas hispanoamericanas. _____ muy simpáticas y estoy _____ mucho de España y también de Hispanoamérica.

(alquilar, aprender, contestar, llegar, ser, tener, vivir)

Durante el verano, _____ clases todos los días. Por las mañanas, nosotros _____ a la universidad y por las tardes _____ museos y lugares históricos como la Plaza Mayor, el Palacio Real y el Convento de las Descalzas Reales. Cuando _____ por primera vez en el Museo del Prado, me _____ grandísimo, ¡y solamente _____ las salas de El Greco y de Velázquez!

(entrar, ir, parecer, tener, ver, visitar)

_____ enamorada de España. La música me _____ porque tiene mucha influencia de los árabes y de los gitanos (*gypsies*). El otro día _____ por la calle cuando _____ a unos niños gitanos cantando y bailando; _____ unos diez años y me _____ que, con frecuencia, ellos _____ en la calle para _____ dinero.

(caminar, cantar, decir, estar, fascinar, ganar, tener, ver)

Mis clases _____ hace dos meses; después _____ seis semanas de vacaciones y las clases _____ otra vez la semana pasada. Además de tomar clases, _____ enseñando inglés desde junio para _____ dinero.

(empezar, estar, ganar, tener, terminar)

Bueno, ya tengo que irme a la clase de Cervantes. Espero que _____ un buen año en la escuela y ojalá que me _____ pronto.

(escribir, tener)

Un abrazo desde España de tu amiga,

Diana

P. D. Saludos a todos los profesores.

ACTIVIDAD 14: Detectives   En parejas, Uds. son el detective Sherlock Holmes y su ayudante Watson. Describan la escena que encontraron Uds. al entrar en un cuarto donde ocurrió un asesinato. Usen participios pasivos. Incluyan los participios de estos verbos: **abrir, cubrir, escribir, hacer, morir, poner, preparar, romper** y **servir.**

➤   Un plato estaba roto . . .

ACTIVIDAD 15: Inventando historias   En grupos de cinco, Uds. están haciendo camping una noche de luna llena. Terminen el cuento que sigue entre los cinco. Usen palabras como **a menudo, a veces, algunas veces, con frecuencia** y **siempre,** con el imperfecto. Usen palabras como **una vez, de repente, primero, después** y **a la medianoche,** con el pretérito.

Era un martes 13. Era de noche y no había luces; hacía mucho frío y viento. La pareja llegaba a casa cuando oyó un ruido. Siempre cerraban la puerta con llave, pero al llegar a la casa, la puerta estaba abierta y una ventana estaba rota. Iban a ir por la policía, pero el carro no funcionaba . . .

ACTIVIDAD 16: Ayuda a la víctima   En parejas, una persona es un actor famoso/una actriz famosa y habla con una señora que perdió todo en un huracán. La víctima no tiene nada, no recibe ayuda de nadie y está sola. Ella contesta usando **ni . . . ni.**

1. ¿Sabe Ud. dónde están su esposo o sus hijos?
2. ¿Tiene ropa y comida?
3. ¿Dónde durmió anoche, en una iglesia o en una escuela?
4. ¿Le van a dar dinero o apartamento?
5. ¿Fue a un hospital o a una clínica?
6. ¿Habló con la policía o con la Cruz Roja?

Ahora, el actor/la actriz quiere ayudar a la víctima. Pide donaciones en un programa de televisión y explica los problemas terribles de la señora.

➤   Ayer conocí a una señora que perdió todo y necesita su ayuda. No sabe dónde están ni su esposo ni sus hijos . . .

ACTIVIDAD 17: Un cuento   En un libro de texto normalmente lees un cuento y después contestas preguntas para ver si entendiste o no el contenido. Ahora vas a hacer esta actividad pero al revés *(backwards)*. Contesta estas preguntas y escribe un cuento basado en las contestaciones. Usa la imaginación.

1. ¿Adónde fueron Ricardo y su esposa de vacaciones?
2. ¿Cómo era el lugar y qué tiempo hacía?
3. ¿Qué hicieron durante las vacaciones?
4. ¿Cómo se murió la esposa de Ricardo?
5. ¿Qué estaba haciendo Ricardo cuando se rompió la pierna?
6. La policía no dejó a Ricardo volver a su ciudad. ¿Por qué?
7. ¿Qué le dijo Ricardo a la policía?
8. ¿Quién era la señora del abrigo negro y los diamantes? ¿Puedes describirla?
9. ¿Qué importancia tiene ella?
10. Al fin, la policía supo la verdad. ¿Cuál era?

NUEVOS HORIZONTES

Estrategia de lectura: *Reading an Interview Article*

Here are a few tips that can help you read an interview article.

- Read the headline and subheadline, which usually contain or summarize in a few words the main ideas of the article.
- Look at the pictures, tables, or graphs that accompany the text; they illustrate themes in the article.
- Scan the introduction and conclusion. You may want to read these before reading the entire text to see what the author's main points are.
- Scan the text to read the interviewer's questions, which will clue you in to the main ideas. These may be highlighted in bold.
- The body of the text of an interview article is usually made up of quotes that are set off by a dash or quotation marks. Since interview articles are comprised of both quotes and author comments, it is important not to confuse the two.

In formal writing, dashes are preferred instead of quotation marks to denote dialogue.

ACTIVIDAD 18: Predicción   **Parte A:** Antes de leer una entrevista que salió en la revista mexicana *Muy bien* (MB), lee el título y la introducción y contesta estas preguntas.

1. ¿Qué es **La ley**?
2. ¿De dónde crees que son las personas a quienes van a entrevistar en el artículo?
3. ¿Qué palabras crees que puedan aparecer en el artículo? Haz una lista.

Parte B: Ahora, mira los mapas y las fotos y lee solamente las preguntas de la entrevistadora que están en negrita *(bold)*, para confirmar o cambiar algunas de tus respuestas de la Parte A de esta actividad.

Parte C: Lee el artículo rápidamente *(scan)* para confirmar o rechazar tus predicciones. No te preocupes por entender cada palabra.

La ley

Además de hacer música estos rockeros piensan (¡y mucho!). Entérate de lo que opinan sobre Pinochet, el play back, la censura, Acapulco '94, la drogadicción, y los artistas de plástico que "fabrica" la televisión mexicana.

riginarios de Santiago de Chile, cuatro jóvenes deciden formar un grupo con un estilo musical que ellos definen como "rock con el aditivo de pop".

Era 1989 cuando **Alberto Cuevas** (voz), **Luciano Rojas** (bajista), **Mauricio Clavería** (batería) y **Andrés Bobe** (guitarra y teclados), se unían para crear la música que un par de años después los haría ídolos en su país.

La ley ocupa los primeros lugares de popularidad en Chile, Perú, Argentina, Colombia, Estados Unidos y México, en donde su segundo álbum ha tenido gran éxito gracias a los sencillos *Tejedores de ilusión, I.L.U.* y *Autorruta.*

"**La ley** tiene una manera muy subjetiva de expresar nuestras ideas a través de las canciones. Hay que prestar atención a las letras para poder entenderlas e interpretarlas. Tocamos temas actuales y mundiales. *Tejedores de ilusión* critica a las personas que por sus costumbres o tradiciones obstruyen la libertad de otras. Como también tratamos temas como la drogadicción, prostitución y la relación de pareja, no hemos tenido problemas de censura por ello", comentó Luciano.

—**¿Cómo es el movimiento rockero en Chile?**

"Desde hace unos años el rock es un movimiento profesional de músicos. Hemos tenido la suerte de ser lo más exportable de nuestro país, pero atrás vienen nuevas bandas muy profesionales", responde Alberto.

—¿Tienen alguna influencia musical?— preguntamos a Alberto.

"Como grupo nos gusta el rock británico. Los grupos representativos de los 80, como **Spandeu Ballet** y **Duran Duran**, nos llamaron la atención. Las mezclas de nuestras influencias o gustos personales han hecho que **La ley** tenga un sonido y una propuesta en vías de ser original. Aún tenemos mucho que aprender, porque somos un grupo joven".

En abril pasado, en un trágico accidente falleció el fundador **Andrés Bobe**. Entonces corrió el rumor de que desaparecería el grupo. Sin embargo, sus compañeros optaron por continuar la función e incorporar a **Pedro Frugone** quien en varias ocasiones fue su segunda guitarra y ahora graba con ellos el tercer álbum.

—Después del gobierno de Pinochet, ¿cómo cambió la juventud chilena?— preguntamos a Mauricio.

"Antes de su dictadura había un movimiento artístico floreciente, pero después todo lo artístico murió; obviamente, rock no había y los jóvenes no tenían esparcimiento. Después hubo una transición entre la democracia y el gobierno militar, porque el dictador paulatinamente fue abriendo paso a la cultura y a la misma oposición. De los chilenos se admira la capacidad de reconciliación, porque todo el cambio se realizó sin presiones y de una manera civilizada. Por eso los jóvenes han cambiado su mentalidad y su forma de ser. El pueblo chileno goza de una economía privilegiada en América del Sur, pero todavía hay otros problemas que tenemos que resolver".

—¿Cómo son los jóvenes chilenos?

"Muy similares a los mexicanos o de otro país. Les gusta la música, van a discotecas, bailan. Desgraciadamente— explica Luciano—hay un alto índice de drogadicción entre los jóvenes, y eso es muy grave".

—¿Cómo catalogan el festival de Viña del Mar?

"Es muy tradicional. Quienes asisten a Viña no perdonan el play back, y éste es quizás el motivo de rechazo a artistas mexicanos que lo usaron. En cambio triunfaron otros que demostraron su talento. El público quiere oír en vivo y sentir a su artista, porque de lo contrario mejor compraría un video", aseguró Mauricio.

"El play back es nefasto porque le estás mintiendo en su cara al público que compró un boleto para oírte cantar en vivo. Cuando vinimos al festival Acapulco '94, nos pidieron recurrir al play back, pero nos negamos porque somos un grupo que arriba del escenario proyecta energía positiva y mucha fuerza. Demostramos nuestra calidad como músicos cantando en directo", dijo Luciano.

"México es un mercado muy importante dentro de la discografía—comenta Luciano. —Aquí está el campo para desarrollarse y es el trampolín para internacionalizarse.

Geográficamente México es privilegiado, porque tiene a un paso Estados Unidos, Europa y América Latina".

La ley es el grupo más popular en Chile, y forma parte de la nueva generación de rockeros en español que va conquistando los mercados latinos a través de sus discos, videos, presentaciones personales y el espacio entre sus letras, para que el público las interprete según se experiencia; es decir, no entregar todo, ni una verdad, porque cada persona tendrá la suya.

Por eso **La ley** es uno de los favoritos entre los jóvenes mexicanos, quienes esperan ansiosamente el tercer material discográfico de estos chilenos cuya característica es hacer su música MB.

ACTIVIDAD 19: ¿Qué dice La ley? Lee el artículo otra vez y contesta las siguientes preguntas basadas en el artículo.

1. ¿Qué tipo de música canta el grupo **La ley**? ¿Cómo se llaman los miembros originales? ¿Quiénes tuvieron influencia en su música?
2. ¿Qué le pasó a Andrés Bobe? ¿Quién es el nuevo miembro?
3. Según Mauricio, ¿cómo era Chile antes de Pinochet? ¿Y durante la dictadura militar? ¿Y ahora?
4. ¿Cuál es el gran problema de la juventud chilena?
5. Explica qué significa *play back*. ¿Los miembros de **La ley** hacen *play back* cuando actúan en vivo? ¿Qué piensan ellos del *play back*?
6. Para un músico hispanoamericano, ¿por qué es importante México según **La ley**?
7. ¿Te gustaría escuchar la música de ese conjunto? ¿Por qué sí o no?

Estrategia de escritura: *Writing an Interview Article*

When writing an interview article, keep the following points in mind.

- Write the body of the interview, setting off questions from responses.
- Vary the way you quote someone. *Él dijo* can be boring when read for the fifth time. Review the article about **La ley** for options.
- Supply the reader with information that may be pertinent to understanding the content of the article. This is done by adding prose.
- Write an introduction and a conclusion.
- Write a catchy headline.

ACTIVIDAD 20: La entrevista imaginaria   Escribe una entrevista imaginaria con tu cantante favorito/a sobre cómo él/ella se convirtió en cantante (si no lo sabes, puedes inventar). Sigue los pasos mencionados para escribir una entrevista.

Remember that certain time expressions are frequently used with the preterit or imperfect.

LO ESENCIAL II

La geografía

Occidente/oeste = west;
oriente/este = east.

1. las cataratas
2. el río
3. la carretera
4. el puente
5. el pueblo
6. el lago
7. el valle
8. la montaña

Otras palabras de geografía

la autopista	freeway, expressway	**el mar**	sea
el bosque	woods	**el océano**	ocean
el campo	countryside	**la playa**	beach
la ciudad	city	**el puerto**	port
la colina	hill	**la selva**	jungle
la costa	coast	**el volcán**	volcano
la isla	island		

ACTIVIDAD 21: Asociaciones   Asocia estos nombres con las palabras de geografía presentadas.

Amazonas, Cancún, Pacífico, Cuba, Mediterráneo, Titicaca, Andes, Iguazú, Baleares, Quito

ACTIVIDAD 22: Categorías   En parejas, organicen las palabras relacionadas con la geografía en las siguientes categorías:

1. cosas que asocian Uds. con el agua
2. lugares donde normalmente hace calor
3. lugares donde normalmente hace frío
4. cosas que no forman parte de la naturaleza

Agua salada = salt water

¿LO SABÍAN?

La variedad geográfica de Hispanoamérica incluye fenómenos naturales como el Lago de Nicaragua que, aunque es de agua dulce *(fresh water)*, tiene tiburones *(sharks)* y el Lago Titicaca, entre Bolivia y Perú, que es el lago navegable más alto del mundo. En los Andes está el Aconcagua, la montaña más alta del hemisferio. También hay erupción de volcanes y terremotos causados por una falla *(fault line)* que va de Centroamérica a Chile. Dos desastres que tuvieron eco en todo el mundo ocurrieron en 1985. El primero fue un terremoto que destruyó parte del centro y suroeste de México, y en el que murieron unas 25.000 personas. El segundo fue la erupción de un volcán en Colombia que destruyó un pueblo de más de 20.000 habitantes.

▲ En el Lago Titicaca, entre Perú y Bolivia.

ACTIVIDAD 23: ¿Dónde naciste tú?   **Parte A:** En parejas, descríbanle a su compañero/a la geografía de la zona donde nacieron.

Parte B: Ahora, descríbanle a su compañero/a la geografía de una zona donde les gustaría vivir. Empiecen diciendo: **Quiero vivir en un lugar que tenga . . .**

ACTIVIDAD 24: La publicidad   En grupos de tres, preparen un anuncio para la radio hispanoamericana para atraer más turismo a una zona de los Estados Unidos. Después, preséntenle los anuncios a la clase. Escojan una zona de la siguiente lista.

el suroeste, el noroeste, el noreste, la zona central *(Midwest)*, el sur, la Florida, Alaska, Hawai

El Dorado

◀ *Artefacto incaico* (Incan) *de oro, del Museo del Banco Central, Quito, Ecuador.*

sin embargo	however, nevertheless
verdadero/a	real, true
hoy (en) día	today; nowadays

Mientras Carlitos está en el hospital, tiene que seguir con sus estudios. Su padre encontró un profesor particular y él le manda leer un cuento sobre El Dorado, una leyenda del tiempo de la conquista de América.

ACTIVIDAD 25: Motivos   Antes de leer la leyenda, di por qué crees que vinieron los españoles a América y qué querían encontrar. Coméntalo con la clase.

¿Qué es El Dorado?

Cuando los españoles llegaron a América, oyeron hablar de El Dorado. Les preguntaban a los indígenas qué era El Dorado y ellos les decían que era el país legendario del hombre de oro,[1] el hombre

El Dorado

más fabuloso del mundo. Como decían que allí había más oro que en ninguna otra parte del mundo, los españoles empezaron a buscar El Dorado desde México hasta el Río Amazonas, pasando por valles, montañas y ríos. Muchos perdieron la vida por el oro; sin embargo, nunca encontraron El Dorado porque era sólo una leyenda.

Se cree que la leyenda de El Dorado comenzó porque desde muchos años antes de la llegada de los españoles, el jefe de los indios chibchas (de una región que hoy en día es parte de Colombia) se cubría el cuerpo de oro y se bañaba en las aguas de una laguna sagrada[2] para adorar al Sol.

Los españoles no encontraron El Dorado porque no existía, pero sí encontraron una tierra fértil y rica, Hispanoamérica, que era y sigue siendo hoy en día un verdadero El Dorado.

El Dorado = gilded; covered with gold

Comparing

Describing habitual actions

---

[1] gold   [2] sacred

ACTIVIDAD 26: El examen   Cuando el profesor volvió, le hizo unas preguntas a Carlitos. Después de leer la leyenda, ¿puedes tú contestar las preguntas?

1. ¿Cómo era El Dorado que buscaban los españoles?
2. ¿Encontraron El Dorado finalmente?
3. ¿Por qué crees que murieron muchas personas buscando El Dorado?
4. ¿Hay un "El Dorado" en tu vida? ¿Cuál es?
5. ¿Qué pasó en California en el año 1849?

ACTIVIDAD 27: El Dorado de hoy día   En el pasado los hombres buscaban El Dorado y nosotros seguimos buscándolo hoy. ¿Qué busca la gente hoy día? ¿Cuál es "El Dorado" de hoy día?

¿ L O   S A B Í A N ?

Ponce de León, explorador español, vino a América en busca de la mítica Fuente de la Juventud, pero no la encontró. Sin embargo, descubrió la Florida y le dio este nombre porque llegó allí durante la Pascua Florida *(Easter)*. ¿Conoces otras leyendas como la de La Fuente de la Juventud?

HACIA LA COMUNICACIÓN II

I. Describing: Comparisons of Inequality

1. To compare two people or two things, use the following formula:

más ⎱ menos ⎰	+	noun/adjective/adverb	+	que

Hablamos **más español que** ellos.	*We speak more Spanish than they do.*
Mis clases son **más difíciles que** tus clases.	*My classes are more difficult than your classes.*
Me acosté **más tarde que** tú.	*I went to bed later than you.*
Hoy tengo **menos clases que** ayer.	*Today I have fewer classes than yesterday.*
Carlos es **menos diligente que** su hermana.	*Carlos is less diligent than his sister.*

2. To indicate that there is more or less of a certain amount, use the following formula:

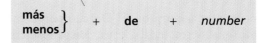

más ⎱ menos ⎰	+	de	+	number

Hay **más de veinte** lenguas indígenas en Guatemala.	*There are more than twenty native languages in Guatemala.*
Me costó **menos de 20.000** pesos.	*It cost me less than 20,000 pesos.*

3. Some adjectives have both a regular and an irregular comparative form, as well as a change in meaning in some cases.

Regular Comparisons		
bueno	**más bueno**	*better; kinder**
malo	**más malo**	*worse; meaner; naughtier**
grande	**más grande**	*larger in size; older*
pequeño	**más pequeño**	*smaller in size; younger*

*NOTE: **Más bueno** and **más malo** usually refer to *goodness* or lack of it.

Irregular Comparisons		
bueno	**mejor**	*better*
malo	**peor**	*worse*
grande	**mayor**	*older; greater*
pequeño	**menor**	*younger; lesser*

Las playas del Caribe son **mejores que** las playas del Pacífico.	*The Caribbean beaches are better than the Pacific beaches.*
Pablo es **menor que** Juan.	*Pablo is younger than Juan.*
Pablo es **más bueno que** Juan.	*Pablo is kinder/a better person than Juan.*
Pablo es **mejor** estudiante **que** Juan.	*Pablo is a better student than Juan.*

II. Describing: The Superlative

1. When you want to compare three or more people or things, use the following formula:

> el/la/los/las *(noun)* **más** }
> el/la/los/las *(noun)* **menos** } + *adjective*

| Toño es **el** (chico) **más optimista**. | *Toño is the most optimistic (young man).* |
| Raquel es **la mejor** (cantante) **del** conjunto.* | *Raquel is the best (singer) in the group.* |

*NOTE:

    a. In the superlative, *in* = **de: El fútbol es el deporte más popular *de* Suramérica.**

    b. **Mejor** *(Best)* and **peor** *(worst)* usually precede the nouns they modify: **Lucía es mi *mejor* amiga. Luquillo es *la mejor* playa *de* Puerto Rico.**

2. As you saw in Chapter 6, the absolute superlative of an adjective *(very, extremely . . .)* can be expressed by attaching **-ísimo/a/os/as** to the adjective. When the adjective ends in a vowel, drop the final vowel and add **-ísimo: especial** ⟶ **espe-cial*ísimo*, grande** ⟶ **grand*ísimo*.**

Necessary spelling changes occur when **c, g,** or **z** are present in the last syllable.

feliz ⟶ felic**ísimo**   rico ⟶ riqu**ísimo**
largo ⟶ largu**ísimo**

| Después de trabajar tanto, estamos **cansadísimas**. | *After working so much, we are very, very tired.* |
| El churrasco está **riquísimo**. | *The steak is really delicious.* |

NOTE: When **-ísimo** is added to an adjective that has a written accent, the accent in the adjective is dropped, for example: **fácil** ⟶ **facilísimo.**

After studying the grammar explanation, answer these questions:

- How would you express **"En mi familia, el más pequeño es el más alto"** in English?
- What is another way of saying the same sentence in Spanish?

Note the use of accents with absolute superlatives.

Do mechanical drills, Workbook, Part II.

ACTIVIDAD 28: Las vacaciones   En parejas, "A" cubre la Columna B y "B" cubre la Columna A. Ustedes deben decidir adónde quieren ir de vacaciones. Con su compañero/a, describan y comparen diferentes características de los lugares para decidir cuál de los dos lugares les parece mejor.

> A: El Hotel Casa de Campo tiene tres canchas de tenis.
> B: Pues el Hotel El Caribe tiene seis canchas.
> A: Entonces el Hotel Caribe tiene más canchas de tenis que el Hotel Casa de Campo.

A

La Romana, República
  Dominicana

Hotel Casa de Campo*****
Media pensión
Temperatura promedio 30°C
Increíble playa privada
Tres canchas de tenis
Golf, windsurfing
Discoteca
$2.199 por persona en habitación
  doble por semana

B

Cartagena, Colombia

Hotel El Caribe****
Pensión completa
Temperatura promedio 27°C
Playas fabulosas
Seis canchas de tenis
Golf, pesca, esquí acuático
Casino
$2.599 por persona en habitación
  doble por semana

ACTIVIDAD 29: ¿Cuánto ganan?   Di cuánto crees que gana una persona en las siguientes ocupaciones durante el primer año de trabajo. Sigue el modelo.

> El primer año de trabajo, un médico recibe más de 50.000 dólares y menos de 75.000 dólares.

1. un/a abogado/a
2. un/a policía
3. un/a profesor/a de escuela secundaria
4. un/a trabajador/a social
5. un/a recepcionista
6. un beisbolista profesional

¿LO SABÍAN?

En español hay muchos dichos que son comparaciones. Es común oír expresiones como "Es más viejo que (la moda de) andar a pie", "Es más viejo que Matusalén", "Es más largo que una cuaresma *(Lent)*" o "Es más largo que una semana sin carne". Para hablar de la mala suerte se dice: "Es más negra que una noche". ¿Puedes inventar otras comparaciones?

ACTIVIDAD 30: Los extremos   En grupos de tres, comparen dos partes de México que aparecen en la página 309. Después, individualmente, escriban un párrafo comparando las dos fotos.

◀ *(Izquierda) Cuernavaca, México*
▼ *(Abajo) La Zona Rosa, Ciudad de México*

ACTIVIDAD 31: Comparaciones   Comparen estas personas, lugares o cosas. Usen el comparativo si hay dos cosas y el superlativo si hay tres.

➤   un disco compacto y un cassette   Un disco compacto es más caro
                                          que un cassette.

     Nueva York, Chicago y Austin   Nueva York es la (ciudad) más
                                          grande de las tres.

1. el lago Superior, el lago Michigan y el lago Erie
2. Roseanne y Sinead O'Connor
3. Alaska, California y Panamá
4. un Mercedes Benz y un Volkswagen
5. el Nilo, el Amazonas y el Misisipí
6. Bruce Willis y Macaulay Culkan
7. El Salvador, Colombia y México
8. las Cataratas del Iguazú y las del Niágara

ACTIVIDAD 32: ¿Mejor o peor?   En parejas, túrnense para preguntar cuál de las siguientes cosas son mejores o peores. Justifiquen sus respuestas.

1. unas vacaciones en las montañas o en la playa
2. tener un trabajo aburrido donde ganan muchísimo dinero o tener un trabajo interesante donde ganan poco dinero
3. ser hijo único o tener muchos hermanos
4. vivir en una ciudad o vivir en el campo
5. una cena romántica o un concierto
6. ir de camping o quedarse en un hotel elegante
7. el machismo o el feminismo

ACTIVIDAD 33: El mejor o el peor   Uds. quieren comprar un perro. En grupos de tres, miren las fotos y decidan cuál de estos perros van a comprar y por qué. Usen frases como **Chuchito es más bonito que Toby. Toby es el más inteligente de todos. Rufi es la mejor porque . . .**

Rufi (hembra), 8 semanas   Toby (macho), 6 meses   Chuchito (macho), 6 meses

ACTIVIDAD 34: El Óscar   En grupos de tres, hagan una lista de las mejores películas de este año y hagan nominaciones para estas categorías: **película dramática, película cómica, actor** y **actriz.** Digan por qué cada una de sus nominaciones es mejor que las otras y por qué debe ganar. Después, hagan una votación *(vote).*

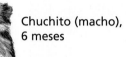

VOCABULARIO FUNCIONAL

Instrumentos musicales

Ver página 290.

Vocabulario relacionado con la música

la banda	*band*
el conjunto	*group (as in rock group)*
la orquesta sinfónica	*symphony orchestra*

La comida

Ver páginas 292–293.

Vocabulario de restaurante

las bebidas	*drinks*
La cuenta, por favor.	*The check, please.*
¿Cómo está el/la . . . ?	*How is the . . . ?*
Me gustaría el/la . . .	*I would like . . .*
el menú/la carta	*menu*
la sopa	*soup*
la torta	*cake*

Expresiones usadas con el imperfecto

Ver página 295.

Más verbos

continuar	*to continue*
cubrir	*to cover*
romper	*to break*

La geografía

Ver páginas 302–303.

Los puntos cardinales

el este	*east*
el norte	*north*
el oeste	*west*
el sur	*south*

Palabras y expresiones útiles

¿Algo más?	*Something/Anything else?*
cursi	*overly cute; tacky, in bad taste*
hoy (en) día	*today; nowadays*
¡Qué chévere!	*Great! (Caribbean expression)*
ni . . . ni	*neither . . . nor*
sin embargo	*however, nevertheless*
verdadero/a	*real, true*

CAPÍTULO 13

▲ *El Carnaval Miami, en la Calle Ocho de la Pequeña Habana. Actualmente es el festival hispano más grande de los Estados Unidos.*

CHAPTER OBJECTIVES

- Discussing travel plans
- Expressing preferences about jewelry
- Talking about past experiences in relation to the present
- Expressing feelings about the past
- Talking about unintentional occurrences
- Giving directions and commands
- Making comparisons

La oferta de trabajo

ya que	since
¿De acuerdo?	O.K.?, Agreed?
sacar de un apuro (a alguien)	to get (someone) out of a jam

Don Alejandro ya regresó de Colombia y quiere hablar con Juan Carlos y con Álvaro para ofrecerles un trabajo.

ACTIVIDAD 1: ¿Qué oferta? Mientras escuchas la conversación, indentifica cuál es la oferta que hace don Alejandro y si los muchachos la aceptan.

JUAN CARLOS Buenos días, don Alejandro.

ALEJANDRO ¡Entren, entren muchachos! Buenos días. Encantado de verlos.

ÁLVARO Igualmente, don Alejandro. ¿Cómo está?

Expressing a hope

ALEJANDRO Bien, pero muy ocupado. Los invité a la oficina porque quiero hablarles sobre un posible trabajo y espero que todavía no hayan planeado sus vacaciones de Semana Santa.

Semana Santa = Holy Week

JUAN CARLOS Yo no tengo ningún plan en particular. ¿Y tú, Álvaro?

ÁLVARO No, yo tampoco. ¿De qué se trata?

Talking about the recent past

ALEJANDRO Pues necesito ayuda con un grupo de cuarenta turistas que va a viajar por América. He contratado a un guía, pero necesito a alguien más. Teresa me mencionó que Uds. tenían alguna experiencia de ese tipo. ¿Pueden darme más detalles?

JUAN CARLOS Yo fui guía turístico en Machu Picchu.

ÁLVARO	Y yo he acompañado a algunos grupos de estudiantes a las Islas Canarias.
ALEJANDRO	Bueno, me parece experiencia suficiente, ya que no van a tener Uds. toda la responsabilidad. El trabajo consiste en llevar al grupo de los aeropuertos a los hoteles, ir en las excursiones y ayudar al guía a resolver problemas. El tour va a los Estados Unidos, México, Guatemala y Venezuela. ¿Les interesa?
ÁLVARO	¡Me parece buenísimo! ¿Y a ti, Juan Carlos?
JUAN CARLOS	Me encanta la idea.
ALEJANDRO	Entonces . . . ah, casi se me olvida decirles algo importante. El viaje es gratis para Uds., por supuesto, y también reciben un pequeño sueldo. Mi secretaria puede darles más detalles. Luego podemos reunirnos la próxima semana para hablar con más calma. ¿De acuerdo?
JUAN CARLOS	Cómo no, don Alejandro, y gracias por la oferta.
ALEJANDRO	¡Uds. son los que me sacan de un apuro! Fue un placer verlos.
ÁLVARO	Adiós, don Alejandro. Gracias nuevamente.
JUAN CARLOS	Hasta luego, don Alejandro.
ÁLVARO	¡Vamos a América! No lo puedo creer.
JUAN CARLOS	Vamos a hablar con la secretaria y luego te invito a tomar una cerveza para celebrarlo.

○ Stating unintentional occurrences

○ Inviting someone

ACTIVIDAD 2: En el bar   Después de escuchar la conversación otra vez, contesta estas preguntas.

1. ¿Cuándo es el viaje?
2. ¿Qué experiencia tienen los dos jóvenes?
3. ¿Sabes dónde están las Islas Canarias? ¿A qué país pertenecen?
4. ¿A cuántos países va a ir el grupo? ¿Cuáles son?
5. ¿Has viajado alguna vez en un tour organizado? ¿Adónde, con quiénes y en qué año?

¿LO SABÍAN?

Las Islas Canarias, provincias españolas, son siete islas volcánicas que están en el Océano Atlántico, cerca de África. Son una meca para el turismo por su belleza natural. En las islas hay una gran variedad de paisajes: unas playas doradas y otras negras por la lava de los volcanes, montañas con valles fértiles de vegetación tropical y hasta desiertos con camellos. En las ciudades de Santa Cruz de Tenerife y Las Palmas de Gran Canaria, el turista tiene la oportunidad de gastar sus dólares, francos o marcos en las numerosas tiendas libres de impuestos.

▶ *El Teide (3716 metros), un volcán en la isla de Tenerife, Islas Canarias, España.*

ACTIVIDAD 3: Ya que . . . Forma oraciones escogiendo frases apropiadas de cada columna.

no tiene que pagar		quiere ir a la universidad
ahora puede salir		le dieron el trabajo
necesita dinero		no sale con su novia
tiene que celebrar	ya que	él lo confesó
la policía lo sabe		terminó la composición
le gustaría hacer un viaje		es gratis (free)
está contento		es padre
		no tiene gripe

LO ESENCIAL I

El viaje

Itinerario e instrucciones especiales para Juan Carlos y Álvaro:

PRIMER DÍA --

10:45   Llegada a Miami del vuelo charter 726 de Iberia
         Traslado del aeropuerto al hotel en autobús
         ($10,00 de propina para el chofer)

13:00   Almuerzo en el hotel

Tarde libre para ir a la playa

Explíquenle al grupo que en los Estados Unidos no es como en España donde la propina está incluida en el precio, o se deja muy poco. Hay que dar un 15% a los camareros en los restaurantes y a los taxistas. A los botones en los hoteles, como en España, se les da $1 por cada maleta. A los guías y al chofer del autobús los pasajeros no tienen que darles nada; TravelTur les da propinas.

SEGUNDO DÍA --

9:00   Tour por la ciudad en autobús con guía turístico
         ($25,00 propina para el guía)
         Visita a Vizcaya (museo y jardines), el Seaquarium y el
           Metro Zoo
         Entradas incluidas en el tour de la ciudad

Almuerzo libre
         Sugerencias: el comedor del hotel; también hay muchas
           cafeterías cerca del hotel
Tarde: Excursión opcional a los Everglades
         Precio: $15,00
Cena libre
         Sugerencias: Joe's Stone Crab (mariscos), Los Ranchos
           (nicaragüense), Versailles (cubano), La Carreta (cubano),
           Monserrate (colombiano)

TERCER DÍA --

         Traslado del hotel al aeropuerto en autobús
         ($10,00 de propina para el chofer)
         Tiempo para ir de compras en el aeropuerto
         Los impuestos de los aeropuertos están incluidos en el precio
           del tour

13:00   Salida del vuelo 356 de Aeroméxico para México
         Almuerzo a bordo

El/La **guía** is a person who guides; **la guía** is a book that guides.

La entrada = admission ticket; **el billete** (Spain)/**el boleto** (Hispanic America) = ticket for transport; **el ticket/tiquete** = ticket stub.

ACTIVIDAD 4: Las responsabilidades   En grupos de tres, contesten las siguientes preguntas según el itinerario.

1. ¿Cuáles son algunas cosas que Juan Carlos y Álvaro tienen que explicarle al grupo?
2. ¿A quiénes les tienen que dar ellos propina? ¿A quiénes les tienen que dar propina los pasajeros?
3. ¿Cómo van a ir del aeropuerto al hotel y viceversa?
4. Ya que Álvaro y Juan Carlos tienen que ir en todas las excursiones, ¿qué cosas van a ver ellos?

ACTIVIDAD 5: Preferencias   **Parte A:** En parejas, entrevístense para ver cuáles son sus preferencias sobre los viajes.

1. ¿Te gusta tener mucho tiempo libre cuando viajas o prefieres tener muchas actividades planeadas?
2. ¿Te interesan las explicaciones históricas de los guías?
3. ¿Te importa ver los monumentos de las ciudades que visitas o solamente quieres descansar?
4. ¿Te gustan las excursiones en autobús donde puedes conocer a personas o prefieres alquilar un carro y explorar la zona con dos o tres amigos?
5. Cuando viajas, ¿compras libros para aprender algo de la zona o prefieres hacer una excursión con un guía que te explique todo?

Parte B: Ahora, sugiérele a tu compañero/a el viaje perfecto de acuerdo con sus preferencias:

A

4 días en la ciudad de México con 3 excursiones con guía turístico

B

4 días en Mazatlán con carro incluido para explorar la costa

C

2 días en la ciudad de México, tour opcional de la ciudad el segundo día. 2 días en la playa de Mazatlán.

ACTIVIDAD 6: Decidan   En parejas, "A" quiere ir a México y "B" quiere visitar las islas del Caribe para pasar las vacaciones. Miren estos dos itinerarios de viaje y después cada persona intenta convencer a su compañero/a de que debe ir al lugar que él/ella prefiere.

ESTE ITINERARIO INCLUYE:

VISITAS   Incluidas en el itinerario.
- Billete de avión de línea regular.
- Traslados aeropuerto-hotel y viceversa.
- Estancia en régimen de alojamiento.
- Seguro turístico.
- Bolsa de viaje.

Noches	CIUDAD	HOTEL
4	MEXICO D. F.	CROWNE PLAZA
2	GUADALAJARA	FIESTA AMERICANA
3	MANZANILLO	LAS HADAS

ITINERARIO DEL CRUCERO:

FECHA	PUERTO DE ESCALA	LLEGADA	SALIDA
Día 1.º (Sáb.)	SAN JUAN P. RICO .... (Embarque 16.00 h.)	—	24.00
Día 2.º (Dom.)	Navegación	—	—
Día 3.º (Lun.)	CURACAO (Ant. Holandesas)....	10.00	20.00
Día 4.º (Mar.)	LA GUAYRA (Venezuela)	08.00	16.00
Día 5.º (Mié.)	GRANADA	12.30	18.00
Día 6.º (Jue.)	MARTINICA (Ant. Francesas)..	07.00	12.00
Día 7.º (Vie.)	ST. TOMAS (I. Vírgenes)	09.00	24.00
Día 8.º (Sáb.)	SAN JUAN P. RICO	08.00	—

HACIA LA COMUNICACIÓN I

I. Speaking About Past Experiences: The Present Perfect

Acabar de + *infinitive* is another way to express the recent past: **Acabo de comprar una entrada.**

Review past participles, Ch. 11 and 12.

In Spanish, the perfect tenses are formed with a form of the auxiliary verb **haber** and a past participle. One of these tenses is the present perfect, which is primarily used in Spain. The present perfect is used to express a recent past action or an action that occurs in the past but is related to the present in some way. It is formed as shown in the following table.

haber (present)		
he hemos		
has habéis	+	*past participle*
ha han		

—¿**Han ido** Uds. a Suramérica alguna vez? — *Have you (ever) gone to South America?*

—No, nunca **hemos ido** a Suramérica. — *No, we have never gone to South America.*

II. Expressing Feelings About the Past: *Haya* + Past Participle

Review the subjunctive, Chs. 8 and 9.

The present perfect subjunctive is used to express doubt, emotion, etc., in the present about something that may have happened in the past. This tense is formed as follows:

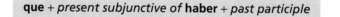

que + *present subjunctive of* **haber** + *past participle*

haber (present subjunctive)		
que **haya** que **hayamos**		
que **hayas** que **hayáis**	+	*past participle*
que **haya** que **hayan**		

Dudamos que **hayan ido** de viaje. *We doubt that they have gone on a trip.*

¿Crees que **haya comido** ya? *Do you think that he/she has eaten already?*

Busco una persona que **haya estado** en Perú. *I'm looking for someone who has been to Peru.*

Compare:

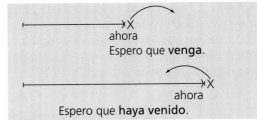

III. Talking About Unintentional Occurrences: *Se me olvidó* and Similar Constructions

1. To express accidental and unintentional actions or events, use the following construction with verbs like **caer, olvidar, perder, quemar,** and **romper:**

se me	se nos		
se te	se os	+	*verb*
se le	se les		

Se me olvidó llamarte ayer.   *I forgot to call you yesterday (unintentionally).*

Se nos quemó la tortilla.   *We burned the tortilla (unintentionally).*

BUT: Quemamos la carta.   *We burned the letter (intentionally).*

2. To form this construction, remember:

    a. The verb agrees with what is lost, dropped, etc.

       Se me perd**ieron las entradas.**   *I lost the tickets.*

    b. The person who accidentally does the action is represented by an indirect-object pronoun, which may be clarified or emphasized by a phrase with **a: a mí, a él,** etc.

       Se **le** perdió la maleta **(a Juan).**   *He lost the suitcase.*
       (A mí) siempre se **me** olvida traer   *I always forget to bring my books to class.*
         los libros a clase.
       Se **le** rompieron las gafas **(a**   *Jorge's glasses broke.*
       Jorge).

NOTE: **Se,** in this case, is a reflexive pronoun.

ACTIVIDAD 7: De viaje   Haz una lista de lugares interesantes donde hayas estado. Después de escribirla, pregúntales a algunos de tus compañeros si han estado en esos lugares. Si contestan que sí, pregúntales cuándo fueron, cómo fueron, con quién, por cuánto tiempo estuvieron allí y qué hicieron.

➤   A: ¿Has estado en el parque de Yellowstone?

B: Sí, he estado.   B: No, no he estado nunca.
A: ¿Cuándo fuiste?   A: ¿Te gustaría ir?
B: Fui en el año 89.   B: Sí/No . . .   **En el año 89 = en 1989**

ACTIVIDAD 8: El Club Med   El Club Med de Punta Cana, República Dominicana, está entrevistando gente para el puesto *(position)* de director de actividades. Ésta es la persona que entretiene a todos los huéspedes *(guests)* durante una semana, organizando bailes, competencias deportivas, etc. En parejas, escojan el Papel A o B y sigan las instrucciones para su papel.

Papel A

Trabajas para el Club Med y vas a entrevistar a una persona para el puesto de director de actividades. La persona que buscas debe haber hecho las siguientes cosas: trabajar para el Club Med antes, tener experiencia con adultos o con niños y con primeros auxilios *(first aid)*. Buscas una persona que sea enérgica. Haz preguntas como la siguiente: ¿Has trabajado para el Club Med antes?

Papel B

Estás en una entrevista para el puesto de director de actividades del Club Med y estás muy cansado/a porque ayer te acostaste muy tarde. Ésta es la información sobre ti que puede ayudarte a conseguir este trabajo: fuiste huésped *(guest)* en el Club hace dos años, tienes cuatro hermanos pequeños y enseñas educación física en una escuela. En este momento, eres estudiante en un curso de primeros auxilios *(first aid)*.

ACTIVIDAD 9: Las experiencias   **Parte A:** Pregúntales a un mínimo de cuatro compañeros si han hecho las cosas de la lista que sigue. Si contestan que sí, pregúntales cuándo, cuántas veces, con quién, si les gustó, etc. Si contestan que no, pregúntales si les gustaría hacerlas algún día.

> A: ¿Has piloteado un avión?
> B: No, nunca.
> A: ¿Te gustaría hacerlo?
> B: ¡Qué va! No estoy loco/a. / Sí, me gustaría porque . . .

1. ganar algo en la lotería
2. nadar en el Caribe
3. ver un OVNI (objeto volador no identificado = *UFO*)
4. hacer un viaje por barco
5. jugar en un campeonato de basquetbol
6. escribir un poema
7. visitar un país donde se habla español
8. estudiar francés

Parte B: Ahora tu profesor/a va a hacerte algunas preguntas.

> A: ¿Hay alguien en la clase que haya ganado la lotería?

No, no hay nadie que haya ganado la lotería.

Sí, hay alguien que ha ganado. ¿Quién es? Jim ganó la lotería el año pasado.

ACTIVIDAD 10: No te preocupes   En parejas, tú y tu esposo/a se van de viaje con sus siete hijos a la playa de Puerto Vallarta, México. "A" preparó una lista de cosas que cada persona de la familia tenía que hacer y ahora quiere comprobar si las hicieron. "B" sabe qué hicieron y qué no hicieron todos. En la página 319, miren sólo su papel.

> Juan: hacer la maleta

A: Espero que Juan haya hecho la maleta.
B: La hizo ayer. / Todavía no la ha hecho, pero va a hacerla hoy.

A

1. Pablo: comprar los pasajes
2. Pepe y Manuel: ir al banco
3. Victoria y Ángela: comprar las gafas de sol
4. Elisa: llevar el perro a la casa de su amiga
5. Guillermo y Manuel: obtener (*obtain*) sus pasaportes
6. Tu esposo/a: poner el Pepto-Bismol en la maleta
7. Victoria: hacer la reserva del hotel
8. Todos: poner los trajes de baño en la maleta

B

Tú sabes que tus hijos y tú han hecho las cosas que tenían que hacer, pero que tus hijas no las han hecho.

◄ *La playa de Puerto Vallarta, México.*

ACTIVIDAD 11: Una llamada urgente En parejas, Uds. son hermanos y acaban de volver a casa. Ven que hay un mensaje en el contestador automático diciendo que sus padres están en el hospital y que Uds. deben ir allí. Reaccionen a esta llamada usando frases como **Dudo que hayan . . . , Es posible que . . . , No creo que . . .**

➤ Es posible que hayan tenido un accidente.

ACTIVIDAD 12: La mala suerte En grupos de cuatro, díganles a sus compañeros si alguna vez al hacer un viaje han tenido uno de los siguientes problemas inesperados (*unexpected*). Den detalles.

➤ Una vez se me olvidó el pasaporte en el avión . . .

1. perder la maleta
2. acabar el dinero
3. olvidar cosas en un hotel
4. romper algo en una tienda
5. perder las tarjetas de crédito
6. abrir el Pepto-Bismol en la maleta

ACTIVIDAD 13: Dichos   En español hay muchos dichos que tienen la construcción **se me, se te,** etc. Unos muy populares son los siguientes:

Se le hace agua la boca.	Se le acabó la paciencia.
Se le fue la lengua.	Se le fue el alma *(soul)* a los pies.
Se le hizo tarde.	Se le cae la baba *(drool)*.

En parejas, adivinen el significado de cada dicho y digan qué dichos se pueden usar
en las siguientes situaciones.

1. Tenía que ir a la biblioteca por un libro; iba a ir a las siete, pero llegué a las
   ocho y ya estaba cerrada. _____

2. El niño no debía decir nada a nadie, pero le dijo a su abuela que sus padres
   tenían problemas económicos. _____

3. Miguel está muy enamorado de Marcela y tiene ganas de salir con ella.
   _____

4. El domingo pasado mi padre hizo un pan buenísimo. UMMMM a mí . . .
   _____

5. Al final, el camarero se enfadó con los clientes y les tiró toda la comida encima.
   _____

6. Raquel tuvo un accidente y su madre recibió una llamada del hospital.
   _____

NUEVOS HORIZONTES

Estrategia de lectura: *Linking Words*

In a text, phrases and sentences are linked with connectors, or linking words, to
provide a smooth transition from one idea to another. Linking words establish relationships between parts of a text. For example, in the sentence *My house is more
beautiful than yours*, the word *more* expresses a comparison. In the sentence *I went to
the movies and then I had dinner*, sequence is established by the words *and then*. The
following list contains common Spanish linking words.

Function	Linking Words
Adding	**y, también, así como (también), aparte de** *(apart from)*, **asimismo** *(likewise)*, **a la vez** *(at the same time)*
Contrasting and Comparing	**a diferencia de, pero, sin embargo, por otro lado** *(on the other hand)*, **a pesar de que** *(in spite of)*, **sino también** *(but also)*, **aunque** *(although)*, **más/menos . . . que, a diferencia de, al igual que** *(just like)*, **como**
Exemplifying	**por ejemplo**
Generalizing	**en general, generalmente**
Giving Reasons	**por, porque, puesto que/ya que** *(since)*
Showing Results	**por lo tanto** *(therefore)*, **por eso, como consecuencia/resultado, entonces**
Showing Sequence	**primero, después, luego, finalmente**

ACTIVIDAD 14: Preguntas   Contesta estas preguntas antes de leer el texto.

1. ¿Quiénes fueron los primeros inmigrantes que llegaron a los Estados Unidos?
2. ¿Por qué vinieron?
3. ¿Dónde hay inmigrantes hispanos en los Estados Unidos?
4. ¿Crees que la cultura hispana es heterogénea u homogénea?
5. ¿Crees que los inmigrantes que vienen a los Estados Unidos pierden sus costumbres en las sucesivas generaciones?

ACTIVIDAD 15: El significado   Las palabras que están en negrita en las oraciones van a aparecer en las lecturas que vas a leer. Antes de hacerlas, lee las oraciones y escoge las palabras en inglés que definen las palabras en español.

1. Voy a **criar** a mis hijos exactamente como mis padres me **criaron.** Mis padres son fantásticos. *(to raise, to punish)*
2. Soy de Guatemala, pero vivo en México y no puedo volver a mi **patria** por razones políticas. *(patriot, homeland)*
3. Después de cometer muchos crímenes contra el pueblo, el nuevo gobierno mandó al expresidente a vivir a otro país. En el **destierro** estaba muy triste y siempre quería volver. *(prison, exile)*
4. Es increíble el **cariño** que tiene por su hijo de cinco meses: lo besa, lo baña y le lee cuentos infantiles. Su hijo es su vida. *(love, admiration)*
5. Después de dejar de salir con su exnovio, Marta quería **borrarlo** de la memoria. *(kill him, erase him)*
6. Es importante que las plantas tengan agua, sol y **abono** (el mejor es el natural que no contiene productos químicos). *(seed, fertilizer)*
7. Un bebé **recién** nacido pesa más o menos 3 kilos. *(newly, year old)*
8. Raúl va a dar su primer recital y su profesor de música le compró flores porque está muy **orgulloso** de él. *(proud, jealous)*

Retratos y relatos

Las siguientes lecturas son citas de diferentes cubanos o personas de origen cubano que viven en los Estados Unidos. Cada uno tiene una historia diferente que refleja algún aspecto de la experiencia de ser cubano y vivir fuera de su patria. Algunos vinieron antes de subir Fidel Castro al poder en 1959 y otros después. Todos han pasado por lo menos parte del régimen de Castro en los Estados Unidos. Al leer sus historias, se puede ver un poco del alma de cada uno de ellos y así aprender algo más sobre la experiencia cubana.

PAMELA MARÍA SMORKALOFF
Escritora, Nueva York, 1992

Mi familia emigró a los Estados Unidos en los años 30. Mi abuela me enseñaba en los libros *National Geographic* dónde estaba Cuba, porque después de la revolución en los partes meteorológicos no aparecía; la habían borrado.

Yo nací en Nueva York, pero desde pequeña mi madre y mi abuela me inculcaron la cultura cubana. Ellas no tenían idea, en ese entonces, que después de grande escribiría un estudio de la cultura literaria cubana, publicado en La Habana.

JULIO RAMÍREZ MARQUES
Desempleado, Miami, Florida, 1993

"Soy balsero y trabajo por comida. Ayúdame."
Yo llegué aquí el 14 de noviembre. Un hombre ahí me dijo que eso era aún mal ejemplo para los cubanos porque yo estaba pidiendo trabajo por comida. Yo le dije que yo no sé hacer otra cosa. Yo no sé robar. No sé quitarle la cartera a una vieja. No sé vender drogas. En Cuba yo trabajaba en abono químico. Soy de regla y no tengo familia. Allá yo no podía vivir por el régimen que está muy malo.

HILDE F. CRUZ
All-Car Service, Washington Heights, Nueva York, 1992

Yo soy de Banes, Oriente. Nosotros nos fuimos de Cuba el 26 de septiembre de 1961. La lancha era de catorce pies y medio, con un motor fuera de borda de 15 H.P. Salimos para las Bahamas en un viaje como de 18 horas. Éramos cuatro en la lancha. Cuando llegamos a Nassau, el cubano que atendía a los cubanos recién llegados, por esas cosas del destino, ¡se llamaba Fidel Castro!

RUBÉN D. JIMÉNEZ
Maestro, Nueva York, 1992

Salí de Cuba hace más de 25 años y prácticamente me siento tan cubano como la caña de azúcar. Ser cubano exiliado es una ventaja amarga puesto que el destierro nos ha enseñado a querer a nuestra patria aún más.

Siempre pienso en el regreso a ver a mi familia, pues aunque hayan pasado tantos años, el amor y la relación familiar jamás se han perdido. ¿Qué les diría? ¿Cuál será la relación de ese momento en adelante? Verdaderamente es difícil tratar de recuperar el tiempo perdido, pero el cariño puede vencer. Los años pasan y mi juventud se va marchitando y el miedo de llegar viejo a Cuba y no poder disfrutarla me entristece.

Nací en La Habana, Cuba, procedente de una familia de clase media, y me crié en Nueva York. Hoy día soy maestro de educación especial en la misma escuela donde fui estudiante hace 25 años.

OFELIA COBIÁN
Agente de publicidad, Nueva York, 1992

Yo nací en Oriente, Cuba, el 13 de abril de 1966. Mi niñez fue feliz, **aunque** con muy pocas riquezas. En 1980 emigré junto con mi familia a los Estados Unidos. Soy el producto de dos culturas y de dos naciones. De mi hispanidad estoy muy orgullosa y es **por eso** que represPenté a la comunidad latina 5
de Nueva York en un concurso internacional. **Por otro lado**, amo a este país **y**, aunque todo aquí no es perfecto, fue la mejor decisión que tomaron mis padres al traerme a este país para garantizarme un mejor futuro. Hoy en día, mi vida es **como** la de cualquier hispano neoyorquino y no la cambiaría 10
por nada en el mundo.

ACTIVIDAD 16: Asociaciones   Asocia estas oraciones con las personas de las lecturas. Pon las iniciales de la persona a quien describe cada oración. ¡Ojo! Puede haber más de una persona para cada línea.

1. Nací y me crié en Cuba. _____
2. Nací en Cuba, pero me crié en los Estados Unidos. _____
3. Nací en los Estados Unidos de padres cubanos. _____
4. Nada es gratis en este mundo. Hay que trabajar. _____
5. Echo muchísimo de menos a mi familia en Cuba. _____
6. Mi experiencia al salir de Cuba fue muy difícil, pero irónica. _____
7. Me jugué la vida en el viaje a los Estados Unidos; fue muy peligroso. _____
8. Tengo doble patria: me siento de Cuba y de los Estados Unidos. _____
9. Me siento más cubano/a que norteamericano/a. _____

ACTIVIDAD 17: Comparar   En parejas, lean las historias una vez más y decidan cuál de las cinco personas es la más feliz y por qué. Después decidan cuál es la más triste y por qué.

ACTIVIDAD 18: Enlaces   Lee otra vez lo que dijo Ofelia Cobián y contesta estas preguntas.

1. ¿Qué cosas contrasta **aunque** en la línea 2?
2. ¿Qué resultado indica **por eso** en la línea 5?
3. ¿Qué sentimientos contrasta **Por otro lado** en la línea 6?
4. ¿Qué añade **y** en la línea 7?
5. ¿Qué cosas compara **como** en la línea 10?

Estrategia de escritura: *Comparing and Contrasting*

Consult the list of linking words on page 320 while writing.

To compare or contrast two ideas is to present their similarities and differences. This may be done by presenting one idea and then the other or by presenting the similarities of both ideas followed by the differences. Look at how Ofelia Cobián contrasted the two sides of her personality. Also notice how linking words helped her to create cohesive and coherent sentences.

ACTIVIDAD 19: Contrastes   Escribe un párrafo que contraste y compare dos elementos de tu personalidad, dos ciudades o países, dos universidades, etc.

LO ESENCIAL II

I. Las joyas

JOYERÍA LA PRECIOSA

COLLARES Y BROCHES DE PLATA DE MÉXICO

ARETES DE ORO, DE PLATA Y DE FANTASÍA

PERLAS DE MALLORCA

CADENAS DE ORO

GEMELOS

PULSERAS DE ORO

ESMERALDAS DE COLOMBIA

ANILLOS DE ORO Y DIAMANTES, 18 QUILATES

RELOJES ROLEX Y SEIKO

Anillo = sortija; aretes = pendientes (Spain). **Pulsera = brazalete**

ACTIVIDAD 20: Dos horizontal y cuatro vertical   En parejas, "A" cubre el Crucigrama *(Crossword puzzle)* B y "B" cubre el Crucigrama A. Para completar el crucigrama, Uds. tienen que darle pistas a la otra persona. "A" tiene las palabras verticales y "B" las horizontales. Altérnense haciendo preguntas.

➤   A: ¿Qué es la quince horizontal?
    B: Es una joya verde de Colombia que se usa en anillos y aretes.
    A: ¡Ah! Es una esmeralda.

Crucigrama A

Wrist = **muñeca;** neck = **cuello**

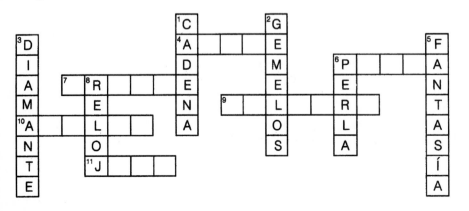

Crucigrama B

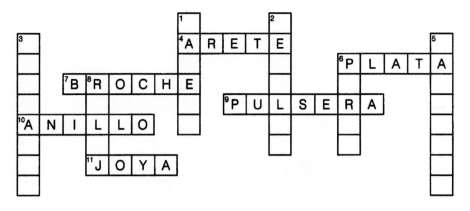

ACTIVIDAD 21: ¿Qué llevan?   En parejas, digan todo lo que puedan sobre las joyas que llevan o no llevan sus compañeros de clase. Sigan el modelo.

➤   Jim lleva un arete y una cadena de oro. Paula lleva . . . No hay nadie que lleve . . .

ACTIVIDAD 22: Los regalos   En grupos de tres, una persona es el/la vendedor/a y las otras personas son hermanos que van a comprar algo en la Joyería La Preciosa para el aniversario de sus padres. Tienen tarjetas de crédito y dinero, pero una persona no quiere gastar mucho. Decidan con la ayuda del/de la vendedor/a qué van a comprar para sus padres.

➤   A: Buenos días. ¿Puedo ayudarles? / ¿En qué puedo servirles?
    B: Buenos días. Quisiéramos comprar algo para el aniversario de nuestros padres. ¿Tiene alguna sugerencia?
    A: . . .

Colombia es el primer productor de esmeraldas del mundo y las exporta a todas partes. En Venezuela y en algunas regiones de Centroamérica se producen perlas verdaderas, que pueden ser de agua salada (de mar) o de agua dulce (de río). Si son de agua salada, son redondas, y si son de agua dulce, son de formas irregulares. Venezuela también produce diamantes. En la isla española de Mallorca se producen perlas cultivadas (*cultured*), que por su buen precio y su excelente calidad se venden en todo el mundo. Asimismo, se aprecia mucho el ámbar de la República Dominicana.

▲ *Una mina de ámbar, República Dominicana.*

II. Cómo llegar a un lugar

Ayer un detective pasó todo el día observando los movimientos de un sospechoso (*suspect*). Mira el dibujo y lee el informe del detective.

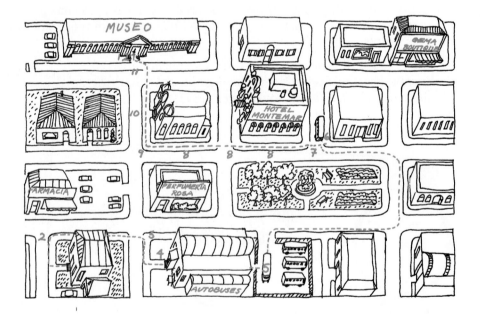

Derecho = **recto**

Cuadra = **manzana** (Spain), **bloque** (Puerto Rico)

1. El criminal salió de su casa.
2. Caminó hasta **la esquina.**
3. En la esquina **dobló** a la derecha.
4. Caminó hasta la estación de autobuses.
5. **Tomó** el autobús.
6. **Bajó** del autobús.
7. **Cruzó** la calle.
8. **Siguió derecho** dos **cuadras.**
9. Dobló a la derecha en la esquina.
10. **Pasó por** la iglesia.
11. **Subió las escaleras.**
12. Entró en el museo.

ACTIVIDAD 23: ¿Adónde fue?   Ayer la Dra. Llanos, quien está en la excursión de Juan Carlos y Vicente, salió del hotel y fue a comprar un perfume, unos pantalones y unas tarjetas postales. Mira el mapa de la página 326 que usó el detective y di qué camino tomó la señora. Comienza así: **La Dra. Llanos salió del hotel y . . .**

ACTIVIDAD 24: Cómo llegar a un lugar   En parejas, explíquenle a su compañero/a cómo se va al correo, al banco o a otro lugar desde su clase. Luego su compañero/a le explica cómo llegar a otro sitio.

➤   A: ¿Cómo se llega a . . . ? ¿Puedes decirme cómo llegar a . . . ?
       B: Primero, sales de la clase, después bajas las escaleras y . . .

Impresiones de Miami

así	like this/that
todo el mundo	everybody, everyone
volver a + *infinitive*	to do (something) again

Juan Carlos y Álvaro llegaron ayer a Miami con el grupo de turistas españoles y ahora regresan al hotel en el autobús después de hacer el tour de la ciudad.

ACTIVIDAD 25: Cierto o falso   Mientras escuchas la conversación, identifica si estas oraciones son ciertas **(C)** o falsas **(F).**

1. _____ A los turistas les sorprendió ver que Miami no fuera una ciudad típica de los Estados Unidos.
2. _____ La Dra. Llanos estuvo en Cuba.
3. _____ Los Estados Unidos están bien representados en las películas.
4. _____ El Sr. Ruiz y la Dra. Llanos no son muy buenos amigos.
5. _____ El Sr. Ruiz tiene que ir a la oficina de American Express mañana.

ÁLVARO	Esperamos que les haya gustado el tour de la ciudad. Para mí fue una verdadera sorpresa.
DRA. LLANOS	Es cierto. ¡Qué sorpresa encontrar una ciudad tan hispana en los Estados Unidos!
JUAN CARLOS	Y Miami no es la única; hay hispanos en el suroeste, en California, en Nueva York . . .
SR. RUIZ	¡Y la Calle Ocho! ¡Qué interesante! Todo el mundo hablando con acento caribeño. Al cerrar los ojos me parecía volver a estar en La Habana. ¿Sabían que yo estuve allí hace muchos años? Me fascina, sencillamente, ¡me fascina! Y . . .
ÁLVARO	¿Vieron qué interesante pasear por las calles y ver restaurantes de tantos países hispanos? Hay muchos centroamericanos, ¿no?
JUAN CARLOS	¡Cómo no! Y suramericanos también.

Making comparisons

DRA. LLANOS	De veras, los Estados Unidos es un país increíble. No creo que haya otro país tan variado como éste, con tal mezcla de gentes y costumbres. Para nosotros es difícil comprender este pluralismo cultural.
ÁLVARO	Y qué distinta es la realidad del estereotipo que se ve en las películas. Pero los estereotipos son siempre así . . .

Giving a direct command

JUAN CARLOS	Bueno, ¡atención! Ya hemos llegado al hotel. Escuchen, por favor. Ahora hay un rato libre para el almuerzo, pero por favor, si quieren ir a los Everglades regresen a la una y media porque volvemos a salir a las dos.
SR. RUIZ	¡Virgen Santísima! ¡No encuentro mis cheques de viajero y los tenía en el bolsillo! ¿Ahora qué voy a hacer?
ÁLVARO	Pero, los tiene Ud. en la mano, Sr. Ruiz.

Expressing annoyance

DRA. LLANOS	¡Qué hombre, Dios mío, qué hombre!

ACTIVIDAD 26: ¿Comprendiste?   Después de escuchar la conversación otra vez, contesta las siguientes preguntas.

1. Según Juan Carlos, ¿en qué parte de los Estados Unidos hay muchos hispanos?
2. Según el Sr. Ruiz, ¿a qué ciudad se parece Miami y por qué?
3. Menciona dos cosas que le sorprendieron a la Dra. Llanos.
4. Álvaro menciona los estereotipos que se ven en las películas. ¿Cuáles son? ¿Cómo es el estereotipo del hispano? ¿Y del norteamericano? ¿Qué piensas de los estereotipos en general?

ACTIVIDAD 27: Volver a empezar   Di las cosas que tienes que volver a hacer, completando estas frases.

➤ Si no entiendo las instrucciones, tengo que volver a leerlas.

1. Si no sale bien la comida, . . .
2. Si estás contando dinero y te interrumpen, . . .
3. Si el teléfono está ocupado, . . .
4. Si el profesor no está en su oficina, . . .
5. Si te devuelven una carta por no tener estampillas, . . .

HACIA LA COMUNICACIÓN II

I. Describing: Comparison of Equality

When you want to compare things that are equal, you can apply the following formulas:

> **tan** + *adjective/adverb* + **como**

Mi hermano es **tan** alto **como** mi mamá.

*My brother is **as** tall **as** my mother.*

Llegaste **tan** tarde **como** tus hermanos.

*You arrived **as** late **as** your brothers.*

NOTE: When used without **como, tan** means *so:* **El artículo es** *tan* **informativo que les di una copia a todos mis amigos.**

> **tanto/a/os/as** + *noun* + **como**

Tienes **tanto** trabajo **como** yo.

*You have **as much** work **as** I do.*

Hay **tantas** mujeres **como** hombres en el tour.

*There are **as many** women **as** men in the tour group.*

II. Making Requests and Giving Commands: Commands with *Usted* and *Ustedes*

Before studying the grammar explanation, answer the following question based on the conversation:

• In the paragraph that begins, **"Bueno, ¡atención! . . .",** which two verbs are used to give instructions?

1. To make a request or to give a command **(Ud., Uds.),** use the corresponding present subjunctive verb forms.

¡Hable (Ud.)!*
¡Hablen (Uds.)! } *Speak!*

¡No lleguen tarde al concierto, por favor!

Don't come late to the concert, please!

*NOTE: Subject pronouns are seldom used with requests and commands, but if they are, they follow the verb.

2. When reflexive or object pronouns are used with commands, follow these rules:

a. When the command is affirmative, the pronouns are attached to the end of the verb.

Remember to use accents.

¡Levánte**se** temprano!	*Get up early!*
¡Dígan**selo** a él!	*Tell it to him!*

b. When the command is negative, the pronouns immediately precede the verb.

Do mechanical drills, Workbook, Part II.

¡**No se** levante tarde!	*Don't get up late!*
¡**No se lo** digan a él, por favor!	*Please, don't tell it to him!*

ACTIVIDAD 28: Tan . . . como . . .   Forma oraciones usando dos personas o cosas de esta lista. Usa las palabras **tan . . . como . . . .** Usa la imaginación; las oraciones pueden ser absurdas.

➤ Dan Quayle es tan guapo como Freddy Krueger.

Nancy Kerrigan
una pelota
Madonna
Rush Limbaugh
Brad Pitt
Dan Quayle
Bart Simpson
un cerdo
Barbara Walters
una computadora
un perro
Jodie Foster
Freddy Krueger
Michael Jordan
Jesse Jackson
una guitarra
una playa
un elefante
una motocicleta
Julia Roberts
Arnold Schwarzenegger
Michelle Pfeiffer

ACTIVIDAD 29: Las comparaciones   En parejas, comparen a Adela y Consuelo, dos buenas amigas que tienen muchas cosas en común. "A" cubre la Columna B y "B" cubre la Columna A. Altérnense dando información.

➤ A: Adela tiene 28 años. ¿Y Consuelo?
  B: 29. Entonces Adela es menor que Consuelo. / Entonces Consuelo es mayor que Adela.

A

Adela
mide: 1,70 (uno setenta)
pesa: 59 kilos
bonita
jugar bien al tenis
tener dos carros
tener $10.000 en el banco

B

Consuelo
mide: 1,65 (uno sesenta y cinco)
pesa: 59 kilos
bonita
jugar bien al tenis
tener dos carros
tener $1.000 en el banco

1,70 = 1 meter 70 centimeters

ACTIVIDAD 30: ¿Quién dice qué?   En parejas, decidan en qué situaciones se dicen estas frases.

1. No hable en voz alta.
2. No tiren papeles.
3. No fumen.
4. No toque.
5. Abróchense el cinturón de seguridad.
6. Llame a la policía.
7. Compre camisas . . .

ACTIVIDAD 31: Sigan las instrucciones   Escuchen las instrucciones y hagan las acciones de los siguientes gestos *(gestures)* hispanos.

Para indicar que una persona es tacaña *(stingy):*

1. Levántense.
2. Doblen el brazo derecho con la mano hacia arriba.
3. Cierren la mano derecha.
4. Abran la mano izquierda.
5. Pongan la mano izquierda debajo del codo derecho.
6. Con la palma de la mano izquierda, tóquense el codo varias veces.

Para indicar "no, no, no":

1. Levanten la mano derecha y pónganla enfrente del cuerpo con la palma de la mano hacia enfrente.
2. Cierren la mano.
3. Saquen el dedo índice hacia arriba.
4. Muevan la mano de izquierda a derecha como un limpiaparabrisas.

ACTIVIDAD 32: Te toca a ti   Lee las siguientes instrucciones y escribe los mandatos de los verbos indicados para poder hacer unos gestos típicos de la cultura hispana. Usa la forma de Uds. al escribir los mandatos.

1. Para indicar que se debe tener cuidado:

   _____ el dedo índice debajo del ojo y _____ hacia abajo. (Poner, tirar)

2. Para indicar que una persona es delgada:

   _____ la mano y _____ el dedo meñique *(little finger)* hacia arriba. (Cerrar, levantar)

3. Para indicar que hay muchas personas en un lugar:

   Con la palma de la mano hacia arriba, _____ la mano. _____ los dedos hacia arriba. _____ el pulgar *(thumb)* con los otros dedos. (cerrar, Extender, tocar)

ACTIVIDAD 33: Los asistentes de vuelo   Eres auxiliar de vuelo de la aerolínea VIASA y vas a demostrar las instrucciones de seguridad en un avión. Lee individualmente las instrucciones que hay a continuación. No vas a entender todas las palabras, pero no importa. Intenta comprender las ideas principales. Después, escucha a tu profesor/a y demuestra las acciones para los pasajeros.

VIASA is the largest Venezuelan airline.

Buenos días y bienvenidos a bordo. Ahora unas medidas de seguridad. Abróchense el cinturón de seguridad. Mantengan el respaldo del asiento en posición vertical, la mesa en la posición inicial y pongan su equipaje de mano completamente debajo del asiento de enfrente o en uno de los compartimientos de arriba. Por favor, obedezcan el aviso de no fumar. En el respaldo del asiento, delante de Uds., hay una tarjeta con información. Esta tarjeta les indica la salida de emergencia más cercana. Tomen unos minutos para leerla. En este avión hay dos puertas en cada extremo de la cabina y dos salidas sobre las alas. En caso de que sea necesario, el cojín del asiento puede usarse como flotador: pasen los brazos por los tirantes que están debajo del cojín. Si hay un cambio brusco de presión en la cabina, los compartimientos que contienen las máscaras de oxígeno se abren automáticamente. Entonces, apaguen los cigarrillos, pónganse la máscara sobre la nariz y la boca y respiren normalmente. Después, tomen la cinta elástica y póngansela sobre la cabeza. Después de ponerse la máscara, ajusten bien las máscaras de sus niños. Gracias por su atención y esperamos que tengan un buen viaje a bordo de VIASA.

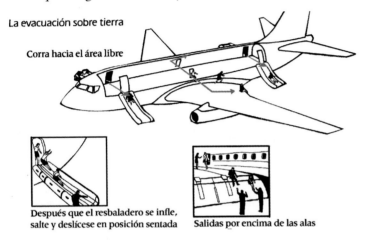

La evacuación sobre tierra

Corra hacia el área libre

Después que el resbaladero se infle, salte y deslícese en posición sentada

Salidas por encima de las alas

ACTIVIDAD 34: En la calle   En parejas, "A" cubre la Columna B y "B" cubre la Columna A. Mira tu mapa de la ciudad y pregúntale a tu compañero/a (una persona que va por la calle) cómo llegar a los lugares que aparecen en tu columna. Las dos personas están donde se indica en el mapa. Altérnense para preguntar y responder.

> A: ¿Puede decirme cómo llegar a . . . ? / ¿Sabe dónde está . . . ?
> B: Siga derecho dos cuadras . . . .

A

el Hotel San Jorge
el correo
el Cine Sol

B

el Museo de Arqueología
el Consulado de los Estados
   Unidos
la Biblioteca Nacional

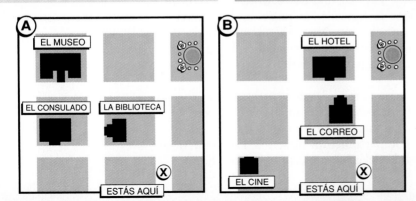

ACTIVIDAD 35: Buen ejercicio   Te dieron un puesto como profesor/a de gimnasia aeróbica y tienes que dar buenas instrucciones. Escribe las instrucciones y, si es posible, practica la rutina con un grupo de amigos. Usa frases como **corran, con la mano derecha tóquense el pie izquierdo diez veces, siéntense en el suelo** (*floor*) **con las piernas delante de Uds., tóquense las rodillas con la cabeza,** etc.

Note the use of the reflexive with **tocar.**

VOCABULARIO FUNCIONAL

El viaje

el/la chofer	*driver, chauffeur*
la entrada	*entrance ticket*
la excursión	*excursion, side trip*
el/la guía turístico/a	*tour guide*
los impuestos	*taxes*
el itinerario	*itinerary*
libre	*free (with nothing to do)*
opcional	*optional*
la propina	*tip, gratuity*
el/la taxista	*taxi driver*
el tour	*tour*
el traslado	*transfer*

Las joyas

el anillo	*ring*
los aretes	*earrings*
el broche	*pin*
la cadena	*chain*
el collar	*necklace*
de fantasía	*costume (jewelry)*
el diamante	*diamond*
la esmeralda	*emerald*
los gemelos	*cuff links*
el oro	*gold*
la perla	*pearl*
la plata	*silver*
la pulsera	*bracelet*
el reloj	*watch*

Palabras y expresiones útiles

así	*like this/that*
el cheque de viajero	*traveler's check*
¿De acuerdo?	*O.K.?, Agreed?*
sacar de un apuro (a alguien)	*to get (someone) out of a jam*

tan	*so*
tan . . . como	*as . . . as*
tanto/a . . . como	*as much . . . as*
tantos/as . . . como	*as many . . . as*
todo el mundo	*everybody, everyone*
volver a + *infinitive*	*to do (something) again*
ya que	*since*

Cómo llegar a un lugar

bajar	*to go down*
bajar de	*to get off*
¿Cómo se llega a . . . ?	*How does one get to . . . ?*
cruzar	*to cross (the street)*
la cuadra	*city block*
doblar	*to turn*
la(s) escalera(s)	*stair(s), staircase*
la esquina	*corner*
pasar por	*to pass by/through*
¿Puede decirme cómo llegar a . . . ?	*Can you tell me how to get to . . . ?*
¿Sabe dónde está . . . ?	*Do you know where . . . is?*
seguir derecho	*to keep going straight ahead*
subir	*to go up*

Más verbos

caer	*to fall; to drop*
conseguir	*to get, obtain*
haber	*to have (auxiliary verb)*
obtener	*to obtain*
olvidar	*to forget*
pasar	*to spend (time)*
perder	*to lose*
quemar	*to burn*

TRAVEL TUR

Flor de mis cariños / Bogotá, Colombia

Antes de ver

ACTIVIDAD 1: El encuentro Andrés está en Bogotá, Colombia, y va a encontrarse con Cristina, su exnovia. En parejas, comenten qué creen sobre las siguientes ideas antes de ver el video:

1. dónde conoció Andrés a Cristina
2. si él va a estar contento de verla
3. si ella va a estar contenta de verlo
4. si él va a decirle piropos *(flirtatious remarks)* a ella
5. si ella va a decirle piropos a él

Mientras ves

ACTIVIDAD 2: ¿Adiviné? Ahora, mira el siguiente segmento para confirmar o corregir tus predicciones sobre los últimos cuatro puntos discutidos en la actividad anterior. Luego comparte tus ideas con el resto de la clase.

> DESDE EL PRINCIPIO
> HASTA 39:40

ACTIVIDAD 3: El plan Cristina ha planeado un paseo por algunos lugares importantes de Bogotá. Mira el siguiente segmento y completa la información sobre tres lugares que visitan.

> DESDE 39:41
> HASTA 42:20

Museo del _____
Número de piezas/objetos: _____
Precio de la entrada: _____
Horario de cierre: _____
Objetos que ellos ven: _____

Quinta de _____
Él fue el _____ de América
Ellos ven: _____

Hacienda Santa _____
Este lugar es un centro _____
Contrastes que observas: _____

ACTIVIDAD 4: En silencio **Parte A:** Mira el siguiente segmento sin sonido y trata de adivinar qué ocurre. Luego cuéntale al resto de la clase lo que ocurrió.

> DESDE 42:21
> HASTA EL FINAL

Parte B: Después, mira el video con sonido para confirmar o corregir tu predicción y nuevamente comparte tus ideas con la clase.

CAPÍTULO 14

▲ *Detalle del mural* Historia
de la conquista *de Diego
Rivera en el Palacio Nacional
de la ciudad de México.*

CHAPTER OBJECTIVES

- Explaining simple dental problems
- Making some bank transactions
- Giving informal and implied commands
- Avoiding repetition
- Expressing possession in an emphatic way
- Ordering and discussing breakfast

De paseo por la ciudad de México

▲ *La Plaza de las Tres Culturas, México. ¿Puedes identificar cuáles son las tres culturas representadas?*

¡Basta (de . . .)!	(That's) enough (. . .)!
¡Ya voy!	I'm coming!
una enciclopedia ambulante	a walking encyclopedia
¡Ni loco/a!	Not on your life!

Mientras el grupo de turistas tiene unas horas libres en México, Álvaro y Juan Carlos dan un paseo.

ACTIVIDAD 1: Por la calle Mientras escuchas la conversación, indentifica las respuestas a estas preguntas.

1. ¿Qué es una "sala de torturas" para Álvaro?
2. ¿Adónde va a ir Juan Carlos?
3. ¿Por qué llama Álvaro a Juan Carlos "una enciclopedia ambulante"?

JUAN CARLOS	Vamos Álvaro, ya es tarde.
ÁLVARO	¡Ya voy! ¡Ay, ay, ay!
JUAN CARLOS	¿Qué te pasa? Ya son las nueve y sólo tenemos dos horas.
ÁLVARO	¡Ay! Mi muela, ¡qué dolor de muela!
JUAN CARLOS	Te digo que vayas a un dentista.
ÁLVARO	¿A una sala de torturas? ¡Ni loco!
JUAN CARLOS	Te lo dije en España. ¿Por qué no fuiste al dentista allá?

Giving an implied command

ACTIVIDAD 5: La historia dental   Vas a ver a un nuevo dentista por primera vez y tienes que darle tu historia dental a su ayudante. En parejas, habla con el/la ayudante que necesita saber la siguiente información.

➤ número de empastes
    A: ¿Cuántos empastes tiene?
    B: No tengo ninguno. / Tengo . . .

1. fecha de la última limpieza dental
2. frecuencia de las visitas al dentista
3. higiene dental
4. número de muelas del juicio
5. problemas dentales recientes
6. sensibilidad al frío o al calor

ACTIVIDAD 6: El dolor de muela   En parejas, una persona cubre el Papel A y la otra cubre el Papel B. Conversen por teléfono según las indicaciones.

Papel A

Tienes uno de estos problemas: un dolor de muela terrible y casi no puedes hablar; una muela sensible al calor y al frío y crees que puede ser una caries; se te cayó un empaste. Llamas al dentista para hacer una cita *(appointment)* urgente. Eres una persona muy insistente.

Papel B

Eres recepcionista en el consultorio de un dentista. Hoy estás pasando un mal día y estás de mal humor. Un/a paciente te llama por teléfono pero a ti no te parece nada urgente. El dentista está ocupado hasta el mes que viene.

II. En la casa de cambio

el billete   bill (paper money)
la caja   cashier's desk
el/la cajero/a   cashier
cambiar (dinero)   to exchange; to change (money)
el cambio   exchange rate; change
el cheque de viajero   traveler's check

el (dinero en) efectivo   cash
la firma   signature
firmar   to sign
la moneda   currency; coin
sacar   to take out
la tarjeta de crédito   credit card

▲ *Barcelona está en Cataluña, donde se hablan español y catalán. ¿Cómo se dicen* exchange *y* Savings Bank *en español y catalán?*

ACTIVIDAD 7: ¿Cómo pagas?   En parejas, decidan cómo explicarle a un/a visitante hispano/a dónde o cuándo se paga en los Estados Unidos con dinero en efectivo, con cheque personal, con cheque de viajero o con tarjeta de crédito.

ACTIVIDAD 8: El dinero   Los billetes de los Estados Unidos son todos del mismo color y tamaño *(size)*, pero en otros países, unos billetes son más grandes y otros más pequeños y de diferentes colores. En grupos de cinco, miren e identifiquen de dónde son estos billetes. ¿Quién o qué aparece en el billete? ¿Creen Uds. que sea bueno o malo tener billetes de diferentes tamaños y colores?

Benito Pérez Galdós, Spanish novelist. **Parque Arqueológico de San Agustín,** Colombia, contains the most extensive collection of pre-Columbian stone sculpture. The bill depicting an **embera** Indian commemorates the Quincentennial. **Juan Pablo Duarte,** considered to be the founder of the Dominican Republic.

ACTIVIDAD 9: El cambio   En parejas, "A" va a un banco en Puerto Rico a cambiar dólares por moneda de un país hispano; "B" trabaja en el banco. "B" le pregunta si quiere comprar o vender, qué moneda quiere, cuánto dinero quiere cambiar y le dice a cuánto está el cambio.

1 dólar estadounidense = 1,56 marcos

Cambio	$		
		España/peseta	95,59
		Francia/franco	5,29
Alemania/marco	1,56	Gran Bretaña/libra	0,55
Argentina/peso	1,00	Hong Kong/dólar	7,35
Brasil/cruzado	1.205,00	Italia/lira	1.170,00
Canadá/dólar	1,13	Japón/yen	124,05
Colombia/peso	525,21	México/peso	2.985,00
Chile/peso	310,56	Venezuela/bolívar	52,52

HACIA LA COMUNICACIÓN I

I. Making Requests and Giving Commands: Commands with *Tú*

Before studying the grammar explanation, answer the following question based on the conversation:

- When Juan Carlos says to Álvaro, **"¡Deja de molestar!"**, is he making a suggestion or giving a command? Do you think Juan Carlos is using the **Ud.** or the **tú** form when talking to Álvaro?

1. In this book you have seen the singular familiar command (**tú**) used in the directions for many activities. To give an affirmative familiar command or to make a request, use the present indicative verb form corresponding to **él/ella/Ud.** with most verbs.

practicar $\longrightarrow$ practica	traer $\longrightarrow$ trae	subir $\longrightarrow$ sube

Sube a mi habitación y **trae** el libro que está allí.	*Go up to my room and bring the book that is there.*
¡**Espera** un momento!	*Wait a minute!*

The familiar commands for the following verbs are irregular:

Sé is a familiar command; se is a reflexive pronoun and an object pronoun.

decir	**di**	salir	**sal**
hacer	**haz**	ser	**sé**
ir	**ve**	tener	**ten**
poner	**pon**	venir	**ven**

Ven acá y **haz** el trabajo.	*Come here and do the work.*
Sé bueno y **di** siempre la verdad.	*Be good and always tell the truth.*

Review formation of the subjunctive, Ch. 8.

2. To give a negative familiar command, the form used is identical to the **tú** form of the present subjunctive.

No vayas al dentista todavía.	*Don't go to the dentist yet.*
No salgas esta tarde.	*Don't go out this afternoon.*

NOTE: Subject pronouns are seldom used with familiar commands, but if they are, they follow the verb: **Estoy ocupado; ven tú. No lo hagas tú; yo voy a hacerlo.**

3. In familiar commands, as in formal commands, the reflexive and the object pronouns immediately precede the verb in a negative command and are attached to the end of an affirmative command.

Note the need for an accent.

No se lo digas.	*Don't tell it to her.*
Levánta**te**.	*Get up.*

4. The following chart summarizes the forms used for formal and familiar commands:

	Affirmative Commands	Negative Commands
(tú)	come*	no comas
(Ud.)	coma	no coma
(Uds.)	coman	no coman

*NOTE: All forms are identical to the subjunctive except the affirmative command form of **tú.**

> **Vosotros** affirmative commands: **decir = deci + d** → **decid.**
> Reflexive affirmative **vosotros** commands: **lavarse = lava + os** → **lavaos.** Negative **vosotros** commands: Use subjunctive forms.

II. Giving Implied Commands: *Decir* + subjunctive

To give an implied command, you can use the verb **decir** in the independent clause and a verb in the subjunctive in the dependent clause.

Te **digo** que **vayas** al dentista. *I'm telling you to go to the dentist.*
¡Oigan! Les **estoy diciendo** que *Listen! I'm telling you to come.*
  vengan.

However, when the verb **decir** is used to give information, the verb in the dependent clause is in the indicative.

> When using **decir**:
> *to tell that; to say that* = indicative;
> *to tell to* = subjunctive.
>
> Do mechanical drills, Workbook, Part I.

Él dice que no **va** a llover. *He says that it's not going to rain.*
Le digo que **vamos** al Zócalo. *I'll tell her that we're going to the Zócalo.*
Ella dice que **él** es buen dentista. *She says that he is a good dentist.*

ACTIVIDAD 10: Los mayores siempre mandan   Los niños escuchan muchos órdenes todos los días. En parejas, hagan una lista de, por lo menos, cinco mandatos afirmativos y cinco mandatos negativos que normalmente oye un niño o una niña.

ACTIVIDAD 11: En el programa de David Letterman   Tú tienes un perro muy inteligente y lo llevas al programa de David Letterman. Dale órdenes comunes y después mándale hacer "un truco estúpido". Usa verbos como **sentarse, levantarse, dar la pata** (paw), **hablar, correr, saltar** (to jump), **hacerse el muerto, traer,** etc.

Hacerse el/la + adjective = to pretend to be + adjective.

ACTIVIDAD 12: ¡Cuántos mandatos!   En grupos de tres, Uds. son tres hermanos que viven juntos. Un amigo de su padre acaba de llamar para preguntar si puede pasar la noche en casa con Uds. porque perdió el último avión y todos los hoteles están llenos. Uds. dijeron que sí, pero el apartamento está hecho un desastre y no tienen nada de comer. Tienen que darse órdenes para limpiar el apartamento y tenerlo presentable. Normalmente, los hermanos se contradicen mucho (contradict each other).

> A: ¡Corre a la tienda y compra café!
> B: ¡No compres café, compra té!
> C: No, voy a comprar Pepsi.

ir al supermercado y comprar carne
lavar y secar los platos
salir y comprar cerveza
lavar la ropa
servir vino
poner la mesa
hacer una ensalada
limpiar la cocina
preparar el pollo
sacar toallas limpias

ACTIVIDAD 13: ¿Quién hace qué?   En parejas, Uds. son Juan Carlos y Álvaro y tienen muchas cosas que hacer. Lean primero sólo las instrucciones para su papel; luego denle órdenes a la otra persona.

Juan Carlos

Quieres que Álvaro:
—mande tarjetas postales
—compre las entradas para el Ballet Folklórico
—llame al guía para ver la hora de salida mañana
—no le pague al guía todavía

Tú ya:
—hiciste una reserva en un restaurante

Álvaro

Quieres que Juan Carlos:
—compre las entradas para el Ballet Folklórico
—ponga un anuncio sobre el Ballet en el hotel
—haga una reserva en un restaurante
—pregunte cómo llegar al Ballet

Tú ya:
—llamaste al guía y sabes que el grupo sale mañana a las 7:30
—mandaste las tarjetas postales

ACTIVIDAD 14: Lo bueno y lo malo Hay muchas tentaciones en la vida y tenemos conciencia para evitarlas. En grupos de tres, una persona tiene dudas sobre qué debe hacer y las otras personas son su conciencia buena y su conciencia mala. Después de escuchar las dos voces de la conciencia, la persona tiene que decidir qué va a hacer.

1. No tengo dinero y quiero un helado. ¿Debo robarme el helado?
2. No sé la respuesta, pero puedo ver el examen de Gonzalo. ¿Debo copiar la respuesta?
3. Se le cayeron veinte dólares de la bolsa a esa mujer. ¿Debo decirle algo o quedarme con el dinero?
4. No fui al trabajo ayer porque fui a la playa. ¿Debo mentirle a mi jefa y decirle que estuve enfermo/a?

ACTIVIDAD 15: Los mensajes Tú eres secretario/a. Tu jefe, el Sr. Beltrán, te da algunos mensajes para el mensajero *(messenger boy)*. Dile al mensajero qué tiene que hacer.

El jefe dice que tú . . .

usar el coche y no la moto porque va a llover hoy
llevar un mensaje al Sr. Piera
comprar sobres y estampillas
avisarle a la compañía de teléfonos que el teléfono no funciona
depositar en el banco el dinero de la oficina
trabajar el sábado
venir mañana a las 8:00
no llegar tarde

ACTIVIDAD 16: Consejos En grupos de tres, hagan una lista de consejos sobre cosas que debe o no debe hacer una amiga hispana que viene a visitar su ciudad. Hay diferentes maneras de dar consejos: **Es bueno que . . . , (No) debes . . . , Te aconsejamos que . . . , Te digo que . . . , Es mejor que . . .** etc.

➤ Visita el museo.
Te digo que no camines sola por los parques de noche.

NUEVOS HORIZONTES

Estrategia de lectura: *Defining Style and Audience*

With works of literature, be they novels or short stories, the author usually decides whether to write in third or first person. Some authors write in first person from the point of view of one of the characters. A writer also chooses an audience (athletes, researchers, adults, teenagers, etc.). He/She keeps the audience in mind when writing the text.

As you read, it is useful to determine in which person the author is writing and who his/her audience is in order to best understand the work.

ACTIVIDAD 17: Antes de leer Antes de leer el cuento "Beatriz (Una palabra enorme)" de Mario Benedetti, autor uruguayo, en grupos de tres, expliquen qué es un **preso político.**

preso = prisionero
cárcel = prisión

ACTIVIDAD 18: Lectura rápida Lee rápidamente el primer párrafo para determinar si está escrito:

a. en tercera persona.
b. en primera persona.
c. en primera persona desde el punto de vista de un personaje.

ACTIVIDAD 19: Identificar Mientras lees el cuento, identifica con qué personaje se relaciona cada frase de la lista. Escribe la letra de la frase al lado del nombre de cada personaje. Hay más de una respuesta correcta para algunos personajes y una frase puede relacionarse con más de un personaje.

Mario Benedetti _____   Rolando _____

el papá _____   Graciela _____

Beatriz _____   Angélica _____

a. una amiguita
b. el tío de la narradora
c. un prisionero político
d. la madre de la narradora
e. la esposa del prisionero
f. la narradora
g. el autor del cuento
h. una niña pequeña
i. vive en Libertad
j. tiene ideas
k. su perro se llama Sarcasmo
l. la más alunada

Beatriz (Una palabra enorme)

Mario Benedetti

Libertad es una palabra enorme. Por ejemplo, cuando terminan las clases, se dice que una está en libertad. Mientras dura la libertad, una pasea, una juega, una no tiene por qué estudiar. Se dice que un país es libre cuando una mujer cualquiera o un hombre cualquiera hace lo que se le antoja°. Pero hasta los países libres tienen cosas muy prohibidas. Por ejemplo matar. Eso sí, se pueden matar mosquitos y cucarachas, y también vacas para hacer churrascos. Por ejemplo está prohibido robar, aunque no es grave que una se quede con algún vuelto° cuando Graciela, que es mi mami, me encarga alguna compra. Por ejemplo está prohibido llegar tarde a la escuela, aunque en ese caso hay que hacer una cartita, mejor dicho la tiene que hacer Graciela, justificando por qué. Así dice la maestra: justificando.

Libertad quiere decir muchas cosas. Por ejemplo, si una no está presa, se dice que está en libertad. Pero mi papá está preso y sin embargo está en Libertad, porque así se llama la cárcel donde está hace ya muchos años. A eso el tío Rolando lo llama qué sarcasmo. Un día le conté a mi amiga Angélica que la cárcel en que está mi papá se llama Libertad y que el tío Rolando había dicho qué sarcasmo y a mi amiga Angélica le gustó tanto la palabra que cuando su padrino le regaló un perrito le puso de nombre Sarcasmo. Mi papá es un preso pero no porque haya matado o robado o llegado tarde a la escuela. Graciela dice que mi papá está en Libertad, o sea está preso, por sus ideas. Parece que mi papá era famoso por sus ideas. Yo también a veces tengo ideas, pero todavía no soy famosa. Por eso no estoy en Libertad, o sea que no estoy presa.

Si yo estuviera presa, me gustaría que dos de mis muñecas°, la Toti y la Mónica, fueran también presas políticas. Porque a mí me gusta dormirme abrazada por lo menos a la Toti. A la Mónica no tanto, porque es muy gruñona°. Yo nunca le pego, sobre todo para darle ese buen ejemplo a Graciela.

lo que quiere

el cambio (monedas)

Ken y Barbie son muñecas

una persona que protesta mucho

▲ *Mural de protesta en un barrio obrero de Santiago, Chile.*

30   Ella me ha pegado pocas veces, pero cuando lo hace yo quisiera tener
muchísima libertad. Cuando me pega o me rezonga yo le digo Ella,
porque a ella no le gusta que la llame así. Es claro que tengo que estar muy
alunada° para llamarla Ella. Si por ejemplo viene mi abuelo y me pregunta   *de mal humor*
dónde está tu madre, y yo le contesto Ella está en la cocina, ya todo el
35   mundo sabe que estoy alunada, porque si no estoy alunada digo solamente
Graciela está en la cocina. Mi abuelo siempre dice que yo salí la más alunada de la familia y eso a mí me deja muy contenta. A Graciela tampoco le
gusta demasiado que yo la llame Graciela, pero yo la llamo así porque es
un nombre lindo. Sólo cuando la quiero muchísimo, cuando la adoro y la
40   beso y la estrujo° y ella me dice ay chiquilina no me estrujes así, entonces   *abrazar fuertemente*
sí la llamo mamá o mami, y Graciela se conmueve y se pone muy tiernita y
me acaricia° el pelo, y eso no sería así ni sería tan bueno si yo le dijera   *tocar con amor*
mamá o mami por cualquier pavada°.   *cosa sin importancia /*
        O sea que la libertad es una palabra enorme. Graciela dice que ser un   *tontería*
45   preso político como mi papá no es ninguna vergüenza. Que casi es un
orgullo. ¿Por qué casi? Es orgullo o es vergüenza. ¿Le gustaría que yo dijera que es casi vergüenza? Yo estoy orgullosa, no casi orgullosa de mi
papá, porque tuvo muchísimas ideas, tantas y tantísimas que lo metieron
preso por ellas. Yo creo que ahora mi papá seguirá teniendo ideas, tremen-
50   das ideas, pero es casi seguro que no se las dice a nadie, porque si las dice,
cuando salga de Libertad para vivir en libertad, lo pueden meter otra vez
en Libertad. ¿Ven como es enorme?

ACTIVIDAD 20: Después de leer   En parejas, contesten las siguientes preguntas.

1. El cuento está escrito desde el punto de vista de una niña, pero ¿es un cuento
   para niños o adultos? Expliquen su respuesta.
2. Al escribir el cuento, el autor usa letras mayúsculas y minúsculas para las mismas palabras. ¿Cuál es la diferencia entre **libertad** y **Libertad**? ¿Cuál es la
   diferencia entre **ella** y **Ella**?

ACTIVIDAD 21: El futuro   En parejas, comparen a Beatriz con su padre. ¿Son
parecidos o muy diferentes? Justifiquen su respuesta. Imagínense que han pasado
veinte años y Beatriz ya es adulta. ¿Cómo es? ¿Qué hace?

Estrategia de escritura: *Journal Writing*

In the story you just read, Beatriz justified why she thought *liberty* was such an
enormous word; she recorded her thoughts. For many people, the recording of
their thoughts helps them clarify their beliefs. Beatriz appears to be very spontaneous in her writing with one thought leading to another. This allows her to freely
examine her feelings.
        To write a journal or diary, concentrate on the day's highlights, making com-
ments and jotting down your impressions about what happened. Write down your
thoughts freely, focusing on the content of the writing, not its form. This spontaneous style of writing helps ideas flow and minimizes writer's block.

ACTIVIDAD 22: Mi diario   Escribe un diario sobre un mínimo de tres días. Incluye las cosas importantes que ocurrieron y haz comentarios libremente.

LO ESENCIAL II

El desayuno

Practice these words when cooking, eating breakfast, etc.

1. el yogur
2. la tostada
3. el café
4. el croissant

5. la mantequilla
6. la mermelada
7. el jugo/zumo

Otras cosas relacionadas con el desayuno

los churros y el chocolate   Spanish crullers and hot chocolate
la fresa   strawberry
las galletas   cookies; crackers
los huevos (fritos, revueltos, duros) eggs (fried, scrambled, hard-boiled)

la naranja   orange
la salchicha   sausage
el tocino   bacon

ACTIVIDAD 23: Contando calorías Divide las comidas de la página 349 en dos categorías: las comidas que tienen muchas calorías y las que tienen pocas.

ACTIVIDAD 24: Las preferencias Habla con algunos compañeros para averiguar qué desayunan durante la semana y el fin de semana. Si comen huevos, pregúntales cómo los prefieren.

ACTIVIDAD 25: Una tostada, ¡ya va! En grupos de cuatro, "A" es el/la camarero/a y "B", "C" y "D" son clientes que entran en la cafetería para tomar el desayuno. Antes de pedir, cada persona debe leer solamente las instrucciones de su papel, que están a continuación.

A No hay tocino, pero hay salchichas. No hay croissants, ni churros ni jugo de naranja, sólo hay jugo de tomate.

B Hoy quieres un desayuno fuerte porque no vas a poder almorzar.

C Estás a dieta, así que quieres algo ligero y un café con leche para despertarte.

D Te encantan los churros y el chocolate. Siempre comes algo dulce (*sweet*) por la mañana.

¿LO SABÍAN?

En español hay muchos dichos relacionados con la comida:

1. **Se vende como churros** se usa cuando una cosa es muy popular y se vende mucho en las tiendas.

2. **Estoy hecho/a una sopa** se dice cuando uno está muy mojado/a después de caminar en la lluvia.

3. **Se puso (rojo) como un tomate** se dice cuando uno tiene vergüenza y se pone rojo.

4. **No sabe ni papa** se usa cuando una persona es ignorante.

¿Hay equivalentes en inglés para estos dichos? ¿Qué dichos relacionados con la comida conoces en inglés?

En Yucatán

◄ *Ruinas mayas, Chichén Itzá, Yucatán, México.*

pasarlo bien/mal	to have a good/bad time
por un lado/por otro lado	on the one hand/on the other hand
tenerle fobia a . . .	to have a fear of . . . ; to hate

Juan Carlos está en Yucatán, México, y no tiene tiempo para escribirles una carta a sus amigas de España; por eso, les graba un cassette.

ACTIVIDAD 26: Cierto o falso   Mientras escuchas la grabación de Juan Carlos, marca si estas oraciones son ciertas **(C)** o falsas **(F).**

1. _____ Juan Carlos y Álvaro lo están pasando muy bien en México.
2. _____ Álvaro tenía una caries.
3. _____ El grupo de Álvaro tiene gente divertida.
4. _____ El Sr. Ruiz llega tarde para el desayuno.
5. _____ Las ruinas de Yucatán son aztecas.

Expressing extreme interest

Displaying false sympathy Confiding

Hola, chicas. ¿Cómo están? Por aquí todo bien. Con todas las responsabilidades de la excursión, no he tenido tiempo para escribirles y es más fácil y rápido mandarles un cassette. Estamos bien y muy contentos conociendo lugares interesantísimos, aunque Álvaro estuvo mal de la muela que ya le molestaba en España y, claro, . . . por fin tuvo que ir al dentista y . . . y le pusieron un empaste enorme. Pues, yo le digo que es un cobarde, pero es que el pobre les tiene fobia a los dentistas. Je, je . . . es un secreto y no se lo digan a Álvaro, pero . . . yo les tengo fobia a los ascensores.[1]

---

[1] elevators

Bueno, aquí lo estamos pasando muy bien. O sea, por un lado, es una responsabilidad, pero por otro . . . pues nos encanta el trabajo de líderes y aprendemos mucho en cada lugar. Dividimos a la gente en dos grupos: el de Álvaro tiene personas un poco sosas, pero el mío es muy divertido. Este . . . en mi grupo hay un señor, el Sr. Ruiz, que es excéntrico y, a veces, algo desconsiderado. Siempre llega tarde para tomar el desayuno y lo tenemos que esperar para ir a las excursiones. ¡Un día de éstos lo vamos a dejar en el hotel!

Comparing and contrasting

México me fascina. En algunos aspectos es como Perú, y se ve bastante la cultura indígena, pero en otros es totalmente distinto y la influencia de los Estados Unidos es fuerte. México, la ciudad, es increíblemente grande con gente y tráfico por todas partes. Este . . . el grupo se ha divertido aprendiendo mexicanismos como "jale" en vez de "tire" y "camión" en vez de "autobús".

Ya hace dos días que estamos en Yucatán. Las ruinas mayas y toltecas son diferentes de las de Perú, pero . . . claro . . . también fascinantes. Ayer estuvimos en, ¿cómo se llama? eh . . . eh . . . este . . . ¡ah! Chichén Itzá; es un lugar misterioso donde se practicaban ritos de sacrificios humanos. Lo que más me gustó fue el Caracol, una torre redonda y . . . y también me fascinó el Castillo, el templo principal del dios Kukulkán. Saben que . . .

¡Ah! Me está llamando Álvaro. ¡Un momento, ya voy! . . . Pues, tengo que irme corriendo con el grupo. Álvaro les manda besos y yo también. Oye, Claudia, ¡te echo de menos! Sigo esto luego, tal vez esta noche, si no llegamos muy tarde . . . Un beso y chau.

ACTIVIDAD 27: ¿Comprendiste?   Lee cada pregunta y busca rápidamente la respuesta en el texto de la grabación.

1. Sabemos que Álvaro les tiene fobia a los dentistas. ¿A qué le tiene fobia Juan Carlos? ¿Tienes tú alguna fobia?
2. ¿Por qué dice Juan Carlos que el Sr. Ruiz es desconsiderado?
3. ¿Qué piensa hacerle Juan Carlos al Sr. Ruiz?
4. ¿Cuáles son algunas diferencias entre el español de España y el de México?
5. ¿Dónde están ahora los turistas? ¿Qué visitaron?
6. ¿Por qué crees que Juan Carlos dice que las ruinas mayas son diferentes de las ruinas de Perú?
7. ¿Has viajado alguna vez en tour? ¿Adónde fuiste? ¿Había alguien como el Sr. Ruiz en el grupo?

ACTIVIDAD 28: Los pros y los contras   Di cuáles son los pros y los contras de las siguientes acciones.

➤ leer el periódico
Por un lado es bueno leer el periódico porque sabes qué pasa en el mundo, pero por otro lado las noticias son muy tristes.

1. tomar café
2. correr
3. mirar televisión
4. trabajar con computadora
5. ir a la universidad
6. viajar en tour
7. trabajar como guía
8. visitar lugares históricos

HACIA LA COMUNICACIÓN II

I. Avoiding Repetition: Nominalization

Before studying the grammar explanation, answer the following question based on Juan Carlos's recording:

- In the second paragraph of the tape, when Juan Carlos says, "... **el de Álvaro ... pero el mío ...,**" is he referring to **las responsabilidades, los grupos,** or **el trabajo?**

Nominalization consists of avoiding the repetition of a noun by using only its corresponding article and the word or words that modify the noun.

Nos gustan las faldas azules y **las faldas negras** también.
Nos gustan las faldas azules y **las negras** también.

Pon unas mesas aquí y **unas mesas** allí.
Pon unas mesas aquí y **unas** allí.

La casa que quería comprar y **la casa que compré** son muy diferentes.
La casa que quería comprar y **la que compré** son muy diferentes.

Tu sobrino y **los sobrinos de ella** llegaron ayer.
Tu sobrino y **los de ella** llegaron ayer.

NOTE: The indefinite article **un** becomes **uno** when the noun is eliminated.

Tengo un carro negro y **un carro blanco.**
Tengo un carro negro y **uno blanco.**

Review possessive adjectives, Ch. 3.

II. Expressing Possession: Long Forms of Possessive Adjectives and Pronouns

1. Possessive adjectives have corresponding long forms that are used for emphasis. The long forms agree in gender and in number with the noun being modified, and they always follow the noun.

mío/a/os/as	**nuestro/a/os/as**
tuyo/a/os/as	**vuestro/a/os/as**
suyo/a/os/as	**suyo/a/os/as**

Un amigo **mío** vino a verme.
Esa habitación **tuya** siempre está sucia.*

A friend of mine came to see me.
That room of yours is always dirty.

*NOTE: Except for **ese amigo mío,** if the long forms of possessive adjectives are used with a demonstrative adjective, the connotation is usually pejorative.

2. The possessive pronouns, which have the same forms as the possessive adjectives, are an example of nominalization.

ADJECTIVE		PRONOUN
Mi grupo es divertido, pero	⟶	**el tuyo** es aburrido.
Ella tiene su casa y	⟶	nosotros tenemos **la nuestra.**
¿Es su maleta?	⟶	No, es **mía.***

*NOTE: After **ser**, the definite article may be omitted: **Ésta es tu maleta, pero ésa es (la) mía.**

Do mechanical drills, Workbook, Part II.

ACTIVIDAD 29: ¿Qué prefieres?   En parejas, pregúntenle a su compañero/a qué cosas prefiere de la siguiente lista.

➤ la sopa de verduras / la sopa de pescado
   A: ¿Te gusta más/Prefieres la sopa de verduras o la de pescado?
   B: Me gusta más/Prefiero la de verduras.

1. la clase de geografía / la clase de cálculo
2. los carros grandes / los carros pequeños
3. las ruinas de Machu Picchu / las ruinas de Chichén Itzá
4. el equipo de los Yanquis / el equipo de los Mets
5. un restaurante vegetariano / un restaurante chino
6. un reloj de oro / un reloj de plata
7. un tour organizado / un tour independiente

ACTIVIDAD 30: En la tienda   En parejas, "A" es un/a vendedor/a en una tienda de ropa y cubre la Columna B; "B" es un/a cliente y cubre la Columna A. Conversen en la tienda. ¡Ojo! Hay dos conversaciones posibles.

A

¿Desea ver una camisa?   ¿Quiere ver un vestido?

¿Le gusta? Tengo el mismo en blanco.   ¿Le gusta? Tengo una igual en blanco.

¿Le gusta más el blanco o el azul?   ¿Prefiere la blanca o la azul?

B

Sí. Una azul, por favor.   Sí. El azul, por favor.

Déjeme ver la blanca.   Quiero ver el blanco.

Voy a llevar las dos.   Prefiero el azul.

ACTIVIDAD 31: Los míos son mejores   Saca dos cosas—un bolígrafo, un cuaderno, un libro, una chaqueta, un suéter, etc. Tu compañero/a tiene que tener las mismas cosas. Después intenta convencer a tu compañero/a de que tus cosas son mejores. Sigue el modelo.

➤ A: Mi bolígrafo es mejor que el tuyo.
   B: No, el mío es mejor porque no es de plástico.
   A: Pero el mío . . .

ACTIVIDAD 32: Un poco de histeria   En grupos of tres, "A" es un/a agente de policía y "B" y "C" son dos personas que perdieron a sus hijas en el aeropuerto. Sigan las instrucciones para su papel.

A: Eres policía. Dos personas histéricas vienen a decirte que no encuentran a sus hijas. Necesitas la siguiente información para tu informe. Entrevista a las dos personas simultáneamente. Usa oraciones como **¿Cuántos años tiene su hija? ¿Y la suya?**

Niños perdidos	
Sexo: M _____ F _____	
Edad _____	
Nombre _____ Apellidos _____	
Color de pelo _____ Color de ojos _____	
Ropa _____	
Objetos personales que tiene _____	
Comentarios _____	

Niños perdidos	
Sexo: M _____ F _____	
Edad _____	
Nombre _____ Apellidos _____	
Color de pelo _____ Color de ojos _____	
Ropa _____	
Objetos personales que tiene _____	
Comentarios _____	

B: No encuentras a tu hija de cinco años y estás histérico/a. Mira el dibujo y descríbesela al/a la policía.

C: No encuentras a tu hija de siete años y estás histérico/a. Mira el dibujo y descríbesela al/a la policía.

ACTIVIDAD 33: La confusión   En grupos de seis, uno de Uds. es el/la camarero/a de un restaurante y los otros son clientes que están desayunando allí. Sigan las instrucciones para su papel.

Clientes

Miren los dibujos y decidan quién pidió qué. Dos personas pidieron la misma cosa. Contesten las preguntas del/de la camarero/a.

Camarero/a

No te acuerdas quién pidió qué. Mira los platos que aparecen arriba y hazles preguntas a los clientes como: **¿Para quién son las tostadas? ¿Son suyas?**

The waiter should use **Ud.** with customers.

ACTIVIDAD 34: El orgullo   En parejas, Uds. son dos mujeres de negocios que están en un avión y empiezan a hablar sobre sus familias. Para hablar de las "fotos" que están abajo, usen oraciones como las siguientes: —**Mi esposo es abogado.** —**El mío es ingeniero.**

ACTIVIDAD 35: Una carta   Mientras estás en el avión vas a escribirle una carta a un amigo. Basándote en la conversación que tuviste en la Actividad 34, escríbele algo sobre esa persona tan interesante que acabas de conocer y sobre su familia.

¡En un avión! _____ de _____

Querido _____:

  ¿Qué tal todo en _____? Espero que tu familia esté bien. Ahora mismo estoy en un avión y voy a aprovechar el tiempo para escribirte unas líneas. Es un vuelo muy largo, pero acabo de conocer a una persona muy interesante que . . .

VOCABULARIO FUNCIONAL

Palabras y expresiones útiles

¡Basta (de . . .)!	*(That's) enough (. . .)!*
la cita	*appointment; date*
dulce	*sweet*
una enciclopedia ambulante	*a walking encyclopedia*
¡Ni loco/a!	*Not on your life!*
pasarlo bien/mal	*to have a good/bad time*
por un lado/por otro lado	*on the one hand/on the other hand*
quejarse (de)	*to complain (about)*
tenerle fobia a . . .	*to have a fear of . . . ; to hate*
¡Ya voy!	*I'm coming!*

En el consultorio del dentista

Ver página 339.

En la casa de cambio

Ver página 340.

El desayuno

Ver página 349.

CAPÍTULO 15

▲ Ruinas mayas en plena selva. Tikal, Guatemala.

CHAPTER OBJECTIVES

- Discussing animals, the environment, and ecology
- Describing personality traits
- Expressing pending actions
- Making suggestions
- Requesting information
- Expressing a past action that preceded another past action

Pasándolo muy bien en Guatemala

▲ *Grupo de vendedoras de telas típicas en el mercado de Chichicastenango, Guatemala.*

al + *infinitive*	upon + *-ing*
Me cae (la mar de) bien.	I like him/her (a lot).
Me cae mal.	I don't like him/her.

El grupo de turistas está en Guatemala y hoy se dividieron en dos grupos para hacer diferentes excursiones. Juan Carlos fue con un grupo y Álvaro con el otro. Acaban de regresar al hotel.

ACTIVIDAD 1: ¿Qué dices?   Mientras escuchas la conversación, anota las respuestas a estas preguntas.

1. ¿Adónde fue el grupo de Álvaro?
2. ¿Adónde fue el grupo de Juan Carlos?
3. En tu opinión, ¿quiénes se divirtieron más y por qué?

DRA. LLANOS	¡Qué cansada estoy! ¿Y tú Álvaro?
ÁLVARO	Yo también, pero valió la pena hacer el viaje a Tikal.
JUAN CARLOS	O sea, que les gustó, ¿eh?
DRA. LLANOS	Fue interesantísimo; imagínate, ruinas mayas en medio de una selva tropical tan verde y con tal variedad de pájaros cantando por todos lados. Fue maravilloso.
ÁLVARO	Después de ver tanta belleza, no entiendo por qué destruyen la selva.

Speculating about future actions	DRA. LLANOS	Sí, es triste. Parece que el hombre no va a estar satisfecho hasta que lo destruya todo. Es una pena que seamos así.
	ÁLVARO	. . . ¿Y vosotros en Antigua y Chichicastenango? ¿Qué tal, Juan Carlos?
	JUAN CARLOS	Fue fantástico. Antigua es una ciudad colonial bella, con muchas iglesias y muy tranquila.
	DRA. LLANOS	¿Y Chichicastenango?
	JUAN CARLOS	El pueblo nos encantó porque es muy pintoresco y el mercado tiene unas artesanías fabulosas. El grupo compró de todo; creo que ya no queda nada en el mercado.
Requesting information	DRA. LLANOS	¿Y qué hizo el Sr. Ruiz esta vez?
	JUAN CARLOS	Cada día está más gracioso. Al llegar al mercado, se puso a regatear por un vestido que quería comprar para su hija.
	ÁLVARO	¿Y qué pasó?
	JUAN CARLOS	No lo van a creer. Le pidió ayuda a una mujer que, según él, tenía la misma talla que su hija y siguió regateando quince minutos más. ¡Hasta la mujer, con el vestido puesto, empezó a ayudarle a regatear!
Showing disgust	DRA. LLANOS	¡Qué vergüenza!
	JUAN CARLOS	Nada de vergüenza. Fue divertidísimo. Al final el vendedor le dio un descuento y también le regaló un cinturón. Se hicieron amigos.
	DRA. LLANOS	¡Ay! Ese pesado me cae tan mal . . .
	ÁLVARO	Pues a mí me cae la mar de bien. Cuando llegue a España, quiero conocer a su familia. Deben ser todos tan graciosos como él. Seamos justos, es un hombre inofensivo.
Suggesting Stating future intentions	DRA. LLANOS	Por mi parte, cuando yo vuelva a España no lo quiero volver a ver ni pintado en la pared.

ACTIVIDAD 2: ¿Comprendiste?   Después de escuchar la conversación otra vez, escoge la respuesta correcta.

1. Según Álvaro la selva tropical . . .
   a. está intacta   b. está en peligro   c. tiene ruinas aztecas
2. La ciudad de Antigua . . .
   a. tiene ruinas mayas   b. es de la época colonial   c. está en la selva
3. La Dra. Llanos usa la palabra **pesado** para referirse al Sr. Ruiz. Ella quiere decir que el Sr. Ruiz . . .
   a. es gordo   b. molesta mucho   c. es divertido
4. El vendedor le regaló un cinturón al Sr. Ruiz porque él . . .
   a. le cayó bien   b. compró mucho   c. *a y b*

ACTIVIDAD 3: ¿Cómo te cae?   Haz una lista de cinco actores y actrices que te caen bien y cinco que te caen mal. Al terminar, en parejas, pregúntenle a su compañero/a qué piensa de los actores de su lista.

➤   A: ¿Te cae bien Sharon Stone?
     B: Me cae (muy/la mar de) bien. / Me cae (muy) mal.
     A: ¿Por qué?
     B: Porque . . .

Guatemala, México, Ecuador, Perú y Bolivia son los países de Hispanoamérica que tienen la población indígena más numerosa y donde todavía se ven más aspectos de la cultura y de las tradiciones indígenas. Más o menos la mitad de los guatemaltecos son descendientes de los mayas y conservan las costumbres y las lenguas de sus antepasados *(ancestors)*. En Guatemala se hablan todavía más de veinte lenguas indígenas y hoy en día, el gobierno está estableciendo programas educativos en las escuelas para enseñarles a los niños indígenas en sus propias lenguas.

▶ *Ecuador es un país de contrastes. Mercado de Latacunga en la Sierra Cotopaxi, Ecuador.*

LO ESENCIAL I

1. Los animales

1. el elefante
2. el oso
3. el león
4. la serpiente
5. el pez
6. el pájaro
7. el mono

1. el gato   4. el perro
2. la vaca   5. el caballo
3. el toro   6. la gallina

ACTIVIDAD 4: Categorías   Pon los animales en las siguientes categorías: animales que trabajan; animales que el hombre caza *(hunts)*; animales peligrosos; animales que pesan más de 50 kilos; animales domésticos; animales salvajes *(wild)*.

ACTIVIDAD 5: Características   En parejas, clasifiquen los animales de los dibujos anteriores según los siguientes adjetivos.

➤   grande   El animal más grande es el elefante.

 1. feo
 2. gracioso
 3. rápido
 4. tímido
 5. valiente
 6. simpático
 7. tonto
 8. bonito
 9. inteligente
10. cobarde *(cowardly)*

➤ *Un biólogo les da de comer a unos guacamayos* (macaws) *en la reserva de Tambopata, Perú.*

La llama, la vicuña, la alpaca y el guanaco son animales de la familia del camello que viven en los altiplanos de los Andes. Tanto el guanaco como la vicuña son salvajes y están en peligro de extinción, pues los indígenas de los Andes los cazan para usar su piel (*hide*) y su lana, que es muy fina y muy cara. La llama y la alpaca han sido domesticadas por los indígenas, y se emplean como animales de carga en las zonas muy elevadas de los Andes. Pueden llevar cargas hasta de cuarenta y cinco kilos (100 libras). De la llama y la alpaca se usan también su leche y su carne, además de su lana y su piel.

▶ *Cargando una llama, Latacunga, Ecuador.*

ACTIVIDAD 6: Definiciones   Uds. van a describir animales. Para hacerlo, necesitan saber que un pájaro tiene dos **alas,** que come con el **pico** y que los animales tienen **patas,** no piernas. En parejas, "A" cierra el libro y "B" hace descripciones de animales para que "A" adivine qué animal es. "B" describe los siguientes animales:

1. caballo   4. perro
2. serpiente   5. león
3. vaca   6. mono

Ahora, cambien de papel.

1. toro   4. gallina
2. pez   5. oso
3. elefante   6. pájaro

ACTIVIDAD 7: Los animales hablan   En parejas, usen la imaginación y túrnense para decir las frases que diría un animal. La otra persona debe adivinar qué animal es. Sigan el modelo.

➤   A: Me gusta vivir en la selva porque yo soy el rey.
    B: Eres un león.

ACTIVIDAD 8: ¿Te gustan los animales?   En grupos de tres, pregúntenles a sus compañeros si tienen o alguna vez tuvieron un animal doméstico. Luego comenten los pros y los contras de tener un animal en una casa y compartan sus ideas con el resto de la clase.

The word *pet* has a Spanish equivalent in a few countries only. For example, in Mexico and Puerto Rico, **la mascota** is used.

II. El medio ambiente

Both **contaminación** and **polución** are used, but the former is more common.

1. la lluvia ácida
2. la fábrica
3. la contaminación
4. la basura

5. el reciclaje; reciclar
6. la conservación; conservar
7. la energía solar

Otras palabras relacionadas con el medio ambiente

la destrucción; destruir   la energía nuclear
la ecología   la extinción
en peligro *(in danger)*

ACTIVIDAD 9: Salvar el planeta   En grupos de tres, miren los anuncios y hablen sobre el mensaje de cada uno.

ACTIVIDAD 10: La conservación, ¿sí o no? Hazle una encuesta sobre ecología a uno de tus compañeros y después comenta los resultados con la clase.

1. ¿Estás a favor o en contra de estas fuentes de energía?

   nuclear   a favor _____   en contra _____

   solar   a favor _____   en contra _____

   carbón   a favor _____   en contra _____

2. Las armas nucleares son . . . para un país.

   esenciales _____   importantes _____

   peligrosas _____   inútiles _____

3. ¿Haces algún esfuerzo por reciclar materiales?

   latas de aluminio   sí _____   no _____

   periódicos   sí _____   no _____

   papel   sí _____   no _____

   botellas   sí _____   no _____

4. En cuanto a la contaminación, el control del gobierno sobre las fábricas es . . .

   excesivo _____   adecuado _____

   insuficiente _____   no sé _____

5. ¿Le has escrito una carta a algún político sobre la contaminación?

   sí _____   no _____

6. La extinción de especies de animales . . . .

   afecta mucho al ser humano _____

   afecta poco al ser humano _____

7. ¿Haces algo para reducir la cantidad de contaminación?

   no usar plástico _____

   tener un coche económico _____

   no usar fluorocarburos (productos aerosoles) _____

   reusar bolsas de papel o de plástico _____

   no comprar verduras y frutas en paquetes _____

   otras cosas _____

▲ *Selva, Costa Rica.*

ACTIVIDAD 11: La basura Hay gente que dice que se conoce un país por su basura. En grupos de cuatro, hablen sobre los siguientes temas:

1. ¿Cuál es la multa *(fine)* por tirar basura en las calles o en las carreteras de su estado?
2. Alaska y otros estados han sufrido grandes derrames *(spills)* de petróleo que han afectado la ecología del área. ¿Qué sugerencias pueden dar Uds. para evitar estos desastres? ¿Quién debe tener la responsabilidad de limpiar los derrames que ocurren?

3. Una compañía de Beverly Hills, California, empaca *(packs)* y vende la basura de muchos de sus vecinos famosos. ¿Qué piensan Uds. de eso? ¿Creen que es diferente esa basura de la de otros lugares? ¿Por qué?

4. ¿Debe hacer más el gobierno para promocionar el transporte público? ¿Y para buscar alternativas a la gasolina?

HACIA LA COMUNICACIÓN I

I. Expressing Pending Actions: The Subjunctive in Adverbial Clauses

Before studying the grammar explanation, answer this question:

- Which of the following sentences refers to an action that may occur in the future?
  a. **Cuando llegue a España quiero conocer a su familia.**
  b. **Cuando llegué a España quería conocer a su familia.**

> Remember: After a preposition, use an infinitive: **Después de llegar a casa . . .**

1. To express *habitual* actions or to *report* actions that have already happened, use the indicative with adverbial conjunctions such as **cuando, después de que,** and **hasta que.**

Habitual

Siempre preparo la cena **cuando llego** a casa.	*I always prepare dinner when I get home.*
Preparaba la cena **cuando llegaba** a casa.	*I used to (would) prepare dinner when I got home.*

Reporting

Preparé la cena **cuando llegué** a casa.	*I prepared dinner when I got home.*

2. To express intentions or actions that have not occurred yet and are *pending*, use the subjunctive with **cuando, después de que,** and **hasta que.**

Pending

Voy a preparar la cena **cuando llegue** a casa.	*I'm going to prepare dinner when I get home.*
¿Qué vas a hacer mañana **después de que** me **llames**?	*What are you going to do tomorrow after you call me?*
Vamos a trabajar **hasta que terminemos.**	*We'll work until we finish.*

NOTE: No change of subject is necessary when these adverbial conjunctions are followed by the subjunctive.

II. Making Suggestions: *Let's . . .*

1. When you want to suggest to someone that he/she do something with you, use a **nosotros** command, which is identical to the subjunctive form.

Let's go = **vámonos** or **vamos**

Ya es tarde. **Volvamos** a casa.   *It's late already. Let's go home.*
¡Hagámoslo ahora!   *Let's do it now!*
No le **digamos** nada a Isabel.   *Let's not tell Isabel anything.*

2. When the **nosotros** command is followed by **se** or by the reflexive pronoun **nos,** drop the final **-s** from the command form.

¿Vamos a prepararle la comida? ⟶ Sí, **¡preparémosela!**
¿Quieres que nos levantemos? ⟶ Bien, **¡levantémonos!**

BUT:

¿Vamos a preparar la comida? ⟶ Sí, **¡preparémosla!**
¿Quieres que lo levantemos? ⟶ Sí, **¡levantémoslo!**

III. Requesting Information: *¿Qué? and ¿Cuál/es?*

1. In most cases, the uses of **¿qué?** *(what?)* and **¿cuál/es?** *(which?)* are similar in Spanish and English.

¿Qué pasa?   *What's going on?/What's up?*
¿Qué tienes?   *What do you have?/What's the matter?*
¿Cuál prefieres?   *Which do you prefer?*
¿Cuáles de tus amigas son   *Which of your friends are Uruguayan?*
  uruguayas?

2. Both **¿qué?** and **¿cuál/es?** followed by the verb **ser** express *what.*

Use **¿qué + ser . . . ?** only when asking for a *definition,* an *identification,* or a *classification* (i.e., political affiliation, religion, nationality, etc.).

¿Qué es antropología?   *What is anthropology? (definition)*
¿Qué es?   *What is it? (identification)*
¿Qué eres, demócrata o   *What are you, a Democrat or a*
  republicano?   *Republican? (classification)*

Use **¿cuál/es + ser . . . ?** in all other cases.

¿Cuál es la tarea para mañana?   *What is the homework for tomorrow?*
¿Cuál es el país más grande de   *What is the largest country in Hispanic*
  Hispanoamérica?   *America?*
¿Cuáles son tus pasatiempos   *What are your favorite pastimes?*
  favoritos?

3. Use **qué** when a noun follows: **¿qué +** *noun . . . ?*

Do mechanical drills, Workbook, Part I.

¿Qué idiomas hablas?   *What/Which languages do you speak?*
¿En qué país nacieron tus padres?   *In what/which country were your parents*
                                          born?

ACTIVIDAD 12: Tus planes futuros   Termina estas frases y después, pregúntales a algunos compañeros cuáles son sus planes para el futuro.

1. Después de que termine los estudios universitarios . . .
2. Voy a trabajar hasta que . . .
3. Cuando tenga cincuenta y cinco años . . .

ACTIVIDAD 13: Un poco de variedad   **Parte A:** Muchas personas se quejan de no tener variedad en la vida y de que su rutina diaria siempre sea igual. Termina estas oraciones con lo que haces normalmente.

1. Todos los días cuando termina la clase, yo . . .
2. Cuando llega el verano, yo . . .
3. Todos los días cuando entro en mi casa, yo . . .
4. Cuando llega el fin de semana, mis amigos y yo . . .
5. Los sábados cuando voy a fiestas, yo . . .

Habitual and reported actions = indicative; pending actions = subjunctive.

Parte B: Ahora, cuéntale a un/a compañero/a qué haces normalmente y qué vas a hacer para cambiar tu rutina. Sigue el modelo.

➤   Todos los días **cuando termina** la clase, voy a la cafetería de la universidad y tomo café, pero mañana **cuando termine** la clase, pienso ir a una cafetería italiana y pedir cannoli de chocolate y capuchino.

ACTIVIDAD 14: Los padres de Juan Carlos   Juan Carlos le describe su familia al Sr. Ruiz. Completa el párrafo que sigue con la forma y tiempo correctos de los verbos entre paréntesis.

Mis papás se casaron cuando _____ veinticinco años. Yo nací
                                        (tener)
cuando mi mamá _____ veintinueve años. Después de
                         (tener)
_____ a mis cuatro hermanos menores, mi mamá
        (tener)
_____ de trabajar. Mi papá es abogado y trabajó quince años con la
     (dejar)
misma compañía hasta que _____ de trabajo y empezó a trabajar
                                     (cambiar)
para el gobierno. Dice que cuando _____ sesenta y dos años va a
                                           (cumplir)
dejar el trabajo, pero hasta que yo no lo _____, no voy a creerlo
                                                    (ver)
porque es un hombre que vive para el trabajo. Dice que después de que _____
                                                                              (dejar)
de trabajar, va a hacer cruceros por el Caribe durante los inviernos.

Remember: After a preposition, use the infinitive.

ACTIVIDAD 15: ¿Y tu familia?   En parejas, después de leer la descripción de la familia de Juan Carlos, hablen con su compañero/a sobre su familia y sus planes para el futuro.

ACTIVIDAD 16: ¡Sorpresa!   En grupos de tres, Uds. van a planear una fiesta de sorpresa (*surprise*) para un/a amigo/a que se va a casar. Den sugerencias.

➤   Invitemos a todo el mundo.
     Alquilemos un salón en un restaurante.

ACTIVIDAD 17: Un día de viaje   En grupos de tres, Uds. están en la ciudad de Guatemala por un solo día y tienen que aprovechar *(take advantage of)* el tiempo. Lean el siguiente folleto sobre la ciudad y decidan qué van a hacer.

➤   Veamos . . . Visitemos . . .

MUSEOS

- **Museo Nacional de Arqueología y Etnología**   Parque Aurora, Zona 13. Trajes típicos de Guatemala. Modelo de Tikal. Esculturas, cerámicas, textiles, colección de máscaras. Excelente colección de jade. Entrada: *$4,00.
- **Museo Nacional de Historia**   Parque Aurora, Zona 13. Colección de animales y pájaros embalsamados. Mariposas. Espécimenes geológicos. Entrada gratis.
- **Popol Vuh. Museo de Arqueología**   La Reforma 8-60, Zona 9. Amplia colección de artefactos precolombinos y coloniales. Entrada: *$1,20 (estudiantes $0,40). $5,00 por tomar fotografías.

   * precios en dólares norteamericanos

RESTAURANTES

- **El Rodeo**   Avenida 7, 14-84, Zona 9. Bistecs excelentes. **$**
- **Hola**   Avenida Las Américas, Zona 14. Comida francesa e italiana. **$$**
- **Los Antojitos**   Calle 17, 6-28, Zona 1. Comida regional (bananas, aguacates, sopa, pollo, arroz, frijoles negros). Música. **$$$**
- **Señor Sol**   Calle 5, 11-32, Zona 1. Comida vegetariana. **$**

IGLESIAS

- **Catedral**   Calle 8 y Avenida 7. Se terminó de construir en 1815. Fue dañada por un terremoto en 1976. Pinturas y estatuas de la ciudad de Antigua.
- **San Francisco**   Avenida 6 y Calle 13, Zona 1. Escultura de la Cabeza Sagrada, originalmente de Extremadura. Interesante museo con pinturas.
- **Capilla de Yurrita**   Ruta 6 y Vía 8. Zona 4. Construida en 1928. Estilo de iglesia ortodoxa rusa.

TIENDAS ARTESANALES

- **La Momosteca**   Avenida 7, 14-48, Zona 1. Textiles y objetos de plata.
- **La Placita**   Calle 18 y Avenida 5. Ropa y maletas de cuero.
- **Mercado del Sur**   Avenida 6, 19-21, Zona 1. Mercado de comidas, sección de artesanías.
- **Pasaje Rubio**   Calle 9, cerca de Avenida 6. Objetos de plata y monedas.

ACTIVIDAD 18: La entrevista estudiantil   Completa las siguientes preguntas usando **qué** o **cuál/es.** Luego entrevista a tres compañeros de la clase que no conozcas bien sobre sus estudios académicos, usando las preguntas que completaste. Háblale sobre las respuestas al resto de la clase.

1. ¿_____ eres, estudiante de carrera o de posgrado?
2. ¿_____ asignaturas tienes este semestre?
3. ¿_____ es tu clase favorita?
4. ¿_____ son las clases más difíciles?
5. ¿_____ problemas tuviste al llegar a la universidad?
6. ¿_____ piensas hacer cuando termine el semestre?
7. ¿_____ son tus planes para el futuro?

Qué + **ser** = definition, identification, classification; **Cuál** + **ser** = all other cases.

De carrera = undergraduate; **de posgrado** = graduate student.

ACTIVIDAD 19: Cultura general   En parejas, preparen un examen de quince preguntas sobre cultura general para luego averiguar el nivel de cultura de la clase. Después de preparar el examen, dénselo a algunos compañeros para que lo hagan.

➤   ¿Cuál es la capital de Honduras?
   ¿Qué idiomas se hablan en Guatemala?

NUEVOS HORIZONTES

Estrategia de lectura: *Mind Mapping*

Mind mapping is a way of brainstorming before you read a text in order to activate your background knowledge and predict the contents of a reading selection. To apply this technique, you start with a key concept and jot down related ideas in different directions radiating from the key concept. This technique lets your mind run freely to tap whatever is stored in it. In the following example you can see how the mind-mapping technique was applied to the word **hogar** *(home)*.

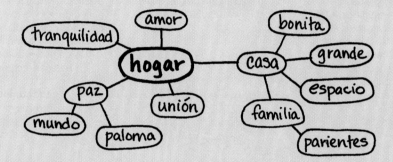

ACTIVIDAD 20: El mapa mental   En parejas, hagan un mapa mental con la palabra **ecología** y luego compártanlo con el resto de la clase. Después piensen en los temas relacionados con este concepto que puedan aparecer en el siguiente texto en la página 370 sobre la ecología en Hispanoamérica. Finalmente, lean el artículo "Pobre tierra" de la revista peruana *Debate* para confirmar sus predicciones.

ACTIVIDAD 21: Problemas y soluciones   Después de leer el artículo y en parejas, decidan cuáles de las siguientes acciones disminuyen los problemas de la lista de la primera columna según el artículo "Pobre tierra". Puede haber más de una respuesta posible para cada uno.

1. desechos peligrosos _____
2. lluvia ácida _____
3. destrucción de la capa de ozono _____
4. basura acumulada _____
5. efecto invernadero _____
6. contaminación ambiental _____
7. extinción de la naturaleza y la vida salvaje _____

a. tomar el autobús para ir al trabajo
b. volver a usar las bolsas del supermercado
c. no comprar botas de piel de caimán
d. comprar botellas de cristal reciclable
e. no usar detergentes
f. apagar las luces cuando no se usa un cuarto
g. abrir las ventanillas del carro cuando hace calor
h. revisar el carro con frecuencia
i. usar ropa de algodón y no de poliéster

¡Pobre tierra!

DEBATE identificó los principales problemas ecológicos que sufre nuestro planeta. Junto a una breve explicación de cada uno de ellos, DEBATE ofrece consejos prácticos que se pueden seguir desde la propia casa para mejorar el medio ambiente.

Desechos peligrosos

Son productos químicos que contaminan el agua, el aire y los alimentos.

• Utilice jabón de lavar en lugar de detergentes y lejía, éstos contienen fosfatos que contaminan ríos y mares. • Utilice menos bolsas y empaques plásticos. • Use baterías recargables en sus aparatos, las descartables contienen cadmio, gas que permanece en el medio ambiente.
• Prefiera envases de vidrio reciclables en lugar de botellas, latas, o envases descartables.

Lluvia ácida

Los gases tóxicos producidos por los vehículos de motor y las fábricas, permanecen en la atmósfera, luego son condensados, y caen nuevamente a la tierra en forma de lluvia o nieve, lo cual destruye plantas y animales y erosiona incluso los edificios.

• Controle los gases tóxicos de los vehículos y maquinaria manteniéndolos en buen estado. • Disminuya el consumo de petróleo, utilice otros medios de transporte: bicicletas, caminatas; comparta movilidad.

Destrucción de la capa de Ozono

La capa de ozono protege a la tierra y a sus habitantes de la radiación solar de los rayos ultravioletas. Esta capa protectora se está destruyendo rápidamente por la contaminación. Un solo átomo de gas dañino destruye 100.000 moléculas de

ozono. La radiación que recibe la tierra destruye el sistema inmunológico del ser humano; además, ha elevado el número de casos de cáncer a la piel.
• Evite usar aire acondicionado en su casa, oficina o automóvil.
• No utilice aerosoles.

Basura acumulada

Los depósitos para basura en las ciudades estarán ocupados al máximo de su capacidad dentro de los próximos años, y los miles de metros cuadrados de desperdicios aumentan día a día. • Utilice menos envases plásticos. • Recicle el papel periódico. • Evite los pañales plásticos porque demoran 500 años en desintegrarse: prefiera los de tela. • Compre baterías recargables.

Efecto invernadero

El efecto invernadero es el fenómeno que regula la temperatura de la tierra. Debido a la contaminación, el efecto invernadero ha llegado al punto de ser perjudicial. El exceso de dióxido de carbono proveniente de la quema de combustibles eleva la temperatura y queda atrapado en la atmósfera, recalentando la tierra.

• Disminuya su consumo de electricidad. • Mantenga su automóvil y artefactos eléctricos en buen estado. • Alumbre con fluorescentes compactos: dan mayor luminosidad, ahorran 75% de la energía y duran entre 5 y 10 años. • Comparta la movilidad al colegio y a la ofinica: ahorra en gasolina y

contamina menos. • Maneje menos y camine más. Movilícese en bicicleta.

Contaminación ambiental

El aire que respiramos es sucio e insano. La contaminación del medio ambiente es el resultado del uso del petróleo en vehículos y maquinaria. Ello produce el recalentamiento de la tierra y es la causa principal de los casos de cáncer al pulmón en los países en vías de desarrollo. Las recomendaciones son las mismas que para el efecto invernadero.

Extinción de la vida salvaje

El crecimiento de la población mundial, la destrucción de bosques, la contaminación de los mares y la comercialización de pieles y colmillos de animales, han ocasionado la desaparición de muchas especies. Tres especies animales o vegetales desaparecen al día, con lo cual para el año 2000 habrá desaparecido el 20% de las especies de la fauna y flora.

• Guarde periódicos viejos y papel que no sirva, envíelo a reciclar a una planta papelera. Le pagarán por kilo. • Evite las bolsas y envases plásticos: use canastas, cajas de cartón (que también se pueden reciclar), o bolsas de papel. • Lave con jabón en lugar de detergente. • No compre artículos fabricados con pieles o colmillos de animales salvajes. • Prefiera siempre artículos orgánicos: telas de fibras naturales en lugar de sintéticas o de plástico.

Estrategia de escritura: *Mind Mapping*

The mind-mapping technique described under the *Estrategia de lectura* section can also be used as a prewriting strategy. This is a useful way of generating ideas in a nonlinear and unstructured way. Once you finish your mind map, choose the main ideas and organize them.

ACTIVIDAD 22: La contaminación   En parejas, hagan un mapa mental con la palabra **progreso.** Luego escojan las ideas más interesantes y escriban individualmente un párrafo con estas ideas.

LO ESENCIAL II

La personalidad

Associate these adjectives with friends or relatives to help you remember them.

agresivo/a aggressive
amable nice
ambicioso/a ambitious
cobarde cowardly
honrado/a honest
ignorante ignorant

orgulloso/a proud
perezoso/a lazy
sensato/a sensible
sensible sensitive
valiente brave

ACTIVIDAD 23: ¿Cómo somos?   De la lista anterior, escoge la característica que más te describa, la que menos te describa y anótalas. Escoge también una característica que describa a tu compañero/a y la que menos lo/la describa. Luego en parejas, comparen las palabras y digan por qué las seleccionaron.

ACTIVIDAD 24: ¿Positivo o negativo?   En grupos de tres, decidan cuáles de las palabras de la lista anterior representan defectos y cuáles representan cualidades deseables. ¿Es positivo o negativo ser orgulloso o ambicioso? ¿Creen que sea igual en otras culturas?

ACTIVIDAD 25: Libertad de palabra   En los Estados Unidos hay democracia y por eso, se puede hablar libremente sobre los políticos. En parejas, den su opinión sobre el presidente, la primera dama y el vicepresidente del país.

¿Cómo eres? ¿Te conoces bien a ti mismo?

1. Cuando tienes un problema, ¿lo confrontas o no haces nada?
2. Cuando cometes un error, ¿lo admites?
3. Cuando un amigo te habla de sus problemas, ¿lo escuchas?
4. Si necesitas un trabajo, ¿lo buscas activamente?

Sí, mi capitán

▲ *El puerto de La Guaira, Venezuela.*

dar una vuelta	to take a ride; to go for a stroll/walk
llevarse bien/mal (con alguien)	to get along/not to get along (with someone)

El grupo de turistas salió de Guatemala para hacer un crucero por el Mar Caribe.

ACTIVIDAD 26: Cierto o falso   Mientras escuchas el anuncio del capitán, marca si estas oraciones son ciertas (**C**) o falsas (**F**).

1. _____ Hace buen tiempo.
2. _____ Durante la conquista se exportaba plata desde La Guaira.
3. _____ La Guaira es una ciudad muy moderna.
4. _____ El Sr. Ruiz va a invitar a las personas del grupo a cenar esta noche porque es su cumpleaños.

Identifying oneself

Describing weather

Informing

¡Atención! ¡Atención! Señores pasajeros: Les habla el capitán Leyva. Espero que estén disfrutando del crucero y del agradable clima caribeño. Avanzamos a una velocidad promedio de quince nudos *(knots)* y, como les había prometido ayer, hoy tenemos un día claro y despejado, de sol brillante y poco viento y una temperatura de veintiocho grados centígrados: un día ideal para hacer una parada en La Guaira, Venezuela. La Guaira era el puerto exportador de cacao más importante durante la conquista y más tarde se convirtió en un centro no sólo de exportación sino también de importación. Hoy día, es el puerto más importante del país. Es una ciudad del siglo XVI y un lugar de mucho turismo. Tenemos un día para ir de compras, descansar en las playas cercanas y dar una vuelta por la ciudad antes de seguir para Caracas, que queda más o menos a una hora por autobús.

It is common in Spain for the person celebrating a birthday to invite others out.

Este . . . ¿cómo? . . . Un momento por favor . . . ¡Atención! Acaban de informarme que es el cumpleaños del Sr. Pancracio Ruiz, un miembro del grupo que se lleva muy bien con todo el mundo. Él quiere invitarnos a todos a tomar una copa esta noche en el Club Tanaguarenas. Le damos las gracias y le deseamos un feliz cumpleaños.

Thanking

Gracias por la atención prestada y espero que pasen un día muy agradable.

ACTIVIDAD 27: ¿Comprendiste?   Después de escuchar el anuncio del capitán otra vez, contesta estas preguntas.

1. ¿Dónde van a hacer escala hoy?
2. ¿Cuál es la importancia de este lugar?
3. ¿Qué va a hacer el grupo allí?
4. ¿Has viajado alguna vez en crucero? ¿Adónde fuiste? ¿Con quién?

¿LO SABÍAN?

El origen de los nombres de algunos países hispanoamericanos es muy variado. Por ejemplo, cuando llegaron los españoles a Venezuela, vieron casas construidas sobre pilotes *(stilts)* en el agua y recordaron a Venecia, en Italia. Por eso, llamaron a esa tierra Venezuela, que quiere decir "pequeña Venecia". Colón les dio su nombre a Puerto Rico y a Costa Rica porque cuando llegó a esos lugares vio que tenían una rica vegetación. Uruguay es una palabra indígena que quiere decir "río de los pájaros". Nicaragua lleva el nombre del jefe indígena que los españoles encontraron en esa región. ¿Sabes qué significan las palabras Colorado, Nevada, Montana y Texas?

ACTIVIDAD 28: ¿Bien o mal?   En parejas, pregúntenle a su compañero/a el nombre de dos personas con quienes se lleva bien y dos personas con quienes se lleva mal y por qué. Pueden ser amigos, compañeros de trabajo, profesores, vecinos *(neighbors)*, etc.

HACIA LA COMUNICACIÓN II

I. Talking About the Past: The Past Perfect

Before studying the grammar explanation, answer the following question:

- In the following sentence, which of the two highlighted actions happened first? **La Dra. Llanos, a quien** *conocí* **ayer cuando ya** *había salido* **el barco, es española.**

Review formation of the past participle, Ch. 11 and 12.

The past perfect tense is used to express a past action that occurred prior to another past action. To express this tense use the following formula:

haber (imperfect)		
había	habíamos	
habías	habíais	+ *past participle*
había	habían	

X ————————————————— Y

habían llegado ⸺⸺⸺⸺⸺ llamé   ahora

Ellos ya **habían llegado** cuando los llamé.	*They had already arrived when I called them.*
¿**Habías estudiado** para el examen de ayer?	*Had you studied for yesterday's exam?*
Cuando llegaste, el barco ya **había salido.**	*When you arrived, the ship had already left.*

II. Other Uses of *Por*

1. Por is used to express rate or measurement.

Se vende la gasolina **por** litro.	*Gas is sold by the liter.*
La velocidad máxima es de 110 km **por** hora.	*The speed limit is 110 km an hour.*

2. Por is used with many common expressions.

por (pura) casualidad	by (pure) chance	**por si acaso**	(just) in case
por eso	that's why	**por suerte**	luckily
por lo menos	at least	**por supuesto**	of course

Llevemos abrigo **por si acaso** hace frío.	*Let's take coats in case it's cold.*
Por suerte llegué a tiempo.	*Luckily I arrived in time.*

Ellos tienen, **por lo menos,** un millón de dólares.	*They have at least a million dollars.*
¿**Por casualidad,** tienes tiempo para ayudarme?	*Do you, by any chance, have time to help me?*

III. Relating Ideas: The Relative Pronouns *Que, Lo que,* and *Quien*

> *Note that relative pronouns have no accents.*

1. Relative pronouns connect or relate two clauses and refer to a person or thing in the first clause. The most common relative pronoun is **que,** which can refer to both persons and things.

La llama es un animal.
La llama vive en los Andes. } La llama es un animal **que** vive en los Andes.

El señor llamó.
El señor es ingeniero. } El señor **que** llamó es ingeniero.

> *When* what *is not a question word, use* **lo que.**

2. To refer to a situation or occurrence in its entirety, use **lo que.**

Lo que me dijiste no es verdad.	*What (The thing that) you told me isn't true.*
Nos molestó **lo que** pasó esta mañana.	*What happened this morning bothered us. (The speaker knows what happened.)*

3. The relative pronoun **quien/es** is preferred after a preposition when referring to people.

> *Do mechanical drills, Work-book, Part II.*

No conozco al chico **con quien** sales.	*I don't know the young man you are dating.*

ACTIVIDAD 29: La historia En parejas, completen las dos oraciones que siguen. Después inventen cinco oraciones más que presenten una acción que ya había ocurrido cuando ocurrió otra.

1. John F. Kennedy ya _____ (morir) cuando Neil Armstrong _____ (llegar) a la luna.

2. La Guerra de Vietnam ya _____ (terminar) cuando yo _____ (nacer).

ACTIVIDAD 30: ¿Una vida interesante? En parejas, cuéntenle a su compañero/a tres cosas interesantes que ya habían hecho antes de empezar los estudios universitarios.

➤ Antes de empezar mis estudios universitarios ya había . . .

sacar el permiso de manejar
obtener mi primer trabajo
ir a Europa
visitar la universidad
asistir a una fiesta en la universidad
hablar con un/a profesor/a de la universidad
asistir a un partido de fútbol o basquetbol de la universidad
recibir una beca *(scholarship)*
conocer a mi compañero/a de cuarto

ACTIVIDAD 31: Por supuesto Completa estas situaciones de forma lógica, usando una expresión con **por.**

1. Odio a mi jefe/a y . . .
2. Para vivir bien económicamente hay que tener . . .
3. Mi hermana quiere ser una buena arquitecta . . .
4. No sé si va a nevar, pero . . .
5. Mi moto es muy rápida; puede ir a . . .
6. Yo sé que tengo razón y . . .
7. ¡Qué bueno! No tenía la tarea y . . .
8. Conocí a mi novio/a . . .

ACTIVIDAD 32: 1492 Completa este párrafo sobre los conquistadores españoles con **que, lo que** o **quien/es.**

En el primer viaje _____ hizo Cristóbal Colón a América, llegó a una isla _____ él llamó La Española. Colón y sus hombres, para _____ fue una sorpresa encontrar una tierra fértil y bella, tomaron posesión de la isla en nombre de los Reyes de España, _____ habían pagado los gastos de la expedición. Hoy en día, en la isla hay dos países _____ son la República Dominicana y Haití. _____ es interesante es que en Haití no se habla español sino francés, aunque la isla es el lugar donde comenzó la dominación española de América.

ACTIVIDAD 33: Esa cosa Cuando no recuerdas o no sabes la palabra exacta para algo, necesitas describirlo. En parejas, usen **que** para explicar las palabras que buscan. Describan palabras de estas categorías: animales, medicina, partes del carro, ropa y comida.

> A: Es un líquido que le echamos al carro.
> B: Ah, la gasolina.

◄ *Esta gasolinera argentina ofrece alconafta, combustible hecho de caña de azucar.*

ACTIVIDAD 34: Describiendo En parejas, cuéntenle a su compañero/a sobre un/a nuevo/a amigo/a que tienen, completando las siguientes frases. Usen la imaginación.

Conocí a un/a chico/a que . . .   No sé lo que . . .
Lo que más me gusta de él/ella . . .   Creo que es una persona a quien . . .
Es una persona que . . .

ACTIVIDAD 35: Comentando   En grupos de tres, hablen sobre la conservación del medio ambiente. Usen frases como **Lo que más me preocupa es/son . . . , Los países que . . . , Los animales que . . .** y **Lo que hay que hacer es . . . ,** etc.

ACTIVIDAD 36: Antes, ahora y después   En los últimos cincuenta años la tecnología ha avanzado muy rápidamente. Cuando nuestros abuelos tenían quince años no había ni calculadoras electrónicas ni personas viajando por el espacio ni teléfonos en los carros. Escribe una composición sobre la tecnología. Sigue este bosquejo.

    I. La tecnología que ya existía cuando tú naciste
Usa oraciones como **Cuando nací ya habían inventado las computadoras, pero no había computadoras personales.**

    II. La tecnología actual
Usa oraciones como **Ahora es muy común tener una computadora personal que nos ayuda en el trabajo.**

    III. La tecnología del siglo XXI
Usa oraciones como **En el año 2010, cuando tenga . . . años, es posible que no exista el dinero en efectivo. Lo que vamos a tener son tarjetas de crédito láser.**

> **Hay** = there is/are; **había** = there was/were.

VOCABULARIO FUNCIONAL

Los animales

Ver páginas 360–361.

El medio ambiente

la basura	*garbage*
la conservación	*conservation*
conservar	*to conserve, preserve*
la contaminación	*pollution*
la destrucción	*destruction*
destruir	*to destroy*
la ecología	*ecology*
en peligro	*in danger*
la energía	*energy*
nuclear	*nuclear*
solar	*solar*
la extinción	*extinction*
la fábrica	*factory*
la lluvia ácida	*acid rain*
el reciclaje; reciclar	*recycling; to recycle*

La personalidad

Ver página 371.

Expresiones con *por*

Ver página 374.

Palabras y expresiones útiles

al + *infinitive*	*upon* + *-ing*
dar una vuelta	*to take a ride; to go for a stroll/walk*
llevarse bien/mal (con alguien)	*to get along/not to get along (with someone)*
Me cae (la mar de) bien.	*I like him/her (a lot).*
Me cae mal.	*I don't like him/her.*
nacer	*to be born*
tan	*so*

TRAVELTUR

Milagros / Sopó, Colombia

Antes de ver

ACTIVIDAD 1: Algo inesperado   Andrés va a encontrarse con su ex novia Cristina y su nuevo "amigo" Carlos para ir al pueblo de Sopó, pero algo inesperado ocurre. En parejas, hablen de los siguientes puntos: qué puede ocurrir y cómo se va a sentir Andrés. Luego compartan sus ideas con el resto de la clase.

Mientras ves

ACTIVIDAD 2: ¿Tenían razón?   Ahora mira el primer segmento y confirma o corrige tus predicciones.

DESDE EL PRINCIPIO
HASTA 46:25

ACTIVIDAD 3: En Sopó   Hoy en Sopó hay un evento especial: una carrera de observación. Mira el segmento y busca la siguiente información:

1. en qué consiste este evento
2. qué parte del evento ves
3. quiénes participan

DESDE 46:26
HASTA 47:59

ACTIVIDAD 4: La fuente milagrosa   En el próximo segmento, Cristina le muestra a Andrés una fuente donde la gente pide milagros *(miracles)* y uno de ellos dos decide pedir uno. Mira el video para ver quién pide el milagro y en qué consiste.

DESDE 48:00
HASTA EL FINAL

Después de ver

ACTIVIDAD 5: El futuro incierto   Después de ver el último segmento, di qué piensas que va a pasar entre Cristina, Andrés y Carlos. Justifica tus ideas.

ACTIVIDAD 6: La ecología   En el video, Cristina dice que la contaminación en Bogotá no es muy grave y que en su país hay un gran interés por la ecología. En grupos de tres, discutan las siguientes preguntas.

1. ¿Hay mucho interés por la ecología en este país?
2. Si contestas que sí, ¿es este interés algo que está de moda o es algo serio? Explica tu respuesta.
3. ¿Qué hace la gente para proteger el medio ambiente en este país?

CAPÍTULO 16

▲ Caracas, la capital de Venezuela, sufre
de los mismos problemas que otras
ciudades grandes, inclusive el tráfico.

CHAPTER OBJECTIVES

- Discussing photography and
camera equipment

- Establishing job requirements
and discussing benefits

- Expressing future plans

- Expressing hypothetical actions

- Expressing probability in the
present and past

Ya nos vamos . . .

◀ *La playa de Macuto cerca de La Guaira, Venezuela.*

dejar boquiabierto (a alguien)	to leave (someone) dumbfounded
es hora de + *infinitive*	it's time + *infinitive*
antes que nada	before anything else

Es el último día del tour y Juan Carlos y Álvaro están en la playa de La Guaira aprovechando los últimos momentos de descanso antes de regresar esta noche a España con el grupo de turistas.

ACTIVIDAD 1: Temas principales   Mientras escuchas la conversación, indica los temas que se mencionan.

_____ el clima del Caribe

_____ civilizaciones indígenas

_____ la falta de industria en Venezuela

_____ lo aburrido que es Caracas

_____ la vida nocturna de Caracas

_____ los problemas médicos de Álvaro

	JUAN CARLOS	Y se acaban las vacaciones . . . ¿Tú tienes ganas de regresar a España? Por mi parte, yo preferiría quedarme aquí, disfrutando unos días más de la playa y el sol del Caribe.

Speaking hypothetically

Discussing the future

JUAN CARLOS — Y se acaban las vacaciones . . . ¿Tú tienes ganas de regresar a España? Por mi parte, yo preferiría quedarme aquí, disfrutando unos días más de la playa y el sol del Caribe.

ÁLVARO — Yo tampoco tengo ganas de volver a la rutina diaria y, además, me ha encantado conocer estos países. Tendré que volver pronto para conocer otros.

JUAN CARLOS — Ya sabía yo que te gustaría. Pero, dime, ¿qué fue lo que más te gustó?

Generalizing

ÁLVARO — No sé . . . Sería difícil decidir. Lo más fascinante y lo nuevo para mí fueron las ruinas indígenas de México y Guatemala. México me pareció increíble por su variedad en todo: comida, gente . . . y los colores . . . colores por todas partes. Pero me encantó todo. Por ejemplo, ayer en Caracas lo que más . . .

JUAN CARLOS — ¿Sabes lo que me sorprendió a mí? Yo nunca me había dado cuenta de que en Venezuela la industria nacional es algo relativamente nuevo y que . . .

ÁLVARO — Pero, hombre, es lógico, porque con los petrodólares antes podían importarlo todo; en cambio, ahora que el precio del petróleo ha bajado tienen que diversificar su economía; pero, como te iba a decir, lo que me dejó boquiabierto fue ver lo cosmopolita que es Caracas. ¡Qué de restaurantes y vida nocturna! Y . . . toda esa experiencia gracias a don Alejandro.

Expressing amazement

JUAN CARLOS — Trabajar con el grupo ha sido una experiencia magnífica, aunque hay que ser muy diplomático.

ÁLVARO — ¡Ya lo creo! Especialmente con la Dra. Llanos y el Sr. Ruiz . . . , pero, es hora de volver. Cuando llegue a España, antes que nada tengo que ir al oculista . . .

JUAN CARLOS — De verdad, ¡qué mala suerte tienes! Primero te molesta la muela y ahora se te pierde el lente de contacto . . . Sí, será mejor que lleguemos pronto porque quién sabe qué más te pasará. ¡Ay, Dios mío! Mira qué hora es y yo le prometí al Sr. Ruiz que iría . . .

Reporting

ÁLVARO — Y hablando del rey de Roma . . . Ahí viene el Sr. Ruiz.

JUAN CARLOS — ¡Por Dios! Mira el traje de baño que lleva y como siempre, sacando fotos.

ÁLVARO — ¡Qué barbaridad! ¡Ese traje tiene más colores que todo México!

ACTIVIDAD 2: ¿Comprendiste?   Después de escuchar la conversación otra vez, contesta estas preguntas.

1. ¿Quieren volver a España Juan Carlos y Álvaro?
2. ¿Qué es lo que más le gusta a Álvaro?
3. ¿Por qué Venezuela ha tenido que diversificar su industria?
4. ¿Qué tiene que hacer Álvaro en cuanto llegue a España?
5. ¿Crees que les gustó a los muchachos viajar con el grupo? ¿Te gustaría viajar a Hispanoamérica con un grupo de turistas?

ACTIVIDAD 3: Lo mejor   En grupos de cuatro, decidan qué fue lo mejor y lo peor de todo el viaje para los muchachos y para los turistas. Usen frases como **lo más divertido fue . . . ; ahora, lo triste es . . . ; lo peor era que . . .**

ACTIVIDAD 4: ¿Sabes el refrán?   Aquí hay más refranes populares. Intenta completarlos con una terminación lógica de la segunda columna.

En boca cerrada	corazón que no siente.
Dime con quién andas	hay sólo un paso.
Ojos que no ven	no entran moscas.
Del odio al amor	que nunca.
Quien mucho duerme	y te diré quién eres.
Más vale tarde	poco aprende.

Ahora, en parejas, inventen situaciones para cada refrán. Por ejemplo:

➤ John no sabía que Carla ya no sale con Pete y le preguntó por él delante de su nuevo novio.

LO ESENCIAL I

En la óptica

In some Hispanic countries it is common for optical stores to sell cameras and develop film.

1. el álbum (de fotos)
2. la cámara/máquina de fotos
3. la cámara de video
4. el flash
5. el rollo/carrete
6. las gafas/los anteojos
7. el/la oculista

Otras palabras relacionadas

blanco y negro; color   black and white; color
la diapositiva   slide
enfocar   to focus
el enfoque   focus
los lentes de contacto (blandos/duros)   contact lenses (soft/hard)
la pila   battery
revelar (fotos)   to develop (photos)
sacar fotos   to take pictures

¿LO SABÍAN?

En todas las lenguas hay "frases hechas" que a menudo son iguales o parecidas en varios idiomas. Sin embargo, si miras la lista que sigue, verás una diferencia curiosa entre algunas frases hechas del español y del inglés.

agua y jabón	**de pies a cabeza**	**tarde o temprano**
besos y abrazos	**huevos y jamón**	**vivo o muerto**
blanco y negro	**perros y gatos**	

¿Cuáles son las expresiones correspondientes en inglés?

ACTIVIDAD 5: Entrevistas   Habla con diferentes personas de la clase y escribe el nombre de las personas que usen o necesiten las siguientes cosas. Haz preguntas como **¿Cuándo usas anteojos?, ¿Usas anteojos sólo para leer?**

Busca personas que . . .

1. usen anteojos sólo para leer
2. usen lentes de contacto blandos
3. usen lentes de contacto de color
4. usen anteojos para ver de lejos
5. usen anteojos para manejar
6. no usen anteojos

UNICENTRO de la Visión

GARANTIZADO POR LA ORGANIZACIÓN OB BEHRENS

tiene la recomendación cariñosa: regale ANTEOJOS.
Los tenemos de todas las marcas y de todos los precios para DAMAS o CABALLEROS.
Venga antes de que sea tarde!
vea nuestra colección de anteojos de sol y monturas.

ACTIVIDAD 6: Los consejos fotográficos En grupos de cuatro, escriban un mínimo de cuatro consejos para sacar una buena foto.

➤ Hay que revisar las pilas.

ACTIVIDAD 7: Las quejas En parejas, "A" trabaja en una óptica y cubre el Papel B. "B" es un/a cliente y cubre el Papel A. El/La cliente recibe unas fotos que salieron bastante mal. Lean sólo las instrucciones para su papel.

Papel A

Trabajas en una óptica en México y revelas fotos. A veces los clientes te culpan *(blame)* por revelar mal las fotos, pero usas máquinas automáticas para hacer el revelado. Muchas veces son ellos los que no sacan bien las fotos. Ahora viene un/a cliente a buscar sus fotos, que no son muy buenas. Es evidente que la persona que las sacó no es muy buen fotógrafo: una foto tiene poca luz y otra está borrosa *(blurry)*.

Papel B

Estás haciendo turismo en México y ayer dejaste un rollo de fotos para revelar en una óptica. Hoy, al recibirlas, ves que las fotos salieron mal y tú piensas que las revelaron mal. Habla con el/la empleado/a para quejarte; empieza diciendo, **Estas fotos están horribles . . .**

HACIA LA COMUNICACIÓN I

I. Expressing the Future: The Future Tense

Before studying the grammar explanation, answer the following question based on the conversation:

• Álvaro says, **"Tendré que volver pronto . . .",** and Juan Carlos says, **"Sí, será mejor que lleguemos pronto . . . ."** Can you think of another way to say these sentences?

As you have already seen, the future may be expressed with the present indicative or with the construction **ir + a +** *infinitive:* **Te veo mañana. Voy a ver a mi padre mañana.** The future may also be expressed with the future tense. To form the future tense, add the following endings to the infinitives of **-ar, -er,** and **-ir** verbs.

Note that the **nosotros** form has no accent.

mirar		traer	
miraré	miraremos	traeré	traeremos
mirarás	miraréis	traerás	traeréis
mirará	mirarán	traerá	traerán

ir	
iré	iremos
irás	iréis
irá	irán

El año que viene, Teresa y Marisel **irán** a Suramérica.

Teresa and Marisel will go to South America next year.

Si el vuelo llega a tiempo, Juan Carlos **comerá** con Claudia.

If the flight arrives on time, Juan Carlos will eat with Claudia.

The following groups of verbs have an irregular stem in the future tense, but use the same endings as regular verbs.

haber ⟶ **habré**	poner ⟶ **pondré**	decir ⟶ **diré**
poder ⟶ **podré**	salir ⟶ **saldré**	hacer ⟶ **haré**
querer ⟶ **querré**	tener ⟶ **tendré**	
saber ⟶ **sabré**	venir ⟶ **vendré**	

Hay = there is/are
Habrá = there will be

Habrá muchos amigos esperando a los turistas.

There will be many friends waiting for the tourists.

Si Álvaro llega hoy, él y Diana **saldrán** a cenar esta noche.

If Álvaro arrives today, he and Diana will go out to eat tonight.

II. Expressing Hypothetical Actions and Reporting: The Conditional

The conditional tense may be used to express something that you would do in a hypothetical situation. It is also used to report what someone has said. The formation of this tense is similar to the future tense in that it uses the same stems and adds the same endings (**ía, ías, ía,** etc.) to all stems.

The conditional endings are the same as those of imperfect **-er** and **-ir** verbs. Unlike the imperfect endings, they are added to an irregular stem or to the infinitive.

mirar	
miraría	miraríamos
mirarías	miraríais
miraría	mirarían

traer	
traería	traeríamos
traerías	traeríais
traería	traerían

ir	
iría	iríamos
irías	iríais
iría	irían

Yo creía que **irías** al aeropuerto a esperar a Juan Carlos.

I thought you would go to the airport to wait for Juan Carlos. (hypothetical)

Álvaro me dijo que me **traería** unos aretes de jade mexicano.

Álvaro told me that he would bring me some Mexican jade earrings. (reporting)

The following groups of verbs have the same irregular stems in the conditional as they do in the future.

Hay = there is/are
Habría = there would be

Infinitive	Stem	Conditional
haber	habr-	**habría**
poder	podr-	**podría**
querer	querr-	**querría**
saber	sabr-	**sabría**
poner	pondr-	**pondría**
salir	saldr-	**saldría**
tener	tendr-	**tendría**
venir	vendr-	**vendría**
decir	dir-	**diría**
hacer	har-	**haría**

Con el dinero que gana en la agencia, Teresa **podría** ir a Puerto Rico.
—No sé qué **haría** sin ella — dijo Juan Carlos.

With the money she earns at the agency, Teresa could (would be able to) go to Puerto Rico.
"I don't know what I would do without her," said Juan Carlos.

III. Describing: *Lo* + Masculine Singular Adjective

To characterize something in a general or abstract way, use the neutral article **lo** with a masculine singular adjective.

Lo bueno es que regresaron sin problemas.
Lo más **interesante** del viaje fue la gente.
Lo difícil para los españoles era la comida mexicana picante.

The good thing is that they returned without any problems.
The most interesting part of the trip was the people.
The difficult thing for the Spaniards was the hot Mexican food.

After studying the preceding examples, answer the following question:

Do mechanical drills, Workbook, Part I.

• What does the title of the movie, **Lo bueno, lo malo y lo feo** with Clint Eastwood mean in English? What would it mean if it were *El bueno, el malo y el feo*?

ACTIVIDAD 8: Predicciones   En parejas, digan quiénes del grupo de turistas van a hacer estas acciones cuando el grupo regrese a España.

1. Irá al oculista.
2. Llamará a Claudia.
3. Saldrá con Juan Carlos.
4. Hablarán con don Alejandro.
5. Le dará un vestido a su hija.
6. No volverá a ver al Sr. Ruiz.

ACTIVIDAD 9: ¿Qué pasará?   Todos los años Jean Dixon hace sus predicciones para el año siguiente. ¿Qué va a predecir Jean Dixon para el año que viene? En parejas, preparen diez predicciones para personas famosas y para el país en general.

➤   Liz Taylor se divorciará otra vez.
     El Presidente de los Estados Unidos irá a Perú.

ACTIVIDAD 10: La buena fortuna   En parejas, "A" predice el futuro; "B" no cree en estas cosas, pero de todos modos, visita a "A" para divertirse. "A" va a predecir la vida amorosa, el número de hijos, el trabajo, la salud, etc., de "B". Al terminar, cambien de papel.

ACTIVIDAD 11: "El qué dirán"   La opinión de otros afecta a muchas personas. En muchos países hispanos, como en los Estados Unidos, la opinión de los vecinos es importante. En parejas, imagínense que Uds. viven en un pueblo pequeño. Si hacen las siguientes cosas, ¿qué harán los vecinos?

➤   si cuelgan *(hang)* la ropa delante de la casa
     Si colgamos la ropa delante de la casa, los vecinos protestarán.

1. si tienen muchas fiestas en su casa
2. si pintan el exterior de la casa de color morado
3. si ponen flamencos rosados de plástico delante de la casa
4. si sus hijos tienen un conjunto de rock y ensayan *(rehearse)* en el garaje con la puerta abierta
5. si tienen un gran danés que ladra *(barks)* a toda hora

ACTIVIDAD 12: Mentiras inocentes   ¿Has mentido alguna vez para evitar problemas o por el bien de otra persona? Decide qué harías en las siguientes situaciones. Después, en parejas, compartan las respuestas con su compañero/a.

➤   Acabas de comprar algo y el vendedor te da el cambio; te das cuenta de que hay $10 de más.

     a. decírselo al vendedor   c. algo diferente
     b. darle las gracias

Yo le diría que me dio $10 de más. / Sería honesto/a y devolvería el dinero. / Le daría las gracias y saldría. / (etc.)

For hypothetical situations, use the conditional.

1. Vuelves de un viaje por México y traes diez botellas de tequila en el carro; el agente de aduanas te pregunta si traes alcohol.
   a. decirle que sí   c. algo diferente
   b. decirle que no
2. Tu esposo/a se está muriendo de cáncer, pero él/ella no lo sabe.
   a. decirle la verdad   c. algo diferente
   b. no decirle nada
3. Un policía te detiene porque tú manejabas a 125 kilómetros por hora y el límite de velocidad es de 100.
   a. pedirle perdón por tu error   c. algo diferente
   b. decirle que ibas a 105
4. Un niño de cuatro años te dice que su hermana mayor le dijo que Santa Claus no existía.
   a. explicarle la verdad   c. algo diferente
   b. decirle que su hermana le mintió

125 kilómetros por hora = 80 mph

5. Sabes que un amigo casado sale con otra mujer.
   a. no hacer nada   c. algo diferente
   b. hablar con él
6. Tu mejor amigo/a va a estar en tu ciudad el viernes y Uds. quieren pasar el día juntos, pero tú tienes que trabajar.
   a. explicarle la verdad a tu jefe/a
   b. llamar al trabajo por la mañana y decir que estás enfermo/a
   c. algo diferente

ACTIVIDAD 13: Los críticos   En parejas, escojan una película muy interesante que Uds. dos hayan visto y comenten distintos aspectos de la película. Usen expresiones como **lo bueno, lo malo, lo inesperado, lo interesante, lo cómico, lo triste, lo peor de todo.**

➤   Lo mejor fue el final porque . . .
     Lo más divertido fue cuando . . .

ACTIVIDAD 14: El dilema   Hay problemas con el motor de un avión y el avión se está cayendo. Hay ocho pasajeros y un piloto, pero sólo hay cuatro paracaídas *(parachutes)*. En grupos de cuatro, lean las descripciones de las personas y decidan a quiénes les darían Uds. los paracaídas y por qué.

➤   Lo importante es que Antonio Sánchez tiene tres hijos; por eso le daría uno de los paracaídas.

1. Antonio Sánchez: 44 años, piloto, casado y con tres hijos
2. Pilar Tamayo: 34 años, soltera, doctora famosa por sus investigaciones sobre métodos anticonceptivos
3. Lola del Rey: 23 años, soltera, actriz; fue Miss Ecuador y salió segunda en el concurso de Miss Universo; hizo viajes cantando para los soldados
4. Tommy González: 10 años, estudiante de cuarto grado, jugador de fútbol
5. Angustias Ramírez: 63 años, casada, con cinco hijos y siete nietos, abuela de Tommy González; ayuda a los pobres en un programa de la iglesia
6. Enrique Vallejo: 46 años, divorciado, con tres hijos, político importante, liberal, líder del movimiento laboral
7. El padre Pacheco: 56 años, cura católico de una iglesia para trabajadores migratorios, fundador del programa E.S.D. (Escuela sin drogas), una escuela para jóvenes que eran drogadictos
8. Lulú Camacho y Víctor Robles: 25 y 28 años, dos atletas que se dedican a levantar pesas y participan en competencias internacionales; hacen anuncios en la televisión para el Club Cuerposano

NUEVOS HORIZONTES

Estrategia de lectura: *Understanding the Writer's Purpose*

In writing a text, the writer chooses a purpose (informing, convincing, entertaining, etc.). A writer does this by painting a picture with his/her words. In order to form one's own opinions, it is important to note the writer's bias and how it can affect what he/she writes. By recognizing a writer's purpose and biases one can better filter the information presented.

ACTIVIDAD 15: A primera vista   En parejas, miren las dos fotos que acompañan los artículos y lean los títulos de los artículos y el subtítulo del segundo. Digan cuál de los dos lugares les gustaría visitar y por qué.

ACTIVIDAD 16: Propósito   Lee los dos artículos sobre Guatemala y decide cuál de los siguientes verbos describe mejor el propósito de cada artículo: informar, criticar, persuadir o entretener.

¡Magnífico Tikal!

Viajar a Tikal no es fácil, pero resulta una experiencia inolvidable en la que siempre se aprende algo, y sobre todo, nutre nuestro orgullo como guatemaltecos y como descendientes de los Mayas, una de las civilizaciones antiguas más admirables, comparables con los antiguos griegos o egipcios en el viejo mundo.

▲ *Ruinas maya en plena selva. Tikal, Guatemala.*

El valor histórico de Tikal es muy grande, como grande es también el valor turístico que tiene para nuestro país, pues sin duda es el mayor atractivo que Guatemala puede ofrecer a los extranjeros que visitan lo que ha dado a llamarse "el mundo Maya" y que incluye un recorrido por Yucatán (México), Petén y Honduras, en un proyecto de explotación conjunto de estos países.

Si bien es cierto que Petén es el departamento más aislado y hasta cierto punto abandonado del país, en medio de la selva está Tikal, lo que obliga a pensar en la necesidad de seguir desarrollando la infraestructura turística, no sólo para facilitar la llegada de extranjeros, sino para buscar también que más guatemaltecos puedan apreciar algo de lo mucho que tenemos.

Por eso es que sería excelente que las autoridades de turismo y las empresas que se dedican al turismo receptivo, buscaran la forma de realizar excursiones al menor precio posible, con el fin de que muchas personas puedan viajar a Petén y disfrutar de ese patrimonio que trasciende a los guatemaltecos y se convierte en verdadero patrimonio de la humanidad.

Sería buena idea que se promocionara mucho internamente y que se crearan paquetes especiales—más accesibles—, desde el transporte, alimentación, hospedaje y el tour mismo.

FAMILIA

CALABAY SICAY

GUATEMALA

*En San Antonio de Palopó,
la población indígena lucha por su supervivencia*

Guatemala ha vivido bajo el terror de la guerra civil. El balance es elocuente: 100.000 muertos—alrededor de uno de cada 20 habitantes—, 400 pueblos destruidos y un éxodo de más de 100.000 personas hacia los campos de refugiados de México. Durante más de un siglo, la nación ha estado controlada por su poderoso ejército y por un puñado de familias ricas descendientes de europeos. En la base de la pirámide social, desposeídos de cualquier tipo de privilegio, están los indígenas mayas, que constituyen más de la mitad de la población. La familia Calabay Sicay pertenece a la tribu de los cakchiqueles, uno de los 22 colectivos indígenas de Guatemala. Viven en San Antonio de Palopó, un hermoso lugar a orillas del lago Atitlán. Aquí se respira tranquilidad. Sin embargo, sus habitantes se resisten tenazmente a relacionarse con extranjeros.

Los Calabay Sicay son campesinos, por eso es frecuente encontrar a Lucía atando en manojos las cebollas que cultiva Vicente, su marido, y que después venden en el mercado de Sololá, la ciudad importante más próxima. Ese trabajo es casi un descanso. La vida en San Antonio de Palopó no es fácil. Las comodidades escasean, y por no tener no tienen ni agua corriente en la casa. Para *matar* el poco tiempo libre del que disponen, Lucía hila pulseras y bolsas en un telar pequeño. Vicente utiliza otro más grande para tejer *las cobijas* (mantas) con las que se tapan sus tres hijos.

RETRATO ROBOT

- Número de personas que viven en la casa: 5.
- Tamaño de la vivienda: 29,4 M². Una habitación con la cocina independiente.
- Semana laboral: padre 60 horas; madre, todo el día.
- Equipamiento doméstico: radios: 1. Teléfonos: 0. Televisores: 0. Automóviles: 0.
- Posesiones más apreciadas: para la madre, un cuadro religioso y la Biblia. Para el padre, un casete portátil. Para las hijas, las muñecas. Para el hijo, un balón de fútbol.
- Renta per capita: 132.160 pesetas.
- Porcentaje de sus ingresos que la familia Calabay Sicay dedica a comida: 66%.
- Desearían adquirir: televisor, cacerolas, sartenes, mesa de cocina.
- Número de veces que la familia ha estado a más de 50 Km de su casa: 0.
- Desean para el futuro: se conforman con sobrevivir.

This article was published in a Spanish magazine. **132.160 pesetas** = about $1,000

ACTIVIDAD 17: Comparar   En grupos de tres, comparen la imagen de Guatemala que intenta pintar cada autor a través de su artículo.

Estrategia de escritura: *Writing a Summary*

A summary includes the main points of a text, without details. As with a description, you address the questions *who?*, *what?*, *where?*, *when?*, and *why?* In order to do a summary, it is helpful to list the main points of the text first and then to use connectors or linking words to join the ideas.

ACTIVIDAD 18: Un resumen   Completa este párrafo con las expresiones de la lista para obtener un resumen de las ideas principales de los textos presentados.

por ejemplo	a la vez
en general	por otro lado
por un lado	sin embargo

En Guatemala hay monumentos de gran valor arqueológico y de interés turístico, pero, _____, la situación económica y política de Guatemala sufre de inestabilidad a causa, en parte, de haber sobrevivido una guerra civil. _____, existe una clase baja muy numerosa y los que más sufren de la pobreza son los indígenas que quieren mantener sus culturas. _____, existen las compañías de turismo que quieren explotar la belleza de la selva tropical y los monumentos históricos de los mayas. Cuando se organice un buen plan turístico, los turistas vendrán del mundo entero, pero también se desarrollará el turismo guatemalteco. _____, el país tendrá que construir una infraestructura que incluya, _____, carreteras para llegar a las áreas más remotas y hoteles con las comodidades necesarias para atraer al turista _____.

LO ESENCIAL II

Buscando trabajo

la carta de recomendación
  letter of recommendation
contratar   to contract, hire
el contrato   contract
el curriculum (vitae)/currículo
  résumé, curriculum vitae
el desempleo   unemployment
despedir   to fire
el empleo   job, position;
  employment
la entrevista   interview
la experiencia   experience

el puesto   job, position
rellenar   to fill out
el seguro médico   medical insurance
solicitar   to apply for
la solicitud   application
el sueldo   salary
el título   title; (university) degree
**trabajar medio tiempo/tiempo
  completo**   to work part time/full
  time

ACTIVIDAD 19: Definiciones   Termina estas frases con una palabra o frase lógica
de la lista presentada en la sección *Buscando trabajo*.

1. Antes de una entrevista, tienes que rellenar una _____.
2. Para solicitar un trabajo es bueno pedirles a varias personas una

_____.

3. Sólo trabajas veinte horas por semana; es decir que trabajas
   _____ y no _____.
4. La cantidad de dinero que recibes por semana o por mes es tu

_____.

5. Tu historia profesional se llama _____.
6. Un beneficio que te pueden dar es _____.

ACTIVIDAD 20: ¿Quién lo hace?   Decide quién hace o quiénes hacen las siguientes acciones: un futuro jefe, un jefe, un ex jefe, un futuro empleado, un empleado.

1. anunciar un puesto de trabajo
2. recibir seguro médico
3. despedir a alguien
4. firmar un contrato
5. leer una solicitud
6. rellenar una solicitud
7. escribir una carta de recomendación
8. hacer un curriculum vitae
9. recibir un sueldo
10. participar en una entrevista

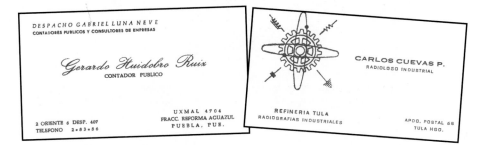

ACTIVIDAD 21: Buscando trabajo   En parejas, "A" busca empleo y "B" es consejero/a en la agencia de empleos de la universidad. "A" quiere saber qué posibilidades de empleo hay, qué beneficios tienen, qué documentos tendrá que presentar, y qué debe incluir en su curriculum. Lean sólo las instrucciones para su papel.

Papel A

Tienes un título universitario en economía y estás empezando tus estudios de posgrado; por eso, necesitas un trabajo de medio tiempo. Tu idioma materno es el inglés pero hablas francés y español. Durante tus años de escuela secundaria trabajaste en McDonald's y mientras estudiabas en la universidad trabajabas en una compañía de importación escribiendo las cartas dirigidas a países hispanos y a Francia.

Papel B

Los siguientes son dos puestos disponibles (*available*). Averigua las cosas que sabe hacer "A" y recomiéndale uno de estos puestos.

Camarero/a en el restaurante elegante El Charro; lunes, martes, fines de semana; 25 horas semanales; sueldo según experiencia; propinas; 2 semanas de vacaciones; sin seguro médico. Requisitos: buena presencia; con experiencia; una carta de recomendación del último jefe; curriculum; conseguir la solicitud en el restaurante. Avenida Guanajuato 3252.

Traductor/a para compañía de seguros; bilingüe (español/inglés); horario variable—más o menos 20 horas por semana; $25 por página; seguro médico incluido. Requisitos: un año de experiencia; examen de español e inglés; 3 cartas de recomendación; curriculum; título universitario. Para conseguir la solicitud, llamar al 467 43 89.

ACTIVIDAD 22: El puesto ideal   Ahora, el/la consejero/a quiere simular una entrevista. "A" y "B" deben practicar entrevistas para los puestos presentados en la *Actividad 21*. Cambien de papel después de la primera entrevista.

¿A trabajar en la Patagonia?

▲ *La Patagonia, Argentina.*

los chismes	gossip
fue pura casualidad	it was by pure chance
resultó ser . . .	it/he/she turned out to be . . .
tomarle el pelo (a alguien)	to pull someone's leg

Juan Carlos y Álvaro acaban de regresar de su viaje, y mientras estaban en Venezuela Juan Carlos conoció a un señor que le habló de un posible empleo. Ahora él está otra vez en Madrid con Teresa y Claudia, contándoles sobre el viaje y rellenando la solicitud.

ACTIVIDAD 23: Escucha y responde   Mientras escuchas la conversación, anota las respuestas a estas preguntas.

1. ¿Dónde conoció Juan Carlos al señor?
2. ¿Por qué tiene el señor interés en ayudar a Juan Carlos?
3. ¿Qué tiene que hacer Juan Carlos?
4. ¿Está contento don Alejandro con el trabajo de Juan Carlos y Álvaro?
5. Si Juan Carlos consigue el trabajo, ¿adónde irá?

TERESA	¿Por qué no sigues contándonos de la Dra. Llanos y el Sr. Ruiz? Ayer no terminaste de explicarnos por qué ella lo odiaba a muerte. No me sorprendería verlos después muy amigos.
JUAN CARLOS	¿Amigos, ellos? Nunca. ¡Estás loca! Tú no los viste en el viaje.
CLAUDIA	Y, ¿por qué no? Del odio al amor hay sólo un paso . . .
JUAN CARLOS	Bueno, dejémonos de chismes y ayúdenme a terminar esta solicitud, pues quiero mandarla antes de que cierren el correo esta tarde.
TERESA	Lo que no entiendo es que te fuiste de viaje y llegaste con una oferta de trabajo. ¿Cómo es posible?
JUAN CARLOS	Fue pura casualidad. Estábamos en Venezuela celebrando el cumpleaños del Sr. Ruiz en un club y me puse a hablar con un señor peruano que tendría unos cuarenta años. Resultó ser gerente de una empresa de ingenieros e íntimo amigo de un tío mío.
CLAUDIA	Para mala suerte, Álvaro, y para suerte loca, Juan Carlos.
JUAN CARLOS	Bueno, entonces cuando supo quién era mi tío y que yo estudiaba ingeniería, me dijo que por qué no solicitaba un puesto con su empresa. Y ahora tengo que mandarles esta solicitud a los jefes de personal.
CLAUDIA	O sea, conoce a tu tío, ¿eh? . . . Eso se llama tener palanca.
JUAN CARLOS	Bueno, pero también tengo un buen curriculum, ¿no? Oye, Teresa, ¿crees que tu tío me escribiría una carta de recomendación?
TERESA	Por supuesto. Él está feliz con los comentarios de la gente del tour, pues todo lo que dicen de ti y de Álvaro son maravillas. Lo malo es que esta tarde sale para Londres y no sé dónde estará ahora . . . Lo llamo ahora mismo a ver si está en la oficina.
JUAN CARLOS	Con la recomendación de don Alejandro es posible que me den el puesto sin entrevistarme, ¿no crees?
CLAUDIA	¡Un momento, un momento! Lo que yo quisiera saber es dónde es ese trabajo . . . Creo que yo tengo derecho a saber . . . ¿eh?
JUAN CARLOS	Pues . . . Lo único es que . . . es que es . . . es en la Patagonia . . .
CLAUDIA	¿La Patagonia? Pero, ¡eso está muy lejos!
JUAN CARLOS	¡Calma, calma! Te estoy tomando el pelo. La oferta de trabajo es para Caracas, no para la Patagonia y ¡con un buen sueldo . . . !

Margin labels:
- Expressing urgency
- Approximating
- Wondering

ACTIVIDAD 24: Un resumen   En parejas, digan cinco oraciones que resuman lo que pasó en la conversación entre Juan Carlos y las dos chicas.

ACTIVIDAD 25: Predicciones   Escribe las respuestas a las siguientes preguntas y después, en parejas, comparen sus respuestas con las de su compañero/a. Deben estar preparados para defender sus predicciones.

1. Algún día, ¿serán amigos el Sr. Ruiz y la Dra. Llanos?
2. ¿Qué dirá don Alejandro en la carta de recomendación?
3. ¿Le darán el empleo a Juan Carlos?
4. ¿Qué pasará con Claudia y Juan Carlos?

En español se dice que si una persona está debajo de un árbol grande, está protegida por su sombra *(shade)*. Este dicho se refiere a lo importante que es conocer a personas de influencia para obtener un buen puesto o, a veces, para recibir favores. Esta costumbre tiene diferentes nombres en diferentes países hispanos: el enchufe, la corbata, la conexión, la palanca, tener padrino, etc. ¿Crees que esta costumbre sea común en muchos países? ¿Puedes pensar en algunas palabras o expresiones en inglés que se relacionen con esta costumbre? ¿Sabes de alguien que haya obtenido su puesto con "palanca"?

ACTIVIDAD 26: Al fin   Di qué ocurrió en las siguientes situaciones, usando la frase **resultó ser** para terminar las oraciones.

1. Abraham Lincoln perdió varias elecciones, pero al final . . .
2. Compré un coche nuevo y . . .
3. Conseguí un puesto con la O. N. U. (Organización de las Naciones Unidas) y . . .
4. Cuando Pablo conoció a su primera novia, ella era simpática, trabajadora y tenía ambiciones, pero después de unos años . . .
5. Para Juan Carlos el viaje . . .

HACIA LA COMUNICACIÓN II

I. Expressing Probability: The Future and the Conditional

The future and the conditional tenses are often used to express probability or to wonder about a situation. When you wonder about the present, use the future tense. When you wonder about the past, use the conditional.

—¿Cuántos años **tendrá** ese muchacho?   *I wonder how old that guy is.*

—**Tendrá** unos diecinueve.   *He's probably (He must be) about nineteen.*

—¿Qué hora **será**?   *I wonder what time it is.*
—**Serán** las 3:00.   *It must be (It's probably) 3:00.*

—¿Cuántos años **tendría** cuando se casó?   *I wonder how old he was when he got married. (How old could he have been when he got married?)*

—**Tendría** unos veinticinco.   *He probably was (must have been) about twenty-five.*

—¿Qué hora **sería** cuando llegaron los chicos?

—**Serían** las 3:00 de la mañana.

What time could it have been when the guys arrived?

It must have been (It probably was) 3:00 A.M.

II. The Subjunctive in Adverbial Clauses

Remember the acronym **ESCAPA.**

The following adverbial conjunctions are always followed by the subjunctive:

E	**en caso (de) que**	in the event that; in case
S	**sin que**	without
C	**con tal (de) que**	provided that
A	**antes (de) que**	before
P	**para que**	in order that, so that
A	**a menos que**	unless

En caso de que llueva, no iremos al parque.

Van a entrar **sin que** nadie los **oiga.**

Yo voy, **con tal de que** tú no me **pidas** hacer nada más.

Llámame **antes de que salgas** para Caracas.

Me va a dar su cámara **para que saque** fotos del viaje.

Juan Carlos no aceptará el puesto **a menos que** Claudia **vaya** con él.

In the event that it rains, we won't go to the park.

They're going to come in without anybody hearing them.

I'll go provided that you don't ask me to do anything else.

Call me before you leave for Caracas.

He's going to give me his camera so that (in order that) I can take pictures of the trip.

Juan Carlos won't accept the job unless Claudia goes with him.

NOTE: **Sin que, para que,** and **antes de que** take the subjunctive when there is a change of subject. If there is no change of subject, use an infinitive immediately after the prepositions, omitting the word **que.**

Do mechanical drills, Workbook, Part II.

Trabajo **para que mi familia viva** bien.
Trabajo **para vivir** bien.

Ella se va a casar **sin que sus padres** lo **sepan.**
Ella se va a casar **sin decirles** nada a sus padres.

ACTIVIDAD 27: Situaciones   Imagínate qué están haciendo las personas que dicen estas oraciones.

There are multiple possibilities.

➤   "Me encanta esta música".
     Estará en un concierto.

1. "Está deliciosa. Realmente eres un genio".
2. "No puedo continuar. Estoy cansadísima".
3. "No me interrumpas. Debo terminar esto lo antes posible".
4. "Justo ahora que estoy aquí, suena el teléfono".

ACTIVIDAD 28: Los misterios de la vida   En parejas, digan por qué creen que ocurrieron estas cosas.

➤ Gloria no fue a la entrevista de trabajo.
  Estaría enferma.

1. No aceptaron a tu amigo Alfredo, un estudiante excelente, en la facultad de medicina.
2. Desaparecieron misteriosamente tus amigos Mariano y Rosa.
3. Tu amigo Felipe nunca tenía dinero y la semana pasada compró un carro nuevo.
4. Tu perra estaba más gorda. Siempre tenía hambre y no hacía más que comer y dormir.

ACTIVIDAD 29: Usa la imaginación   Completa las siguientes frases de forma original usando expresiones como **antes de que, sin que, para que.**

Remember: **ESCAPA.**

➤ Juan Carlos no irá a Caracas a menos que le den el trabajo.

1. Don Alejandro entrevista a personas . . .
2. Teresa estudia turismo . . .
3. Claudia piensa casarse con Juan Carlos . . .
4. No le van a dar el trabajo a Juan Carlos . . .
5. Vicente y Teresa irán de vacaciones a Centroamérica . . .
6. Claudia le pregunta a Juan Carlos sobre sus planes . . .
7. Diana quiere quedarse en España . . .

ACTIVIDAD 30: Los deseos de los padres   Muchas veces nuestros padres nos piden que hagamos cosas que no queremos hacer. Cuando ocurre esto, tenemos tres opciones: decir que sí, decir que no o negociar con ellos. Cuando negociamos, les ponemos condiciones. Pon condiciones a los siguientes pedidos de tus padres.

1. Tus padres quieren que tú salgas con el hijo de uno de sus amigos que va a visitar la ciudad. No conoces a ese joven, pero es posible que no te caiga bien.

   No saldré con él a menos que . . .

2. Tus padres quieren que tú pases el fin de semana con ellos para celebrar una reunión familiar, pero tus amigos van a hacer una fiesta fabulosa.

   Iré a la reunión familiar con tal de que . . .

3. Tú quieres cambiar de universidad, pero tus padres se oponen.

   Cambiaré de universidad después de que . . .

ACTIVIDAD 31: La diplomacia   Uds. van a llevar a un grupo de estudiantes norteamericanos de dieciséis años a México para vivir con familias durante un mes y no quieren que el grupo tenga problemas por razones culturales. Aquí hay algunas preocupaciones que Uds. tienen. Comenten la lista y sus posibles consecuencias.

Habrá problemas con el alcohol.
No querrán probar la comida.
Llegarán tarde por la noche.

Saldrán sin pedir permiso.

No hablarán español.

Aprenderán malas palabras en la calle y las usarán en la casa.

ACTIVIDAD 32: Los últimos detalles Rellena esta carta que recibieron las familias mexicanas que van a hospedar *(host)* a los estudiantes. Usa las expresiones **en caso de que, sin que, con tal de que, antes de que, para que** y **a menos que.**

Estimados señores:

Muchas gracias por decidir participar en nuestro programa de intercambio estudiantil. Ésta es la última carta que les voy a escribir antes de la llegada de los jóvenes a México. A continuación hay información que puede ayudarles:

1. _____ los estudiantes lleguen, Uds. van a recibir su nombre, su dirección en los Estados Unidos y el nombre de sus padres. Si no tienen esta información, por favor comuníquense con nuestra oficina.

2. _____ su estudiante tenga un accidente o se enferme, deben llevarlo a la Clínica de la Magdalena. Cada estudiante tiene seguro médico. Uds. no tienen que pagar nada. No tienen que avisar a la oficina _____ sea algo serio.

3. Los estudiantes no pueden hacer viajes a otras ciudades _____ tengan permiso escrito de sus padres y _____ Uds. avisen a nuestra oficina.

4. Los estudiantes pueden salir de noche _____ Uds. les den permiso. _____ no tengan problemas, les recomendamos que impongan una hora de llegada.

5. Nuestra oficina no permite que los estudiantes cambien de casa _____ el estudiante, la familia y el director del programa lo consideren necesario.

Los estudiantes llegarán el sábado a las 11:32 de la mañana en el vuelo número 357 de Aeroméxico. Allí los espero frente a la sala de aduanas número 2 para recibir a los estudiantes.

Los saluda atentamente,

Rafael Gris Vicens

Rafael Gris Vicens

ACTIVIDAD 33: Evitando problemas   Para que los estudiantes estadounidenses no tengan problemas en México, escríbanles una carta dándoles razones que ellos puedan entender. Usen oraciones como **No deben salir de casa sin que sus padres mexicanos les den permiso. Hay que recordar que son sus padres en México y Uds. están en sus casas como invitados.**

Empiecen la carta así:

> Querido grupo:
>
> Pronto pasaremos un mes juntos en México. Uds. van a estar en un país extranjero y tienen que recordar que son representantes de los Estados Unidos. Como todos queremos que la experiencia sea maravillosa, tanto para Uds. como para los mexicanos que los van a aceptar en sus casas, tienen que recordar algunas cosas: . . .

VOCABULARIO FUNCIONAL

En la óptica

el álbum (de fotos)	*photo album*
la cámara/máquina de fotos	*camera*
la cámara de video	*video camera*
el flash	*flash*
las gafas/los anteojos	*eyeglasses*
el/la oculista	*eye doctor*
el rollo/carrete	*film*

Otras palabras relacionadas con la óptica

Ver página 383.

Buscando trabajo

Ver página 392.

Palabras y expresiones útiles

antes que nada	*before anything else*
los chismes	*gossip*
dejar boquiabierto (a alguien)	*to leave (someone) dumbfounded*
es hora de + *infinitive*	*it's time + infinitive*
fue pura casualidad	*it was by pure chance*
resultó ser . . .	*it/he/she turned out to be . . .*
tomarle el pelo (a alguien)	*to pull someone's leg*

Remember: **ESCAPA.**

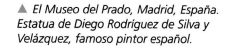

CAPÍTULO 17

▲ *El Museo del Prado, Madrid, España.*
Estatua de Diego Rodríguez de Silva y
Velázquez, famoso pintor español.

CHAPTER OBJECTIVES

- Discussing and giving opinions about art
- Expressing doubts and emotions in the past
- Giving implied commands in the past
- Expressing your ideas on love and romance
- Expressing reciprocal actions
- Describing hypothetical situations

El arte escondido

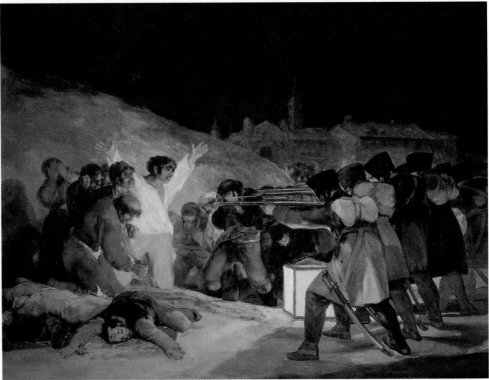

▲ Los fusilamientos del tres de mayo, *Francisco de Goya y Lucientes (1746–1828), español.*

no veo la hora de + *infinitive*	I can't wait + *infinitive*
dar a conocer	to make known
en seguida	at once, right away

Diana y Álvaro van en el carro escuchando la radio cuando oyen una noticia increíble.

ACTIVIDAD 1: Buscando información   Mientras escuchas la conversación y la noticia, anota las respuestas a las siguientes preguntas.

1. ¿Cuándo tendrá examen Álvaro?
2. ¿Qué encontraron en la casa de la señora?
3. ¿Qué le pasó a la señora?
4. ¿Qué le molesta a Álvaro?
5. ¿Cuántas veces ha ido Álvaro al Museo del Prado?

Showing impatience

ÁLVARO	No veo la hora de terminar el trimestre. A propósito, quería preguntarte, ¿qué tal van tus clases?
DIANA	Pronto tendré exámenes.
ÁLVARO	Sí, yo tengo uno de derecho penal el martes que viene.

DIANA	Y yo, uno de literatura.
ÁLVARO	¡Huy! Literatura, ¡qué aburrido!
DIANA	De aburrido, nada. A mí me encanta.
ÁLVARO	Pero la literatura es . . .
EL LOCUTOR	¡Atención! Interrumpimos para dar una noticia de última hora . . .
DIANA	¡Calla, calla! Escucha.
EL LOCUTOR	La dirección del Museo del Prado dio a conocer hoy el hallazgo de un cuadro de Goya que nadie sabía que existiera. Se trata de una de las pinturas de su época negra. El cuadro se encontró en la casa de una señora de noventa y ocho años que murió en la provincia de Zaragoza. Cuando sus hijos estaban sacando los muebles de la casa, encontraron la pintura debajo de la cama.

Expressing doubt

EL LOCUTOR	Al principio se dubaba que fuera un original, pero al examinarla, los expertos en seguida se dieron cuenta de que era una obra maestra del gran pintor español. Al pedirle una declaración al director del museo, sólo ha dicho que valoran el cuadro en cientos de millones de pesetas . . .

Expressing purpose

ÁLVARO	Un loco del siglo XVIII pintó algo para que otro loco del siglo XX pagara millones de pesetas por su cuadro.

Showing displeasure

DIANA	¡Qué poco entiendes! El loco serás tú.
ÁLVARO	Es que el arte me aburre, la arquitectura me fascina, pero los cuadros . . .

Inquiring about past actions

DIANA	¿Has visitado el Museo del Prado alguna vez?
ÁLVARO	No, pero . . .
DIANA	Eres un inculto, mañana te llevo porque tengo que ir allí. Y vas a recibir una lección de arte.

ACTIVIDAD 2: ¿Comprendiste?   Después de escuchar la conversación otra vez, completa estas oraciones.

1. Diana y Álvaro tienen exámenes porque . . .
2. La pintura de Goya se encontró . . .
3. El valor de la obra . . .
4. Diana le dice a Álvaro que es un loco porque . . .
5. Álvaro prefiere . . .
6. Mañana Álvaro . . .

Goya was the Garry Trudeau of his time. (Trudeau created the cartoon strip *Doonesbury*.) Goya's instrument was the brush.

¿LO SABÍAN?

Uno de los mejores museos de arte del mundo es el Museo del Prado de Madrid. El Prado tiene una colección artística de más de tres mil pinturas y unas cuatrocientas esculturas de artistas de todo el mundo. Además de obras de El Greco, Velázquez, Goya, Ribera y muchos otros artistas españoles, el Prado tiene la segunda colección de pintores flamencos del mundo, con obras de Rubens, El Bosco, Van Dyck y Brueghel, para mencionar unos pocos. En otro museo de Madrid, el Centro de Arte Reina Sofía, se puede ver la obra más política de Picasso, *Guernica*, y el estudio completo de dibujos que hizo el pintor cuando preparaba esta famosa obra.

ACTIVIDAD 3: No veo la hora . . .   Escribe una lista de cuatro cosas que deseas que ocurran muy pronto. Después, en parejas, comparen su lista con la de su compañero/a y pregúntenle por qué quiere que pasen estas cosas.

➤   No veo la hora de terminar el semestre.

LO ESENCIAL I

El arte

Remember **el arte,** like **el agua.**

1. el/la artista
2. el cuadro/la pintura
3. el dibujo
4. el/la escultor/a
5. la escultura

museo de arte prehispánico de méxico
rufino tamayo

Nº 008575

morelos 503 oaxaca, oax.

¿Te gusta visitar museos? ¿Te gustaría visitar éste?

When studying, try to associate these words with people or things: **pintor = Picasso; estatua = Venus de Milo.**

Otras palabras relacionadas con el arte

el bodegón   still life

la copia   copy

dibujar   to draw, sketch

la escena   scene

la estatua   statue

la exhibición/exposición   exhibition

la obra maestra   masterpiece

el original   original

el paisaje   landscape

pintar   to paint

el/la pintor/a   painter

el retrato   portrait

ACTIVIDAD 4: ¿Hay artistas en la clase?   En parejas, háganle las siguientes preguntas a su compañero/a para ver si es una persona artística o una persona a quien le gusta el arte.

1. Cuando eras pequeño/a, ¿dibujabas o pintabas mucho?
2. Hoy día, ¿dibujas en los cuadernos durante tus clases o cuando hablas por teléfono?
3. ¿Te gusta dibujar? ¿Pintar? ¿Has hecho alguna escultura?
4. ¿Has tomado clases de arte?
5. ¿Hay cuadros en tu casa o apartamento? ¿Son originales o copias?
6. ¿Te gusta visitar museos? ¿Cuál fue el último museo que visitaste?
7. ¿Qué pintores/artistas te gustan y por qué?

¿LO SABÍAN?

Muchos artistas hacen comentarios sociales como hizo Goya hace doscientos años. El arte chicano es un comentario social importante en los Estados Unidos. Los chicanos comenzaron a pintar murales urbanos en Chicago en 1968 y hoy en día hay murales en otras ciudades del país, especialmente en Los Ángeles. Estos murales representan, de forma a veces satírica, la historia mexicana, el movimiento de los trabajadores agrícolas y la experiencia mexicana en los Estados Unidos; en ellos se ve la influencia de los grandes muralistas de México.

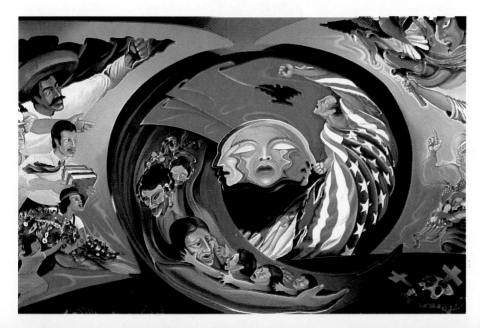

◀ La antorcha *(torch)* de Quetzalcóatl, *Leo Tanguma, chicano. Este mural muestra la historia del chicano y su lucha por mantener sus costumbres dentro de la sociedad de los Estados Unidos.*

ACTIVIDAD 5: Críticos de arte   En grupos de cuatro, miren los cuadros de este capítulo y coméntenlos dando sus impresiones. Usen frases como **lo interesante es . . . , lo curioso es . . . , lo que (no) me gusta es . . . ,** etc. Incluyan el nombre del artista y del cuadro.

➤ Lo interesante de *Los fusilamientos del tres de mayo* de Goya es que no se ven las caras de los militares.

ACTIVIDAD 6: Usando la imaginación   En parejas, escojan uno de los siguientes cuadros para inventar una historia sobre lo que no se puede ver, pero que ocurrió y ocurría fuera del cuadro.

▶ *(Derecha)* Niños jugando con fuego, *Rufino Tamayo, mexicano. (Abajo izquierda)* Antes del juego, *Claudio Bravo, Chileno. (Abajo derecha)* Toro y gente, *Francisco Amighetti, costarricense.*

HACIA LA COMUNICACIÓN I

I. Asking and Requesting: *Preguntar* versus *Pedir*

Remember: **hacer preguntas** = to ask questions.

1. Use the verb **preguntar** when reporting a question or talking *about* a question that will be asked.

Me **preguntaron** cuántos años tenía.	*They asked me how old I was.*
Le voy a **preguntar** si quiere ir al museo conmigo.	*I'm going to ask her if she wants to go to the museum with me.*

2. Use the verb **pedir** when reporting or talking about a request *for* something or for someone to do something.

Pidieron varios millones por el cuadro.	*They asked for several million for the painting.*
Vamos a **pedirles** el dinero.	*We are going to ask them for the money.*
Ellos siempre me **piden** que los visite en Cuernavaca.*	*They always ask me to visit them in Cuernavaca.*

*NOTE: The subjunctive is used after **pedir** in a dependent clause introduced by **que.**

II. Speaking About the Past: The Imperfect Subjunctive

Review uses of the subjunctive, Ch. 8, 9, 13, 14, 15, and 16.

Before studying the grammar explanation, answer this question:

- What is the difference between the following pairs of sentences?

    a. **Se duda que el cuadro sea de Goya** and **Se dudaba que el cuadro fuera de Goya.**
    b. **Diana quiere que Álvaro vaya al museo** and **Diana quería que Álvaro fuera al museo.**

A. Formation of the Imperfect Subjunctive

You use the imperfect subjunctive in the same circumstances as the present subjunctive, except that you are referring to the past. To conjugate any verb in the imperfect subjunctive, apply the following rules:

1. Put the verb in the **Uds./ellos** form of the preterit: **cerrar ⟶ cerraron**

2. Drop the final **-ron:**   **cerra-**

3. Add the appropriate **-ra** endings: **cerrara, cerraras,** etc.

cerrar		ser	
cerra**ron**		fue**ron**	
↓		↓	
que cerr**ara**	que cerr**áramos***	que fu**era**	que fu**éramos***
que cerr**aras**	que cerr**arais**	que fu**eras**	que fu**erais**
que cerr**ara**	que cerr**aran**	que fu**era**	que fu**eran**

salir	
sali**eron**	
↓	
que sal**iera**	que sal**iéramos***
que sal**ieras**	que sal**ierais**
que sal**iera**	que sal**iera**

*NOTE: The **nosotros** form always takes an accent.

Quería que **vinieras** temprano.	*I wanted you to come early.*
Busqué un cuadro que **fuera** famoso.	*I looked for a painting that was famous.*
Teresa **iba** a llevar a Carlitos al museo para que **viera** un cuadro de Goya.	*Teresa was going to take Carlitos to the museum so that he could see one of Goya's paintings.*

B. Using the Subjunctive Tenses

In order to decide which form of the subjunctive to use **(hable, haya hablado,** or **hablara),** follow these three guidelines:

1. If the first clause refers to the future or present, use the present subjunctive in the dependent clause to refer to a future or present action.

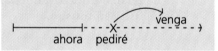

Le **pediré** que **venga** mañana.	*I'll ask him (in the future) to come tomorrow (in the future).*
Dile que **venga** esta noche.	*Tell him to come tonight.*

Espero que **venga** el sábado.	*I hope (right now) that he's coming on Saturday (in the future).*

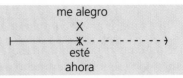

Me alegro de que **esté** bien.   *I'm happy (right now) that he is well (right now).*

2. If the first clause refers to the present, use the present perfect subjunctive in the dependent clause to refer to a past action.

Espero que **haya llegado.**   *I hope (right now) that he has arrived (at some time in the past).*

3. If the first clause refers to the past, use the imperfect subjunctive in the dependent clause.

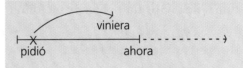

Me **pidió** que **viniera.**   *He asked me to come (at some time in the future).*

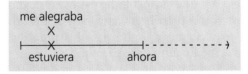

Do mechanical drills, Workbook, Part I.

Me alegraba de que **estuviera** bien.   *I was happy that he was well (at the same time in the past).*

ACTIVIDAD 7: En el consultorio   Usando **siempre me pregunta** y **siempre me pide,** forma oraciones que diría un paciente hipocondríaco que visita a muchos médicos.

1. cómo me siento
2. si tengo fiebre
3. que explique los síntomas
4. mi número de seguro social
5. qué me duele
6. si duermo bien
7. qué como
8. si prefiero píldoras o inyecciones
9. que coma más frutas
10. que vuelva dentro de una semana

ACTIVIDAD 8: La indecisión   Tú tienes un jefe que siempre cambia de idea. Lee estas oraciones que explican qué quiere hoy y compáralo con lo que quería ayer.

> Hoy mi jefe me dice que me vista de una manera más formal, pero ayer me dijo que me vistiera de una manera mucho más informal.

1. Hoy mi jefe quiere que yo aprenda a usar una computadora IBM, pero ayer . . .
2. Hoy mi jefe me aconseja que tome las vacaciones en marzo, pero ayer . . .
3. Hoy mi jefe me dice que le prepare café, pero ayer . . .
4. Hoy mi jefe quiere un recepcionista nuevo que sepa hablar francés, pero ayer . . .
5. Hoy mi jefe pide que los documentos estén listos para mañana, pero ayer . . .
6. Hoy mi jefe busca un sistema de teléfonos que tenga cuatro líneas, pero ayer . . .
7. Hoy mi jefe quiere ir a Quito antes de que termine la semana, pero ayer . . .

Be careful with imperfect and preterit!

ACTIVIDAD 9: Consejos   En parejas, hablen de los consejos que les dieron sus padres, otros parientes o sus maestros cuando Uds. eran pequeños. ¿Cómo se comparan estos consejos con los consejos que les dan esas personas hoy día? Usen oraciones como **Antes me aconsejaban que . . . , pero ahora piensan que es mejor que yo . . . ; Cuando tenía diez años un profesor me dijo que . . . para que . . . , pero ahora . . .**

Remember: Present or future → present subjunctive or present perfect subjunctive. Past → imperfect subjunctive.

ACTIVIDAD 10: ¿Qué sabes?   En parejas, terminen las oraciones de forma lógica; si no saben, inventen una respuesta posible.

1. Simón Bolívar, José Martí, José de San Martín y Bernardo O'Higgins lucharon contra los españoles para que el pueblo hispanoamericano . . .
2. Los franceses intentaron construir el Canal de Panamá antes de que . . .
3. Todo el mundo tiene que ayudar a salvar la selva antes de que . . .
4. Hay que conservar el medio ambiente para que . . .
5. Los romanos vivieron seis siglos en España antes de que . . .

ACTIVIDAD 11: La duda   Siempre hay gente que duda de los nuevos descubrimientos. En grupos de tres, imaginen qué dudas tenían los españoles a finales del siglo XV cuando oyeron que los Reyes Isabel y Fernando le habían dado dinero a Cristóbal Colón. Usen frases como **dudaban que . . . , era imposible que . . . , no creían que . . . , pensaban que estaba loco porque . . .**

NUEVOS HORIZONTES

Estrategia de lectura: *Timed Reading*

One way of improving your reading speed is by timing yourself when you read. The advantage of this technique is that it forces you not to stop and wonder about individual words, but rather to focus on main ideas. Regular practice of this technique can help you learn to read faster and also hone in on key ideas. You will have a chance to practice this strategy while you read the selection.

ACTIVIDAD 12: Mira y contesta   Antes de leer el texto, contesta estas preguntas.

1. ¿Qué crees que representen las obras de arte que hay abajo y en la página 412? ¿Por qué crees que sean tan gordas las personas?
2. ¿En tu opinión, ¿qué quiere expresar el artista?
3. ¿Por qué crees que se pinta un cuadro o se hace una escultura?

ACTIVIDAD 13: Lectura veloz   En dos minutos, lee los siguientes textos sobre el artista Fernando Botero. Concéntrate en buscar las ideas principales que se presentan.

▲ Los Músicos, *Fernando Botero.*

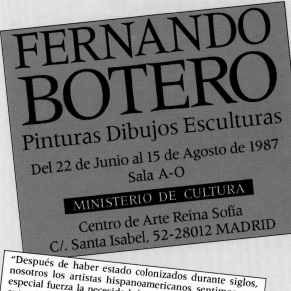

FERNANDO BOTERO

Pinturas Dibujos Esculturas

Del 22 de Junio al 15 de Agosto de 1987
Sala A-O

MINISTERIO DE CULTURA

Centro de Arte Reina Sofía
C/. Santa Isabel, 52-28012 MADRID

"Después de haber estado colonizados durante siglos, nosotros los artistas hispanoamericanos sentimos con especial fuerza la necesidad de encontrar nuestra propia autenticidad. El arte ha de ser independiente...Quiero que mi pintura tenga raíces, porque estas raíces son las que dan sentido y verdad a lo que se hace. Pero, al mismo tiempo, no quiero pintar únicamente campesinos sudamericanos. Quiero poder pintar de todo, así también a María Antonieta, pero siempre con la esperanza de que todo lo que toque reciba algo del alma sudamericana..."

Esta es la primera gran exposición individual de Fernando Botero en España. Organizada por la Kunsthalle de Munich, se ha exhibido ya en Bremen y Frankfurt, de donde llega a Madrid, ciudad en que finaliza su intinerario

Junto al casi centenar de obras que integran la exposición itinerante, procedentes de Galerías, Museos y Colecciones privadas de E.E.U.U. y Europa, se presentarán unas 30 obras más entre pinturas, dibujos y esculturas de la colección del artista, que quiere subrayar así la importancia que concede a su exposición en Madrid.

El mundo creado por Botero—nutrido del arte de Piero della Francesca, Velázquez, Rubens, Ingres o Bonard entre otros—es un mundo imaginario, una distorsión poética de lo cotidiano, en donde subyace la realidad latinoamericana que Botero transforma.

Sus temas surgen de las ciudades de su juventud, padres e hijos, curas, monjas, cardenales, militares, etc., que no sólo quedan plasmados en los óleos, sino también en sus monumentales esculturas; "gigantismo" no exento de inocencia que provoca en el espectador una respuesta de acercamiento a su obra, por otro lado difícil de olvidar, ya que la originalidad de su estilo la convierte inmediatamente en reconocible.

Botero ha realizado desde 1951 exposiciones individuales y colectivas, en las más importantes galerías y museos, en muchos de los cuales sus obras se encuentran en la colección permanente.

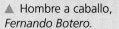 Hombre a caballo,
Fernando Botero.

ACTIVIDAD 14: Preguntas Después de leer el texto, contesta las siguientes preguntas.

1. ¿Dónde tuvo lugar la exposición de las obras de Botero?
2. ¿De dónde son las pinturas de esta exhibición?
3. ¿Qué influencias tuvo este artista?
4. ¿Cuáles son los temas de sus pinturas?
5. Botero dice que "El arte ha de ser (*should be*) independiente". ¿Independiente de qué?

Estrategia de escritura: *Describing a Scene*

To describe a scene for an audience who will not see it, you should look carefully at all the details and make a list of those that are essential to include. A description can include not only the physical characteristics but also the feelings that the scene evokes in you. The idea is to try to recreate a picture using words.

ACTIVIDAD 15: Descripción de un cuadro   En parejas, observen detenidamente el siguiente grabado al aguafuerte *(etching)* de Francisco de Goya. Coméntenlo y luego interpreten la frase que acompaña el grabado. Finalmente escriban un párrafo con una descripción y su interpretación de la frase.

◀ El sueño de la razón produce monstruos, *Francisco de Goya.*

LO ESENCIAL II

La expresión del amor

abrazar/el abrazo

besar/el beso

la novia vestida para la boda

Amante = lover (of a married person)

Otras palabras relacionadas con el amor

el/la amante   lover *(usually a negative connotation)*
amar   to love
la aventura amorosa   affair
el cariño   affection
casarse (con)   to get married (to)
el compromiso   engagement
el corazón   heart
divorciarse (de)   to get divorced (from)
el divorcio   divorce
enamorarse (de)   to fall in love (with)
estar comprometido/a   to be engaged
estar enamorado/a (de)   to be in love (with)
feliz   happy

la novia   girlfriend; fiancée; bride
el novio   boyfriend; fiancé; bridegroom
odiar   to hate
la pareja   couple; lovers *(positive connotation)*
mi/tu pareja   partner
pelearse (con)   to fight (with)
querer a   to love someone
querido/a, cariño   dear *(terms of endearment)*
salir con   to date, go out with (someone)
separarse (de)   to separate
ser celoso/a   to be a jealous person
la soledad   loneliness
tener celos (de)/estar celoso/a (de)   to be jealous (of)

ACTIVIDAD 16: Opiniones   Lee estas oraciones y marca **sí** si te identificas con lo que dicen y **no** si no te identificas con lo que dicen. Después, en grupos de cuatro, comparen las respuestas y coméntenlas.

1. _____ Te enamoras fácilmente.
2. _____ Te molesta ver parejas que se besan y se abrazan en público.
3. _____ Es importante salir con una persona por lo menos un año para conocerla bien antes de casarse.
4. _____ Te gustaría casarte en una iglesia, sinagoga, etc.
5. _____ Para casarse, es más importante que exista amistad que amor.
6. _____ Te casarías con una persona que no supiera besar bien.
7. _____ Es mejor vivir juntos antes de casarse.
8. _____ Muchas parejas se divorcian rápidamente sin intentar solucionar los problemas.
9. _____ En la televisión hay demasiadas aventuras amorosas y eso no refleja la realidad.
10. _____ Te gusta usar palabras como "cariño", "querido/a" y "mi amor" cuando hablas con tu novio/a.
11. _____ El refrán que dice "Más vale estar solo que mal acompañado" es verdad.
12. _____ El refrán "Donde hubo fuego, cenizas *(ashes)* quedan" es verdad.
13. _____ Las familias no tradicionales ofrecen tanto amor a los hijos como las familias tradicionales.
14. _____ Las mujeres tienen tantas aventuras amorosas como los hombres.

◀ *¿Celebras el Día de los Enamorados? ¿Cómo lo celebras?*

ACTIVIDAD 17: La boda En parejas, Uds. están comprometidos y van a casarse dentro de un mes. Escojan el Papel A o B y lean solamente las instrucciones para su papel. Después conversen según las indicaciones.

Papel A

El fin de semana pasado fuiste a una fiesta sin tu novio/a y conociste a otro/a. Esta persona te gusta muchísimo y has decidido no casarte. Ve a casa de tu novio/a para decirle que no quieres casarte, pero sé diplomático/a para no herir (*hurt*) mucho sus sentimientos.

Papel B

Estás planeando todos los detalles de tu boda y justo en ese momento llega tu novio/a. Pregúntale a quién invitó él/ella y si reservó el salón para la fiesta.

ACTIVIDAD 18: Una telenovela Las telenovelas siempre tienen un argumento (*plot*) muy complicado. Aquí tienen Uds. seis personajes que necesitan nombre, profesión y personalidad. En grupos de tres, descríbanlos y escriban una sinopsis breve del argumento de tres episodios de la telenovela para publicarla en una revista. Usen las palabras de la lista *La expresión del amor*.

La pregunta inesperada

◀ Don Quijote, *Pablo Ruiz Picasso (1881–1973), España.*

invitar	to invite; to treat
por algo será	there must be a reason

Juan Carlos invitó a Claudia a pasar el día en Alcalá de Henares, una pequeña ciudad que está a media hora de Madrid.

ACTIVIDAD 19: Busca la información Mientras escuchas la conversación, anota qué hay en Alcalá de Henares y después, di por qué están allí Juan Carlos y Claudia.

CLAUDIA ¿Por qué insististe en venir a Alcalá de Henares? No me dices nada, ¿eh? Tú te andas con unos misterios como si tuvieras algún secreto . . .

JUAN CARLOS Pero, ¿no te parece romántico estar aquí, en el lugar donde nació Cervantes? Si no fuera por él, no existiría Dulcinea y entonces yo no te podría llamar "mi Dulcinea".

CLAUDIA Por favor, Juan Carlos, no seas cursi y vamos a almorzar que me estoy muriendo de hambre.

JUAN CARLOS Bueno, vamos a comer en la Hostería del Estudiante.

Hypothesizing

CLAUDIA	¡Huy, huy, huy! ¿A qué se debe tanta elegancia? ¿Qué vamos a celebrar, tu nuevo puesto en Caracas? Supongo que me vas a invitar, ¿no?
JUAN CARLOS	Claro que te voy a invitar. Si venimos a Alcalá de Henares, por algo será . . .

En la Hostería del Estudiante (después de la comida)

CLAUDIA	La comida estaba deliciosa. ¿Tomamos el café en otro lugar?
JUAN CARLOS	No, mejor nos quedamos aquí porque quiero hablarte. Claudia . . . este . . . nosotros nos queremos, ¿no?
CLAUDIA	Claro que nos queremos. ¿A qué viene esa pregunta? No sé qué te pasa hoy; estás tan . . . tan no sé qué . . .
JUAN CARLOS	Pues es que . . . ya casi se acaba el año . . . y . . . yo me voy a Venezuela y tú te vuelves a Colombia.
CLAUDIA	No me lo recuerdes . . . Pero vamos a estar cerca . . . Vas a ir a visitarme, ¿no?
JUAN CARLOS	Por supuesto, pero . . . ya nos conocemos desde hace un año y . . . ¿Sabes que mi abuelo le propuso matrimonio a mi abuela aquí mismo hace cincuenta y cuatro años? Y . . . estaba pensando que . . . ¿Por qué no nos casamos tú y yo?

Popping the question

Showing disbelief

CLAUDIA	¿Como? . . . ¿Me estás tomando el pelo?
JUAN CARLOS	Claudia, ¡por favor! Hablo en serio. Quiero que te cases conmigo, que te vayas a Caracas conmigo y que pasemos el resto de nuestra vida juntos.
CLAUDIA	Juan Carlos . . .

Hypothesizing

CLIENTES	Si fuera más joven yo me casaría con él . . . ¡Di que sí! . . . ¡Contesta que sí! ¡Acepta! . . . ¡No lo hagas sufrir! ¡Cásate!

ACTIVIDAD 20: ¿Comprendiste?   Después de escuchar la conversación otra vez, contesta estas preguntas.

1. ¿Por qué es romántico Alcalá de Henares para Juan Carlos?
2. ¿Qué sabes de Cervantes?
3. ¿Qué van a hacer Juan Carlos y Claudia ahora que casi se acaba el año?
4. ¿Por qué fueron a la Hostería del Estudiante y no a otro restaurante?
5. ¿Va a decir que sí o que no Claudia? ¿Por qué crees eso?
6. En tu opinión, ¿cómo es Juan Carlos? ¿Romántico? ¿Cursi? ¿Cómo?

¿LO SABÍAN?

Alcalá de Henares fue un centro cultural muy importante en siglos pasados. Por su universidad pasaron muchas personas famosas, incluso el escritor más famoso de la lengua española, Miguel de Cervantes Saavedra. Cervantes escribió *El ingenioso hidalgo Don Quijote de la Mancha*, la novela cumbre de la literatura española. La figura de Don Quijote representa el idealismo y Sancho Panza, su fiel compañero, el realismo. Del *Quijote* viene la palabra "Dulcinea", que tiene una connotación parecida a la de *Juliet* en inglés.

HOMBRE 2°:   *(A HOMBRE 1°.)* No necesariamente. Que yo sepa, en mi familia ha sido el único caso.

NOVIA: *(A HOMBRE 2°.)* Perdone, pero soy tan fea como franca. Para mí, usted es un loco de atar.

155   HOMBRE 2°:   *(Con suma cortesía y un dejo de ironía.)* Perdón, señorita; su opinión es muy respetable. Ahora bien: siento defraudarla. No estoy loco. Me expreso razonablemente.

NOVIA: *(A HOMBRE 2°.)* ¿Cuerdo usted? ¿Cuerdo se dice? ¿Y cuerdo se cree? *(Pausa.)* ¿Así que usted llega a un parque, se

160   para y grita: «¡Negro!», y cree estar cuerdo? *(Pausa.)* Pues mire, por menos que eso hay mucha gente en el manicomio. *(Pausa. A HOMBRE 1°.)* Y usted no se queda atrás. Entró por allí *(Señala el lateral derecho.)* gritando «¡Blanco!».

HOMBRE 1°:   *(A la NOVIA.)* Siempre es la misma canción. Si uno grita

165   blanco o cualquier otra cosa, en seguida lo toman por loco. *(Pausa.)* Pues sepa que me encuentro en pleno goce de mis facultades mentales.

HOMBRE 2°:   *(A la NOVIA.)* Igual cosa me ocurre a mí. Nadie, que yo sepa, está loco por gritar blanco, negro u otro color. *(Pausa.)*

170   Vine al parque; de pronto me entraron unas ganas locas de gritar algo. Pues grité «¡Blanco!» y no pasó nada, no se cayó el mundo.

NOVIO: *(A HOMBRE 2°.)* ¿Que no pasó nada? Pues mire: mi novia y yo nos hemos peleado.

175   HOMBRE 2°:   Lo deploro profundamente. *(Pausa.)* Ahora bien: le diré que eso es asunto de ustedes. *(A HOMBRE 1°.)* ¿Vive por aquí?

HOMBRE 1°:   No, vivo en la playa; pero una vez por mes vengo a efectuar un pago en ese edificio de la esquina. *(Señala con la mano.)* Usted comprenderá que el tramo es más corto atravesando

180   el parque. *(Pausa.)* Y usted, ¿vive en este barrio?

HOMBRE 2°:   Allí, en la esquina. *(Señala con la mano.)* Es la casa pintada de azul. ¿La ve? La de dos plantas. En ella murió el general.

NOVIO: *(Nervioso, a ambos hombres.)* ¡Oigan! Ustedes ahí muy tranquilos conversando después de haber encendido la

185   candela . . .

HOMBRE 1°:   *(Mirando a HOMBRE 2° y después mirando al NOVIO.)* ¿La candela? . . . No entiendo.

NOVIO: ¡Pues claro! Se pusieron a decir que si blanco, que si negro; nos metieron en la discusión, y mi novia y yo, sin comerlo ni

190   beberlo, nos hemos peleado por ustedes.

HOMBRE 2°:   *(Al NOVIO.)* Bueno, eso de sin comerlo ni beberlo se lo cuenta a otro. Usted se decidió por negro.

NOVIO: Porque ella dijo blanco. *(Pausa. A la NOVIA.)* A ver, ¿por qué tenía que ser blanco?

ACTIVIDAD 21: Los estereotipos   Los hispanos tienen fama de ser muy románti-
cos. En cambio, los norteamericanos tienen fama de ser fríos y poco apasionados.
En grupos de cuatro, hablen sobre esta pregunta: ¿Creen que sean ciertos estos estereotipos? Justifiquen su opinión.

HACIA LA COMUNICACIÓN II

I. Expressing Reciprocal Actions

Él la besa.

Ella lo besa.

Ellos se besan.

1. To express a reciprocal action, use the reflexive pronouns **nos, os,** and **se** with
the corresponding form of the verb. Some common verbs used reciprocally are
abrazar, amar, besar, escribir, mirar, llamar, odiar, and **querer.**

Review placement of reflexive
pronouns, Ch. 4.

Las amigas **se** escrib**en** a menudo.	*The friends write to each other often.*
Cuando entró mamá, **nos estábamos** besando.	*When Mom came in, we were kissing (each other).*

2. You may use **el uno al otro** (*each other*) for clarification. **El uno al otro** agrees
in gender and number with the nouns or pronouns being modified.

Ellas se llaman **la una a la otra** todos los días.	*They call each other every day.*
Al ganar, los miembros del equipo se abrazaron **los unos a los otros.**	*Upon winning, the team members hugged each other.*

After studying the grammar explanation, answer this question:

- How many interpretations can you give for the sentence, **Nosotros nos miramos**?

II. Expressing Hypothetical Situations: The Imperfect Subjunctive and the Conditional

1. To express possible future plans that depend on meeting a condition, use the present indicative after **si,** and either **ir a** + *infinitive* or the future in the result clause.

Si Clause	Result Clause
Si + *present indicative* +	{ **ir a** + *infinitive* future tense

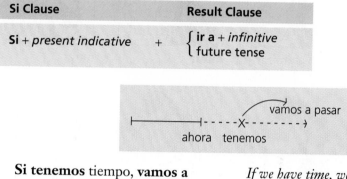

Si tenemos tiempo, **vamos a pasar** la tarde en el museo.	*If we have time, we are going to spend the afternoon in the museum.*
Si tengo dinero, **iré** a Machu Picchu.	*If I have money, I will go to Machu Picchu.*

> When the subjunctive is used after **si,** it must be a form of the subjunctive in the past.

2. To express hypothetical situations about the present, use the imperfect subjunctive after **si** and the conditional in the result clause. Notice in the examples that the **si** clause expresses a contrary-to-fact situation.

Si Clause	Result Clause
Si + *imperfect subjunctive* +	conditional

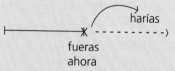

Si fueras presidente, ¿qué **harías**?	*If you were president (which you are not), what would you do?*
Si tuviera dinero, **iría** a Machu Picchu.	*If I had money (which I don't right now), I would go to Machu Picchu.*

After studying the grammar explanation, answer these questions:

- What is the difference in meaning between **Si tengo dinero, iré al cine** and **Si tuviera dinero, iría al cine**?
- How would you say the following sentence in Spanish: *I would (do it) if I could, but I can't, so I won't?*

> Do mechanical drills, Workbook, Part II.

ACTIVIDAD 22: La felicidad matrimonial Explica qué pasa en cada dibujo, usando los verbos que se dan.

gritar   no/hablar/mirar   mirar   mirar

mirar   besar   abrazar   hablar

ACTIVIDAD 23: Luz, cámara, acción En grupos de tres, una persona es directora de películas y las otras dos (un hombre y una mujer) son actores. Los dos actores deben cerrar el libro ahora mismo. El/la director/a de películas va a leer las siguientes líneas mientras los actores actúan haciendo las acciones que corresponden a las oraciones.

Escena romántica
(Él y ella están sentados.)

Acción:
   Él mira hacia la puerta y ella mira hacia la ventana.
   Él la mira a ella.
   Él mira la pizarra.
   Ella lo mira a él.
   Ella mira hacia la ventana otra vez.
   Él la mira a ella.
   Ella lo mira a él.
   Se miran tiernamente por 5 segundos.
   Él le toca la mano a ella.
   Ella la retira y mira hacia la ventana.
   Él se pone de pie enfrente de ella.
   Se miran intensamente.
   Ella se levanta.
   Él la abraza.
   Ella no lo abraza y se sienta en la silla otra vez.
   Él se pone de rodillas y le dice: "Lo siento".
   Ella se ríe.
   Ellos se abrazan.
   Se besan (si el director o la directora quiere).
   FIN

ACTIVIDAD 24: ¿Qué pasaría? En parejas, discutan qué pasaría en estas situaciones.

1. si no tuviéramos electricidad
2. si no existiera el teléfono
3. si pudiéramos viajar a través del tiempo
4. si los jóvenes no pudieran mirar televisión
5. si no existiera una edad mínima para beber alcohol en los Estados Unidos
6. si hubiera una mujer como presidenta de los Estados Unidos

ACTIVIDAD 25: A lo loco **Parte A:** En grupos de seis, preparen situaciones hipotéticas. Tres personas leen el Papel A y tres personas leen el Papel B. Sigan las instrucciones.

Usen la imaginación y escriban cinco situaciones como las siguientes usando la forma de **yo** (cuanto más exageradas las ideas, mejor): **Si yo ganara $100 por hora . . . , Si tuviera un león en casa . . . , Si estuviera en Siberia . . .** , etc.

Usen la imaginación y escriban cinco resultados como los siguientes usando la forma de **yo** (cuanto más exageradas las ideas, mejor): **. . . tendría ocho carros, . . . sería feliz, . . . pondría mis zapatos en el armario,** etc.

Parte B: Cuando estén listos, miren todas las frases del grupo y hagan combinaciones para formar oraciones. Compartan con la clase las que más les gusten.

➤ Si estuviera en Siberia, tendría ocho carros.

ACTIVIDAD 26: Mi media naranja Tu vida romántica está muy mal últimamente y por eso, decides ir a la agencia "Corazones solitarios" para encontrar a la persona de tus sueños. Tienes que completar un formulario. (El formulario continúa en la página 422.)

Nombre _____

Edad _____

Soltero/a _____ Divorciado/a _____

Fumo: Sí _____ No _____

Intereses: _____

Estoy contento/a cuando _____

Creo que la inteligencia de una persona es tan importante como su apariencia
física. Sí _____ No _____

Termina estas frases: Si la persona que me selecciona . . .

fuera quince años mayor que yo, _____

tuviera otra religión, _____

fuera mucho más baja que yo, _____

no tuviera dinero, _____

no quisiera hijos, _____

no tuviera estudios universitarios,———————————————

viviera a más de cinco horas de mi casa, ———————————————

Pienso que una noche perfecta es cuando ———————————————

ACTIVIDAD 27: La entrevista   Después de completar el formulario, vas a tener una entrevista con un/a empleado/a de la agencia. Trabajen en parejas, y basen la entrevista en las respuestas del formulario de la *Actividad 26*. Después, cambien de papel.

➤   A: Veo que Ud. no fuma. ¿Le molestaría salir con alguien que fumara?
    B: Sí, me molestaría porque le tengo alergia al cigarrillo.

VOCABULARIO FUNCIONAL

El arte

el/la artista	*artist*
el cuadro/la pintura	*painting*
el dibujo	*drawing, sketch*
el/la escultor/a	*sculptor*
la escultura	*sculpture*

Otras palabras relacionadas con el arte

Ver página 405.

La expresión del amor

abrazar	*to hug, embrace*
el abrazo	*hug, embrace*
besar	*to kiss*
el beso	*kiss*

Otras palabras relacionadas con el amor

Ver página 414.

Palabras y expresiones útiles

dar a conocer	*to make known*
en seguida	*at once, right away*
invitar	*to invite; to treat*
no veo la hora de + infinitive	*I can't wait* + infinitive
por algo será	*there must be a reason*

TRAVELTUR

¿Solos por fin? / Bogotá, Colombia

Antes de ver

ACTIVIDAD 1: ¿Qué saben?   En parejas, hablen de lo que saben hasta ahora sobre Andrés, Cristina y Carlos.

Mientras ves

ACTIVIDAD 2: En Bogotá   Mira el primer segmento y busca información para responder a estas preguntas:

1. ¿A quiénes conoció Andrés?
2. ¿Qué hicieron?
3. ¿Cuál es un deporte popular en Colombia?
4. ¿Quiénes lo practican?

DESDE EL PRINCIPIO
HASTA 53:02

ACTIVIDAD 3: En silencio   Mira el siguiente segmento en silencio e intenta adivinar qué ocurrió. Comparte tus ideas con la clase; luego mira el segmento con sonido y vuelve a compartir tus ideas. Toma apuntes si quieres.

DESDE 53:03
HASTA 54:04

ACTIVIDAD 4: El amor   En este último segmento, Andrés y Cristina están solos y pueden hablar de sus sentimientos. Mira el segmento y contesta las siguientes preguntas. Mira el video otra vez si es necesario.

1. ¿En qué lugares están solos?
2. ¿Cuál es la relación actual entre Cristina y Carlos?
3. ¿Qué opciones consideran Andrés y Cristina para su futuro? (hay tres)
4. En tu opinión, ¿qué es lo más divertido de este segmento?

DESDE 54:05
HASTA EL FINAL

Después de ver

ACTIVIDAD 5: Hablando del romance   Después de mirar el video, completa estas ideas relacionadas con Andrés, Cristina y Carlos.

1. Andrés y Cristina están tomados de la mano sin que . . .
2. Andrés sugiere vivir en Bogotá para que . . .
3. Al final, Andrés apaga la cámara antes de que . . .
4. Carlos se casará con Cristina a menos que . . .

ACTIVIDAD 6: La telenovela   Completa este párrafo con los nombres Cristina, Carlos o Andrés según lo que ya sabes. Después compara tus respuestas con las de un/a compañero/a.

_____ y _____ eran novios, pero dejaron de verse y _____ volvió a Bogotá donde conoció a _____ y ellos empezaron a salir. Después de varios años, _____ llegó a Bogotá y vio a _____. _____ no sabía que _____ tuviera un nuevo novio: _____. _____ compró una flor para _____, pero no se la dio porque la vio a ella con _____. Después _____ estaba muy triste, pero por la noche _____ se peleó con _____. Ahora _____ y _____ están pensando volver a empezar su relación.

ACTIVIDAD 7: ¿Qué ocurrió después?   En grupos de tres, hagan los papeles de Andrés, Cristina y Carlos. Continúen la última escena de este segmento donde Cristina y Andrés están a punto de darse un beso. Imagínense que llega Carlos y los ve.

CAPÍTULO 18

▲ Aeropuerto de Barajas, Madrid.

CHAPTER OBJECTIVES

- Review
- To read and perform a short play

La despedida

darle a alguien las gracias	to thank someone
llevarle la contraria a alguien	to disagree with someone
cada loco con su tema	to each his/her own (literally: each crazy person with his own theme)
¡Que vivan los novios!	Long live the bride and groom!

En el capítulo anterior, Juan Carlos le propuso matrimonio a Claudia. Claudia decidió aceptar y ahora los dos van a volver a Colombia para hacer los preparativos para la boda. La conversación tiene lugar en el aeropuerto de Barajas en Madrid donde están sus amigos para hacerles una despedida.

ACTIVIDAD 1: La despedida   Mientras escuchas la conversación, marca los temas que se mencionan.

_____ recuerdos del año	_____ los nervios
_____ don Alejandro y su ayuda	_____ los exámenes finales
_____ qué van a beber	_____ una obra de teatro
_____ qué van a comer	_____ un brindis (*a toast*)

CLAUDIA	Teresa, no te olvides de darle a don Alejandro las gracias otra vez por toda la ayuda que nos dio a Juan Carlos y a mí este año.
ISABEL	De verdad, él ha sido como un padre para todos nosotros.
CAMARERO	¿Qué van a tomar?
JUAN CARLOS	Champán para todos. Hay que celebrar.

CAMARERO	Bueno, ¿dos botellas?
JUAN CARLOS	Sí, y ocho vasos.
CLAUDIA	Para mí no. Un té.
JUAN CARLOS	¿Un té? ¿Estás bien?
CLAUDIA	Sí, estoy bien, sólo un poco nerviosa.
JUAN CARLOS	Camarero, dos botellas de champán, ocho vasos y un té. Por lo menos vas a participar en el brindis y no se puede brindar con una taza de té.
CLAUDIA	Bueno, tomaré sólo un poquito.
TERESA	¡Ay! Los nervios de la novia.
JUAN CARLOS	Y del novio. Todavía no conozco a la familia de Claudia y nunca he estado en Colombia.
CLAUDIA	Ya te dije que no te preocuparas. Todos te van a querer mucho y te va a encantar Colombia. Yo tampoco conozco a tu familia.
JUAN CARLOS	A través de mis cartas ya te conocen perfectamente y les caes muy bien. Yo sólo espero que tú y yo tengamos una vida feliz y que no nos peleemos como en la obra de teatro que vimos la semana pasada.
CLAUDIA	Sí, cada vez que él decía negro, ella decía blanco.
JUAN CARLOS	Negro.
CLAUDIA	Blanco, te dije.
JUAN CARLOS	¿Me vas a llevar la contraria? Negro.
MUJERES	Blanco.
HOMBRES	Negro.
VICENTE	Cada loco con su tema y ésos del drama sí que estaban locos, completamente locos.
CLAUDIA	Tú y yo nunca seremos así. Siempre vamos a hablar.
JUAN CARLOS	Y a escucharnos el uno al otro. Así no vamos a tener problemas después de casarnos.
CAMARERO	Aquí tienen Uds. un té, ocho vasos y dos botellas de champán.
VICENTE	Mira, el champán es Cordón Negro.
MUJERES	Blanco.
HOMBRES	Negro.
VICENTE	Bueno, negro o blanco, quiero hacer un brindis.
TERESA	Sí, un brindis.
VICENTE	Espero que Claudia y Juan Carlos sean felices en su vida matrimonial o por lo menos que no se peleen mucho por cosas de poca importancia, que todos nosotros podamos ir a Colombia para la boda y que don Alejandro encuentre unos pasajes muy baratos para que vayamos sin que nos cueste un ojo de la cara. ¡Que vivan los novios!
TODOS	¡Que vivan!

ACTIVIDAD 2: Los detalles   Escucha la conversación otra vez y contesta estas preguntas.

1. Don Alejandro los ayudó mucho a todos este año. ¿Con qué lo compara Isabel?
2. ¿Qué piden para tomar?
3. ¿Qué pide Claudia y por qué?
4. Todos vieron una obra de teatro la semana pasada. ¿Cuál crees que sea el título del drama?
5. Vicente hace un brindis y pide tres cosas. ¿Cuáles son?

ACTIVIDAD 3: ¡Que vivan!   En la conversación, Vicente dice **¡Que vivan los novios!** Es muy típico oír deseos con la construcción **que** + *subjuntivo* en una celebración. Forma deseos como éstos sobre el final del curso y el examen final.

➤   —¡Que el examen sea justo!

NUEVOS HORIZONTES

Estrategia de lectura: *Reading a Play*

A play is meant to be seen and heard. Therefore, while reading a play it is important to visualize the action that is occurring. In order to do this, one must focus on the three integral parts of any play:

- a description of the set including lighting
- the stage directions which tell the actors how to respond, what gestures to make, and where to go
- the dialogue

You will read a short, one-act play by Virgilio Piñera (1912–1980), a Cuban author. This work is entitled *Estudio en blanco y negro* and is representative of a genre called "theater of the absurd".

ACTIVIDAD 4: Llevarle la contraria   En parejas, lean otra vez la parte de la conversación del principio del capítulo donde Claudia y Juan Carlos hablan del drama que vieron. Si tuvieran que crear un drama con esa información, ¿de qué trataría? ¿Quiénes serían los personajes principales?

Use the conditional to hypothesize

el personaje = character in a play
el carácter = character of a person

ACTIVIDAD 5: Según el contexto   Antes de leer el drama *Estudio en blanco y negro* de Virgilio Piñera, debes aprender el significado de algunas palabras que encontrarás. Intenta sacar el significado de las palabras en negrita *(bold)*.

1. Mira estos dos como están **arrullándose,** parece que están muy enamorados.
   a. peleándose   b. abrazándose   c. sentándose
2. Siempre me molesta cuando alguien **alza la voz** al hablar con los extranjeros. El problema es que ellos no entienden bien el español, no es que no puedan oír.
   a. habla en voz baja   b. habla con claridad   c. habla en voz alta
3. El otro día Juan **se me declaró** pero yo le dije que no lo quería. El pobre estaba muy triste.
   a. me dijo que me quería
   b. me propuso que viviéramos juntos
   c. me propuso que nos separáramos
4. —Un hombre me insultó en la calle.
   —**¡Qué más te da!** Ni lo conoces y nunca lo vas a volver a ver.
   a. ¡No importa!   b. ¡Qué molesto!   c. ¡Qué significativo!

5. —Yo que tú, le diría que debe aceptar el trabajo.
   —**¿Quién te dio vela en este entierro?** Él no es ni tu novio ni tu marido y de verdad no importa tu opinión.
   a. Gracias por tu opinión.
   b. No estoy de acuerdo con tu opinión.
   c. No es asunto tuyo, por eso no puedes opinar.

6. —Mi hermano me dijo que no iba a contarles nada a mis padres con tal de que yo le diera 1.000 pesos.
   —Conque **chantaje,** ¿eh?
   a. dinero para comprar algo en una tienda
   b. dinero para que otra persona no hable
   c. dinero para otra persona por un servicio

7. Pepe y Carlos se pelearon y Pepe **le dio dos bofetadas.** Debías de haberlo visto. El pobre Carlos tenía el ojo totalmente cerrado y se le cayó un diente.
   a. le pegó   b. le habló en voz alta   c. le rompió algo

8. —¿Qué quieres que te diga?
   —Quiero **que seas franca,** no quiero oír más mentiras.
   a. que digas la verdad
   b. que des tu opinión
   c. que des la respuesta correcta

9. Pobre Carmela, se murió su marido y después perdió a su hijo en un accidente de tráfico. La pobre se volvió loca y la pusieron en un **manicomio** para que la ayudaran.
   a. hospital para enfermos mentales
   b. hospital para pacientes con problemas físicos
   c. centro de rehabilitación para gente con problemas de drogadicción

10. —Creo que **encendí la candela** hoy con Pablo.
    —¿Se enfadó contigo? ¿Por qué?
    —Le conté un chiste sobre calvos y creo que se ofendió.
    a. terminé algo   b. causé problemas   c. justifiqué mi opinión

Estudio en blanco y negro

Virgilio Piñera

*Una plaza. Estatua ecuestre en el centro de la plaza. En torno a la estatua,
cuatro bancos de mármol. En uno de los bancos se arrulla una pareja. Del lateral
derecho un HOMBRE que se cruza con otro HOMBRE que ha salido del lateral
izquierdo exactamente junto a la estatua. Al cruzarse se inmovilizan y se dan la*
5 *vuelta como si se hubieran reconocido. La acción tiene lugar durante la noche.*

HOMBRE *1°*:	Blanco . . .	
HOMBRE *2°*:	¿Cómo ha dicho?	
HOMBRE *1°*:	He dicho blanco.	
HOMBRE *2°*:	*(Denegando con la cabeza.)* No . . . no . . . no . . . no . . .	
10		Blanco, no; negro.	
HOMBRE *1°*:	He dicho blanco, y blanco tiene que ser.	
HOMBRE *2°*:	Así que ésas tenemos . . . *(Pausa.)* Pues yo digo negro.	
	Cámbielo si puede.	
HOMBRE *1°*:	Y lo cambio. *(Alza la voz.)* Blanco.	
15	HOMBRE *2°*:	Alza la voz para aterrorizarme, pero no irá muy lejos. Yo	
	también tengo pulmones. *(Gritando.)* Negro.	
HOMBRE *1°*:	*(Ya violento agarra a HOMBRE 2.° por el cuello.)* Blanco,	
	blanco y blanco.	

20	HOMBRE 2°:	*(A su vez agarra por el cuello a HOMBRE 1°, al mismo tiempo que se libra del apretón de este con un brusco movimiento.)* — Negro, negro y negro.
	HOMBRE 1°:	*(Librándose con igual movimiento del apretón del HOMBRE 2°, frenético.)* Blanco, blanco, blancooooo . . .
	HOMBRE 2°:	*(Frenético.)* Negro, negro, negrooooo . . .

25 *Las palabras "blanco" y "negro" llegan a ser ininteligibles. Después sobreviene el silencio. Pausa larga. HOMBRE 1° ocupa un banco. HOMBRE 2° ocupa otro banco. Desde el momento en que ambos hombres empezaron a gritar, los novios han suspendido sus caricias y se han dedicado a mirarlos con manifiesta extrañeza.*

30	NOVIO:	*(A la NOVIA.)* Hay muchos locos sueltos . . .
	NOVIA:	*(Al NOVIO, riendo.)* Y dilo . . . *(Pausa.)* El otro día . . .
	NOVIO:	*(Besando a la NOVIA.)* Déjalos. Cada loco con su tema. El mío es besarte. Así. *(Vuelve a hacerlo.)*
35	NOVIA:	*(Al NOVIO, un tanto bruscamente.)* Déjame hablar. Siempre que voy a decir algo me comes a besos. *(Pausa.)* Te figuras que soy nada más que una muñequita de carne . . .
	NOVIO:	*(Contemporizando.)* Mima, yo no creo eso.
	NOVIA:	*(Al NOVIO más excitada.)* Sí que lo crees. Y más que eso. *(Pausa.)* El otro día me dijiste que los hombres estaban para pensar y las mujeres para gozar.
40		
	NOVIO:	*(Riendo.)* ¡Ah, vaya! ¿Es eso lo que tenías guardado? Por eso dijiste: «El otro día . . .»
	NOVIA:	*(Moviendo la cabeza.)* No, no es eso. Cuando dije «el otro día» es que iba a decir . . . *(Se calla.)*
45	NOVIO:	*(Siempre riendo.)* Acaba por decirlo.
	NOVIA:	*(Con mohín de pudor.)* Es que me da pena.
	NOVIO:	*(Enlazándole la cintura con ambos brazos.)* Pena con tu papi . . .
	NOVIA:	Nada, que el otro día un loco se me declaró, y si no llega a ser por un perro, lo paso muy mal. Figúrate que . . . *(Se calla.)*
50		
	NOVIO:	*(Siempre riendo.)* ¿Qué hizo el perro? ¿Lo mordió?
	NOVIA:	No, pero le ladró, el loco se asustó y se mandó a correr.
	NOVIO:	*(Tratando de besarla de nuevo.)* Bueno, mima, ya lo dijiste. Ahora déjate dar besitos por tu papi. *(Une la acción a la palabra.)*
55		
	HOMBRE 2°:	*(Mostrando el puño al HOMBRE 1° lo agita por tres veces.)* Negro.
	HOMBRE 1°:	*(Negando por tres veces con el dedo índice en alto.)* Blanco.
	NOVIO:	*(A la NOVIA.)* Esto va para largo. Mima, vámonos de aquí. *(La coge por la mano.)*
60		
	NOVIA:	*(Negándose.)* Papi, ¡qué más te da! . . . Déjalos que griten.
	NOVIO:	*(Resignado.)* Como quieras. *(Con sensualidad.)* ¿Quién es tu papito rico?

Mima and mami are used interchangeably as terms of endearment in Cuba.

	NOVIA:	*(Con sensualidad.)* ¿Y quién es tu mamita rica?
65	HOMBRE 1°:	*(Se para, se acerca a la pareja, pregunta en tono desafiante.)* ¿Blanco o negro?
	NOVIO:	*(Creyendo habérselas con un loco.)* Lo que Ud. prefiera, mi amigo.
	HOMBRE 1°:	Lo que yo prefiera, no. ¿Blanco o negro?
70	NOVIO:	*(Siempre en el mismo temperamento.)* Bueno, la verdad que no sé . . .
	HOMBRE 1°:	*(Enérgico.)* ¡Cómo que no sabe! ¿Blanco o negro?
	NOVIA:	*(Mirando ya a HOMBRE 1° ya a su NOVIO, de súbito.)* Blanco.
75	NOVIO:	*(Mirando a su NOVIA y dando muestras de consternación.)* ¿Blanco? . . . No; blanco, no; negro.
	NOVIA:	*(Excitada.)* Que te crees tú eso. He dicho blanco.
	NOVIO:	*(Persuasivo.)* Mima, ¿me vas a llevar la contraria? *(Pausa.)* Di negro, como tu papi lo dice.
80	NOVIA:	*(Con mohín de disgusto.)* ¿Y por qué te voy a dar el gusto? Cuando el loco preguntó, yo dije blanco. *(Pausa.)* Vamos a ver: ¿por qué también no dijiste blanco?
	NOVIO:	*(Siempre persuasivo, pero con violencia contenida.)* Mima, di blanco, complace a tu papi. ¿Qué más te da decirlo?
85	NOVIA:	Pídeme lo que quieras, menos que diga negro. Dije blanco, y blanco se queda.
	NOVIO:	*(Ya violento.)* ¿De modo que le das la razón a ese tipejo y me la quitas a mí? *(Pausa.)* Pues vete con él.
90	NOVIA:	*(Con igual violencia.)* ¡Ah!, ¿sí? ¿Conque chantaje? Pues oye: ¡blanco, blanco, blanco, blanco! *(Grita hasta desgañitarse, terminando en un acceso de llanto. Se deja caer en el banco ocultando la cara entre las manos.)*
95	HOMBRE 1°:	*(Se arrodilla a los pies de la NOVIA, saca un pañuelo, le seca las lágrimas, le toma las manos, se las besa, con voz emocionada y un tanto en falsete:)* ¡Gracias, señorita, gracias! *(Pausa. Se para. Gritando.)* ¡Blanco!
	NOVIA:	*(Mirándolo extrañada.)* ¿Quién te dio vela en este entierro? *(Pausa.)* ¡Negro, negro, negro!
100	NOVIO:	*(Se sienta junto a la NOVIA, le coge las manos, se las besa.)* Gracias mami; gracias por complacer a tu papi. *(Hace por besarla, pero ella hurta la cara.)*
	NOVIA:	¡Que te crees tú eso! ¡Blanco, blanco!
	HOMBRE 1°:	*(A la NOVIA.)* Así se habla.
	NOVIO:	*(A HOMBRE 1°, agresivo.)* Te voy a partir el alma . . .
105	HOMBRE 2°:	*(Llegando junto al NOVIO.)* Déle dos bofetadas, señor. Usted es de los míos.
	NOVIO:	*(A HOMBRE 2°.)* No se meta donde no lo llaman.

HOMBRE 2°:   *(Perplejo.)* Señor, usted ha dicho, como yo, negro.

NOVIO: *(A Hombre 2°.)* ¡Y qué! Pues digo blanco. ¿Qué pasa?

110   NOVIA: *(Amorosa.)* Duro y a la cabeza, papi. Te quiero mucho.

NOVIO: *(A la NOVIA.)* Sí, mami; pero eso es aparte. No le permito a ese tipejo que hable en mi nombre. Si digo negro es porque yo mismo lo digo.

NOVIA: *(Al NOVIO.)* Pero ahora mismo acabas de decir blanco.

115   NOVIO: *(A la NOVIA.)* Por llevarle la contraria, mami; por llevársela. *(Pausa.)* Desde un principio dije negro, y si tú me quieres también debes decir negro.

NOVIA: *(Categórica.)* Ni muerta me vas a oír decir negro. Hemos terminado. *(Adopta una actitud desdeñosa y mira hacia otro*

120   *lado.)*

NOVIO: *(Igual actitud.)* Bueno, cuando te decidas a decir negro me avisas. *(Se sienta en otro banco.)*

HOMBRE 1° y HOMBRE 2° ocupan los dos bancos restantes. La escena se oscurece hasta un punto en que no se distinguirán las caras de los actores. Se
125   *escuchará en sordina, cualquier marcha fúnebre por espacio de diez segundos. De nuevo se hace luz.*

NOVIO: *(Desde su banco, a la NOVIA.)* ¿Cómo se llama este parque?

NOVIA: *(Con grosería, sin mirarlo.)* Ni lo sé ni me importa.

NOVIO: *(Se para, va al banco de su novia, se sienta junto a ella.)* Vamos,
130   mami, no es para tanto . . . *(Trata de abrazarla.)*

NOVIA: *(Se lo impide.)* Suelta . . . Suelta . . .

HOMBRE 1°:   *(Desde su banco.)* Éste es el Parque de los Mártires.

NOVIA: *(Sin mirar a HOMBRE 1°.)* No me explico, sólo se ve un mártir.

135   HOMBRE 1°:   *(A la NOVIA.)* Se llama Parque de los Mártires desde hace veinticinco años. Hace diez erigieron la estatua ecuestre. Es la del general Montes.

HOMBRE 2°:   *(Se para, camina hacia el banco donde están los novios.)* Perdonen que intervenga en la conversación. *(Pausa.)* Sin
140   embargo, les interesará saber que el general Montes fue mi abuelo.

HOMBRE 1°:   *(Se para, camina hacia el banco donde están los novios. A HOMBRE 2°.)* ¿Es cierto, como se dice, que el general murió loco?

145   HOMBRE 2°:   Muy cierto. Murió loco furioso.

HOMBRE 1°:   *(A HOMBRE 2°.)* Se dice que imitaba el ladrido de los perros. ¿Qué hay de verdad en todo esto?

HOMBRE 2°:   *(A HOMBRE 1°.)* No sólo de los perros, también de otros animales. *(Pausa.)* Era un zoológico ambulante.

150   HOMBRE 1°:   *(A HOMBRE 2°.)* La locura no es hereditaria.

195	NOVIA:	*(Al NOVIO.)* ¿Y por qué tenía que ser negro? A ver, dime.
	NOVIO:	*(A la NOVIA.)* Mami, no empieces . . .
	NOVIA:	*(Al NOVIO.)* ¡Anjá! Conque no empiece . . . ¿Y quién empezó?
200	NOVIO:	*(A la NOVIA.)* Mira, mami, yo lo que quiero es que no tengamos ni un sí ni un no. ¿Qué trabajo te cuesta complacer a tu papi?
	NOVIA:	*(Al NOVIO.)* Compláceme a mí. Di blanco. Anda, dilo.
	NOVIO:	*(A la NOVIA.)* Primero muerto y con la lengua cosida. Negro he dicho y negro seguiré diciendo.
205	HOMBRE 1°:	*(Al NOVIO.)* Que se cree usted eso. Es blanco.
	NOVIO:	*(Se levanta, desafiante.)* ¿Qué te pasa? Está bueno ya, ¿no? No me desmoralices a mi novia. *(A la NOVIA.)* Mami, di que es negro.
210	NOVIA:	*(Se levanta hecha una furia. Al NOVIO.)* No, no y mil veces no. Es blanco y seguirá siendo blanco.
	HOMBRE 1°:	*(Cuadrándose y saludando militarmente.)* Es blanco. *(Al NOVIO, presentándole el pecho abombado.)* Puede matarme, aquí mi corazón; pero seguiremos diciendo blanco. *(A la NOVIA.)* ¡Valor, señorita!
215	NOVIO:	*(A HOMBRE 1°.)* Y yo te digo que es negro y te voy a hacer tragar el blanco.
	HOMBRE 2°:	*(Gritando.)* ¡Negro, negro!
	NOVIA:	*(Gritando.)* ¡Blanco!
	NOVIO:	*(Gritando.)* ¡Negro!
220	HOMBRE 1°:	*(Gritando.)* ¡Blanco!
	HOMBRE 2°:	*(Gritando.)* ¡Negro!

Ahora todos gritan indistintamente «blanco» o «negro». Las palabras ya no se entienden. Agitan los brazos.

| | HOMBRE 3°: | *(Entrando por el lateral izquierdo, atraviesa el parque gritando:)* |
| 225 | | ¡Amarillo! ¡Amarillo! ¡Amarillo! |

Las cuatro personajes enmudecen y se quedan con la boca abierta y los brazos en alto.

| | HOMBRE 3°: | *(Vuelve sobre sus pasos, siempre gritando:)* ¡Amarillo! ¡Amarillo! ¡Amarillo! *(Desaparece. Telón.)* |

230

FIN DE

ESTUDIO EN BLANCO Y NEGRO

ACTIVIDAD 6: ¿Cuánto entendiste?   Contesta estas preguntas sobre el drama.

1. ¿Dónde tiene lugar la acción?
2. ¿Cuántos personajes hay? ¿Quiénes son?
3. ¿Cómo empieza la pelea entre los hombres?
4. ¿Al principio qué piensan los jóvenes de los dos hombres?
5. ¿Quiere responder el novio cuando el Hombre 1° le pregunta si es blanco o negro? ¿Por qué sí o no?
6. ¿Cómo empieza la pelea entre los dos jóvenes?
7. ¿Cómo se llama el parque y de quién es la estatua?
8. La novia piensa que el Hombre 2° es **un loco de atar.** ¿El Hombre 2° se considera loco o cuerdo?
9. En las líneas 184–185, el novio acusa a los dos hombres de **encender la candela.** ¿A qué se refiere?
10. ¿Cómo termina el drama?

ACTIVIDAD 7: Luz, cámara, acción   En grupos de seis, ensayen el drama para representarlo enfrente de la clase. Una persona es el/la director/a y los otros son los personajes. Tomen de diez a quince minutos para ensayar su actuación.

Note: The director should use commands to tell the actors what to do. For example: **Siéntate allí. Di esta frase con más emoción.**

ACTIVIDAD 8: El feminismo y el machismo   En el drama hay varios ejemplos de machismo y de feminismo. Busca los ejemplos y prepárate para defender tu opinión.

➤ Él le dijo a ella que quería que ella . . . Eso es típico del machismo porque. . .

ACTIVIDAD 9: Experiencias personales   En parejas, háganse las siguientes preguntas sobre sus experiencias.

1. ¿Alguna vez has tenido una pelea con alguien sobre algo totalmente insignificante? Si contestas que sí, ¿recuerdas de qué se trataba?
2. ¿Conoces a alguien que sea muy machista? Si contestas que sí, ¿te molesta su actitud? ¿Por qué sí o no?
3. ¿Conoces a alguien que sea muy feminista? Si contestas que sí, ¿te molesta su actitud? ¿Por qué sí o no?

ACTIVIDAD 10: Opiniones   En parejas, contesten individualmente a estas preguntas y después comparen sus respuestas. Defiendan sus opiniones.

Review contrary-to-fact statements.

tu pareja = your significant other

Predicting the future

1. ¿Cómo reaccionarías si tu pareja ganara más dinero que tú?
2. Si estuvieras con un grupo de amigos y si tu pareja dijera algo con lo cual no estuvieras de acuerdo, ¿le llevarías la contraria? ¿Por qué sí o no? Si dices que dependería de las circunstancias, explica las circunstancias.
3. ¿Cómo reaccionarías si tu hermana o una amiga estuviera casada con un hombre que no trabajara y que se ocupara de la casa y de los niños? ¿Cómo reaccionarían tus padres?
4. ¿Cómo reaccionarías si tu pareja te tratara como el novio del drama? ¿Y si tu pareja te tratara como la novia?

ACTIVIDAD 11: El futuro   En parejas, imagínense que la pareja del drama *Estudio en blanco y negro* se casa. ¿Cómo será su vida en el futuro? ¿Serán felices? ¿Vivirán tranquilamente? ¿Se pelearán? Hagan predicciones usando el futuro.

ACTIVIDAD 12: Narrando en el pasado   En parejas, Uds. son Siskel y Ebert y van a hacer una crítica de *Estudio en blanco y negro*. Primero, hablen de cómo era el escenario, de qué trataba el drama, qué ocurrió, los temas de machismo y feminismo y si les gustó la obra o no.

Narrating and describing in the past and expressing opinions

ACTIVIDAD 13: Preparándose para el examen   **Parte A:** En grupos de tres, hablen de cómo se van a preparar para el examen final. Anoten sus ideas.

➤   Usaremos el programa de computadora.

 Use future tense.

Parte B: Conviertan las oraciones de la Parte A en mandatos para darle órdenes al resto de la clase.

➤   Usaremos el programa de computadora. —→ Usen el programa de computadora.

Use commands.

ACTIVIDAD 14: La última actividad   Felicitaciones, Uds. acaban de terminar un curso de español. En grupos de tres hablen de los siguientes temas.

1. Mencionen tres cosas que aprendieron este año sobre el mundo hispano, que no sabían antes.
2. Hablen de cómo usarán el español en el futuro. Deben pensar, por lo menos, en cinco posibilidades.

TravelTur

Al fin y al cabo / San Antonio, Texas

Antes de ver

ACTIVIDAD 1: De regreso en San Antonio   Andrés está de regreso en San Antonio, Texas. Antes de mirar el video, habla de las siguientes ideas: los lugares que visitó, para qué visitó esos lugares, qué va a hacer Andrés en San Antonio ahora.

Mientras ves

ACTIVIDAD 2: Imágenes comerciales   Andrés le va a mostrar a su jefa los anuncios comerciales que grabó. Mira el video. Vuelve a mirar cada anuncio y anota por lo menos tres imágenes importantes para un turista. También anota el comentario que hacen Andrés o su jefa sobre cada lugar.

DESDE EL PRINCIPIO
HASTA 1:03:39

Madrid:

_____

_____

_____

Comentario de Andrés:

_____

Sevilla:

_____

_____

_____

Comentario de su jefa:

_____

Puerto Rico:

_____

_____

_____

Comentario de Andrés:

_____

Colombia:

_____

_____

_____

Comentario de su jefa:

_____

ACTIVIDAD 3: ¿Y Andrés y Cristina?   Mira el segmento final en el que Andrés menciona una visita de Cristina. Luego comparte tus ideas con el resto de la clase sobre lo que va a pasar entre Andrés y Cristina.

DESDE 1:03:40
HASTA EL FINAL

Después de ver

ACTIVIDAD 4: Las vacaciones   Imagínense que pueden elegir uno de los cuatro lugares que acaban de ver para ir de vacaciones. En grupos de tres, hablen de las siguientes ideas y tomen apuntes para describirle su preferencia a la clase.

1. a qué lugar irían y por qué
2. cómo viajarían
3. cuánto tiempo se quedarían
4. en qué época del año irían
5. qué harían allí
6. con quién o quiénes irían

REFERENCE SECTION

Appendix A: **Verb Charts**   R2

Appendix B: **Answers to Grammar Questions**   R12

Appendix C: **Accentuation and Syllabication**   R14

Spanish-English Vocabulary   R16

English-Spanish Vocabulary   R39

Index   R49

APPENDIX A
Verb Charts

NOTE: In the sections on stem-changing and spelling-changing verbs, only tenses in which a change occurs are shown.

Regular Verbs

Infinitive	hablar	comer	vivir
Present participle	hablando	comiendo	viviendo
Past participle	hablado	comido	vivido

Simple Tenses

	hablar	**comer**	**vivir**
Present indicative	hablo	como	vivo
	as	es	es
	a	e	e
	amos	emos	imos
	áis	éis	ís
	an	en	en
Imperfect indicative	hablaba	comía	vivía
	abas	ías	ías
	aba	ía	ía
	ábamos	íamos	íamos
	abais	íais	íais
	aban	ían	ían
Preterit	hablé	comí	viví
	aste	iste	iste
	ó	ió	ió
	amos	imos	imos
	asteis	isteis	isteis
	aron	ieron	ieron
Future indicative	hablaré	comeré	viviré
	ás	ás	ás
	á	á	á
	emos	emos	emos
	éis	éis	éis
	án	án	án
Conditional	hablaría	comería	viviría
	ías	ías	ías
	ía	ía	ía
	íamos	íamos	íamos
	íais	íais	íais
	ían	ían	ían

	hablar	comer	vivir
Affirmative and negative commands	**tú:** habla, no habl**es** **Ud.:** habl**e**, no habl**e** **Uds.:** habl**en**, no habl**en** **vosotros/as:** habl**ad**, no habl**éis**	come, no com**as** com**a**, no com**a** com**an**, no com**an** com**ed**, no com**áis**	vive, no viv**as** viv**a**, no viv**a** viv**an**, no viv**an** viv**id**, no viv**áis**
Present subjunctive	que habl**e** **es** **e** **emos** **éis** **en**	que com**a** **as** **a** **amos** **áis** **an**	que viv**a** **as** **a** **amos** **áis** **an**
Imperfect subjunctive	que habl**ara** **aras** **ara** **áramos** **arais** **aran**	que com**iera** **ieras** **iera** **iéramos** **ierais** **ieran**	que viv**iera** **ieras** **iera** **iéramos** **ierais** **ieran**

Compound Tenses

	hablar	comer	vivir
Present perfect indicative	he hablado has hablado, *etc.*	he comido has comido, *etc.*	he vivido has vivido, *etc.*
Pluperfect indicative	había hablado habías hablado, *etc.*	había comido habías comido, *etc.*	había vivido habías vivido, *etc.*
Future perfect	habré hablado habrás hablado, *etc.*	habré comido habrás comido, *etc.*	habré vivido habrás vivido, *etc.*
Conditional perfect	habría hablado habrías hablado, *etc.*	habría comido habrías comido, *etc.*	habría vivido habrías vivido, *etc.*
Present perfect subjunctive	que haya hablado hayas hablado, *etc.*	que haya comido hayas comido, *etc.*	que haya vivido hayas vivido, *etc.*
Pluperfect subjunctive	que hubiera hablado hubieras hablado, *etc.*	que hubiera comido hubieras comido, *etc.*	que hubiera vivido hubieras vivido, *etc.*

Stem-Changing Verbs

	-ar verbs: **e > ie**		**-er** verbs: **e > ie**	
Infinitive	**pensar** to think		**entender** to understand	
Present indicative	**pienso** **piensas** **piensa**	pensamos pensáis **piensan**	**entiendo** **entiendes** **entiende**	entendemos entendéis **entienden**
Affirmative commands	**piensa** **piense**	pensad **piensen**	**entiende** **entienda**	entended **entiendan**
Present subjunctive	que **piense** **pienses** **piense**	pensemos penséis **piensen**	que **entienda** **entiendas** **entienda**	entendamos entendáis **entiendan**

-ar verbs: o > ue			-er verbs: o > ue		
Infinitive	**contar** to tell; to count		**volver** to return		
Present indicative	**cuento**	contamos	**vuelvo**	volvemos	
	cuentas	contáis	**vuelves**	volvéis	
	cuenta	**cuentan**	**vuelve**	**vuelven**	
Affirmative commands	**cuenta**	contad	**vuelve**	volved	
	cuente	**cuenten**	**vuelva**	**vuelvan**	
Present subjunctive	que **cuente**	contemos	que **vuelva**	volvamos	
	cuentes	contéis	**vuelvas**	volváis	
	cuente	**cuenten**	**vuelva**	**vuelvan**	

-ir verbs: e > i, i		
Infinitive	**servir** to serve	
Present participle	**sirviendo**	
Present indicative	**sirvo**	servimos
	sirves	servís
	sirve	**sirven**
Affirmative commands	**sirve**	servid
	sirva	**sirvan**
Present subjunctive	que **sirva**	**sirvamos**
	sirvas	**sirváis**
	sirva	**sirvan**
Preterit	serví	servimos
	serviste	servisteis
	sirvió	**sirvieron**
Imperfect subjunctive	que **sirviera**	
	sirvieras, *etc.*	

-ir verbs: e > ie, i			-ir verbs: o > ue, u		
Infinitive	**sentir** to feel; to regret		**dormir** to sleep		
Present participle	**sintiendo**		**durmiendo**		
Present indicative	**siento**	sentimos	**duermo**	dormimos	
	sientes	sentís	**duermes**	dormís	
	siente	**sienten**	**duerme**	**duermen**	
Affirmative commands	**siente**	sentid	**duerme**	dormid	
	sienta	**sientan**	**duerma**	**duerman**	
Present subjunctive	que **sienta**	**sintamos**	que **duerma**	**durmamos**	
	sientas	**sintáis**	**duermas**	**durmáis**	
	sienta	**sientan**	**duerma**	**duerman**	
Preterit	sentí	sentimos	dormí	dormimos	
	sentiste	sentisteis	dormiste	dormisteis	
	sintió	**sintieron**	**durmió**	**durmieron**	
Imperfect subjunctive	que **sintiera**		que **durmiera**		
	sintieras, *etc.*		**durmieras,** *etc.*		

Verbs With Spelling Changes

	Verbs in -car: c > qu before e			Verbs in -gar: g > gu before e	
Infinitive	**buscar** to look for			**llegar** to arrive	
Preterit	**busqué**	buscamos		**llegué**	llegamos
	buscaste	buscasteis		llegaste	llegasteis
	buscó	buscaron		llegó	llegaron
Affirmative commands	busca	buscad		llega	llegad
	busque	**busquen**		**llegue**	**lleguen**
Present subjunctive	que **busque**	**busquemos**	que **llegue**	**lleguemos**
	busques	**busquéis**		**llegues**	**lleguéis**
	busque	**busquen**		**llegue**	**lleguen**

	Verbs in -ger and -gir: g > j before a and o			Verbs in -guir: gu > g before a and o	
Infinitive	**coger** to pick up			**seguir** to follow	
Present indicative	**cojo**	cogemos		**sigo**	seguimos
	coges	cogéis		sigues	seguís
	coge	cogen		sigue	siguen
Affirmative commands	coge	coged		sigue	seguid
	coja	**cojan**		**siga**	**sigan**
Present subjunctive	que **coja**	**cojamos**	que **siga**	**sigamos**
	cojas	**cojáis**		**sigas**	**sigáis**
	coja	**cojan**		**siga**	**sigan**

	Verbs in -zar: z > c before e	
Infinitive	**empezar** to begin	
Preterit	**empecé**	empezamos
	empezaste	empezasteis
	empezó	empezaron
Affirmative commands	empieza	empezad
	empiece	**empiecen**
Present subjunctive	que **empiece**	**empecemos**
	empieces	**empecéis**
	empiece	**empiecen**

	Verbs in -eer: unstressed i > y	
Infinitive	**creer** to believe	
Present participle	**creyendo**	
Preterit	creí	creímos
	creíste	creísteis
	creyó	**creyeron**
Imperfect subjunctive	que **creyera**	**creyéramos**
	creyeras	**creyerais**
	creyera	**creyeran**

Irregular Verbs

	caer to fall	**conducir** to drive
Present indicative	caigo, caes, cae, caemos, caéis, caen	conduzco, conduces, conduce, conducimos, conducís, conducen
Preterit	caí, caíste, cayó, caímos, caísteis, cayeron	conduje, condujiste, condujo, condujimos, condujisteis, condujeron
Imperfect	caía, caías, *etc.*	conducía, conducías, *etc.*
Future	caeré, caerás, *etc.*	conduciré, conducirás, *etc.*
Conditional	caería, caerías, *etc.*	conduciría, conducirías, *etc.*
Present subjunctive	que caiga, caigas, caiga, caigamos, caigáis, caigan	que conduzca, conduzcas, conduzca, conduzcamos, conduzcáis, conduzcan
Imperfect subjunctive	que cayera, cayeras, cayera, cayéramos, cayerais, cayeran	que condujera, condujeras, condujera, condujéramos, condujerais, condujeran
Participles	cayendo, caído	conduciendo, conducido
Affirmative commands	cae, caed caiga, caigan	conduce, conducid conduzca, conduzcan

	conocer to know, be acquainted with	**construir** to build
Present indicative	conozco, conoces, conoce, conocemos, conocéis, conocen	construyo, construyes, construye, construimos, construís, construyen
Preterit	conocí, conociste, conoció, conocimos, conocisteis, conocieron	construí, construiste, construyó, construimos, construisteis, construyeron
Imperfect	conocía, conocías, *etc.*	construía, construías, *etc.*
Future	conoceré, conocerás, *etc.*	construiré, construirás, *etc.*
Conditional	conocería, conocerías, *etc.*	construiría, construirías, *etc.*
Present subjunctive	que conozca, conozcas, conozca, conozcamos, conozcáis, conozcan	que construya, construyas, construya, construyamos, construyáis, construyan
Imperfect subjunctive	que conociera, conocieras, conociera, conociéramos, conocierais, conocieran	que construyera, construyeras, construyera, construyéramos, construyerais, construyeran
Participles	conociendo, conocido	construyendo, construido
Affirmative commands	conoce, conoced conozca, conozcan	construye, construid construya, construyan

	dar to give	**decir** to say; to tell
Present indicative	doy, das, da, damos, dais, dan	digo, dices, dice, decimos, decís, dicen
Preterit	di, diste, dio, dimos, disteis, dieron	dije, dijiste, dijo, dijimos, dijisteis, dijeron
Imperfect	daba, dabas, *etc.*	decía, decías, *etc.*
Future	daré, darás, *etc.*	diré, dirás, *etc.*
Conditional	daría, darías, *etc.*	diría, dirías, *etc.*
Present subjunctive	que dé, des, dé, demos, deis, den	que diga, digas, diga, digamos, digáis, digan
Imperfect subjunctive	que diera, dieras, diera, diéramos, dierais, dieran	que dijera, dijeras, dijera, dijéramos, dijerais, dijeran
Participles	dando, dado	diciendo, dicho
Affirmative commands	da, dad dé, den	di, decid diga, digan

	estar to be	**freír** to fry
Present indicative	estoy, estás, está, estamos, estáis, están	frío, fríes, fríe, freímos, freís, fríen
Preterit	estuve, estuviste, estuvo, estuvimos, estuvisteis, estuvieron	freí, freíste, frió, freímos, freísteis, frieron
Imperfect	estaba, estabas, *etc.*	freía, freías, *etc.*
Future	estaré, estarás, *etc.*	freiré, freirás, *etc.*
Conditional	estaría, estarías, *etc.*	freiría, freirías, *etc.*
Present subjunctive	que esté, estés, esté, estemos, estéis, estén	que fría, frías, fría, friamos, friáis, frían
Imperfect subjunctive	que estuviera, estuvieras, estuviera, estuviéramos, estuvierais, estuvieran	que friera, frieras, friera, friéramos, frierais, frieran
Participles	estando, estado	friendo, frito
Affirmative commands	está, estad esté, estén	fríe, freíd fría, frían

	haber to have (auxiliary verb)	**hacer** to do; to make
Present indicative	he, has, ha, hemos, habéis, han	hago, haces, hace, hacemos, hacéis, hacen
Preterit	hube, hubiste, hubo, hubimos, hubisteis, hubieron	hice, hiciste, hizo, hicimos, hicisteis, hicieron
Imperfect	había, habías, *etc.*	hacía, hacías, *etc.*
Future	habré, habrás, *etc.*	haré, harás, *etc.*
Conditional	habría, habrías, *etc.*	haría, harías, *etc.*
Present subjunctive	que haya, hayas, haya, hayamos, hayáis, hayan	que haga, hagas, haga, hagamos, hagáis, hagan
Imperfect subjunctive	que hubiera, hubieras, hubiera, hubiéramos, hubierais, hubieran	que hiciera, hicieras, hiciera, hiciéramos, hicierais, hicieran
Participles	habiendo, habido	haciendo, hecho
Affirmative commands	————	haz, haced haga, hagan

	ir to go	**oír** to hear
Present indicative	voy, vas, va, vamos, vais, van	oigo, oyes, oye, oímos, oís, oyen
Preterit	fui, fuiste, fue, fuimos, fuisteis, fueron	oí, oíste, oyó, oímos, oísteis, oyeron
Imperfect	iba, ibas, iba, íbamos, ibais, iban	oía, oías, *etc.*
Future	iré, irás, *etc.*	oiré, oirás, *etc.*
Conditional	iría, irías, *etc.*	oiría, oirías, *etc.*
Present subjunctive	que vaya, vayas, vaya, vayamos, vayáis, vayan	que oiga, oigas, oiga, oigamos, oigáis, oigan
Imperfect subjunctive	que fuera, fueras, fuera, fuéramos, fuerais, fueran	que oyera, oyeras, oyera, oyéramos, oyerais, oyeran
Participles	yendo, ido	oyendo, oído
Affirmative commands	ve, id vaya, vayan	oye, oíd oiga, oigan

	poder (ue) to be able, can	**poner** to put
Present indicative	puedo, puedes, puede, podemos, podéis, pueden	pongo, pones, pone, ponemos, ponéis, ponen
Preterit	pude, pudiste, pudo, pudimos, pudisteis, pudieron	puse, pusiste, puso, pusimos, pusisteis, pusieron
Imperfect	podía, podías, *etc.*	ponía, ponías, *etc.*
Future	podré, podrás, *etc.*	pondré, pondrás, *etc.*
Conditional	podría, podrías, *etc.*	pondría, pondrías, *etc.*
Present subjunctive	que pueda, puedas, pueda, podamos, podáis, puedan	que ponga, pongas, ponga, pongamos, pongáis, pongan
Imperfect subjunctive	que pudiera, pudieras, pudiera, pudiéramos, pudierais, pudieran	que pusiera, pusieras, pusiera, pusiéramos, pusierais, pusieran
Participles	pudiendo, podido	poniendo, puesto
Affirmative commands	————	pon, poned ponga, pongan

	querer (ie) to want; to love	**saber** to know (how)
Present indicative	quiero, quieres, quiere, queremos, queréis, quieren	sé, sabes, sabe, sabemos, sabéis, saben
Preterit	quise, quisiste, quiso, quisimos, quisisteis, quisieron	supe, supiste, supo, supimos, supisteis, supieron
Imperfect	quería, querías, *etc.*	sabía, sabías, *etc.*
Future	querré, querrás, *etc.*	sabré, sabrás, *etc.*
Conditional	querría, querrías, *etc.*	sabría, sabrías, *etc.*
Present subjunctive	que quiera, quieras, quiera, queramos, queráis, quieran	que sepa, sepas, sepa, sepamos, sepáis, sepan
Imperfect subjunctive	que quisiera, quisieras, quisiera, quisiéramos, quisierais, quisieran	que supiera, supieras, supiera, supiéramos, supierais, supieran
Participles	queriendo, querido	sabiendo, sabido
Affirmative commands	quiere, quered quiera, quieran	sabe, sabed sepa, sepan

	salir to leave; to go out	**ser** to be
Present indicative	salgo, sales, sale, salimos, salís, salen	soy, eres, es, somos, sois, son
Preterit	salí, saliste, salió, salimos, salisteis, salieron	fui, fuiste, fue, fuimos, fuisteis, fueron
Imperfect	salía, salías, *etc.*	era, eras, era, éramos, erais, eran
Future	saldré, saldrás, *etc.*	seré, serás, *etc.*
Conditional	saldría, saldrías, *etc.*	sería, serías, *etc.*
Present subjunctive	que salga, salgas, salga, salgamos, salgáis, salgan	que sea, seas, sea, seamos, seáis, sean
Imperfect subjunctive	que saliera, salieras, saliera, saliéramos, salierais, salieran	que fuera, fueras, fuera, fuéramos, fuerais, fueran
Participles	saliendo, salido	siendo, sido
Affirmative commands	sal, salid salga, salgan	sé, sed sea, sean

	tener to have	**traer** to bring
Present indicative	tengo, tienes, tiene, tenemos, tenéis, tienen	traigo, traes, trae, traemos, traéis, traen
Preterit	tuve, tuviste, tuvo, tuvimos, tuvisteis, tuvieron	traje, trajiste, trajo, trajimos, trajisteis, trajeron
Imperfect	tenía, tenías, *etc.*	traía, traías, *etc.*
Future	tendré, tendrás, *etc.*	traeré, traerás, *etc.*
Conditional	tendría, tendrías, *etc.*	traería, traerías, *etc.*
Present subjunctive	que tenga, tengas, tenga, tengamos, tengáis, tengan	que traiga, traigas, traiga, traigamos, traigáis, traigan
Imperfect subjunctive	que tuviera, tuvieras, tuviera, tuviéramos, tuvierais, tuvieran	que trajera, trajeras, trajera, trajéramos, trajerais, trajeran
Participles	teniendo, tenido	trayendo, traído
Affirmative commands	ten, tened tenga, tengan	trae, traed traiga, traigan

	valer to be worth	**venir** to come
Present indicative	valgo, vales, vale, valemos, valéis, valen	vengo, vienes, viene, venimos, venís, vienen
Preterit	valí, valiste, valió, valimos, valisteis, valieron	vine, viniste, vino, vinimos, vinisteis, vinieron
Imperfect	valía, valías, *etc.*	venía, venías, *etc.*
Future	valdré, valdrás, *etc.*	vendré, vendrás, *etc.*
Conditional	valdría, valdrías, *etc.*	vendría, vendrías, *etc.*
Present subjunctive	que valga, valgas, valga, valgamos, valgáis, valgan	que venga, vengas, venga, vengamos, vengáis, vengan
Imperfect subjunctive	que valiera, valieras, valiera, valiéramos, valierais, valieran	que viniera, vinieras, viniera, viniéramos, vinierais, vinieran
Participles	valiendo, valido	viniendo, venido
Affirmative commands	val, valed valga, valgan	ven, venid venga, vengan

ver to see	
Present indicative	veo, ves, ve, vemos, veis, ven
Preterit	vi, viste, vio, vimos, visteis, vieron
Imperfect	veía, veías, veía, veíamos, veíais, veían
Future	veré, verás, *etc.*
Conditional	vería, verías, *etc.*
Present subjunctive	que vea, veas, vea, veamos, veáis, vean
Imperfect subjunctive	que viera, vieras, viera, viéramos, vierais, vieran
Participles	viendo, visto
Affirmative commands	ve, ved vea, vean

Reflexive Verbs

levantarse to get up; to stand up	
Present indicative	me levanto, te levantas, se levanta nos levantamos, os levantáis, se levantan
Participles	levantándose, levantado
Affirmative and negative commands	**tú:** levántate, no te levantes **Ud.:** levántese, no se levante **Uds.:** levántense, no se levanten **vosotros/as:** levantaos, no os levantéis

APPENDIX B
Answers to Grammar Questions

Chapter 1, I, page 19

I. • Él se llama = *His name is.* Ella se llama = *Her name is.*
  • Me llamo . . . / Soy . . .
  • ¿Cómo te llamas? / ¿Cómo se llama Ud.?
  • ¿Cómo se llama Ud.?

Chapter 1, I, page 20

II. • ¿De dónde eres?
  • ¿De dónde es Ud.?
  • Mi madre es de . . .
  • Mi novio/novia es de . . .

Chapter 1, II, page 30

III. • 1. ¿De dónde eres?; ¿De dónde es Ud.? 2. ¿Eres de Lima/Caracas . . . ?; ¿Es Ud. de Lima/Caracas . . . ?; Eres de Lima/Caracas, ¿no?; Ud. es de Lima/Caracas, ¿no? 3. Eres de Quito, ¿no?/¿verdad?; Ud. es de Quito, ¿no?/¿verdad?; ¿Eres de Quito?; ¿Es Ud. de Quito?
  • Sí, son de Guatemala.; No, no son de Guatemala.; No, son de . . .

Chapter 2, I, page 42

II. • Me gusta la revista; Me gustan los periódicos de Nueva York; Me gusta el video; Me gusta el estéreo de Carmen.

Chapter 2, I, page 43

II. • A Raúl no le gusta la novela. A Raúl no le gustan las novelas.
  • You (sir, madam) like tea; He likes tea; She likes tea.
  • A Tomás le gusta la música.
  • Al señor Porta le gusta la Coca-Cola y a la señora Bert no (le gusta la Coca-Cola).

Chapter 2, I, page 43

III. • Tengo/Tenemos radio.
  • Tenemos televisor.
  • ¿Tiene Ud. estéreo?
  • Mis amigos no tienen video.

Chapter 2, I, page 43

III. • ’s = **de**
  • El disco es de Carlos; El disco es del Sr. González; El disco es de la Srta. López; El disco es de los estudiantes.
  • ¿De quién es la toalla?
  • ¿De quién(es) son las plantas?

Chapter 2, II, page 55

III. • Álvaro is referring to a future action.

Chapter 3, II, page 77

I. • Carmen está **cansada**.
  • ¿Cómo es ella? = *What is she like?* ¿Cómo está ella? = *How is she (feeling, doing)?*
  • Use **ser** with *generous, courageous, interesting,* and *honest,* since these describe the being. Use **estar** with *upset* and *elated,* since these describe the state of being.

Chapter 6, II, page 156

I. • **Les** refers to Olga and Nando; **le** refers to **nadie**; **les** refers to Olga and Nando.
  • No.

Chapter 7, II, page 180

I. • a. las botellas   b. el niño   c. el ron
  • No, they receive the action.
  • Before the verb: **¿Dónde las pongo?**

Chapter 7, II, page 182   II.
- Elena.
- Ramón.

Chapter 8, I, page 194   I.
- No.
- What the women are looking for.

Chapter 8, II, page 208   II.
- Two: **yo, tú;** Two: **tú, yo.**
- Que.

Chapter 8, II, page 209   II.
- Que; las madres, las mozas, los padres, los Reyes; subjunctive.
- No; infinitive.
- **No quiero** + **que** + change of subject in the sixth stanza, thus necessitating the use of the subjunctive. The tenth stanza has no change of subject.

Chapter 9, I, page 220   I.
- Possibility.
- Certainty.

Chapter 10, I, page 244   I.
- *Te* refers to **tú** (the mother) and *la* refers to **la tarjeta.** *Te* refers to **tú (Vicente)** and *lo* refers to **el regalo.**

Chapter 10, II, page 255   II.
- Habitual actions in the past.

Chapter 11, I, page 267   I.
- One action in progress interrupted by another.
- a. Telling time in the past.   b. Telling age in the past.   c. Describing in the past (weather).   d. Habitual or repetitive past action.

Chapter 11, II, page 280   I.
- The woman.
- ¿Lo compraste al fin?

Chapter 12, I, page 294   I.
- a. jugaba   c. íbamos   d. salían, hacían, bailaban   e. jugaba, estudiaba   f. pensaba; *words that help:*   c. todos los días   d. siempre   e. mientras

Chapter 12, II, page 307   II.
- In my family, the youngest is the tallest.
- En mi familia, el menor es el más alto.

Chapter 13, II, page 329   II.
- Escuchen, regresen.

Chapter 14, I, page 342   I.
- He is giving a command and he is using the **tú** form.

Chapter 14, II, page 353   I.
- He is referring to **los grupos.**

Chapter 15, I, page 365   I.
- The first sentence (a).

Chapter 15, II, page 374   I.
- **Había salido** happened first.

Chapter 16, I, page 384   I.
- Tengo que/Voy a tener que volver pronto. Sí, es/va a ser mejor que lleguemos pronto.

Chapter 16, I, page 386   III.
- First title: *The good thing, the bad thing, and the ugly thing.* Second title: *The good one (person), the bad one (person), and the ugly one (person).*

Chapter 17, I, page 407   II.
- a. Doubt in the present vs. doubt in the past.   b. Influence (wish) in the present vs. influence in the past.

Chapter 17, II, page 418   I.
- We look at ourselves. We look at each other. We looked at ourselves. We looked at each other.

Chapter 17, II, page 419   II.
- In the first sentence there's a chance that the speaker will have the money and will go to the movies. In the second sentence, the speaker doesn't have the money to go to the movies; the statement is hypothetical.
- Lo haría si pudiera, pero no puedo, así que no lo haré.

APPENDIX C
Accentuation and Syllabication

Diphthongs

1.   A diphthong is the combination of a weak vowel (i, u) and a strong vowel (a, e, o), or the combination of two weak vowels. When two vowels are combined, the strong vowel or the second of two weak vowels takes a slightly greater stress in the syllable:

vu*e*lvo   *a*utomático   ti*e*ne   conci*e*nci*a*   ci*u*dad

2.   When the stress of the word falls on the weak vowel of a strong-weak combination, no diphthong occurs and the weak vowel takes a written accent mark to break the diphthong:

pa-ís   dí-a   tí-o   en-ví-o   Ra-úl

Stress

1.   If a word ends in **n, s,** or a **vowel,** the stress falls on the *next-to-last syllable*.

lava**pla**tos   e**xa**men   **ho**la   aparta**men**to

2.   If a word ends in any **consonant** other than **n** or **s,** the stress falls on the *last syllable*.

espa**ñol**   us**ted**   regu**lar**   prohi**bir**

3.   Any exception to rules 1 and 2 has a written accent mark on the stressed vowel.

televi**sión**   te**lé**fono   **ál**bum   cen**tí**metro

4.   Question and exclamation words (**cómo, dónde, cuál, qué,** etc.) always have accents.

5.   Certain words change meaning when written with an accent although pronunciation remains the same.

cómo	how	**como**	like
dé	give	**de**	of/from
él	he/him	**el**	the
más	more	**mas**	but
mí	me	**mi**	my
sí	yes	**si**	if
sólo	only	**solo**	alone
té	tea	**te**	you
tú	you	**tu**	your

6.   Demonstrative pronouns usually have a written accent to distinguish them from demonstrative adjectives (except for **esto, eso,** and **aquello,** which are always neuter pronouns).

éste   este niño   éstas   estas blusas

Syllabication

1. Syllables usually end in a vowel.

   ca-sa   ba-su-ra   dro-ga

2. A diphthong is never separated unless the stress of the word falls on the weak vowel of a strong-weak vowel combination.

   a-mue-blar   ciu-dad   ju-lio   BUT: dí-a

3. Two consonants are usually separated. Remember that **ch, ll,** and **rr** are each a single consonant in Spanish.

   al-qui-ler   por-te-ro   ca-le-fac-ción   BUT: pe-rro

4. The consonants **l** and **r** are never separated from the preceding consonant, except from the letter **s.**

   po-si-ble   a-cla-rar   a-bri-go   BUT: ais-lar

5. When there is a cluster of three consonants, the first two stay with the preceding vowel unless the third consonant is an **l** or an **r,** in which case the last two consonants stay with the vowel that follows.

   ins-ti-tu-ción   BUT: ex-pli-car   des-crip-ción

6. When there is a cluster of four consonants, they are always divided between the second and third consonants.

   ins-crip-ción   ins-truc-ción

SPANISH-ENGLISH VOCABULARY

This vocabulary includes most of the active vocabulary presented in the chapters. (Some exceptions are the months of the year, adjectives of nationality, many numbers, names of cities and countries, and many obvious cognates.) The list also includes many receptive words found throughout the chapters. The definitions are limited to the context in which the words are used in this book. Active words are followed by a number that indicates the chapter in which the word appears as an active item; the abbreviation *Pre.* refers to the *Capítulo preliminar.*

The following abbreviations are used:

adj.	adjective	*n.*	noun
adv.	adverb	*part.*	participle
aux.	auxiliary	*pl.*	plural
f.	feminine	*sing.*	singular
inf.	infinitive	*subj.*	subjunctive
m.	masculine	*v.*	verb

a to; at; **al (a + el)/a la** to the; **A la/s . . .** At . . . o'clock. 5; **~ la vez** at the same time; **~ lo mejor** perhaps 10; **~ menudo** often 12; **~ partir de** starting from, **~ pesar de que** in spite of; **¿~ qué hora . . . ?** At what time . . . ? 5; **¿~ quién?** to whom; **~ tiempo** on time 7; in time; **~ veces** at times 12; **~ ver.** Let's see.

abajo below

abanicarse to fan oneself

el abanico fan

abarcar to embrace; contain

abierto/a open

el/la abogado/a lawyer 1

el abono fertilizer

abrazar to hug; to embrace 17

el abrazo hug; embrace 17

el abrigo coat 5

abrir to open 6; **Abre/Abran el libro en la página . . .** Open your book to page . . . Pre.

abrocharse el cinturón to buckle the seat belt 11

el/la abuelo/a grandfather/ grandmother 6

aburrido/a: estar ~ to be bored; **ser ~** to be boring 3

aburrirse como una ostra to be really bored (literally, "to be bored like an oyster") 10

acabar de + *inf.* to have just + *past part.* 5

acaso: por si ~ in case 15

la acción action

el aceite oil 9

el acelerador accelerator 11

el acento accent

acentuar to accent

aceptado/a accepted

aceptar to accept, agree to do

el acercamiento closeness

acercarse to approach, come near

ácido/a: la lluvia ácida acid rain 15

acompañar to accompany 7

aconsejar to advise 8

el acontecimiento event

acordarse (o > ue) de to remember

acostar (o > ue) to put someone to bed 5

acostarse (o > ue) to go to bed 5

acostumbrarse a to become accustomed to

la actividad activity Pre.; **Mira/Miren la actividad . . .** Look at activity . . . Pre.

activo/a active, lively

el actor/la actriz actor 1

actual present-day, current

acuerdo: ¿De ~? Agreed? O.K.? 13

adecuado/a adequate

además besides 11

Adiós. Good-by. Pre.

la adivinanza guessing game

adivinar to guess

la admisión admission

¿Adónde? Where? (with verb of motion); **¿~ vas?** Where are you going? 3

adorar to adore

adquirir to acquire

adquisitivo: el poder ~ purchasing power

la aduana customs 7; **el/la agente de aduanas** customs official

la aerolínea airline 7

el/la aeromozo/a flight attendant

el aeropuerto airport 7

afectar to affect

afeitar: la crema de~ shaving cream 2

afeitarse to shave 4

la afición liking, fondness

el/la aficionado/a enthusiast, fan

el afiche poster

afirmar to state, assert

agarrar to seize, grab 18

la agencia de viajes travel agency 3

el/la agente: ~ de aduanas customs official; **~ de viajes** travel agent 1

agradable pleasant

agredir to assault, attack

agresivo/a aggressive 15

agrícola agricultural

el agua (*f.*) water 8; **~ de colonia** cologne 2; **~ dulce** fresh water; **~ potable** drinking water; **~ salada** salt water

el aguacate avocado

el agujero hole

ahora now; **~ mismo** right now 11

ahorrar to save

el aire acondicionado air conditioning 11

al aire libre outdoors

aislado/a isolated

el ajedrez chess 9; **jugar (al) ajedrez** to play chess 9

el ajo garlic 12

ajustar to adjust; to fasten

al + *inf.* upon + *-ing* 15

el ala (*f.*) wing

el albergue hostel

el álbum (de fotos) (photo) album 16

alcanzar to reach

la alcoba bedroom

alcohólico/a alcoholic

la alconafta fuel made of sugar cane

alegrarse de to be happy about 9

la alegría happiness

la alfombra rug 8

algo something 6; **¿~ más?** Something/Anything else? 12; **Por ~ será.** There must be a reason. 17

el algodón cotton 5

alguien someone 6

algún/alguno/a/os/as some/any 7; **algunas veces** sometimes 12

aliviar to alleviate

el alivio relief

allá over there 4

allí there 4

el alma (*f.*) soul

el almacén department store

almorzar (o > ue) to have lunch 5

el almuerzo lunch

¿Aló? Hello? 7

el alojamiento lodging, accommodation

alquilar to rent 8

el alquiler the rent 8

alrededor around

alternar to alternate

el altiplano high plateau

alto/a tall 3

alucinar to hallucinate; **me alucina** it really surprises me

el/la alumno/a student

alzar to raise

el ama de casa (*f.*) housewife 1

amable nice 15

el/la amante lover (usually negative) 17

amar to love 7

amargo/a bitter

amarillo/a yellow 5

ambicioso/a ambitious 15

el ambiente atmosphere; **el medio ~** the environment 15

ambos/as both

la ambulancia ambulance 11

ambulante: una enciclopedia ~ a walking encyclopedia 14

el/la amigo/a friend

la amistad friendship

la amnesia amnesia

el amor love; **¡Por ~ de Dios!** For heaven's sake! (literally, "For the love of God!") 8

amueblado/a furnished 8

amueblar to furnish

el analfabetismo illiteracy

anaranjado/a orange (color) 5

el/la anciano/a old man/woman

andar to go; to walk; to amble

andinismo; hacer ~ mountain climbing, mountaineering

andino/a Andean

la anexión annexation

la angustia anguish

el anillo ring 13

el aniversario anniversary

anoche last night 6

anotar to take notes, jot down

anteayer the day before yesterday 6

los anteojos eyeglasses 16

el/la antepasado/a ancestor

anterior former, previous, front part

antes before; **~ de (+** *inf.*) before + *-ing*; **~ que nada** before anything else 16

el antibiótico antibiotic 11

el anticonceptivo contraceptive

el anticuerpo antibody

antiguo/a ancient, antique

la antigüedad antiquity, ancient times

antipático/a unpleasant; disagreeable 3

la antorcha torch

anunciar to advertise; announce

el anuncio advertisement, notice, announcement

añadir to add 9; to increase

el año year 1; **~ Nuevo** New Year's Day; **~ pasado** last year 6; **~ que viene** next year; **cumplir años** to have a birthday 4

apagar to turn off 11

aparecer to appear

apartado/a remote

el apartamento apartment 8

aparte separate

la apatía apathy

apático/a apathetic, indifferent

el apellido: el primer apellido first last name (father's name) 1; **el segundo apellido** second last name (mother's maiden name) 1

apoyar to support

el apoyo support

apreciado/a esteemed

apreciar to value, appreciate

aprender to learn 3

aprovechar to make use of, take advantage of

la apuesta bet, wager

apuntar to jot down

el apunte note; annotation; **tomar apuntes** to take notes

el apuro: sacar de un apuro (a alguien) to get (someone) out of a jam 13
aquí here 4
la araña spider
el árbol tree
el arca treasure chest, coffer
el arco arch
el área/prefijo/código/indicativo area code 7
el arete earring 13
el argumento argument (reasoning); plot
el armario closet 8
el/la arqueólogo/a archaeologist
el/la arquitecto/a architect
arrancar to start the car 11
arreglar to fix; to arrange 9; **~ el carro** to fix the car 9
el arreglo arrangement
arriba above, up
arrojarse to throw oneself
el arroz rice
arrullarse to cuddle
la artesanía craftsmanship, handicraft
el artículo article
el/la artista artist 17
la arveja pea 12
el ascensor elevator
asegurar to assure
el asesinato murder
así like this/that 13
el asiento seat 7
la asignatura subject (school)
asimilarse to assimilate
asimismo likewise
asistir a to attend (class, church, etc.) 6
asociar to associate
asomar to appear
el asombro amazement, astonishment
la aspiradora vacuum cleaner 8
la aspirina aspirin 11
el asunto matter, subject
asustado/a frightened
asustarse to be frightened
atar to tie
el/la atleta athlete 1
atraer to attract
atrás back, behind, rear
atrasar to slow down, delay; to be late

atravesar to cross
aumentar to increase
el aumento increase
aun even
aún still, yet
aunque although
el auto car 6
el autobús bus 6
la autopista freeway, expressway 12
el autorretrato self-portrait
auxilios: primeros ~ first aid
avanzado/a advanced
el ave (*f.*) bird; poultry 12
la avenida avenue
la aventura adventure; **~ amorosa** (love) affair 17
averiguar to find out (about)
el avión airplane 6; **por avión** air mail
avisar to advise; to inform
el aviso sign
ayer yesterday 6
la ayuda help
el/la ayudante helper, assistant
ayudar to help 7; **~ a +** *inf.* to help + *inf.*
la azafata female flight attendant
el azafrán saffron
el azúcar sugar
azul blue 5

la baba: caérsele ~ (a alguien) to drool/dote (over someone)
la bahía bay
bailar to dance 2
el bailarín/la bailarina dancer
el baile dance
bajar to go down; **~ de** to get off 13
bajo/a short (in height) 3; low (voice)
el bajo first floor
el balcón balcony
el balneario seaside resort
el/la balsero/a rafter (person)
el banano banana; banana tree
el banco bank 3; bench
la banda band 12
el bandoneón concertina, type of accordion
la bandurria lute-like instrument
bañarse to bathe 4

la bañera bathtub 8
el baño bathroom 7; **el traje de baño** bathing suit 5
barato/a cheap, inexpensive 5
la barba beard 4
barbaridad: ¡Qué ~ ! How awful!
el barco ship, boat 6
el barrio neighborhood
basado/a based
basar to base
¡Basta (de . . .) ! (That's) enough (. . .) ! 14
bastante enough
bastardilla: en ~ in italics
la basura garbage, waste 15; **sacar ~** to take out the garbage
la batalla battle
la batata sweet potato
el bate bat 10
la batería battery 11; drums 12
la batidora blender
el baúl trunk 11
beber to drink 2
la bebida drink 12
la beca scholarship
el béisbol baseball
la belleza beauty
bello/a beautiful; **bellísimo/a** very beautiful 6
besar to kiss 17
el beso kiss 17
la biblioteca library 3
la bicicleta bicycle 6
el bidé bidet 8
bien O.K.; well Pre.
bienvenido/a welcome
el bigote mustache 4
bilingüe bilingual
el billar billiards 9
el billete bill (paper money) 14; ticket
la biología biology 2
el bistec steak 12
blanco/a white 5; **blanco y negro** black and white 16
blando/a soft 16
el bloque block
la blusa blouse 5
la boca mouth 4
la boda wedding 6
el bodegón still life 17
la bofetada a slap (on the face)
la bola: ~ de bolos bowling ball 10

el boleto ticket

el bolígrafo ball-point pen Pre.

los bolos bowling 10

la bolsa stock exchange; bag

el bolso: ~ de mano hand luggage 7

bonito/a pretty 3

boquiabierto: dejar ~ (a alguien) to leave (someone) dumbfounded 16

bordado/a embroidered

borracho/a drunk 3

borrar to erase

borroso/a blurry

el bosque woods 12; **~ pluvial** rain forest

el bosquejo outline

bostezar to yawn

la bota boot 5

la botánica store that sells herbs, candles, books, and religious articles (Puerto Rico, Cuba)

la botella bottle

el botones bellboy 7

el boxeo boxing 10

el brazalete bracelet

el brazo arm 4

breve brief

brindar to toast

el brindis toast

la brisa breeze

el broche brooch 13

el/la bromista joker (person)

el bronce bronze, brass

el/la brujo/a witch

la brújula compass

bueno/a good 3; **es ~** it's good 8; **Buenas noches.** Good night. Good evening. Pre.; **Buenas tardes.** Good afternoon. Pre.; **Buenos días.** Good morning. Pre.

buscar to look for 6

la búsqueda search

el buzón mailbox 10

el caballero gentleman

el caballo horse 15

la cabeza head 4

la cabina cabin

cabo: al fin y al ~ after all

cada each, every; **~ loco con su tema** to each his own (literally, "each crazy person with his own theme") 18

la cadena chain 13; network

caer to fall; to drop 13; **caérsele un empaste** to lose a filling 14; **Me cae (la mar de) bien.** I like him/her a lot. 15; **Me cae mal.** I don't like him/her. 15

el café coffee 2

la cafetera coffeepot 8

la cafetería cafeteria, bar, short-order restaurant 1

la caída fall, drop

el caimán alligator

la caja cashier's desk 14; box

el/la cajero/a cashier 14

la calabaza gourd

el calcetín sock

la calculadora calculator 2

el cálculo calculus

la calefacción heat (house) 8

el calendario calendar

cálido/a warm, hot

caliente warm

¡Calla! Quiet!

callado/a quiet, silent

callarse to be silent, keep quiet

la calle street 8

calor: hace ~ it's hot 4; **tener ~** to be hot 5

calvo/a bald

los calzoncillos/calzones men's/women's underwear

la cama bed 2

la cámara camera 2; **~ de video** video camera 16

el/la camarero/a waiter/waitress 1

cambiar to change; **~ de papel** to switch roles; **~ (dinero)** to exchange, to change (money) 14; **cambiando de tema** changing the subject 10

el cambio exchange rate; change 14; exchange; **cambio de raíz** stem change; **en cambio** in exchange; on the other hand; instead

los cambios gears (car); **con cambios** manual (transmission)

el camello camel

caminar to walk 2

la caminata walk, stroll

el camino road, path

el camión truck 6

la camisa shirt 5

la camiseta T-shirt 5

la campana bell

el campeón/la campeona champion 10

el campeonato championship

el/la campesino/a peasant, farmer

el campo countryside 12; field; **~ de fútbol** soccer field

el canal de televisión TV channel

la canasta basket

la canción song

la cancha (tennis, basketball) court

la candela fire, heat; **encender ~** to start a fight (literally, "to light the candle")

la canica marble (for games)

cansado/a tired 3

el cansancio fatigue, tiredness, weariness

el/la cantante singer

cantar to sing 2

la cantidad quantity

el canto singing, song

la caña (de azúcar) (sugar) cane

la capa de ozono ozone layer

el caparazón shell

capaz capable

la capital capital (city); **¿Cuál es ~ de . . . ?** What is the capital of . . . ? Pre.

el capítulo chapter

la cápsula capsule 11

la cara face 4; **Cuesta un ojo de ~.** It costs an arm and a leg. 5

el cardamomo cardamom

la carga load, cargo, burden

cargar to carry, transport

la caries cavity (dental) 14

el cariño affection 17; **cariño/a** dear (term of endearment) 17

la carne meat 12; **~ de res** beef 12

caro/a expensive 5; **Te va a salir caro.** It's going to cost you. 10

la carrera course of study; career; race

la carreta wagon, cart

el carrete (roll of) film 16

la carretera road, highway 12

el carro car 6

la carta letter 4; menu 12; **~ de recomendación** letter of recommendation 16

las cartas: jugar a ~ to play cards 9

el cartel poster

el/la cartero letter carrier 10

la casa house; home 3; **echar ~ por la ventana** to go all out (literally, "to throw the house out the window") 6

casado/a; está ~ (con) is married (to) 6

casarse (con) to marry; to get married (to) 6

el casco de bicicleta, moto, fútbol americano bicycle, motorcycle, football helmet 10

casi almost 11

la casilla box

caso: en ~ (de) que in case that

el cassette tape, cassette 2

las castañuelas castanets

el castillo castle

casualidad: Fue pura ~. It was by pure chance 16; **por (pura) ~** by (pure) chance 15

las cataratas waterfalls 12; cataracts (of the eyes)

catarro: tener ~ to have a cold 11

el/la cazador/a hunter

cazar to hunt

la cebolla onion 9

la cédula ID card

celebrar to celebrate

celos: tener ~ (de) to be jealous (of) 17

celoso/a: estar ~ (de) to be jealous (of) 17; **ser ~** to be jealous 17

la cena dinner

cenar to have supper/dinner

la ceniza ash

el centavo cent

el centenar hundred

centígrados centigrade/Celsius 4

cepillarse: ~ el pelo to brush one's hair 4; **~ los dientes** to brush one's teeth 4

el cepillo: ~ de dientes toothbrush 2; **~ de pelo** hairbrush 2

cerca de near 6

cercano/a near, close by

el cerdo pork 12; pig

el cerebro brain

cero zero 1

cerrado/a closed

la cerradura lock

cerrar (e > ie) to close 5; **Cierra/Cierren el libro.** Close your book. Pre.

certificado/a certified 10

la cerveza beer 2

el cetro scepter

el champán champagne

el champú shampoo 2

el chantaje blackmail

Chao. By. / So long. Pre.

la chaqueta jacket 5

el charango small, five-stringed guitar

la charla talk, conversation

charlar to chat, talk

Chau. By. / So long. Pre.

el cheque check; **~ de viajero** traveler's check 13

chévere: ¡Qué chévere! Great! (Caribbean expression) 12

el/la chico/a boy/girl 1

el chile chili pepper

la chimenea chimney

los chismes gossip 16

el chiste joke, funny story

chocar to crash 11

el chocolate chocolate, hot chocolate 14

el chofer driver, chauffeur 13

el chorizo sausage (pork, seasoned)

la chuleta chop 12

el churrasco steak (Argentina) 12

el churro Spanish cruller 14

el ciclismo cycling 10

el/la ciclista cyclist

cien one hundred 1

la ciencia science

cierto/a sure, certain, true; **es cierto** it's true 9; **por cierto** by the way

la cifra numeral

el cigarrillo cigarette

la cigüeña stork

el cine movie theater 3

la cinta tape, cassette 2

el cinturón belt; **~ de seguridad** seat belt 11

la cirugía surgery

la cita appointment; date 14; quote

la ciudad city 12; **~ universitaria** college campus

el/la ciudadano/a citizen

el clarinete clarinet 12

claro/a light 5; clear; **es claro** it's clear 9

Claro. Of course. 2; **¡ ~ que no!** Of course not!; **¡ ~ que sí!** Of course! 2

la clase lesson; class 3

clasificar to rate

la cláusula clause

el claustro cloister

clavar to fix upon; to nail down

el/la cliente client

el clima climate

cobarde cowardly 15

cobrar to charge; to collect

el cobre copper

cobro: llamada a ~ revertido collect phone call 7

la cocina kitchen 8; **~ eléctrica/ de gas** electric/gas stove 8

cocinar to cook 9

el/la cocinero/a cook

el coche car 6

el código area code (on telephone) 7; **~ internacional** country code (on telephone) 7; **~ postal** postal/zip code

el codo elbow 4

el cognado cognate

el cojín pillow, cushion

cola: hacer ~ to stand in line 10

coleccionar to collect 9; **~ estampillas** to collect stamps 9; **~ monedas** to collect coins 9

el colegio mayor dormitory 1

colgar (o > ue) to hang

la coliflor cauliflower 12

la colina hill 12

el collar necklace 13

el colmillo (elephant) tusk; canine tooth, eyetooth

colmo: para ~ to top it all off 11

colocado/a positioned, arranged

la colonia cologne 2; colony

el color color 5; **¿De qué color es?** What color is it? 5

combatir to combat, fight

el combustible fuel

la comedia comedy

el comedor dining room 8

comentar to comment on; to gossip

el comentario comment

comenzar (e > ie) to begin 5

comer to eat 2

la comida meal 7

el comienzo beginning, start

como like, as; ~ **consecuencia** as a consequence; ~ **resultado** as a result; ~ **si** as if

¿Cómo? What? / What did you say? 1; ¿ ~ **estás/está?** How are you (informal/formal)? Pre.; ¿ ~ **que . . . ?** What do you mean . . . ? 7; ¿ ~ **se dice en español?** How do you say in Spanish? Pre.; ¿ ~ **se escribe?** How do you spell? Pre.; ¿ ~ **se llama (usted)?** What's your name? (formal) Pre.; ¿ ~ **se llega a . . . ?** How do you get to . . . ?; ¿ ~ **te llamas?** What's your name? (informal) Pre.

la cómoda chest of drawers 8

cómodo/a comfortable

el/la compañero/a companion; partner

la compañía comercial company, business

comparar to compare

compartir to share

completar to fill out; to complete, finish

comprar to buy 2

comprender to understand Pre.

comprensivo/a understanding

comprobar (o > ue) to check

comprometido/a: estar ~ to be engaged 17

el compromiso engagement (for marriage) 17

la computadora computer 2

común common; **en ~** in common

la comunidad community

con with 3; ~ **cuidado** carefully; ~ **frecuencia** frequently, often 12; ~ **mucho gusto** with pleasure; ¿ ~ **quién vas?** With whom are you going? 3; ~ **tal (de) que** provided that 16

la concordancia concordance, harmony

concordar (o > ue) to agree

el concurso contest

conducir to drive 11

conectar to connect

la conferencia lecture, talk

la confianza confidence

conforme ~ a according to

el congelador freezer 8

el conjunto group (musical) 12; outfit

conmover (o > ue) to move, affect, touch

conocer to know (a person/place/thing) 4; **dar a ~** to make known 17

conocido/a known

el conocimiento knowledge

la conquista conquest

conquistar to win, conquer, overcome

la consecuencia consequence; **como consecuencia** as a consequence

conseguir (e > i, i) to get, obtain 13

el/la consejero/a counselor

el consejo advice 8

la conservación conservation 15

conservar to conserve, preserve; to take care of 15

consignar to list

consistir en to consist of

constante constant

constantemente constantly 9

constituido/a (de) made (of)

construir to build

consultar to consult

el consultorio doctor's office 14

el consumidor consumer

el consumo consumption

la contaminación contamination, pollution 15

contar (o > ue) to tell; to count 6

contemporáneo/a contemporary

el contenido content

contento/a happy 3

el contestador automático answering machine

contestar to answer 6; **(Ana), contéstale a (Vicente) . . .** (Ana), answer (Vicente) . . . Pre.

continuamente continually 9

continuar to continue 12

contra: estar en ~ to be against

contradecir to contradict

la contraoferta counteroffer

contratado/a hired

contratar to contract, hire 16

la contratapa inside cover

el contrato contract 16

convencer to convince

conversar to converse, talk

convertir (e > ie, i) to convert; to become

la copa stemmed glass, goblet; ~ **Mundial** World Cup (soccer)

la copia copy 17

el corazón heart 17

la corbata tie 5

el cordero lamb 12

corregir (e > i, i) to correct

el correo post office; mail 10

correspondiente corresponding

correr to run 2

la corrida de toros bullfight

cortar to cut 9

la cortina curtain

corto/a short (in length) 3

la cosa thing

coser to sew 9

la costa coast 12

costar (o > ue) to cost 5; **Cuesta un ojo de la cara.** It costs an arm and a leg. 5

la costumbre custom, habit

cotidiano/a daily

la cotorra small parrot, parakeet

crear to create

crecer to grow

creciente growing, increasing

el crecimiento growth

crédito: la tarjeta de ~ credit card 14

creer to believe 7

la crema de afeitar shaving cream 2

criar to breed, rear, raise

el croissant croissant 14

el crucero cruise

el crucigrama: hacer crucigramas to do crossword puzzles 9

la cruz cross

cruzar to cross (the street) 13

la cuadra city block 13

el cuadrado square

el cuadro painting 17; **de cuadros** plaid 5

¿Cuál? Which? 1; ¿ ~ **es tu/su número de . . . ?** What is your . . . number? 1; ¿ ~ **es la capital**

de . . . ? What is the capital of . . . ? Pre.

cualquier any; whichever

cuando when; **de vez en ~** once in a while, from time to time 12

¿Cuándo? When? 2

¿Cuánto? How much?; **¿~ cuesta/n . . . ?** How much is/are . . . ? 5

¿Cuántos? How many?; **¿~ años tiene él/ella?** How old is he/she? 1

la cuaresma Lent

el cuarto room 8; **~ de hora** quarter (of an hour) 5; **~ de servicio** maid's room 8

cuarto/a fourth 8

cuatrocientos four hundred 6

el cuatro four-stringed guitar used in Andean and Caribbean music

los cubiertos silverware 9

cubrir to cover 12

la cuchara spoon 9

la cucharada spoonful

el cuchillo knife 9

el cuello neck

la cuenta check; account; bill; **~, por favor.** The check, please. 12; **darse cuenta de algo** to realize something 7; **tener en cuenta** to take into account, bear in mind

el cuento story

cuerdo/a sane

el cuero leather 5

el cuerpo body 4

el cuestionario questionnaire

el cuidado care; **con cuidado** carefully; **tener cuidado** to be careful

cuidar to care for, take care of; **~ plantas** to take care of plants 9

culpable guilty

culpar to blame

cultivado/a cultured, cultivated

la cumbre summit, height

el cumpleaños birthday 4; **Feliz cumpleaños.** Happy birthday.

cumplir ~ años to have a birthday 4

el/la cuñado/a brother-in-law/ sister-in-law 6

el cura priest

curar to cure, treat

la curiosidad curiosity; indiscretion; question

el curriculum (vitae) résumé, curriculum vitae 16

cursar to study, take

cursi overly cute; tacky, in bad taste 12

el curso course

la dama: la primera dama first lady

danés: gran ~ great dane

la danza dance

el daño damage, harm

dar to give 6; **~le a alguien las gracias** to thank someone 18; **~ a conocer** to make known 17; **~ de comer** to feed; **~ un paseo** to take a walk; **~le la vuelta** to turn over 9; **~ una excusa** to give an excuse: **~ una vuelta** to take a ride; to go for a stroll/walk 15; **~ vergüenza** to make ashamed; **~se cuenta de algo** to realize something 7

el dato fact, piece of information

de of; from 1; **¿~ acuerdo?** O.K.?, Agreed? 13; **~ compras** shopping; **~ cuadros** plaid 5; **¿~ dónde eres?** Where are you from? (informal) Pre.; **~ espaldas** back-to-back; **~ lunares** polka-dotted 5; **~ nada.** You're welcome. Pre.; **(~ parte) ~ . . .** It/This is . . . (on telephone) 7; **¿~ parte de quién?** May I ask who is calling? 7; **¿~ qué color es?** What color is it? 5; **¿~ qué material/tela es?** What material is it made out of? 5; **~ quien** about whom; **¿~ quién/es?** Whose? 2; **~ rayas** striped 5; **~ repente** suddenly; 6; **~ segunda mano** secondhand, used 8; **~ súbito** suddenly; **¿~ veras?** Really? 2; **~ vez en cuando** once in a while, from time to time 12

debajo de below 6

deber to owe; **~ + inf.** ought to/should + v. 4

debido/a due; **debido a** due to, because of

el/la decano/a dean

decidir to decide 6

décimo/a tenth 8

decir to say; to tell 5; **¿Cómo se dice . . . en español?** How do you say . . . in Spanish? Pre.; **Diga. / Dígame.** Hello? (on telephone) 7; **Dile a . . .** Tell . . . Pre.; **¡No me diga/s!** No kidding! 5; **¿Qué quiere ~ . . . ?** What does . . . mean? Pre.; **Se dice que . . .** They/People say that . . . 5

declararse a alguien to propose (marriage) to somebody

el dedo finger 4; **~ meñique** little finger; **~ del pie** toe 4

dejar to leave behind; to let, allow 6; **~ caer** to drop; **~ de + inf.** to stop, quit + -ing 10; **~ boquiabierto (a alguien)** to leave (someone) dumbfounded 16

del = de + el of

delante de in front of 6

deletrear to spell

delgado thin 3

demás remaining, rest

demasiado too much 3

democrático/a democratic

el demonio demon

¡Demonios! Damn! What the devil!

demorar to take (time), delay

demostrar (o > ue) to demonstrate

el/la dentista dentist 1

dentro: ~ de in, inside; **~ de poco** in a while

el departamento department; apartment

depender de to depend on

el deporte sport 10

el/la deportista athlete

el depósito security deposit 8

la derecha right-hand side; **a ~ de** to the right of 6

el derecho right; law; **~ penal** criminal law

derecho: seguir ~ to keep going straight 13

el derrame de petróleo oil spill

desafiante defiant

desafortunadamente unfortunately

la desaparición disappearance

desarrollado/a developed
desarrollar to develop
el desastre disaster
desayunar/se to have breakfast 4
el desayuno breakfast 7
descansar to rest
descartable disposable
el/la descendiente descendant
desconocido/a unknown
describir to describe
la descripción description
el descubrimiento discovery
descubrir to discover
el descuento discount
desde since, from; ~ **hace** for
(time duration); ~ **. . . hasta** from
. . . until; ~ **luego** of course
desdeñoso/a disdainful, scornful
deseable desirable
desear to want; to desire 3
el desecho waste
el desempleo unemployment 16
desenterrar to unearth, dig up
el deseo wish, desire
desesperado/a desperate
desfilar to march
el desfile de modas fashion show
el desierto desert
desnudo/a naked
el desodorante deodorant
el desorden disorder
despacio slow, slowly; **Más ~, por
favor.** More slowly, please. Pre.;
¿Puede hablar más ~, por favor?
Can you speak more slowly, please?
7
la despedida farewell
despedir (e > i, i) to fire 16; ~**se**
to say good-by
despejado/a clear, sunny; spacious
el desperdicio waste
despertar/se (e > ie) to wake
someone up/to wake up 5
después after 3; ~ **de que** after
15
destacarse to stand out, be
outstanding
el destierro exile
el destino destination; destiny 7
destrozado/a ruined, destroyed
la destrucción destruction 15
destruido/a destroyed
destruir to destroy 15
desvelado/a watchful, careful

la desventaja disadvantage
el detalle detail
detener to detain
detenidamente thoroughly
determinado/a specific
detrás de behind 6
la deuda debt
el/la deudor/a debtor
devolver (o > ue) to vomit 11; to
return, send back
el día day; **Buenos días.** Good
morning. Pre.; **hoy (en) día**
today; nowadays 12; **ponerse al
día** to bring up to date; **todos los
días** every day 3
el diablo devil
el diálogo dialogue
el diamante diamond 13
la diapositiva slide 16
diario/a daily
el diario diary, journal
diarrea: tener ~ to have diarrhea
11
dibujar to draw 17
el dibujo drawing, sketch 17
el diccionario dictionary 2
el dicho saying
el dictado dictation
el diente tooth 4; ~ **de ajo**
clove of garlic; **cepillarse los
dientes** to brush one's teeth 4;
la limpieza de dientes teeth
cleaning 14; **la pasta de dientes**
toothpaste 2
la diferencia difference; **a
diferencia de** unlike; in contrast
to
diferente different; ~ **de** different
from
difícil difficult
difundir to broadcast
el dinero money 2; ~ **en efectivo**
cash 14
el/la dios/a god/goddess; **¡Por el
amor de Dios!** For heaven's sake!
(literally, "For the love of God!") 8
la dirección address 1
directamente directly
el/la director/a director 1
dirigido/a directed
el disco record 2; ~ **compacto**
compact disc 2
discutir to argue; to discuss
el/la diseñador/a designer

disfrutar to enjoy
disminuir to lessen, lower, reduce
disparar to fire, shoot
disponible available
disputarse to argue
la distancia distance; **larga
distancia** long distance 7
el distrito district
diurno/a diurnal, daytime
diversificar diversify
la diversión amusement,
entertainment, recreation
divertido/a entertaining, amusing
divertirse (e > ie > i) to have fun
5
divinamente divinely 9
divino/a divine, wonderful
divorciado/a: está ~ (de) is
divorced (from) 6
divorciarse (de) to get divorced
(from) 17
el divorcio divorce 17
doblado/a dubbed (movie)
doblar to turn 13; to fold
doble: la habitación ~ double
room 7
el/la doctor/a doctor 1
el documental documentary
doler (o > ue) to hurt 10
el dolor ache, pain; ~ **de muela**
toothache 14
doloroso/a painful
doméstico/a domestic
el domicilio residence
domingo Sunday 2; **el ~** on
Sunday 2; **los domingos** on
Sundays 2
don/doña title of respect used
before a man/woman's first name
donde where
¿dónde? where?; **¿~ estás?**
Where are you? 3; **¿De ~ eres?**
Where are you from? (informal)
Pre.; **¿De dónde es Ud.?** Where
are you from? (formal) Pre.
dorado/a gilded, covered with gold
dormir (o > ue, u) to sleep 5
dormirse (o > ue, u) to fall asleep
5
el dormitorio bedroom 8
doscientos two hundred 6
dramático/a dramatic
la droga drug
la ducha shower 8

ducharse to take a shower 4
duda: no hay ~ (de) there is no doubt 9
dudar to doubt 9
dudoso: es ~ it's doubtful 9
el/la dueño/a de un negocio owner of a business 1
dulce sweet 14
el dulce: ~ de leche custard cream
durante during
durar to last
el durazno peach
duro/a hard 16; **huevo duro** hard-boiled egg 14

e and (before *i* or *hi*)
echar to throw; to put in, add; to throw out; **~ de menos** to miss (someone or something) 10; **~ la casa por la ventana** to go all out (literally, "to throw the house out the window") 6; **~ el mal de ojo** to put a curse ("the evil eye") on
la ecología ecology 15
la economía economics 2; economy
el/la economista economist 1
el ecuador equator
la edad age; **~ Media** Middle Ages
el edificio building 8
la editorial publisher
el (dinero en) efectivo cash 14
efectuar to carry out
ejecutar to execute
ejemplar exemplary, model
el ejemplo example; **por ejemplo** for example
el ejercicio exercise Pre.; **Mira/Miren el ejercicio . . .** Look at exercise . . . Pre.
el ejército army
el ejote green bean
el the (*m. sing.*) 2
él he 1
la electricidad electricity 8
los electrodomésticos appliances 8
el elefante elephant 15
elegir (e > i > i) to choose, select
ella she 1
ellos/as they 1

embarazada pregnant 11
embarazoso/a embarrassing
embargo: sin ~ however, nevertheless 12
el embrague clutch 11
la emergencia emergency
la emisora radio station
empacar to pack
el empaste filling 14; **caérsele un empaste** to lose a filling 14
el emperador emperor
empezar (e > ie) to begin 5
el/la empleado/a employee; **~ (de servicio)** maid 7
emplear to employ, use
el empleo job/position; employment 16
la empresa enterprise; company
en in; on; at; **~ barco/tren/etc.** by boat/train/etc. 6; **~ cuanto** when, as soon as; **~ general** in general; **~ lugar de** instead of, in place of; **~ peligro** in danger 15; **¿~ qué página, por favor?** What page please? Pre.; **¿~ qué puedo servirle?** How can I help you?; **~ realidad** really, actually; **~ seguida** at once, right away 17; **~ sus/tus propias palabras** in his/her/your own words
enamorado/a in love 3
enamorarse (de) to fall in love (with) 17
Encantado/a. Nice to meet you. 1
encantador/a enchanting, delightful
encantar to like a lot, love 10
encargar to entrust
encender (e > ie) to light, to ignite; **~ la candela** to start a fight (literally, "to light a candle")
encendido/a lit
encerrar (e > ie) to lock up, confine
las encías gums
enciclopedia: una ~ ambulante a walking encyclopedia 14
encima de on top of 6
encontrar (o > ue) to find 5
encontrarse con (alguien) (o > ue) to run into (someone)
el encuentro encounter, meeting
la encuesta inquiry, poll
el enchufe socket; plug

la energía energy; **~ nuclear** nuclear energy 15; **~ solar** solar energy 15
enfadarse to get angry
enfermarse to become sick
la enfermedad sickness, illness 11
el/la enfermero/a nurse
enfermo/a sick 3
enfilado/a in rows
enfocar to focus 16
el enfoque focus 16
enfrente de facing, across from 6
enfurecerse to become enraged, angry
el enlace link, connection
enmudecer to become silent 18
enojado/a angry, mad 3
enojarse to become angry
la ensalada salad 9
ensangrentado/a stained with blood
ensayar to rehearse
el ensayo essay
enseñar to teach; to indicate, point out
entender (e > ie) to understand 5; **No entiendo.** I don't understand. Pre.
enterarse to find out, learn
el entierro burial
entonces then 1
la entrada entrance ticket 13; entrance
entrar (en) to enter 6
entre between, among
entregar to give, deliver
entrenar to train
entretener to entertain
la entrevista interview 16
el/la entrevistador/a interviewer
entrevistar to interview
entristecer to sadden
el envase container
enviado/a sent
la época time, season
el equipaje luggage 7
el equipo team; equipment, gear 10
equivocado: el número ~ wrong (phone) number 7
equivocarse to be wrong, make a mistake

la escala stop 7; **hacer escala** to make a stop 7

escalar to climb

la(s) escalera(s) stair(s), staircase 13

escalofríos: tener ~ to have the chills 11

escasear to be scarce

la escena scene 17

el/la esclavo/a slave

la esclusa lock (canal gate)

escoger to choose, select 8

escondido/a hidden

escribir to write 2; **~ cartas/ poemas** to write letters/poems 9; **Escribe./Escriban.** Write. Pre.

el/la escritor/a writer

el escritorio desk 2

la escritura writing

escuchar to listen 2; **Escucha./ Escuchen.** Listen. Pre.

la escuela school 3; **~ primaria** elementary school; **~ secundaria** high school

el/la escultor/a sculptor 17

la escultura sculpture 17

el esfuerzo effort

la esmeralda emerald 13

eso that 4; **por ~** therefore 2; that's why 15

el espacio blank, space

la espada sword

la espalda back 4; **de espaldas** back-to-back

el esparcimiento amusement

los espárragos asparagus 12

la especia spice

especial special

la especie species

específico/a specific

el espejo mirror 8; **~ retrovisor** rearview mirror 11

la esperanza hope 8

esperar to wait (for); to hope (for) 7

el espíritu spirit

el/la esposo/a husband/wife 6

el esqueleto skeleton

el esquema diagram; sketch; outline

el esquí skiing; ski

esquiar to ski 2

los esquíes: ~ de agua water skis 10; **~ de nieve** snow skis 10

la esquina corner 13

esta this; **~ manana/tarde/noche** this morning/afternoon/evening 2

estable stable

establecer to establish

la estación season 4; station

estacionar to park

el estadio stadium 10

las estadísticas statistics

el estado state; **~ civil** marital status

la estampilla stamp 10

el estante shelf 8

estar to be 3; **~ a dieta** to be on a diet; **~ celoso/a (de)** to be jealous (of) 17; **~ comprometido/a** to be engaged 17; **~ de acuerdo (con)** to agree (with); **~ en** to be in/at 3; **~ embarazada** to be pregnant; **~ enamorado/a (de)** to be in love (with) 17; **~ listo/a** to be ready 3; **~ loco/a** to be crazy 3; **~ mareado/a** to be dizzy 11; **~ resfriado/a** to have a cold 11; **~ seguro/a (de)** to be sure (of) 9; **está casado/a (con)** is married (to) 6; **está divorciado/a (de)** is divorced (from) 6; **está nublado** it's cloudy 4; **¿Está . . . , por favor?** Is . . . there, please? 7

la estatua statue 17

el este east 12

el estéreo stereo 2

el esteroide steroid

el estilo style

estimado/a esteemed, respected

estimar to estimate

el estómago stomach 4

estornudar to sneeze 11

la estrategia strategy

la estrella star

el estreno debut

la estrofa stanza

el/la estudiante student 1

estudiar to study 2

el estudio study

la estufa stove 8

estúpido/a stupid 3

la etapa stage

étnico/a ethnic

evidente; es ~ it's evident 9

evitar to avoid

exactamente exactly

el examen examination; test

exceder to exceed

excéntrico/a eccentric

la excursión excursion, side trip 13

la excusa excuse

exento/a exempt

la exhibición exhibition 17

exigente demanding

existir to exist

éxito: tener ~ to be successful

el éxodo exodus

la experiencia experience 16

la explicación explanation

explicar to explain 6

la exposición exhibition 17

la expresión expression

expulsar to expel, throw out

externo/a external, outside

la extinción extinction 15

extraer to extract

extranjero/a foreign

el/la extranjero/a foreigner

extrañar/se to miss; to find strange

extraño/a strange

la fábrica factory 15

fácil easy

fácilmente easily 9

la facultad school of a university

la falda skirt 5

la falla fault line

fallecer to die

falso/a false

la falta lack

faltar to lack; to be missing 10

la familia family 3

famoso/a famous

fantasía: de ~ costume (jewelry) 13

el fantasma ghost

fantástico/a fantastic, great; **es ~** it's fantastic 9

la farmacia pharmacy, drugstore 3

fascinar to like a lot; to fascinate 10; **¡Me fascina/n!** I love it/them! 5

favor: por ~ please 1

favorito/a favorite

la fecha date 4

la felicidad happiness

felicitar to congratulate

feliz happy 17; ~ **cumpleaños.**
  Happy birthday.
feo/a ugly 3
la fianza security deposit 8
la ficción fiction
la ficha record card, index card
la fiebre fever 11; **tener fiebre**
  to have a fever 11
fiel faithful, loyal
la fiesta party
la figura figure
la fila row, line
el filete fillet; sirloin 12
el fin end; ~ **de semana** weekend
  2; **al fin y al cabo** after all; **por fin**
  at last 7
el final ending; **al final de** at the
  end of
finalmente finally
fino/a fine, elegant
la firma signature 14
firmar to sign 14
flaco/a skinny 3
flamenco/a Flemish; Spanish dance
el flan Spanish egg custard 12
el flash flash (in photography) 16
la flauta flute 12
el flautín piccolo
la flor flower
el flujo flow, stream
fobia: tenerle ~ a . . . to have a fear
  of . . . ; to hate . . . 14
el folleto brochure, pamphlet
fomentar to promote, foster,
  encourage
el fondo bottom; background
forjar to forge, shape, make
formado/a formed
formar to form
el formulario form
fornido/a robust, stout
la foto(grafía) photograph;
  photography; **sacar fotos** to take
  pictures 16
el fracaso failure
la fractura fracture, break 11
franco/a frank, candid
la frase phrase
frecuencia: con ~ frequently, often
  12
frecuente frequent
frecuentemente frequently 9
el fregadero kitchen sink 8
freír (e > i, i) to fry 9

el freno brake 11
la fresa strawberry 14
fresco/a fresh; cool; **Hace fresco.**
  It's chilly. 4
frío/a cold; **hace frío** it's cold 4;
  tener frío to be cold 5
el frijol bean 12
frito/a fried 14; **los huevos fritos**
  fried eggs 14
la frontera border
frustrado/a frustrated
frustrante frustrating
la fruta fruit 9
el fuego fire
la fuente fountain; source
fuerte strong
la fuerza strength, power, force
Fulano, Mengano y Zutano Tom,
  Dick, and Harry 8
fumar to smoke 7; **la sección de
  (no) ~** (no) smoking section 7
funcionar to function, work, run
el/la fundador/a founder
funerario/a funeral, funerary
el funicular cable car
el fusil rifle
el fusilamiento execution
el fútbol soccer; ~ **americano**
  football
el futuro future

las gafas eyeglasses 16; ~ **de sol**
  sunglasses 5
la galleta cookie; cracker 14
la gallina chicken 15
el gallo rooster
galopante runaway; galloping
el/la ganador/a winner
ganar to win; to earn 10; to gain
ganas: tener ~ de + *inf.* to feel like
  + *-ing* 6
la ganga bargain
el garaje garage 8
la garganta throat
el gas gas 8
la gaseosa soda
la gasolinera gas station
gastar to spend
los gastos expenses 8
el gato cat 15

el gemelo cufflink 13; twin
general: en ~ in general
generalmente generally 9
el/la genio genius
la gente people
el/la gerente manager
el gesto gesture
el/la gigante giant
la gira tour
el/la gitano/a gypsy
el/la gobernador/a governor
el/la gobernante person in power,
  ruler, governor
el gobierno government
el gol goal, point
gordo/a fat 3
gozar to enjoy
la grabación recording
el grabado etching
la grabadora tape recorder 2
grabar to record
Gracias. Thank you. Pre.; **Un
  millón de ~.** Thanks a lot. 4
gracioso/a funny
el grado degree; **Está a . . . grados
  (bajo cero).** It's . . . degrees
  (below zero). 4
graduarse to graduate
la gramática grammar
grande large, big 3; great
gratis free (money)
grave grave, serious
la gripe flu 11; **tener gripe** to
  have the flu 11
gris gray 5
gritar to shout, scream 6
el grupo group
**el guante de béisbol/boxeo/
  ciclismo** baseball/boxing/racing
  glove 10
guapo/a good-looking 3
guardar to keep, store
la guayabera specific style of men's
  shirt worn in the tropics
la guerra war
el/la guía guide; ~ **turístico/a**
  tour guide 13
el guión script
el güiro musical instrument made
  from a gourd
el guisante pea 12
la guitarra guitar 2
gustar to like, be pleasing 2; **me
  gustaría** I would like 3; **No me**

gusta/n nada. I don't like it/them at all. 5

el gusto taste; pleasure

haber to have (*aux. v.*) 13

había there was/there were 10

la habichuela green bean 12

la habitación room 2; **~ doble** double room 7; **~ sencilla** single room 7

el/la habitante inhabitant

habitar to inhabit

hablar to speak 2; **Habla . . .** It/This is . . . (on telephone) 7; **¿Puede hablar más despacio, por favor?** Can you speak more slowly, please? 7; **¿Quién habla?** Who is speaking/calling? 7; **Quisiera hablar con . . . , por favor.** I would like to speak with . . . , please. 7

hace (weather): **~ buen tiempo.** It's nice out. 4; **~ calor.** It's hot. 4; **~ fresco.** It's chilly. 4; **~ frío.** It's cold. 4; **~ mal tiempo.** It's bad out. 4; **~ sol.** It's sunny. 4; **~ viento.** It's windy. 4

hacer to do 2; to make; **~ caso (de)** to pay attention (to); **~ cola** to stand in line 10; **~ crucigramas** to do crossword puzzles 9; **~ escala** to make a stop 7; **~ punto** to knit; **~ rompecabezas** to do jigsaw puzzles 9; **hace tres días/meses/años** three days/months/years ago 12

hacia toward

el hall entrance hall 8

el hallazgo discovery, finding

el hambre hunger; **tener hambre** to be hungry 5

hasta until 6; **~ luego.** See you later. Pre.; **~ mañana.** See you tomorrow. Pre.; **~ que** until 15

hay there is/there are 4; **~ que +** *inf.* one/you must + *v.* 9; **No ~ de qué.** Don't mention it./You're welcome. 1; **no ~ duda (de)** there's no doubt 9

el helado ice cream 12

la hembra female

heredar to inherit

la herencia heritage

la herida injury, wound 11

el/la herido/a injured man/woman

herir to hurt, injure

el/la hermanastro/a stepbrother/sister 6

el/la hermano/a brother/sister 6

el hielo ice 10; **los patines de hielo** ice skates 10

el hierro iron

el/la hijastro/a stepson/daughter 6

el/la hijo/a son/daughter 6

hilar to spin (thread)

el hilo thread; theme; **~ dental** dental floss 14; **seguir ~** to follow (a story, train of thought)

hispano/a Hispanic

hispanoamericano/a Hispanic American

la historia history 2; story

el hogar home; fireplace, hearth

la hoja leaf; sheet (of paper)

Hola. Hi. Pre.

el hombre man; **~ de negocios** businessman 1

el hombro shoulder 4

el homenaje homage, tribute

honorífico/a honorable (title)

honrado/a honest 15

honrar to honor

la hora hour 5; **~ de salida** time of departure 7; **~ de llegada** time of arrival 7; **es ~ de +** *inf.* it's time + *inf.* 16; **No veo ~ de +** *inf.* I can't wait + *inf.* 17; **¿A qué hora . . . ?** At what time . . . ? 5; **¿Qué hora es?** What time is it? 5

el horario schedule

el horizonte horizon

el horno oven; **~ (de) microondas** microwave oven 8

el hospedaje lodging

hospedar to lodge, give lodging

el hospital hospital 3

el hostal inn

el hotel hotel 6

hoy today 2; **~ (en) día** today; nowadays 12

el hoyo hole

el huésped guest

el huevo egg 9; **los huevos (fritos, revueltos, duros)** (fried, scrambled, hard-boiled) eggs 14

humilde humble

el huracán hurricane

hurtar to hide

la ida one way; outbound trip 7

ida y vuelta round trip 7

la idea idea

la identidad identity

identificar to identify

el idioma language

la iglesia church 3

ignorante ignorant 15

igual equal, (the) same; **al ~ que** just like, whereas

Igualmente. Nice to meet you, too. / Same here. 1

ilimitado/a unlimited, boundless

la imagen image

imaginarse to imagine

impar odd (number)

el imperio empire

importante important; **es ~** it's important 8

importar to matter 10; **No importa.** It doesn't matter. 2

impresionante impressive

el impuesto tax 13

incaico/a Incan

incierto/a uncertain

incluido/a included

incluir to include

inca Incan; **el/la ~** Inca

el/la inculto/a uneducated person

indicar to indicate

el indicativo area code (on telephone) 7; **~ del país/código internacional** country code (on telephone) 7

el índice index

indígena indigenous, native

indio/a Indian 3; **el/la ~** Indian man/woman; **el/la indio/a americano/a** American Indian

inesperado/a unexpected

la inestabilidad instability

inexplicable unexplainable

el infarto heart attack

la infección infection 11

la influencia influence

influir to influence

el informe report

el/la ingeniero/a engineer 1

el inglés English language 2

ingresar to admit (as a patient)
los ingresos income, revenue
iniciar to initiate, start
la injusticia injustice
inmediatamente immediately 9
el inodoro toilet 8
inofensivo/a harmless
inolvidable unforgettable
instalar to install
las instrucciones instructions, directions; **Lee/Lean ~.** Read the instructions. Pre.
el instrumento instrument 12
integrar to make up, compose
inteligente intelligent 3
intentar to try
el intercambio exchange
interesar to interest
interno/a internal
interrumpir to interrupt
la introducción introduction
inútil useless
inventar to invent
el invernadero greenhouse
la inversión investment
invertir (e > ie, i) to invest
la investigación research
el invierno winter 4
la invitación invitation
el/la invitado/a guest
invitar to invite 7; to treat 17
la inyección injection 11
ir to go; **~ a +** *inf.* to be going to
. . . 2; **~ de compras** to shop; go shopping 5
irrespetuoso/a disrespectful
la isla island 12
el itinerario itinerary 13
la izquierda left-hand side; **a ~ de** to the left of 6

el jabón soap 2
jamás never
el jamón ham 9; **~ serrano** a country style of ham
el jarabe (cough) syrup 11
el jardín flower garden; lawn
la jardinería gardening 9
el/la jefe/a boss, chief
joven young 3
el/la joven youth, young person

las joyas jewelry
la joyería jewelry store
la judía verde green bean 12
el juego game; **~ electrónico/de video** electronic/video game 9
jueves Thursday 2; **el ~** on Thursday 2; **los jueves** on Thursdays 2
el/la juez judge
jugar (u > ue) to play (a sport or game) 5; **~se la vida** to risk one's life 11
el jugo juice 14
el juguete toy
el juicio trial
junto/a together
justo/a just, fair
la juventud youth

el kleenex Kleenex, tissue 2
el kilómetro kilometer

la the (*f. sing.*) 2
los labios lips 4
el lado side; **al lado de** beside 6; **por otro lado** on the other hand 14; **por todos lados** on all sides; **por un lado** on the one hand 14
ladrar to bark
el lago lake 12
la lágrima tear
la laguna lagoon, small lake
la lámpara lamp 2
la lana wool 5
la lancha boat, launch
el lápiz pencil Pre.
largo/a long 3; **a lo largo de** alongside; **larga distancia** long distance
las the (*f. pl.*) 2
lástima: es una ~ it's a shame/pity; **¡Qué lástima!** What a shame! 9
la lata: ~ de aluminio aluminum can
el lavabo bathroom sink 8
la lavadora washing machine 8
el lavaplatos dishwasher 8
lavar to wash 4
lavarse to wash up, wash (oneself) 4
leal loyal

la lección lesson
la leche milk
la lechuga lettuce 9
la lectura reading
leer to read 2; **Lee/Lean las instrucciones.** Read the instructions. Pre.
la lejía bleach
lejos de far from 6
la lengua tongue 4; language
la lenteja lentil 12
los lentes de contacto (blandos/duros) (soft/hard) contact lenses 16
el león lion 15
el letrero sign
levantar to lift
levantarse to stand up Pre.; to get up 4; **Levántate./Levántense.** Stand up. Pre.
la ley law
la leyenda legend
libre free (with nothing to do) 13
la librería bookstore 3
el libro book Pre.; **Abre/Abran el libro en la página . . .** Open your book to page . . . Pre.; **Cierra/Cierren el libro.** Close your book. Pre.
la licencia (de conducir) driver's license 11
ligero/a light (weight)
limitar con to border on
el limpiaparabrisas windshield wiper 11
limpiar to clean 8
la limpieza de dientes teeth cleaning 14
lindo/a pretty
la línea line; **~ aérea** airline 7
lío: ¡Qué lío! What a mess! 11
la lista list
listo/a: ser ~ to be clever 3; **estar ~** to be ready 3
la literatura literature 2
el litoral shore (of an ocean)
la llamada telephone call; **~ a cobro revertido/para pagar allá** collect call; 7; **~ de larga distancia** long-distance call 7; **~ local** local call 7
llamar to call; to phone
llamarse to be called; **Me llamo . . .** My name is . . . Pre.

la llanta tire 11
la llave key
llegada arrival 7; **la hora de ~** time of arrival 7
llegar to arrive 6; **~ con atraso** to arrive late 7
llenar to fill, fill out
lleno/a full
llevar to carry, take along; to wear 2; **llevarle la contraria a alguien** to disagree with someone 18; **llevarse bien/mal (con alguien)** to get along/not to get along (with someone) 15
llorar to cry 6
llover (o > ue) to rain 4; **Llueve.** It's raining. 4
la lluvia rain; **~ ácida** acid rain 15
lo que what (the thing that)
Lo siento. I'm sorry. 7
loco/a crazy 3; **~ de atar** stark raving mad; **cada loco con su tema** to each his own (literally, "each crazy person with his own theme") 18; **¡Ni ~!** Not on your life! 14
el/la locutor/a (radio/TV) commentator
lograr to get, obtain, achieve
los the (*m. pl.*) 2
las luces headlights 11; lights
la lucha fight, struggle
luego later; **desde ~** of course; **Hasta ~.** See you later. Pre.
el lugar place
lujoso/a luxurious
la luna moon; **~ de miel** honeymoon 6
lunares: de ~ polka-dotted 5
lunes Monday 2; **el ~** on Monday 2; **los lunes** on Mondays 2
la luz electricity, light 8

el macho male
la madera wood
la madrastra stepmother 6
la madre mother 1
la madrina godmother; maid of honor
maduro/a ripe
el/la maestro/a teacher; **la obra maestra** masterpiece 17

mago: los Reyes Magos the Three Wise Men
el maíz corn
mal lousy, awful Pre.; **el ~ de ojo** a curse ("the evil eye") 9
la maleta suitcase 7; **las maletas** luggage
malo/a bad 3
la mamá mom, mother 1
mami mom, mommy
mandar to send 6; to command
el mandato command
manejar to drive 7
la manera way, manner
la manga sleeve 5
el manicomio insane asylum
la mano hand 4; **de segunda mano** secondhand, used 8
el manojo bundle
la manta blanket
la mantequilla butter 14
mantener to maintain
la manzana apple; block (of buildings)
mañana tomorrow 2; **Hasta mañana.** See you tomorrow. Pre.; **la ~** morning 2
el mapa map
maquillarse to put on makeup 4
la máquina machine; **~ de afeitar** electric razor 2; **~ de escribir** typewriter 2; **~ de fotos** camera 16
el mar sea 12
la maravilla wonder, marvel
maravilloso/a wonderful
la marca brand
marcar to mark; to dial; **~ directo** to dial direct 7; **~ un gol** to score a goal/point
marchitar to wither, fade
mareado/a: estar ~ to be dizzy 11
el mariachi mariachi musician/group
el marido husband
la mariposa butterfly
los mariscos shellfish
el mármol marble (the stone)
marrón brown 5
martes Tuesday 2; **el ~** on Tuesday 2; **los martes** on Tuesdays 2
más more 2; **¿Algo ~?**

Something/Anything else? 11; **~ de** + *number* more than; **~ +** *n./adj./v.* **+ que** more . . . than; **~ o menos.** So-so. Pre.
mascar to chew
la máscara mask; costume
la mascota pet
matar to kill
el mate maté (tea, plant), maté vessel
las matemáticas mathematics 2
la materia class; subject; material
la matrícula license plate 11; tuition
matrimonial: cama ~ double bed
el matrimonio marriage
la mayonesa mayonnaise
mayor old 3; older 6; **la ~ parte de** most of
la mayoría majority
mediados middle, halfway through
mediano/a average
la medianoche midnight 5
las medias stockings; socks 5
la medicina medicine 11
el médico doctor 1
la medida measure, measurement
medio/a half; **media (hora)** half (an hour) 5; **La Edad Media** Middle Ages; **media pensión** breakfast and one meal included 7; **medio tiempo** part-time 16; **el medio ambiente** environment 15; **el medio de transporte** means of transportation; **en medio de** in the middle of
el mediodía noon 5
medir (e > i, i) to measure
mejor better 12; **a lo ~** perhaps 10; **es ~** it's better 8
mejorar to improve, better
el melocotón peach; peach tree
melón melon
la memoria memory
memorizar to memorize
mencionar to mention
menor younger 6
menos less; **~ de** less than; **a ~ que** unless 16; **por lo ~** at least 15
el mensaje message
el/la mensajero/a messenger
mensual monthly
la mente mind

mentir (e > ie, i) to lie 7
la mentira lie
el menú menu 12
menudo: a ~ often, frequently 12
meñique: el dedo ~ little finger
el mercadeo marketing
el mercado market
merecer to deserve, merit
la mermelada marmalade, jam, jelly 14
el mes month 4; **~ pasado** last month 6; **todos los meses** every month 12
la mesa table 2; **poner ~** to set the table 9
mestizo/a of mixed Indian and European blood
la meta goal
meter la pata to put one's foot in it, meddle, interfere
el método method
el metro subway 6
la mezcla mixture
mezclar to mix
mi/s my 1
el miedo fear; **tener miedo** to be scared 5
el miembro member
mientras while 11; **~ tanto** meanwhile 9
miércoles Wednesday 2; **el ~** on Wednesday 2; **los ~** on Wednesdays 2
mil one thousand 6
el milagro miracle
milagroso/a miraculous
la milla mile
un millón one million 6; **~ de gracias.** Thanks a lot. 4
el mínimo minimum
ministro/a: el/la primer/a ~ prime minister
la minoría minority
el minuto minute 5
mío/a mine 14; **el/la ~** mine 14
mirar to look (at) 2; **Mira/Miren el ejercicio/la actividad . . .** Look at the exercise/the activity . . . Pre.
la misa mass (church)
el/la mismo/a the same; **ahora mismo** right now 11
el misterio mystery

misterioso/a mysterious
la mitad half
mítico/a mythical
el/la mocetón/ona robust youth
la moda fashion, trend
los modales manners
el modelo model; **el/la modelo** (fashion) model
modificar to modify, alter
el modo manner, way
el mohín grimace, facial expression
el mole (poblano) black chili sauce
molestar to bother 10
momento: un ~ just a moment
la moneda currency; coin 14; **coleccionar monedas** to collect coins 9
la monja nun
el mono monkey 15
el monstruo monster
la montaña mountain 12
montar to ride; **~ en bicicleta** to ride a bicycle 10; **~ en carro** to ride in a car
morado/a purple 5
morder (o > ue) to bite
moreno/a brunet/te; dark-skinned 3
morir/se (o > ue, u) to die 7
el/la moro/a Moor; Moslem
la mosca fly
el mostrador check-in counter
mostrar (o > ue) to show
motivar to motivate
la moto/motocicleta motorcycle 6
el motor engine 11
el mozo waiter; young man
el/la muchacho/a boy/girl, young man/woman
mucho/a many, a lot (of) 2; very much Pre.; **muchas veces** many times 12; **Mucho gusto.** Nice to meet you. 1
mudar/se to move (houses)
los muebles furniture
la mueca (to make a) face
la muela molar 14; **~ de juicio** wisdom tooth 14; **el dolor de muela** toothache 14
la muerte death
muerto/a dead
la mujer woman; **~ de negocios** businesswoman 1

mulato/a dark-skinned, of mixed African and European blood
la multa fine (as for speeding)
el mundo world; **todo ~** everybody, everyone 13
la muñeca doll; wrist
el museo museum 3
la música music 2
muy very 3; **¡ ~ bien!** Very well! Pre.

nacer to be born 15
nacido/a born
el nacimiento birth
la nación nation
la nacionalidad nationality; **¿De qué nacionalidad eres/es?** What nationality are you? 3
nada nothing 6; **antes que ~** before anything else 16; **De ~.** You're welcome. Pre.
nadar to swim 2
nadie no one 6
el nailon nylon 5
la naranja orange 14
el naranjo orange tree
la nariz nose 4
narrar to narrate
natal native
la náusea nausea 11; **tener náuseas** to feel nauseous 11
navegable navigable
navegar to sail
la Navidad Christmas
necesario/a necessary; **es necesario** it's necessary 8
necesitar to need 3
nefasto/a ominous
el negocio business; **el hombre/la mujer de negocios** businessman/woman 1
negrita boldface type
negro/a black 5
nervioso/a nervous
nevar to snow 4; **Nieva.** It's snowing. 4
la nevera refrigerator 8
¡Ni loco/a! Not on your life! 14
ni . . . ni neither . . . nor 12
ni siquiera not even
el/la nieto/a grandson, granddaughter
la nieve snow

el nilón nylon 5

ningún/ninguno/a (not) any; none/no one 7

el/la niño/a boy/girl

el nivel level

no no 1; ¿ ~ ? right?, isn't it? 1

la noche night, evening; **Buenas noches.** Good evening. Pre.; **la Nochebuena** Christmas Eve

nombrar to name

el nombre (de pila) first name 1

el norte north 12

nosotros/as we 1

la nota grade; note

notar to note, notice

la noticia news item

novecientos nine hundred 6

la novela novel 2

noveno/a ninth 8

el/la novio/a boyfriend/girlfriend 1; fiancé/fiancée; groom/bride 17

nublado: Está ~. It's cloudy. 4

el nudo knot (nautical)

nuestro/a our 3; ours; **el/la nuestro/a** ours 14

nuevo/a new 3

numerar to number

el número number; shoe size 5; ~ **equivocado** wrong number 7

nunca never 6

nutrido/a de full of, abounding in

nutrir to nourish

o or 2; ~ **sea** that is 8

o . . . o either . . . or 12

el objeto object

la obra work; ~ **maestra** masterpiece 17

obstruir to obstruct

obtener to obtain 13

obvio: es ~ it's obvious 9

ocasionar to cause

el océano ocean 12

ochocientos eight hundred 6

octavo/a eighth 8

el/la oculista eye doctor 16

la ocupación occupation

ocupado/a busy 4

ocupar to fill (a position)

ocurrir to happen, occur

odiar to hate 7

el oeste west 12

la oficina office 3

ofrecer to offer 6

el oído inner ear 4

oír to hear 7; **¡Oye!** Hey!, Listen! 1

ojalá (que) + *subj.* I hope that . . . 8

el ojo eye 4; **Cuesta un ojo de la cara.** It costs an arm and a leg. 5; **el mal de ojo** a curse ("the evil eye") 9; **¡Ojo!** Watch out!

la ola wave

el óleo oil (paint)

la olla pot 9

olvidar to forget 13

opcional optional 13

el/la operador/a operator

oponer to oppose

la óptica optician's shop

la oración sentence

el orden order (sequence)

la orden order (command)

el ordenador computer

ordenar to arrange, put in order

la oreja ear 4

la Organización de Naciones Unidas (O. N. U.) United Nations (U. N.)

organizar to organize

el orgullo pride

orgulloso/a proud 15

el origen origin 3

el original original 17

la orilla shore

el orisha god of Yoruba origin

el oro gold 13; **de oro** made of gold

la orquesta (sinfónica) (symphony) orchestra 12

oscuro/a dark 5

el oso bear 15

la ostra oyster

el otoño fall, autumn 4

otro/a other; another 3; **el uno al otro** each other; **otra vez** again

¡Oye! Hey!, Listen! 1

el padrastro stepfather 6

el padre father 1

los padres/papás parents 6

los padrinos best man and maid of honor; godparents

pagar to pay (for) 6

la página page Pre.; **Abre/Abran el libro en ~ . . .** Open your book to page . . . Pre.; **¿En qué página, por favor?** What page, please? Pre.

el pago payment

el país country

el paisaje landscape 17

el pájaro bird 15

la palabra word; **en sus/tus propias palabras** in his/her/your own words

palanca: tener ~ to know people in the right places

el palo de golf golf club 10

la pampa Argentine prairie

el pan bread 9

la pandereta tambourine

los pantalones pants 5

la pantera panther

el pañal diaper

la pañoleta scarf

el pañuelo handkerchief

la papa potato; **las papas fritas** potato chips; french fries 2

el papá dad, father 1

papi dad, daddy

el paquete package 10

par even (number)

un par (de) a pair (of)

para for; ~ **colmo** to top it all off 11; ~ + *inf.* in order to + *v.*; ~ **que** in order that 16; ¿ ~ **qué?** for what (purpose)? 5; ¿ ~ **quién?** for whom? 5

el parabrisas windshield 11

el paracaídas parachute

la parada stop

el parador inn, hotel

parecer to seem 10

parecido/a similar

la pared wall

la pareja couple; lovers (positive connotation) 17; pair

el/la pariente relative 6

el parque park 3

el párrafo paragraph

la parte: De parte de . . . It/This is . . . (on telephone) 7; **¿De parte de quién?** May I ask who is calling? 7; **por mi parte** as far as I'm concerned

participar to participate

particular private

el partido game, match 10; ~ **(político)** political party

partir: a ~ de starting from

pasado/a: el (sábado/mes/año) pasado last (Saturday/month/ year) 6; **la semana pasada** last week 6

el pasaje (plane) ticket 7

el/la pasajero/a passenger 7

el pasaporte passport 1

pasar to spend (time) 13; ~ **por** to pass by/through 13; **pasarlo bien/mal** to have a good/bad time 14

el pasatiempo pastime, hobby 9

pascua: la Pascua Florida Easter

pasear to take a walk

el paseo: dar un paseo to take a walk

el pasillo hallway 8

el paso step

la pasta de dientes toothpaste 2

la pastilla pill 11

la pata paw, foot

la patata potato (Spain) 2; **las patatas fritas** potato chips; french fries

paterno/a paternal 6

patinar to skate 10

los patines de hielo/de ruedas ice/roller skates 10

la patria homeland

el patrimonio heritage

paulatinamente slowly

el pavo turkey 12

la paz peace

el pedido request

pedir (e > i, i) to ask for 5

peinarse to comb one's hair 4

el peine comb 2

la pelea fight

pelearse (con) to fight (with) 17

la película movie 3

el peligro danger; **en peligro** in danger 15

peligroso/a dangerous

el pelo hair 4; **tomarle ~ (a alguien)** to pull someone's leg 16; **cepillarse ~** to brush one's hair 4

la pelota ball 10

la peluquería hair salon

la pena grief, sorrow; **(No) vale ~. + inf.** It's (not) worth -ing. 11; **es**

una pena it's a pity 9; **¡Qué pena!** What a pity! 9

el pendiente earring

el pensamiento thought

pensar (e > ie) to think 5; ~ **(en)** to think (about) 5; ~ **+ inf.** to plan to 5

la pensión boarding house; **media pensión** breakfast and one meal included 7; **pensión completa** all meals included 7

peor worse 12

el pepino cucumber

pequeño/a small 3

la percepción extrasensorial ESP

perder (e > ie) to lose 5; ~ **el autobús/el avión/etc.** to miss the bus/plane/etc. 7

perdido/a lost

Perdone. I'm sorry./Excuse me.

perezoso/a lazy 15

perfecto/a perfect

la perforación drilling

el perfume perfume 2

la perfumería perfume shop

el periódico newspaper 2

el/la periodista journalist

la perla pearl 13

permanecer to stay, remain

la permanencia stay

el permiso de conducir driver's license 11

pero but 3

el perro dog 15

el personaje character (in a book)

la personalidad personality

personalmente personally

pertenecer a to belong to

pesado/a heavy

la pesa weight 10

pesar to weigh; **a ~ de que** in spite of

la pesca fishing

el pescado fish

pescar to fish 9

el peso weight

el petrodólar petrodollar (a unit of hard currency held by oil-producing countries)

el petróleo oil

el pez fish 15

picante spicy

el pico beak

el pie foot 4

la piedra rock, stone

la piel skin, hide

la pierna leg 4

la pila battery 16

la píldora pill 11

el pilote stilt

pilotear to fly a plane

la pimienta pepper 9

el pimiento (bell) pepper

pintar to paint 9

el/la pintor/a painter 17

pintoresco/a picturesque

la pintura painting 17

el piropo flirtatious remark

pisar to step on 11

la piscina pool 3

el piso floor 8

la pista clue; ~ **de aterrizaje** landing strip

el pito whistle

la pizarra chalkboard

la placa license plate 11

placentero/a pleasant

el placer pleasure

el plan plan; diagram

planear to plan

el plano diagram

la planta plant 2; ~ **baja** first or ground floor

plasmado/a formed, created

la plata slang for "money" (literally, "silver") **de plata** made of silver

el plátano plantain; banana

el plato course, plate 9; dish

la playa beach 3

la plaza plaza, square 3

la pluma pen

la población population

poblado/a populated

pobre poor

la pobreza poverty

poco/pocos a little/few 3; **dentro de poco** in a while; **poco a poco** little by little

el poder power; ~ **adquisitivo** purchasing power

poder (o > ue) to be able, can 5; **¿Podrías + inf.?** Could you . . . ? 4; **¿Puede decirme como . . . ?** Can you tell me how . . . ? 13; **¿Puede hablar más despacio, por favor?** Can you speak more slowly, please? 7; **No puedo más.** I can't take it anymore. 9

poderoso/a powerful

la poesía poem 9; poetry

el/la políglota polyglot, a person who knows several languages

el/la político/a politician

el pollo chicken 12

poner to put, place 3; ~ **la mesa** to set the table 9; **~se al día** to bring up to date; **~se de moda** to become fashionable; **~se de pie** to stand up; **~se la ropa** to put on one's clothes 4; **~se rojo/a** to blush

por for; by 5; ~ **algo será.** There must be a reason. 17; ~ **aquí** around here; ~ **avión** airmail; ~ **barco/tren/etc.** by boat/train/etc. 6; ~ **cierto** by the way; ~ **ejemplo** for example; **¡~ el amor de Dios!** For heaven's sake! (literally, "For the love of God!") 8; ~ **eso** therefore 2; that's why 15; ~ **falta de** for lack of; ~ **favor** please 1; ~ **fin** at last 7; ~ **lo general** in general; ~ **lo menos** at least 15; ~ **lo tanto** therefore; ~ **mi parte** as far as I'm concerned; ~ **otro lado** on the other hand 14; ~ **(pura) casualidad** by (pure) chance 15; ~ **si acaso** (just) in case 15; ~ **suerte** luckily 15; ~ **supuesto.** Of course. 2; ~ **última vez** for the last time; ~ **un lado** on the one hand 14

¿Por qué? Why? 3

el porcentaje percentage

porque because 3

portátil portable

el portero doorman; janitor 8; goalkeeper; ~ **automático** intercom; electric door opener 8

la posesión possession 2

el posgrado graduate studies

posible possible 7; **es ~** it's possible 9

posiblemente possibly 9

postal: la (tarjeta) ~ postcard 10

el postre dessert 9

el pozo well

la práctica practice

practicar to practice

el precio price 7

precolombino/a pre-Columbian

predecir to predict

predilecto/a favorite

la preferencia preference

preferir (e > ie > i) to prefer 5

el prefijo prefix; area code (on telephone) 7

la pregunta question

preguntar to ask (a question) 6; **(Vicente), pregúntale a (Ana) . . .** (Vicente), ask (Ana) . . . Pre.

preguntarse to wonder

la prenda item of clothing

preocupado/a worried 3

preocuparse to worry; **No te preocupes.** Don't worry. 3

el premio prize

preparar to prepare

la presa dam

la presentación introduction

presentado/a presented

presidencial presidential

la presión pressure

prestado/a loaned; borrowed

prestar atención (a) to pay attention (to)

prevalecer to prevail

prever to foresee

previo/a previous

la prima bonus

la primavera spring 4

primer/a first 8; **el primer plato** first course 9; **los primeros auxilios** first aid

el/la primo/a cousin 6

el principio beginning

prisa: tener ~ to be in a hurry

probable: es ~ it's probable 9

probablemente probably 9

probar (o > ue) to taste 5

probarse (o > ue) to try on (clothes) 5

la procedencia (point of) origin

procedente de coming from, originating in

producir to produce 7

el/la profesor/a teacher 1

el/la programador/a de computadoras computer programmer 1

prohibir to prohibit 8

el promedio average

prometedor/a promising

prometer to promise

pronto soon

la propaganda advertising

el/la propietario/a landowner

la propina tip, gratuity 13

propio/a own

proponer to propose

el/la protagonista main character

proteger to protect

protegido/a protected

provenir (de) to come (from)

la provincia province

próximo/a next

el proyecto project

la prueba quiz

el/la psicólogo/a psychologist

el público audience

el pudor modesty 18

el pueblo town, village 12

el puente bridge 12

la puerta door 11; ~ **(de salida) número . . .** (departure) gate number . . . 7

el puerto port 12

pues well (then)

el puesto job, position 16

la pulgada inch

el pulmón lung

la pulsera bracelet 13

el punto point

el puñado handful

la pupila pupil (of the eye)

pura: Fue ~ casualidad. It was by pure chance. 16

el puro cigar

que that, who 8

Qué: ¿~? What? 2; **¡~ + adj.!** How + adj.! 4; **¡~ + n. + más + adj.!** What a + adj. + n.! 6; **¡~ barbaridad!** How awful!; **¡~ chévere!** Great! (Caribbean expression) 12; **¿~ hay?** What's up? 1; **¿~ hora es?** What time is it? 5; **¡~ lástima!** What a shame! 9; **¡~ lío!** What a mess! 11; **¡~ mala suerte!** What bad luck! 9; **¡~ más te da!** What do you care? **No hay de ~.** Don't mention it. You're welcome. 1; **¡~ pena!** What a pity! 9; **¿~ quiere decir . . . ?** What does . . . mean? Pre.; **¿~ tal?** How are you? (informal) Pre.; **¿~ tiempo hace?** What's the

weather like? 4; **¡~ va!** No way!
11 **¡~ vivan los . . . !** Long live the
. . . ! 18
la quebrada stream, brook
quedar: Te queda bien. It looks
good on you. / It fits you well. 5
quedarse en + *place* to stay in +
place 10
la queja complaint
quejarse to complain 11
quemar to burn 13
querer (e > ie) to want; to love 5;
~ a alguien to love someone 5;
quisiera/quisiéramos I/we would
like 7; **Quisiera hablar con . . . ,
por favor.** I would like to speak
with . . . , please. 7
querido/a dear (term of
endearment) 17
el queso cheese 9
quien who; **de ~** about whom 15
¿Quién/es? Who? 1; **¿De parte de
quién?** Can I ask who is calling?
7; **¿De ~?** Whose? 2; **¿Quién
habla?** Who is speaking/calling?
7; **¿Quién le dio vela en este
entierro?** Who asked your
opinion?
el quilate carat
químico/a chemical
quinientos five hundred 6
la quinta country house
quinto/a fifth 8
quitar to remove; to take away
quitarse la ropa to take off one's
clothes 4
quizás + *subj.* perhaps/maybe 9

el/la radio radio 2
la radiografía x-ray 11
la raíz root
la rana frog
la ranchera Mexican country song
rápido/a fast
la raqueta racquet 10
el rascacielos skyscraper
el rasgo trait, characteristic
el rato period of time
el ratón mouse
el ratoncito tooth fairy
la raya stripe; **de rayas** striped
5
el rayo beam of light; lightning

la raza race, ancestry
la razón reason; **tener razón** to
be right
real royal; true
la realidad reality; **en realidad**
really, actually
realizar to accomplish
realmente really
reanudar to resume
la rebaja discount, sale
rebelde rebellious, rebel
la recámara bedroom
la recepción front desk 7
el/la recepcionista receptionist 1
la receta recipe; **~ médica**
prescription 11
rechazar to reject
recibir to receive 3
el reciclaje recycling 15
reciclar to recycle 15
recién recently, newly
reciente recent
el recipiente container
el reclamo complaint
recoger to pick up, gather
recomendación: carta de ~ letter
of recommendation 16
reconocer to recognize
reconocible recognizable
recordar (o > ue) to remember
recorrer to traverse, tour; to look
over
el recorrido route
recreativo/a recreational
recto/a straight
el recuerdo memory; memento
el recurso resource
la redacción composition; editorial
office
redondo/a round
referir/se (e > ie > i) to refer to
el reflejo reflection; reflex
el refrán proverb, saying
el/la refugiado/a refugee
regalar to give (a present) 6
el regalo present, gift 6
regatear to haggle over, bargain for
la regla rule
regresar to return 3
regular not so good Pre.
rehusar to refuse
la reina queen
reinvertir (e > ie, i) reinvest
la relación relation

relacionado/a related
relativamente relatively
rellenar to fill out 16
relleno/a filled
el reloj watch 13; clock 2
el remite return address 10
remojar to soak
renacentista Renaissance (*adj.*)
repente: de ~ suddenly 6
repetir (e > i > i) repeat 7;
Repite. / Repitan. Repeat. Pre.
el/la reportero/a reporter
representar to represent
reprochar to reproach
el requisito requirement
res: carne de ~ beef 12
la reseña description, review
la reserva reservation
resfriado/a: estar ~ to have a cold
11
resfrío: tener un ~ to have a cold
11
la residencia (estudiantil)
dormitory 1
respirar to breathe
responder to answer, respond
la responsabilidad responsibility
la respuesta answer Pre.;
(María), repite ~, por favor.
(María), repeat the answer please.
Pre.
el restaurante restaurant 3
el resto rest, remainder
el resultado result; **como
resultado** as a result
Resultó ser . . . It/He/She turned
out to be . . . 16
el resumen summary
resumir to summarize
el retraso delay 7
el retrato portrait 17
el (espejo) retrovisor rearview
mirror 11
revelar (fotos) to develop (photos)
16
revertido: la llamada a cobro ~
collect call 7
revés: al ~ backwards
revisar to check 11
la revista magazine 2
revolver (o > ue) to mix 9
revuelto/a scrambled 14; **los
huevos revueltos** scrambled eggs
14

el rey king; **los reyes** king and queen; **los Reyes Magos** the Three Wise Men

rezongar to grumble, gripe

rico/a rich

el río river 12

la riqueza wealth, riches, richness

rítmico/a rhythmic

el ritmo rhythm

robar to steal

la rodaja slice

la rodilla knee 4

rocoso/a rocky

rojo/a red 5; **ponerse ~** to blush

el rollo (roll of) film 16

el rompecabezas: hacer rompecabezas to do jigsaw puzzles 9

romper/se to break 12; **romperse (una pierna)** to break (a leg) 11

el ron rum

la ropa clothes; **~ interior** men's/women's underwear 5; **ponerse ~** to put on one's clothes 4; **quitarse ~** to take off one's clothes 4

el ropero closet 8

rosa pink 5

rosado/a pink 5

el rubí ruby

rubio/a blond/e 3

la rueda wheel; **los patines de ruedas** roller skates 10

el ruido noise

la ruina ruin

sábado Saturday 2; **el sábado** on Saturday 2; **los sábados** on Saturdays 2

saber to know (facts/how to do something) 3; **¿Sabe(s) dónde está . . . ?** Do you know where . . . is? 13; **¿No sabías?** Didn't you know? 9; **No sé (la respuesta).** I don't know (the answer). Pre.

la sabiduría learning, knowledge

sabroso/a tasty, delicious

sacar to get a grade; to take out 6; **~ de un apuro (a alguien)** to get (someone) out of a jam 13; **~ la basura** to take out the garbage; **~ fotos** to take pictures 16; **Saca/Saquen papel/bolígrafo/lápiz.** Take out paper/a pen/a pencil. Pre.

el sacerdote priest

el saco sports coat 5

sagrado/a sacred

la sal salt 9

la sala living room 8; **~ de emergencia** emergency room

la salchicha sausage 14

la salida departure 7; **la hora de salida** time of departure 7

salir to leave, go out 2; **~ con (alguien)** to date, go (out) with (someone) 17; **~ de** to leave (a place) 6; **Te va a ~ caro.** It's going to cost you. 10

el salón hall, room for a large gathering; formal living room

la salsa style of Caribbean music; sauce

saltar to jump

el salto waterfall; jump, dive

la salud health; **tener buena salud** to be in good health 11

el saludo greeting Pre.

salvaje wild 15

salvar to save

sangrar to bleed 11

la sangre blood 11

la sangría sangria (a wine punch) 2

el/la santo/a saint

el sarampión measles

el/la sartén frying pan 9

satisfecho/a satisfied

el saxofón saxophone 12

el secador hair dryer

la secadora clothes dryer

secar to dry

la sección section; **~ de (no) fumar** (no) smoking section 7

seco/a dry

el/la secretario/a secretary 1

el secreto secret 6

secundario/a secondary

sed: tener ~ to be thirsty 5

la seda silk 5

seguida: en ~ at once, right away 17

seguir (e > i, i) to follow 7; **~ derecho** to keep going straight 13

según according to

segundo/a second 8; **de segunda mano** secondhand, used 8; **el segundo apellido** second last name (mother's maiden name) 1; **el segundo plato** second course 9

el segundo second (time) 5

la seguridad security

seguro/a safe; **estar ~ (de)** to be sure (of) 9

el seguro médico medical insurance 16

seiscientos six hundred 6

seleccionar to select

la selva jungle 12

el sello stamp 10

la semana week 2; **~ pasada** last week 6; **~ que viene** next week 2; **~ Santa** Holy Week

la semejanza similarity

la semilla seed

sencillamente simply

sencillo/a simple, easy; **la habitación sencilla** single room 7

la sensación feeling 5

sensato/a sensible 15

la sensibilidad sensitivity

sensible sensitive 15

sentarse (e > ie) to sit down 5; **Siéntate./Siéntense.** Sit down. Pre.

el sentido sense, feeling

el sentimiento feeling

sentir/se (e > i, i) to feel 7; **sentir** to feel sorry 9; **Lo siento.** I'm sorry. 7

señalar to indicate, point out

señor/Sr. Mr. 1; **el señor** the man 1

señora/Sra. Mrs./Ms. 1; **la señora** the woman 1

señorita/Srta. Miss/Ms. 1; **la señorita** the young woman 1

separar/se (de) to separate (from) 17

séptimo/a seventh 8

ser to be 3; **~ + de** to be from 1; **~ celoso/a** to be jealous 17; **~ listo/a** to be clever 3; **Resultó ~ . . .** It/He/She turned out to be . . . 16; **Somos tres.** There are three of us. 9; **Son las . . .** It's . . . (time) 5

el ser humano human being
la serpiente snake 15
serrano: el jamón ~ a country style of ham
la servilleta napkin 9
servir (e > i, i) to serve 5; **¿En qué puedo servirle?** How can I help you?
setecientos seven hundred 6
el sexo sex
sexto/a sixth 8
si if 3
sí yes 1
siempre always 3
el siglo century
el significado meaning
significar to mean
siguiente following
silenciosamente silently
la silla chair 2; **~ de ruedas** wheelchair
el sillón easy chair, armchair 8
la similitud similarity
la simpatía sympathy
simpático/a nice 3
sin without; **~ embargo** however, nevertheless 12; **~ que** without
sino but rather; **~ que** but rather; on the contrary; but instead
el síntoma symptom 11
siquiera: ni ~ not even
el sitio place
sobre about
el sobre envelope 10
sobrevivir to survive
sobrepasar to surpass
sobresaliente outstanding
sobrevivir to survive
el/la sobrino/a nephew/niece 6
el socialismo socialism
la sociología sociology 2
el sofá sofa, couch 2
el sol sun; **las gafas de sol** sunglasses 5; **Hace sol.** It's sunny. 4
solamente only 9
el/la soldado soldier
la soledad loneliness 17
solicitar to apply for 16
la solicitud application 16
solitario/a lonely, solitary
solo/a alone 3
sólo only
soltar (o > ue) to let go, set free

soltero/a: es ~ is single 6
la sombra shadow
el sombrero hat 5
sonar (o > ue) ring, make a loud noise, sound
soñar (o > ue) (con) to dream (of/about)
la sopa soup 12
el soplón/la soplona tattletale
soportar to tolerate
sordo/a deaf
sorprenderse de to be surprised about 9
la sorpresa surprise
la sortija ring
soso/a dull
el/la sospechoso/a suspect
el sostén bra
el squash squash (sport) 10
su/s his/her/your (formal)/their 1
subir to go up, climb 4; to raise
súbito: de ~ suddenly
subrayar to underline, emphasize
el subtítulo subtitle
sucio/a dirty
el/la suegro/a father-in-law/ mother-in-law 6
el sueldo salary 16
el suelo ground; floor
suelto/a separate, unmatched
el sueño dream; **tener sueño** to be tired 5
la suerte luck; **por suerte** by chance 15; **¡Qué mala suerte!** What bad luck! 9; **tener suerte** to be lucky 9
el suéter sweater 5
sufrir to suffer
la sugerencia suggestion
sugerido/a suggested
sugerir (e > ie, i) to suggest
la suma sum; amount
el supermercado supermarket 3
la supervivencia survival
suponer to suppose
supuesto: Por ~. Of course. 2
el sur south 12
surgir to emerge, arise
el suspenso suspense
suspirar to sigh
el sustantivo noun
la sutileza subtlety
suyo/a his/her/your (formal)/their

14; **el/la suyo/a** his/hers/your (formal)/theirs 14

el tablón de anuncios bulletin board
tacaño/a stingy, cheap
tachar to cross out
el tacón heel
tal vez + subj. perhaps/maybe 9
la talla size 5
el tamaño size
también too, also 1
el tambor drums
tampoco neither, nor
tan so 13; **~ . . . como** as . . . as 13
el tanque de gasolina gas tank 11
tanto: mientras ~ meanwhile 9; **por lo ~** therefore; **tanto/a . . . como** as much . . . as 13
tantos/as . . . como as many . . . as 13
tapar to cover
el tapiz tapestry
tardar to be late, to take a long time
tarde afternoon 2; late; **Buenas tardes.** Good afternoon. Pre.
la tarea homework 2
la tarjeta card 10; **~ de crédito** credit card 14; **~ postal** postcard 10
el taxi taxi 6
el/la taxista taxi driver 13
la taza cup 9
el té tea 2
el teatro theater 3
el techo roof
el teclado keyboard
el/la tejedor/a weaver
tejer to knit; to weave 9
el tejido weave; fabric
la tela cloth, fabric, material
el telar loom
el/la teleadicto/a television addict
el teléfono telephone 1
el telegrama telegram 10
la telenovela soap opera
el televisor television set 2
el tema theme; **cada loco con su tema** to each his own (literally, "each crazy person with his own theme") 18

el temor fear
la temperatura temperature 4
el templo temple
la temporada season
temprano early 4
tenazmente tenaciously
tender (e > ie) to hang
el tenedor fork 9
tener to have 2; ~ ... **años** to be ... years old 1; ~ **buena salud** to be in good health 11; ~ **calor** to be hot 5; ~ **catarro** to have a cold 11; ~ **celos (de)** to be jealous (of) 17; ~ **diarrea** to have diarrhea 11; ~ **en cuenta** to take into account, bear in mind; ~ **escalofríos** to have the chills 11; ~ **éxito** to succeed; ~ **fiebre** to have a fever 11; ~ **frío** to be cold 5; ~ **ganas de** + *inf.* to feel like *-ing* 6; ~ **gripe** to have the flu 11; ~ **hambre** to be hungry 5; ~ **lugar** to take place 5; ~ **miedo** to be scared 5; ~ **náuseas** to be nauseous 11; ~ **palanca** to know people in the right places; ~ **prisa** to be in a hurry; ~ **que** + *inf.* to have to ... 2; ~ **que ver (con)** to have to do (with); ~ **razón** to be right; ~ **resfrío** to have a cold 11; ~ **sed** to be thirsty 5; ~ **sueño** to be tired 5; ~ **suerte** to be lucky 9; ~ **tos** to have a cough 11; ~ **vergüenza** to be ashamed 5; **No tengo idea.** I don't have any idea. 3; ~**le fobia a ...** to have a fear of; to hate ... 14; **No, tiene el número equivocado.** No, you have the wrong number. 7
la tentación temptation
tercero/a third 8
terminar to finish 6
la ternera veal 12
el terremoto earthquake
terrestre terrestrial
el tesoro treasure
el texto text
el tiburón shark
el tiempo weather 4; time; tense; **a tiempo** on time 7; in time; **hace buen/mal tiempo** it's nice/bad out 4; **medio tiempo** part-time 16; **¿Qué tiempo hace?**

What's the weather like? 4; **tiempo completo** full-time 16
la tienda store 3
tiernamente tenderly
tierno/a tender
la tierra earth
tinto: el vino ~ red wine
el tío uncle 3; **la tía** aunt 6
típico/a typical
el tipo type
tirar to pull; to throw out; ~ **la casa por la ventana** to go all out 6
el título title; (university) degree 16
la toalla towel 2
tocar to play (an instrument); to touch 3
el tocino bacon 14
todavía still, yet 8; ~ **no** not yet 8
todo/a everything; every, all 6; **todo el mundo** everybody, everyone 13; **todos** all 1; everyone 6; **todos los días** every day 3; **todos los meses** every month 12
la toma rough cut (when filming)
tomar to eat, have food or drink; to take (a bus, etc.) 6; **tomarle el pelo (a alguien)** to pull someone's leg 16
el tomate tomato 9
la tonelada ton
el tono tone
la tontería foolishness
tonto/a stupid 3
el torneo tournament 5
el toro bull 15
torpe clumsy, awkward
la torre tower
la torta cake 12
la tortilla omelette (in Spain) 2
la tortuga tortoise
tos: tener ~ to have a cough 11
toser to cough 11
la tostada toast 14
la tostadora toaster 8
totalmente totally
el tour tour 13
trabajar to work 2; ~ **medio tiempo** to work part-time 16; ~ **tiempo completo** to work full-time 16
el trabajo work

traducir to translate 3
traductor/a translator
traer to bring 3
tragar to swallow
el traje suit 5; ~ **de baño** bathing suit 5
tranquilamente quietly 9
tranquilo/a quiet, tranquil
transporte: el medio de ~ means of transportation
trasero/a back, rear
el traslado transfer 13
el trastorno disturbance, problem
el tratado treaty
el tratamiento treatment
tratar de to try to
tratarse de to be about
a través de across, through
travieso/a mischievous
el tren train 6
trescientos three hundred 6
la tribu tribe
el trigo wheat
el trineo sled
triste sad 3
triturar to grind
triunfar to triumph
el trombón trombone 12
la trompeta trumpet 12
tronar (o > ue) to thunder
el trozo piece
el truco trick
tu/s your (informal) 1
tú you Pre.
la tumba tomb
el turismo tourism
tuyo/a yours (informal) 14; **el/la ~** yours (informal) 14

Ud. (usted) you (formal) Pre.
Uds. (ustedes) you (formal/ informal) 1
últimamente lately, recently
último/a last, most recent
un, una a, an 2
el uniforme uniform 10
unir to unite, join together
la universidad university 3
uno one 1; **el ~ al otro** each other
unos/as some 2
urbano/a urban
usar to use 3

útil useful
utilizar use, utilize

la vaca cow 15
las vacaciones vacation
la vaina green bean
Vale. O.K. 2; **(No) ~ la pena.**
It's (not) worth it.; **(No) ~ la pena +**
inf. It's (not) worth + -*ing.* 11
valiente brave 15
el valle valley 12
el valor value
valorar to value, price
variar to vary
la variedad variety
varios/as several
vasco/a Basque
el vaso glass 9
¡Vaya! Wow! 8
veces: a ~ at times 12; **algunas ~**
sometimes 12; **muchas ~** many
times 12
el/la vecino/a neighbor
la vela candle; **¡Quién te dio vela**
en este entierro? Who asked
your opinion?
veloz swift, fast
vencer to conquer, overcome
el vendaje bandage 11
el/la vendedor/a seller; sales
person
vender to sell 3
venir to come 5
la ventaja advantage
la ventana window; **echar la casa**
por ~ to go all out (literally, "to
throw the house out the window")
6
la ventanilla car window
ver to see 3; **A ~.** Let's see.; **No**
veo la hora de + *inf.* I can't wait +
inf. 17
el verano summer 4
veras: ¿De ~? Really? 2
la verdad the truth
¿verdad? right? 1; **es verdad** it's
true 9
verdadero real, true 12
verde green 5
la verdura vegetable 12
la vergüenza shame; **tener**
vergüenza to be ashamed 5
vertir (e > ie, i) to shed (a tear)

el vestido dress 5
vestirse (e > i, i) to get dressed 5
la vez: a ~ at the same time; **de vez**
en cuando once in a while, from
time to time 12; **en vez de**
instead of; **por última vez** for the
last time
la vía way, road
viajar to travel 6
el viaje trip 13; **el/la agente de**
viajes travel agent 1
el/la viajero/a traveler; **el cheque**
de viajero traveler's check 13
la vida life; **jugarse ~** to risk one's
life 11
el video VCR; videocassette 2; **la**
cámara de video video camera
16
viejo/a old 3
viento: Hace ~. It's windy. 4
viernes Friday 2; **el ~** on Friday
2; **los ~** on Fridays 2
el vinagre vinegar 9
vincular to link, tie
el vino wine 2; **~ tinto** red wine
el violín violin 12
el violonchelo cello 12
la viruela smallpox
la visita visit
la vista view
el/la visitante visitor
visitar to visit 2
la vivienda dwelling
vivir to live 3
vivo/a bright; alive
el volante steering wheel 11
el volcán volcano 12
volver (o > ue) to return, come
back 5; **~ a +** *inf.* to do
(something) again 13
volverse (o > ue) to become
vomitar to vomit 11
vosotros/as you (*pl.*, informal) 1
la votación vote
el/la votante voter
la voz voice
el vuelo flight 7
la vuelta return trip 7; **darle ~**
to turn over, flip 9; **dar una**
vuelta to take a ride; to go for a
stroll/walk 15
vuestro/a your (*pl.* informal) 3;
el/la ~ yours (*pl.* informal) 14

y and 1
ya already; now 8; **~ no** no
longer, not anymore 8; **~ que**
since 13; **¡~ voy!** I'm coming!
14
la yerba herb; grass
yo I 1
el yogur yogurt 14

el zafiro sapphire
la zanahoria carrot
los zapatos shoes 5; **~ de tenis**
tennis shoes, sneakers 5
la zona zone
el zumo juice 14

ENGLISH-SPANISH VOCABULARY

This vocabulary contains a selected listing of common words presented in the lesson vocabularies. Many word sets are not included, such as foods, sports, animals, and months of the year. Page references to word sets appear in the index.

Refer to page R16 for a list of abbreviations used in the following vocabulary.

able: be ~   poder (o > ue)
about   sobre; **~ whom**   de quien
above   arriba
accent (n.)   el acento; (v.)   acentuar
accept   aceptar
accident   el accidente
accomplish   realizar
according to   según
account: take into ~   tener en cuenta
across   a través de
action   la acción
active   activo/a
activity   la actividad
actor   el actor
actress   la actriz
actually   en realidad
add   añadir
advantage   la ventaja
adventure   la aventura
advertise   anunciar
advertisement   el anuncio
advertising   la propaganda
advise   aconsejar; avisar
affair (love)   la aventura amorosa
affect   afectar
after   después; **~ all**   al fin y al cabo
afternoon   la tarde; **Good ~.**
   Buenas tardes.
again   otra vez
against: be ~   estar en contra
age   la edad
agree (with)   estar de acuerdo (con)
Agreed?   ¿De acuerdo?
airmail   por avión
alcoholic   alcohólico/a
all   todos
allow   dejar
almost   casi

alone   solo/a
already   ya
also   también
alternate (v.)   alternar
although   aunque
always   siempre
among   entre
amusing   divertido/a
ancient   antiguo/a
Andean   andino/a
angry: become ~   enojarse
anniversary   el aniversario
announce   anunciar
announcement   el anuncio
answer (n.)   la respuesta; (v.)
   responder, contestar
answering machine   el contestador
   automático
antique   antiguo/a
appear   aparecer
apply for   solicitar
archaeologist   el/la arqueólogo/a
architect   el/la arquitecto/a
argue   discutir
argument   el argumento, la discusión
army   el ejército
around   alrededor; **~ here**   por aquí
art   el arte
as   como; **~ . . . ~**   tan . . . como; **~
a consequence**   como
   consecuencia; **~ a result**   como
   resultado; **~ if**   como si; **~ many
. . . ~**   tantos/as . . . como; **~ much
. . . ~**   tanto/a . . . como
ask   preguntar; **~ for**   pedir
   (e > i, i); **Can I ~ who is calling?**
   ¿De parte de quién?
assimilate   asimilarse

association   la asociación
at   en; **~ last**   por fin; **~ least**   por
lo menos; **~ . . . o'clock**   a la(s) . . . ;
~ once   en seguida; **~ the end of**
al final de; **~ the same time**   a la
vez; **~ times**   a veces; **~ what time
. . . ?**   ¿A qué hora . . . ?
athlete   el/la atleta
attend   asistir a
audience   el público
avenue   la avenida
average   (n.) el promedio; (adj.)
   mediano/a
awful   mal, fatal

backwards   al revés
bad: It's ~ out.   Hace mal tiempo.
bald   calvo/a
banana   el plátano
bargain   la ganga; **~ for**   regatear
bark (v.)   ladrar
baseball   el béisbol
bathe   bañarse
battle   la batalla
bay   la bahía
be   estar, ser; **~ able**   poder
   (o > ue); **~ against**   estar en contra
   (de); **~ ashamed**   tener vergüenza;
   ~ called   llamarse; **~ careful**
   tener cuidado; **~ clever**   ser listo/a;
   ~ cold   tener frío; **~ crazy**   estar
   loco/a; **~ dizzy**   estar mareado/a;
   ~ engaged   estar comprometido/a; **~
   from**   ser + de; **~ happy about**
   alegrarse de; **~ hot**   tener calor;
   hungry   tener hambre; **~ in a
   hurry**   tener prisa; **~ in/at**   estar

en; **~ in good health** tener buena salud; **~ jealous (of)** estar celoso/a (de), tener celos (de); **~ late** atrasarse; **~ lucky** tener suerte; **~ nauseous** tener náuseas; **~ on a diet** estar a dieta; **~ pregnant** estar embarazada; **~ ready** estar listo/a, **~ right** tener razón; **~ scared** tener miedo; **~ silent** callarse; **~ successful** tener éxito; **~ sure (of)** estar seguro/a (de); **~ surprised about** sorprenderse de; **~ thirsty** tener sed; **~ tired** tener sueño; **~ . . . years old** tener . . . años

bear in mind tener en cuenta
beautiful bello/a; **very ~** bellísimo/a
beauty la belleza
because porque
become volverse (o > ue); **~ angry** enojarse; **~ sick** enfermarse
bedroom la alcoba
before antes; **~ + -ing** antes de (+ *inf.*); **~ anything else** antes que nada
begin comenzar (e > ie), empezar (e > ie)
beginning el comienzo, el principio
behind atrás, detrás de
believe creer
below abajo, debajo de
beside al lado de
besides además
better mejor; **it's ~** es mejor
between entre
bilingual bilingüe
bill la cuenta
birth el nacimiento
birthday el cumpleaños; **Happy ~ .** Feliz cumpleaños.; **have a ~** cumplir años
blue azul
blush ponerse rojo/a
bored (estar) aburrido/a
boring (ser) aburrido/a
boss el/la jefe/a
bottle la botella
bra el sostén
brain el cerebro
brand la marca
break romper/se
bring traer; **~ up to date**

poner(se) al día
buckle the seat belt abrocharse el cinturón
build construir
burn quemar
business el negocio
businessman/woman el hombre/la mujer de negocios
but pero; **~ instead** sino que; **~ rather** sino
buy comprar
by por; **~ boat/train/etc.** en barco/tren/etc., por barco/tren/etc.
by the way por cierto

calculus el cálculo
calendar el calendario
call llamar; **be called** llamarse
can: ~ I ask who is calling? ¿De parte de quién?; **~ you speak more slowly, please?** ¿Puede hablar más despacio, por favor?; **~ you tell me how . . . ?** ¿Puede decirme cómo . . . ?
capable capaz
capital (*city*) la capital; **What is the ~ of . . . ?** ¿Cuál es la capital de . . . ?
care el cuidado; **take ~ of** cuidar
career la carrera
careful: be ~ tener cuidado
carefully con cuidado
carrot la zanahoria
case: in ~ por si acaso; **in ~ that** en caso (de) que
castle el castillo
celebrate celebrar
celebration la celebración
cent el centavo
century el siglo
chalkboard la pizarra
champagne el champán
championship el campeonato
change cambiar; **changing the subject** cambiando de tema
chapter el capítulo
character el personaje
chat charlar
check la cuenta

chew mascar
chilly: It's ~ . Hace fresco.
chimney la chimenea
choose elegir (e > i, i)
Christmas la Navidad
cigarette el cigarrillo
class la clase; la materia
clever: be ~ ser listo/a
client el/la cliente
climate el clima
climb subir
close cerrar (e > ie)
closed cerrado/a
cloth la tela
clothes: ~ dryer la secadora; **put on one's ~** ponerse la ropa; **take off one's ~** quitarse la ropa
cloudy: It's ~ . Está nublado.
clue la pista
clumsy torpe
cold: be ~ tener frío; **have a ~** tener catarro, estar resfriado/a; **It's ~ .** Hace frío.
collection la colección
cologne el agua de colonia
comb one's hair peinarse
combat combatir
come venir; **~ back** volver (o > ue)
comedy la comedia
comfortable cómodo/a
command el mandato
comment (*n.*) el comentario; (*v.*) comentar
common común; **in ~** en común
community la comunidad
compare comparar
complain quejarse
computer programmer el/la programador/a de computadoras
confidence la confianza
congratulate felicitar
conquer conquistar
conserve conservar
consist of consistir en
constant constante
consult consultar
consumer el consumidor
continue continuar
contraceptive el anticonceptivo
contrast: in ~ to a diferencia de
converse conversar
convert convertir (e > ie, i)
correct corregir (e > ie, i)

cough (*v.*) toser; **have a ~** tener tos

Could you . . . ? ¿Podrías + *inf.*?

counselor el/la consejero/a

count contar (o > ue)

country el país

course el curso

court (for tennis, basketball) la cancha

craftsmanship la artesanía

crash chocar

crazy: be ~ estar loco/a

create crear

cross (*n.*) la cruz; (*v.*) cruzar

culture la cultura

current (*adj.*) actual

curse el mal de ojo; **put a ~ on** echar el mal de ojo

custom la costumbre

dance (*n.*) el baile; (*v.*) bailar

danger el peligro; **in ~** en peligro

dangerous peligroso/a

day el día; **~ before yesterday** anteayer; **every ~** todos los días

dead muerto/a

dear (term of endearment) cariño/a, querido/a

death la muerte

decide decidir

degree (temperature) grado; **It's . . . degrees (below zero).** Está . . . grados (bajo cero).; **(university)** el título

delicious sabroso/a, delicioso/a

delightful encantador/a

demanding exigente

democratic democrático/a

department (of a university) la facultad; **~ store** el almacén

describe describir

desert el desierto

desperate desesperado/a

destroy destruir

detain detener

develop desarrollar

developed desarrollado/a

diarrhea: have ~ tener diarrea

die morir/se (o > ue > u)

diet: be on a ~ estar a dieta

difference la diferencia

different diferente

difficult difícil

dinner la cena; **have ~** cenar

disadvantage la desventaja

disaster el desastre

discover descubrir

distance: long ~ larga distancia

divine divino/a

divorced divorciado/a; **get ~ (from)** divorciarse (de); **is ~ (from)** está divorciado/a (de)

dizzy: be ~ estar mareado/a

do hacer; **~ crossword puzzles** hacer crucigramas; **~ jigsaw puzzles** hacer rompecabezas

doll la muñeca

dollar el dólar

domestic doméstico/a

Don't mention it. No hay de qué.

doubt: there's no ~ no hay duda (de)

draw dibujar

dream (*n.*) el sueño; (*v.*) soñar

drink (*n.*) la bebida; (*v.*) beber

drive conducir, manejar

driver's license el permiso/la licencia de conducir

drop dejar caer

dry (*adj.*) seco/a; (*v.*) secar

dryer: hair ~ el secador; **clothes ~** la secadora

dumbfounded: leave (someone) ~ dejar boquiabierto (a alguien)

during durante

each cada; **~ other** el uno al otro; **to ~ his own** cada loco con su tema

earn ganar

earring el arete, el pendiente

earth la tierra

earthquake el terremoto

Easter la Pascua Florida

easy fácil, sencillo/a

eat comer

either . . . or o . . . o

elegant fino/a

elevator el ascensor

emergency la emergencia

end el fin

ending el final

engaged: be ~ estar comprometido/a

engagement (for marriage) el compromiso

enjoy disfrutar

enough bastante

enter entrar (en)

entertaining divertido/a

essay el ensayo

establish establecer

ethnic étnico/a

even (*adj.*) par; (*adv.*) aun

evening la noche; **Good ~.** Buenas noches.

every cada, todo/a; **~ day** todos los días; **~ month** todos los meses

everybody todo el mundo

everything todo

evident: it's ~ es evidente

example el ejemplo; **for ~** por ejemplo

exchange (money) cambiar (dinero)

exercise (*n.*) el ejercicio

exist existir

fabric la tela

fabulous fabuloso/a

fair justo/a

faithful fiel

fall caer; **~ asleep** dormirse (o > ue, u)

fan (sports) el/la aficionado/a

farmer granjero

fashion la moda

fast rápido/a

fear el temor; **have a ~ of . . .** tenerle fobia a . . .

feel sentir/se (e > i, i); **~ like + -ing** tener ganas de + *inf.*

feeling el sentido

fever: have a ~ tener fiebre

fight (*n.*) la lucha, la pelea; (*v.*) pelearse

fill (a position) ocupar; **~ out** completar, rellenar

find encontrar (o > ue); **~ strange** extrañarse

fine (as for speeding) la multa

finish completar, terminar

first name el nombre (de pila)

fish (*n.*) el pez; (*v.*) pescar

fit: It fits you well. Te queda bien.

fix arreglar

flight attendant   el/la aeromozo/a, la azafata
floor   el piso, el suelo; **first ~**   el bajo
flower   la flor; **~ garden**   el jardín
flu: have the ~   tener gripe
fly   la mosca
follow   seguir (e > i, i)
following   siguiente
foolishness   la tontería
football   el fútbol americano
for   para, por; **~ example**   por ejemplo; **~ heaven's sake!**   ¡Por amor de Dios!; **~ lack of**   por falta de; **~ the last time**   por última vez; **~ what (purpose)?**   ¿Para qué?; **~ whom?**   ¿Para quién?
foreign   extranjero/a
former   anterior
fountain   la fuente
free   gratis; libre
frequently   con frecuencia, frecuentemente, a menudo
friend   el/la amigo/a
from   de
front: in ~ of   delante de
frustrated   frustrado/a
fun: have ~   divertirse (e > ie, i)
funny   gracioso/a
function   funcionar
furnish   amueblar
furnished   amueblado/a
furniture   los muebles

gas station   la gasolinera
gears   los cambios
general: in ~   en general, por lo general
gentleman   el caballero
geography   la geografía
geology   la geología
get   conseguir (e > i, i); **(a grade)** sacar; **~ angry**   enfadarse; **~ dressed**   vestirse (e > i, i); **~ off** bajar(se) de; **~ (someone) out of a jam**   sacar de un apuro (a alguien)
gift   el regalo
give   dar; **~ a present**   regalar
go   ir; **~ all out**   echar la casa por la ventana; **~ down**   bajar; **~ out** salir; **~ (out) with (someone)** salir con (alguien); **~ to bed** acostarse (o > ue); **~ up**   subir

goal   (sports) el gol
good   bueno/a; **~ morning/afternoon/ evening/night.**   Buenos días/Buenas tardes/noches.
gossip   comentar
government   el gobierno
grade   la nota
graduate   graduarse
granddaughter   la nieta
grandson   el nieto
Great!   ¡Qué chévere! **(Caribbean expression)**
grief   la pena
ground   el suelo
group   el grupo

habit   la costumbre
hair dryer   el secador
hair salon   la peluquería
half   la mitad
hand   la mano; **on the one ~**   por un lado; **on the other ~**   por otro lado
handicraft   la artesanía
happen   ocurrir
happiness   la felicidad, la alegría
happy: be ~ about   alegrarse de; **~ birthday.**   Feliz cumpleaños.
hate   odiar
have (*aux. v.*)   haber; tener; **~ a cold**   estar resfriado/a, tener catarro; **~ a cough**   tener tos; **~ a fear of . . .**   tenerle fobia a . . .; **~ a fever**   tener fiebre; **~ a good/bad time**   pasarlo bien/mal; **~ diarrhea** tener diarrea; **~ food or drink** tomar; **~ fun**   divertirse (e > ie, i); **~ just** + *past part.*   acabar de + *inf.*; **~ lunch**   almorzar (o > ue); **~ supper/dinner**   cenar; **~ the chills**   tener escalofríos; **~ the flu** tener gripe
health   la salud; **be in good ~** tener buena salud
hear   oír
heart attack   el infarto
heat   calor; calefacción (de la casa)
heavy   pesado/a
help (*n.*)   la ayuda; (*v.*)   ayudar
here   aquí
Hey!   ¡Oye!
hidden   escondido/a

hire   contratar
Hispanic   hispano/a
home   el hogar; la casa
hot: be ~   tener calor; **It's ~ .**   Hace calor.
How?   ¿Cómo?; **~ are you (informal/formal)?**   ¿Cómo estás/está?; **~ awful!**   ¡Qué barbaridad!; **~ many?**   ¿Cuántos?; **~ much?**   ¿Cuánto?; **~ much is/are . . . ?**   ¿Cuánto cuesta/n . . . ?; **~ old is he/she?**   ¿Cuántos años tiene él/ella?
however   sin embargo
hug (*n.*)   el abrazo; (*v.*)   abrazar
hungry: be ~   tener hambre
hunt   cazar
hurricane   el huracán
hurry: be in a ~   tener prisa
hurt   doler (o > ue); herir (e > ie, i)

I love it/them!   ¡Me fascina/n!
I would like   me gustaría; **~ to speak with . . . , please.**   Quisiera hablar con . . . , por favor.
ID card   la cédula de identidad
identify   identificar
if   si
illiteracy   el analfabetismo
I'm coming!   ¡Ya voy!
I'm sorry.   Perdone.
image   la imagen
imagine   imaginarse
in   en; **~ a while**   dentro de poco; **~ case**   por si acaso; **~ case that** en caso (de) que; **~ contrast to**   a diferencia de; **~ danger**   en peligro; **~ front of**   delante de; **~ general**   por lo general, en general; **~ order that**   para que; **~ spite of**   a pesar de que
inch   la pulgada
income   los ingresos
increase   añadir, aumentar
indicate   indicar, señalar
indigenous   indígena
influence (*n.*)   la influencia; (*v.*) influir
inhabitant   el/la habitante
instability   la inestabilidad
instead of   en vez de
interest   interesar
interrupt   interrumpir

interview (*n.*) la entrevista; (*v.*) entrevistar
invent inventar
invest invertir (e > ie, i)
Is . . . there, please? ¿Está . . . , por favor?
It looks good on you. Te queda bien.
it's es; ~ **a pity** es una pena/lástima; ~ **a shame** es una lástima; ~ **bad out** hace mal tiempo; ~ **better** es mejor; ~ **chilly** hace fresco; ~ **cloudy** está nublado; ~ **evident** es evidente; ~ **going to cost you** te va a salir caro; ~ **hot** hace calor; ~ **nice out** hace buen tiempo; ~ **(not) worth it** (no) vale la pena; ~ **obvious** es obvio; ~ **probable** es probable; ~ **raining** llueve; ~ **snowing** nieva; ~ **sunny** hace sol; ~ **true** es verdad; ~ **windy** hace viento
It/This is . . . Habla . . .

jealous: be ~ (of) tener celos (de); estar celoso/a (de); ser celoso/a
joke el chiste
jot down anotar
journalist el/la periodista
jump saltar
just a moment un momento

keep going straight seguir (e > i, i) derecho
key la llave
kill matar
king el rey; ~ **and queen** los reyes
kiss (*n.*) el beso; (*v.*) besar
knit hacer punto
know (facts/how to do something) saber; **(someone or something)** conocer; **Didn't you ~?** ¿No sabías?; **Do you ~ where . . . is?** ¿Sabes dónde está . . . ?; **I don't ~ (the answer).** No sé (la requesta); ~ **people in the right places** tener palanca
known: make ~ dar a conocer

lack faltar; **for ~ of** por falta de
landing strip la pista de aterrizaje

language el idioma
last último/a; **for the ~ time** por última vez; ~ **night** anoche
last name el apellido; **first last name (father's name)** el primer apellido; **second last name (mother's maiden name)** el segundo apellido
late (*adv.*) tarde; **be ~** atrasarse
lately últimamente
later luego; **See you ~.** Hasta luego.
lawn el jardín
learn aprender
leave salir; ~ **behind** dejar; ~ **(someone) dumbfounded** dejar boquiabierto (a alguien)
lecture la conferencia
less menos; ~ **than** menos de/que
lesson la clase, la lección
let's see a ver
lie (*n.*) la mentira; (*v.*) mentir (e > ie > i)
life la vida; **risk one's ~** jugarse (u > ue) la vida
light (*n.*) la luz; (*v.*) encender
like (*adv.*) como; (*v.*) gustar; **I don't ~ him/her.** Me cae mal.; **I ~ him/her a lot.** Me cae (la mar de) bien.; **I don't ~ it/them at all.** No me gusta/n nada.; ~ **a lot** encantar, fascinar; ~ **this/that** así
listen escuchar; **Listen!** ¡Oye!
little: a ~/few poco/pocos; ~ **by ~** poco a poco
live vivir
long distance larga distancia
look for buscar; **look (at)** mirar
lose perder (e > ie)
lost perdido/a
lousy mal
love (*n.*) el amor; (*v.*) amar, querer; **I ~ it/them!** ¡Me fascina/n!
loyal fiel
luck la suerte; **What bad ~!** ¡Qué mala suerte!
lunch el almuerzo; **have ~** almorzar (o > ue)

maintain mantener

majority la mayoría
make hacer; ~ **a stop over** hacer escala; ~ **known** dar a conocer
male el macho
manner la manera
many: muchos/muchas; **as ~ . . . as** tantos/as . . . como; ~ **times** muchas veces
map el mapa
married casado/a; **is ~ (to)** está casado/a (con)
mask la máscara
mean significar; **What do you ~ . . . ?** ¿Cómo que . . . ?
meaning el significado
meanwhile mientras tanto
measure medir (e > i, i)
member el miembro
memorize memorizar
memory el recuerdo; la memoria
mention mencionar
mess: What a ~! ¡Qué lío!
message el mensaje
middle mediados; ~ **Ages** la Edad Media
mile la milla
mind la mente
minimum el mínimo
minority la minoría
miss (someone or something) echar de menos, extrañar
mix revolver (o > ue)
mixture la mezcla
model el/la modelo
modern moderno/a
monster el monstruo
month el mes
monthly mensual
morning la mañana; **Good ~.** Buenos días.
most recent último/a
motivate motivar
move (relocate) mudarse
murder el asesinato
must: One/You ~ + *v.* Hay que + *inf.*
mysterious misterioso/a
mystery el misterio

name: first ~ el nombre (de pila); **last ~** el apellido; **My ~ is . . .** Me llamo . . .
nation la nación

native   indígena
nauseous: be ~   tener náuseas
necessary   necesario/a
neck   el cuello
neighbor   el/la vecino/a
neighborhood   el barrio
neither   tampoco; **~ . . . nor**   ni
. . . ni
nervous   nervioso/a
never   nunca
nevertheless   sin embargo
news item   la noticia
next   próximo/a
nice: It's ~ out.   Hace buen tiempo.
night   noche; **Good ~ .**   Buenas
noches.
no longer   ya no
No way!   ¡Qué va!
noise   el ruido
nor   tampoco
not even   ni siquiera
note (n.)   la nota, el apunte; (v.)
notar; **take notes**   apuntar, tomar
apuntes
nothing   nada
now   ahora
nowadays   hoy (en) día
number (n.)   el número; (v.)
numerar; **You have the wrong ~ .**
Tiene el número equivocado.
nurse   el/la enfermero/a

O.K.   Bien., De auerdo., Vale.
obtain   conseguir (e > i, i), obtener
obvious: it's ~   es obvio
occupation   la ocupación
occur   ocurrir
Of course.   ¡Claro!, ¡Por supuesto!,
¡Claro que sí!; **Of course not!**
¡Claro que no!
of   de (del/de la)
offer   ofrecer
often   a menudo, con frecuencia
old man/woman   el/la anciano/a
on   en; **~ all sides**   por todos lados;
~ the one hand   por un lado; **~
the other hand**   por otro lado; **~
time**   a tiempo
once: at ~   en seguida; **~ in a while**
de vez en cuando
One/You must + *verb*.   Hay que +
inf.

only   solamente, sólo
open   abierto/a
option   la opción
optional   opcional
or   o
order   el orden
organize   organizar
origin   el origen
other   otro/a
ought to + *v*.   deber + *inf.*
outstanding   sobresaliente
over there   allá
owe   deber
own (adj.)   propio/a

pair (of)   un par (de); la pareja
paragraph   el párrafo
park (n.)   el parque; (v.)   estacionar
participate   participar
partner   el/la compañero/a
pass by/through   pasar por
path   el camino
paw   la pata
pay   pagar; **~ attention (to
someone)**   hacerle caso (a)
peace   la paz
peasant   el/la campesino/a
pen   la pluma
people   la gente
percentage   el porcentaje
perfect   perfecto/a
perhaps   a lo mejor, tal vez + *subj.*,
quizas + *subj.*
personality   la personalidad
pet   la mascota
phone (n.)   el teléfono; (v.)   llamar
phrase   la frase
pick up   recoger
pictures: take ~   sacar fotos
picturesque   pintoresco/a
pity: it's a ~   es una pena/lástima;
What a ~!   ¡Qué pena!
place   el sitio; **take ~**   tener lugar
plaid   de cuadros
plan (n.)   el plan; (v.)   planear
plantain   el plátano
play (a sport or game) jugar
(u > ue); (an instrument) tocar
pleasant   agradable
please   por favor
point   el punto; **~ out**   señalar
polka-dotted   de lunares
population   la población

possibly   posiblemente
poster   el afiche, el cartel
power   el poder, la fuerza;
purchasing ~   el poder adquisitivo
practice (n.)   la práctica; (v.)
practicar
predict   predecir
prefer   preferir (e > ie, i)
preference   la preferencia
pregnant: be ~   estar embarazada
prepare   preparar
prescription   la receta médica
present-day   actual
preserve   conservar
previous   anterior
pride   el orgullo
priest   el cura
prize   el premio
probable: it's ~   es probable
probably   probablemente
produce   producir
program   el programa
prohibit   prohibir
project   el proyecto
promise (n.)   la promesa; (v.)
prometer
proud   orgulloso/a
provided that   con tal (de) que
province   la provincia
psychologist   el/la psicólogo/a
pull   tirar; **~ someone's leg**
tomarle el pelo (a alguien)
purchasing power   el poder
adquisitivo
put   poner; **~ a curse ("the evil
eye") on**   echar el mal de ojo; **~ on
one's clothes**   ponerse la ropa; **~
someone to bed**   acostar (o > ue)

quantity   la cantidad
question   la pregunta
quiet   tranquilo/a

race   la carrera
reading   la lectura
ready: be ~   estar listo/a
real   verdadero/a
reality   la realidad
realize something   darse cuenta de
algo
really   en realidad; **Really?**   ¿De
veras?
reason   la razón

recent: most ~ último/a
recipe la receta
recognize reconocer
record grabar
recording la grabación
refer to referir/se (e > ie, i)
rehearse ensayar
reject rechazar
relation la relación
relatively relativamente
remember acordarse (o > ue) de; recordar (o > ue)
remove quitar
rent (n.) el alquiler; **(v.)** alquilar
repeat repetir (e > i, i)
report el informe
reporter el/la reportero/a
request el pedido
requirement el requisito
research la investigación
reservation la reserva
respond responder
responsibility la responsabilidad
rest descansar
return devolver (o > ue); volver (o > ue)
rice el arroz
rich rico/a
ride montar; **~ a bicycle** montar en bicicleta
right el derecho; **be ~** tener razón; **~ now** ahora mismo; **right?** ¿verdad? **on the ~** a la derecha
risk one's life jugarse la vida
road el camino, la carretera
rock la piedra
roof el techo
room la habitación; **single ~** la habitación sencilla; **double ~** la habitación doble
round redondo/a
royal real

safe seguro/a
saint el/la santo/a
same: the ~ el/la mismo/a; igual
satisfied satisfecho/a
save salvar
say decir; **How do you ~?** ¿Cómo se dice ~?
scared: be ~ tener miedo
scarf la pañoleta
schedule el horario

science la ciencia
secondary secundario/a
secondhand de segunda mano
see ver; **Let's ~.** A ver.; **~ you later.** Hasta luego.; **~ you tomorrow.** Hasta mañana.
seem parecer
select seleccionar
sell vender
send mandar
sensitivity la sensibilidad
sentence la oración
separate (from) separar/se (de)
serious grave
serve servir (e > i, i)
set the table poner la mesa
several varios
sex el sexo
shame la vergüenza; **it's a ~** es una lástima; **What a ~!** ¡Qué lástima!
share compartir
shave afeitarse
shaving cream la crema de afeitar
shellfish los mariscos
shoot disparar
shopping de compras
show mostrar (o > ue)
sick: become ~ enfermarse
side el lado; **on the other ~** por otro lado; **on all sides** por todos lados
silent: be ~ callarse
similar parecido/a
simple sencillo/a
simply sencillamente
since ya que, desde
sing cantar
singer el/la cantante
single soltero/a
single room la habitación sencilla
sit down sentarse (e > ie)
situation la situación
skin la piel
slave el/la esclavo/a
sleep dormir (o > ue, u)
smoke fumar
snow (n.) nieve; **(v.)** nevar
snowing: It's ~. Nieva.
so tan
soap opera la telenovela
soccer el fútbol
sock el calcetín, la media
soda la gaseosa

soldier el/la soldado
some algún, alguno/a
someone alguien
something algo; **~ else?** ¿Algo más?
sometimes algunas veces
song la canción
soon pronto
sorry: I'm ~. Perdone. Lo siento.
source la fuente
speak hablar; **Can you ~ more slowly, please?** ¿Puede hablar más despacio, por favor?; **I would like to ~ with . . . , please.** Quisiera hablar con . . . , por favor.
special especial
specific específico/a
spend (money) gastar; **(time)** pasar
spice la especia
spicy picante
spite: in ~ of a pesar de que
stand in line hacer cola
start (n.) el comienzo; **(v.)** comenzar (e > ie), empezar (e > ie); **~ the car** arrancar
starting from a partir de
stay in + place quedarse en + place
steal robar
step on pisar
still aún, todavía
stingy tacaño/a
stone la piedra
stop (n.) la parada; **(v.)** **stop ~ing** dejar de + inf.
story el cuento
straight recto/a; **keep going ~** seguir (e > i, i) derecho
strange extraño/a
strength la fuerza
striped de rayas
strong fuerte
struggle la lucha
study estudiar
subject, (school) la asignatura, la materia
succeed tener éxito
successful: be ~ tener éxito
suddenly de repente
suffer sufrir
sugar el azúcar
suggest sugerir (e > ie, i)
suggestion la sugerencia
summary el resumen

sunny: It's ~ . Hace sol.
supper: have ~ cenar
suppose suponer
sure be ~ (of) estar seguro/a de
surgery la cirugía
surprise la sorpresa
surprised: be ~ about sorprenderse de
suspect el/la sospechoso/a
switch roles cambiar de papel

take (a bus, etc.) tomar; **~ a walk** dar un paseo; **~ care of** cuidar; **~ into account** tener en cuenta; **~ notes** anotar, tomar apuntes; **~ off one's clothes** quitarse la ropa; **~ out** sacar; **~ out the garbage** sacar la basura; **~ pictures** sacar fotos; **~ place** tener lugar
talk conversar, hablar
taste probar (o > ue)
tasty sabroso/a
teach enseñar
tear la lágrima
television la televisión; **~ set** el televisor
tell contar (o > ue); decir; **Can you ~ me how . . . ?** ¿Puede decirme cómo . . . ?
that que; (*adj.*) ese/a, aquel, aquella; (*pron.*), ése/a, eso/a, aquél, aquélla, aquello, **~ is** o sea.
that's why por eso
theme el tema
then entonces
there allí; **~ is/~ are** hay; **~ must be a reason.** Por algo será.; **~ was/~ were** había
there's no doubt no hay duda (de)
therefore por eso, por lo tanto
thing la cosa
think pensar (e > ie); **~ about** pensar en
thirsty: be ~ tener sed
this (adj.) este/a; (*pron.*) éste/a, esto
those (adj.) esos/as, aquellos/as; (*pron.*) ésos/as, aquéllos/as
those (over there) (*adj.*) aquellos/aquellas; **~ ones (over there)** (*pron.*) aquéllos/aquéllas
throat la garganta
through a través de

throw: ~ out echar, tirar
ticket el boleto
time: on ~ a tiempo; **What ~ is it?** ¿Qué hora es?
times: many ~ muchas veces
tired: be ~ tener sueño
title el título
to a; **~ top it all** para colmo
together junto/a
tomorrow mañana; **See you ~.** Hasta mañana.
too también; **~ much** demasiado
touch tocar
tour la gira, el tour
tourism el turismo
translate traducir
travel viajar
tree el árbol
true cierto/a, real; **it's ~** es cierto, es verdad.
truth la verdad
try intentar; **~ on (clothes)** probarse (o > ue); **~ to** tratar de
turn: ~ off apagar; **~ over** darle la vuelta
TV channel el canal de televisión
typical típico/a

uncertain incierto/a
understand comprender, entender (e > ie)
understanding comprensivo/a
underwear (men's) los calzoncillos; **(women's)** los calzones
unexpected inesperado/a
unexplainable inexplicable
uniform el uniforme
unknown desconocido/a
unless a menos que
until hasta (que)
up arriba
upon + -*ing* al + *inf.*
use usar
useful útil
useless inútil

vacation las vacaciones
value el valor
variety la variedad
vary variar
very muy; **~ well!** ¡Muy bien!

view la vista
visit (n.) la visita; (*v.*) visitar
voice la voz
vomit devolver (o > ue)

wake up despertarse (e > ie); **wake someone up** despertar (e > ie)
walk andar; **take a ~** dar un paseo
wall la pared
want desear, querer
war la guerra
warm caliente
water el agua (*f.*)
way la manera; **No ~!** ¡Qué va!
weekend el fin de semana
weigh pesar
weight el peso
well (then) pues
What? ¿Qué?, ¿Cómo?; **~ a mess!** ¡Qué lío!; **~ a pity!** ¡Qué pena!; **~ a shame!** ¡Qué lástima!; **~ bad luck!** ¡Qué mala suerte!; **~ color is it?** ¿De qué color es?; **~ do you mean . . . ?** ¿Cómo que . . . ?; **~ is the capital of . . . ?** ¿Cuál es la capital de . . . ?; **~ is your . . . number?** ¿Cuál es tu/su número de . . . ?; **~ time is it?** ¿Qué hora es?; **What's the weather like?** ¿Qué tiempo hace?; **What's up?** ¿Qué hay?
when cuando; **When?** ¿Cuándo?
where donde; **Where?** ¿Adónde? ¿Dónde?; **~ are you from?** ¿De dónde eres?
Which? ¿Cuál/es?
while mientras; **in a ~** dentro de poco
who quien, que; **Who?** ¿Quién? ¿Quiénes?; **~ is speaking/calling?** ¿Quién habla?
whom: For ~? ¿Para quién?
Whose? ¿De quién/es?
Why? ¿Por qué?
win ganar
window la ventana
windy: It's ~ Hace viento.
winner el/la ganador/a
with con; **~ pleasure** con mucho gusto
without sin
wonder preguntarse
wonderful divino/a, maravilloso/a

work (*n.*) el trabajo; (*v.*) trabajar; **~ part-time** trabajar medio tiempo; **~ full-time** trabajar tiempo completo

worth: It's (not) ~ it. (No) vale la pena.

Wow! ¡Vaya!

wrist la muñeca

write escribir; **~ letters/poems** escribir cartas/poemas

writer el/la escritor/a

wrong: You have the ~ number. Tiene el número equivocado

year el año; **last ~** el año pasado; **next ~** el año que viene; **New Year's Day** el Año Nuevo

yesterday ayer

yet aún, todavía; **not ~** todavía no

young person el/la joven

younger menor

You're welcome. De nada., No hay de qué.

youth la juventud

zip code el código postal

zone la zona

INDEX

a, personal, 90
a menos que, 397
acabar de, 128
accents, 9
adjectives
  agreement of, 77
  demonstrative, 103
  estar +, 74, 78
  + -ísimo, 138
  lo +, 386
  of nationality, 62–63
  of personality, 371
  past participles, 281, 295
  position of, 79
  possessive, 79, 353
  ser +, 73, 78
adjective clauses, 196
adverbial clauses, 365, 397
adverbs
  -mente, 225
affirmative words, 157–158, 170
age
  in the past, 222
  telling present age, 20, 29
airport, 176–177
al, 42
  + infinitive, 358
alphabet, 8
animals, 360–361
antes (de) que, 397
-ar verbs, 66
art, 402
articles
  definite, 40–41
  indefinite, 40–41

bank transactions, 340
bathroom articles, 46, 205
bedroom articles, 46
body parts, 88
breakfast items, 349

camera equipment, 382–383
capitals, 6
career related terms, 392
classroom expressions, 7
clothes and material, 124–125
colors, 123

commands
  implied, 343
  with **nosotros,** 366
  with **tú,** 342–343
  with **usted/ustedes,** 329–330
comparisons
  of equality, 329
  of inequality, 306–307
  irregular, 306
  superlative, 307
con tal (de) que, 397
conditional tense, 385–386
  to express probability, 396
  hypothetical situations, 419
  irregular verbs, 386
conocer
  imperfect vs. preterit, 281
  vs. **saber,** 102
cooking, 236. *See also* food and drinks
countries, 6, 10
¿Cuál/es?
  vs. **¿Qué?,** 366
cuando, 365

daily routines, 90–91
days of the week, 51
de
  for origin, 3, 20
  for possession, 43
deber + infinitive, 86
decir
  implied commands, 343
definite articles, 41
del, 43
demonstrative adjectives, 103
demonstrative pronouns, 103–104
dental problems, 339
después de que, 365
direct-object pronouns, 180–181
  combined with indirect, 244–245
  with commands, 330
directions (geographical), 310
directions (instructions), 326–327
doler, 244
duration of an activity, 181–182

ecology, 363
electrical appliances, 205

employment, looking for, 392
en caso (de) que, 397
encantar, 244
environment, 363
-er verbs, 66
estar
  + adjective, 74, 78
  + ando, 91–92
  + en, 65, 130
  + iendo yendo, 91–92
  + present participle, 268
  vs. **ser,** 78, 132

faltar, 244
family relations, 153
farewells, 5
fascinar, 244
food and drinks, 58, 228, 292–293
  breakfast, 349
  preparing food, 236
furniture, 204
future, 384–385
  to express probability, 396
  hypothetical situations, 419
  irregular verbs, 385

gender, 40–41
geography, 302–304
greetings, 5
gustar
  + article + noun, 42–43
  + infinitive, 54
  me gustaría, 60
gustar-like verbs, 244

haber
  past perfect, 374
  present perfect subjunctive, 316
  present perfect, 316
había, 256
hace
  + time expression + **que** + present
    tense verb, 181
  + time expression + **que** + preterit,
    170
hacer
  with weather expressions, 98

hasta que, 365
hay, 86
  había, 256
  habrá, 385
  habría, 386
  hay que + infinitive, 230
haya
  + past participle, 316
health, 5, 263–265
hobbies and pastimes, 218
hotel vocabulary, 185
household items, 38–39, 213
hypothetical actions and situations,
  385–386, 419

iba a
  + infinitive, 280
imperfect
  regular and irregular forms, 255
  uses of, 222, 256, 267–271,
    280–281, 294–295
  vs. preterit, 267–271, 280–281,
    294–295
imperfect subjunctive, 407–409
  hypothetical situations, 419
impersonal **se,** 116
  se dice que, 109
implied commands, 343
importar, 244
indefinite articles, 41
indirect-object pronouns, 156–157
  combined with direct, 244–245
  with commands, 330
  with constructions like **se me cayó,**
    317
  with **gustar,** 42–43, 54
  with **gustar**-like verbs, 244
ir
  + **a** + article + place, 65
  + **a** + infinitive, 55
  iba a + infinitive, 280
-ir verbs, 66

jewelry, 324

kitchen articles, 205, 219

leave taking, 5
let's command, 366
linking words, 320
llamarse, 20, 29
lo
  + masculine singular adjective, 386
lo que
  as relative pronoun, 375

location, 65, 130
love and romance, 413–414

mail, 242
más/menos
  + **de** + number, 306
  + **que,** 306
materials, 130
mayor/menor, 306
medicine, 265
mejor/peor, 306
-mente, 225
molestar, 244
money, 340
months, 98
music and musical instruments, 290

names, telling, 2–3, 19–20, 33
nationalities, 61–62
negation, 30
  negative words, 157–158, 170
  ni...ni, 296
ni...ni, 296
no veo la hora de + infinitive, 402
nominalization, 353
nouns
  gender of, 40–41
  number (singular/plural), 40–42
number, grammatical, 41–42
numbers
  cardinal 0–100, 17
  cardinal 101–1,000,000, 141
  ordinal, 191
  related expressions, 18

object pronouns. *See also* direct-object
  pronouns; indirect-object
  pronouns; reflexive pronouns
  with commands, 330
obligation, 54
occupations, 25
ojalá + subjunctive, 206
origin, place of, 2–3, 20, 29, 130

para
  vs. **por,** 129–130, 232
para que, 397
parecer, 244
passive **se,** 116
past continuous, 268
past participles
  as adjective, 281
  irregular forms, 295
  regular forms, 281
  with past perfect, 374

with present perfect, 316
with present perfect subjunctive,
  316–317
past perfect, 374
pedir
  vs. **preguntar,** 407
personality traits, 371
photography, 382–383
places, 64
plural/singular. *See* number,
  grammatical
por
  to express measurement, 374
  to express rate, 374
  vs. **para,** 129–130, 232
  with set expressions, 374
possession
  long forms of possessive adjectives,
    353–354
  possessive adjectives, 79
  possessive pronouns, 353–354
  with **de,** 43
  with **tener,** 43
preguntar
  vs. **pedir,** 407
prepositional pronouns, 145
prepositions
  indicating relationship, 145
  of place, 142
  with verbs, 145
present indicative, 66–67
  irregular verbs, 67
  stem-changing verbs,
    114–115
present participle, 91–92
present perfect, 316
present perfect subjunctive, 316–317,
  409
present subjunctive. *See* subjunctive
preterit
  changes of meaning, 169
  of **-ir** stem-changing verbs, 169
  of irregular forms, 144, 168–169
  of regular forms, 143
  spelling changes, 143
  vs. imperfect, 267–271, 280–281,
    294–295
probability, 396–397
pronouns. *See also* specific types
  with commands, 330
  demonstrative, 103
  direct-object, 180–181,
    244–245
  indirect-object, 156–157, 244–245,
    317
  possessive, 353–356
  prepositional, 145
  reflexive, 90–92, 317
  relative, 375–376
  subject, 19, 28

que
  in comparisons, 306
  as link between clauses, 194, 209, 233
  as relative pronoun, 375
¿Qué?
  vs. **cuál/es**, 366
¡Qué + adjective!, 86
¡Qué + noun + **más** + adjective!, 138
question formation, 29–30
quien
  as relative pronoun, 375

reading strategies
  activating background knowledge, 120–122
  an interview article, 299–301
  dealing with unfamiliar words, 70
  defining style and audience, 346–348
  dictionary and, 199–201
  drama, 428–435
  finding references, 248–249
  identifying main ideas, 174–175
  linking words, 320–323
  mind mapping, 369–370
  poetry, 200–201
  predictions, 95
  scanning, 47–48
  separating reality from fantasy, 274–275
  skimming, 148–150
  supporting evidence, 225–227
  timed readings, 411–412
  topic sentences, 225–227
  understanding the writer's purpose, 389–391
reciprocal actions, 418
redundancies, avoiding, 180–181, 244–245
reflexive pronouns, 90–92
  with commands, 330
  with constructions like **se me cayó**, 317
  with **nosotros** command, 366
reflexive verbs, 89–92
relative pronouns, 375
rooms of a house, 193

saber, 102
  imperfect vs. preterit, 281
  vs. **conocer**, 102
salutations, 5
se
  as reflexive pronoun, 90–92
  impersonal in constructions like **se dice**, 109, 116

in constructions like **se me cayó**, 317
  passive, 116
  with double object pronouns, 244–245
  with **nosotros** commands, 366
seasons, 98
ser, 29
  + adjective, 73
  + **de**, 2–3, 20, 29, 130
  + **en**, 130
  + name, 29
  + occupation, 29
  vs. **estar**, 78, 132
si clauses, 419
sin que, 397
spelling, 8–9
sports and sports equipment, 251
stem-changing verbs
  in the present, 114–115
  preterit of **-ir** stem-changing verbs, 169
  present participles of **-ir** stem-changing verbs, 115
  subjunctive of **-ir** stem-changing verbs, 195–196
stressing words, 9
subject pronouns, 19, 28
subjects, academic, 58
Subjunctive
  after **ojalá**, 206
  after **tal vez** and **quizás**, 215
  imperfect subjunctive, 407–409
  in adjective clauses, 196
  in adverbial clauses, 365, 397
  in hypothetical situations, 385–386, 419
  in implied commands, 343
  present perfect subjunctive, 316–317, 409
  present subjunctive forms, 195–196
  with expressions of doubt, 220–221
  with expressions of emotion, 232–233
  with expressions of influence, 208–209
superlative, 307
  -ísimo absolute superlative, 307

tan...como, 329
tanto...como, 329
telephone calls, 165
telling time
  a la/las..., 112
  es la/son las..., 111
  era la/eran las..., 222
tener
  + **ganas de** + infinitive, 154
  + **que** + infinitive, 54

tenía que vs. **tuve que** + infinitive, 280–281
  to express past age, 222
  to express present age, 20, 29
  to indicate possession, 43
  with expressions, 113
tenía que + infinitive
  vs. **tuve que** + infinitive, 280–281
time
  a la/las..., 112
  days of the week, 57
  duration of an activity, 181
  es la/son las..., 111
  era la/eran las..., 222
  hace + time expression + **que** + present tense verb, 181
  hace + time expression + **que** + preterit, 170
  expressions, 111, 144, 295
  months, 98
  seasons, 98
todavía
  vs. **ya**, 208
transportation, means of, 151
travel plans, 314
tú
  vs. **usted**, 2
tuve que + infinitive
  vs. **tenía que** + infinitive, 280–281

unintentional occurrences, 317
usted
  vs. **tú**, 2
ustedes
  vs. **vosotros**, 28

verbs
  followed by infinitive, 146
  reflexives, 90–91
  stem-changing, 114–115
volver a + infinitive, 327
vosotros
  vs. **tú**, 28

weather, 98–99
work, looking for, 392
writing strategies
  an interview article, 302
  avoiding redundancies, 250
  biography, 151
  brainstorming, 97
  comparing and contrasting, 323
  describing a scene, 412–413
  dictionary and, 202–203
  journal, 348
  mind mapping, 371
  models, 72

narrating in the past, 274
opinions, 228
outlining, 97
subcategories, 176
summaries, 391
synopsis, 123
titles, 176

ya
 vs. **todavía,** 208

Permissions and Credits

Text Permissions

(Continued from p. ii) **Chapter 7:** page 175, Text on Alojamientos: Secretaria de Turísmo/ Turespaña, Ministerio de Industria, Comercio y Turismo. **Chapter 8:** pages 200–201, "No quiero," by Ángela Figuera. Reprinted by permission of Ediciones Hiperión; p. 201, Copyright © 1986 by Houghton Mifflin Company. Adapted and reprinted by permission from the American Heritage Dictionary; page 202, Copyright © 1987 by Houghton Mifflin Company and Librairie Larousse. All rights reserved. Reprinted by permission from the American Heritage Spanish Dictionary. **Chapter 9:** pages 226–227, "¿Y tú... De qué la juegas?" *Muy Bien México*, pp. 36–38. Used with permission. **Chapter 10:** page 249, "El fútbol y yo," from *El País*, No. 179, July 24, 1994, Año XIX, p. 42. Used by permission. **Chapter 11:** pages 274–275. "Tragedia" by Vicente Huidobro. Reprinted by permission of La Fundación Vicente Huidobro, Santiago, Chile. **Chapter 12:** pages 300–301, Adapted by permission from "La ley" by Claudia Laura Morales, Revista MB Muy Bien México, Año 1 No. 4 **Chapter 13:** pages 321–323, From "Fragments from Cuban Narratives: A Portfolio" by Eduardo Aparicio, *Michigan Quarterly*, University of Michigan, Vol. XXIII, no. 3, Summer 1994. Used with permission from the author. **Chapter 14:** pages 347–348, Espasa-Calpe, S.A. *Beatriz (Una palabra enorme)* by Mario Benedetti. Copyright © Mario Benedetti: "Primavera con una esquina rota" Ediciones Alfaguara, Madrid 1983, 3ª edición. Reprinted by permission. **Chapter 15:** page 370, Adapted by permission from Pobre Tierra 1, Revista *Debate*, No. 77, Año XVI, May-June 1994, p. 33, Lima, Peru. **Chapter 16:** page 389, Excerpts from article, "¡Magnífico Tikal!," from *La República*, No. 355, p. 9, Año 1; pages 390–391, Excerpts from article, "Familia Calabay Sicay," from *El País*, No. 186, September 11, 1994, pp. 66–67. **Chapter 17:** pages 411–412, Brochure text from the exposition "Fernando Botero, Pinturas, Dibujos, Esculturas," Reprinted by permission of the Ministry of Culture, Spain. **Chapter 18:** pages 430–435, *Estudio en blanco y negro* by Virgilio Piñera. Permisco concedido por herederos de Virgilio Piñera y Agencia Literaria Latinoamericana.

Photo Credits

Preliminary Chapter: page 1, Ulrike Welsch; 4 left, Kathy Squires; 4 right, Odyssey/Frerck/ Chicago; **Chapter 1:** page 14, Esbin-Anderson; 15, Ulrike Welsch; 21, Peter Menzel; 30 left and right, Duomo; 32 top left, Bettmann; 32 middle left, Tony Stone Worldwide/Tom & Michelle Grimm; 32 middle right, Tony Stone Worldwide/Robert Frerck; 32 right, Tony Stone Worldwide/Robert Frerck; 32 bottom left, Odyssey/Frerck/Chicago; 32 bottom middle left, Eduardo Aparicio; 32 bottom middle right, Odyssey/Frerck/Chicago; 32 bottom right, Ulrike Welsch; 35, VPG Boston; **Chapter 2:** page 36, Ulrike Welsch; 48 left, Sygma/Blake Little; 48 right, Sygma/C. Carrion; 54, Sygma/F. Origlia; 57 top, Leo de Wys, Inc./Charles Bowman; 57 bottom, Leo de Wys, Inc./Steve Vidler; **Chapter 3:** page 59, Wolfgang Kaehler; 61, Robb Kendrick; 62, Robb Kendrick; 77, Ulrike Welsch; 78, Ulrike Welsch; 83, VPG Boston; **Chapter 4:** page 85, National Geographic Image Collection/Kenneth Garrett; 86, Adventure Photo/Bruce Klepinger; 101, Ulrike Welsch; 105, David R. Frazier Photolibrary; **Chapter 5:** pages 108 & 109, David R. Frazier Photolibrary; 121, Todd Smitala; 125, Ulrike Welsch; 126 top, Andrew Brilliant; 127, Gamma Liaison/Benainous-Duclos; 128, John Betancourt; 136 top & bottom, VPG Boston; **Chapter 6:** page 137, National Geographic Image Collection/James Blair; 138, David R. Frazier Photolibrary; 140 top, National Geographic Image Collection/ James Blair; 140 bottom, The Stock Market/Luis Villota; 149, National Geographic Image Collection/James Blair; 154, Material World/Peter Menzel; **Chapter 7:** page 161, Tim Street-Porter; 162, Leo de Wys, Inc./Steve Vidler; 164, National Geographic Image Collection/James Blair; 175, Esbin-Anderson; 179, Martha Cooper; **Chapter 8:** page 188, Ulrike Welsch; 189, D. Donne Bryant Stock Photo/Montero; 206, Comstock/Stuart Cohen; 207, D. Donne Bryant Stock Photo/Inga Spence; **Chapter 9:** page 214, Richard Bickel; 217, Bettmann; 222, The Stock Market/Ben Simmons; 226, Ulrike Welsch; 227 top, Eduardo Aparicio; 227 bottom, Ulrike Welsch; 230, John Williamson; 235, David R. Frazier Photolibrary; 238, VPG Boston; **Chapter 10:** pages 239 & 240, Ulrike Welsch; 249, Duomo; 253 top, Sports Illustrated/Bill Frakes; 253 bottom, Ulrike Welsch; 258, Odyssey/Frerck/Chicago; **Chapter 11:** page 260, In-

Illustrations

Realia

Simulated Realia